Academia Sport 52

Elisabeth Danuser-Zogg

Musik und Bewegung

Struktur und Dynamik der Unterrichtsgestaltung

4., aktualisierte Auflage

Titelbild: © Imgorthand – istockphoto.com

Die Deutsche Nationalbibliothek verzeichnet diese Publikation in der Deutschen Nationalbibliografie; detaillierte bibliografische Daten sind im Internet über http://dnb.d-nb.de abrufbar.

ISBN 978-3-89665-818-0 (Print)
ISBN 978-3-89665-819-7 (ePDF)

4., aktualisierte Auflage
© Academia – ein Verlag in der Nomos-Verlagsgesellschaft mbH & Co. KG, Baden-Baden 2019. Gedruckt in Deutschland. Alle Rechte, auch die des Nachdrucks von Auszügen, der fotomechanischen Wiedergabe und der Übersetzung, vorbehalten. Gedruckt auf alterungsbeständigem Papier.

Besuchen Sie uns im Internet
www.academia-verlag.de

Inhalt

1. TEIL: STRUKTUR — 9

Vorwort — 11

1 Zur Einführung — 13
- a) Musik und Bewegung / Rhythmik — 13
- b) Praxisfelder — 14
- c) Zur Begrifflichkeit — 14
- d) Zum Text — 15
- e) Quellen — 16
- f) Grafik — 18

2 Die Verbindung von Musik und Bewegung — 21
- a) Musik in Bewegung und Bewegung in Musik umsetzen — 21
- b) Zeit – Raum – Kraft – Form: erste Unterscheidung — 23
- c) Differenzierung der 4 Parameter innerhalb der Pole — 25
- d) Praxisbezug — 26

3 Das Handwerk Musik und Bewegung — 27
- a) Die 6 Bereiche — 27
- b) Struktur und Dynamik — 29
- c) Die Teilbereiche — 31
- d) Die Struktur der Bereiche und ihrer Teilbereiche — 33
- e) Das Modell als Grundlage für die praktische Arbeit — 33
- f) Praxisbezug — 35

4 Der Bereich I – Musik — 37
- a) Musik A: Mit Musik sein / Musik wahrnehmen — 40
- b) Musik B: Musikalische Grundlagen erwerben — 42
- c) Musik C: Musikalische Parameter differenzieren — 44
- d) Musik D: Beziehung zum Raum, zu einem Gegenstand, zum Partner, zur Gruppe — 46
- e) Musik E: Musik als eine persönliche Sprache entdecken — 48

5 Der Bereich II – Bewegung — 51
- a) Bewegung A: Wahrnehmung von Körper und Körper-Raum — 54
- b) Bewegung B: Bewegungsbildung — 56
- c) Bewegung C: Differenzierung des Bewegungsrhythmus — 58
- d) Bewegung D: Bewegung in Beziehung setzen zum Raum, zu einem Partner und zu einem Gegenstand — 60
- e) Bewegung E: Bewegungsgestaltung — 62

6 Der Bereich III – Wahrnehmung — 65
- a) Wahrnehmung A1, Aufbau der Nahsinne: Oberflächenwahrnehmung — 67
- b) Wahrnehmung A2, Aufbau der Nahsinne: Tiefenwahrnehmung — 68
- c) Wahrnehmung A3, Aufbau der Nahsinne: Kinästhetische Wahrnehmung — 69
- d) Wahrnehmung A4, Aufbau der Nahsinne: vestibuläre Wahrnehmung — 70
- e) Wahrnehmung B: Reagieren auf Signale und Grundlagen der Body Percussion — 78

Inhalt

- f) Wahrnehmung C1: Differenzierung der Fernsinne: Auditive Wahrnehmung — 80
- g) Wahrnehmung C2: Differenzierung der Fernsinne: Visuelle Wahrnehmung — 81
- h) Wahrnehmung D: Beziehung zu Raum / Material / Partner / Gruppe — 86
- i) Wahrnehmung E: Eindruck – Ausdruck – Gestaltung — 88

7 Der Bereich IV – Begriffsbildung — 93
- a) Begriffsbildung A: Abläufe mit allen Sinnen wahrnehmen und in persönlichen Worten ausdrücken — 96
- b) Begriffsbildung B: Grundlagen der Parameter, von Kulturtechniken und Sachthemen erleben, erkennen und benennen — 98
- c) Begriffsbildung C: Begriffe differenzieren, vergleichen, verbinden, benennen — 100
- d) Begriffsbildung D: Begriffe in Beziehung setzen zur Gestaltung in Musik und Bewegung, zu Material, in den Raum, zu Partnern — 102
- e) Begriffsbildung E: Begriffe aus dem Alltag persönlich gestalten — 104

8 Der Bereich V – Soziale Interaktion — 107
- a) Soziale Interaktion A: Sich selbst wahrnehmen als Grundlage der sozialen Wahrnehmung — 110
- b) Soziale Interaktion B: „ICH und DU", Auseinandersetzung mit einem Partner — 112
- c) Soziale Interaktion C: ICH und WIR, Auseinandersetzung mit einer Gruppe — 114
- d) Soziale Interaktion D: soziale Konstellationen in Beziehung zu Material und Raum — 116
- e) Soziale Interaktion E: Soziale Kompetenz und Kreativität — 118

9 Der Bereich VI – Persönlicher Ausdruck — 121
- a) Persönlicher Ausdruck A: Sich selber wahrnehmen — 124
- b) Persönlicher Ausdruck B: Repertoire der persönlichen Fähigkeiten nutzen — 126
- c) Persönlicher Ausdruck C: aus der Erfahrung des Erlebten Eigenes entwickeln — 128
- d) Persönlicher Ausdruck D: Die persönliche Gestaltung in Beziehung zu Material, zur Gruppe, einem Partner, dem Raum — 130
- e) Persönlicher Ausdruck E: Kreativität in allen Bereichen — 132

10 Manifestationen von Rhythmus — 135
- a) Rhythmusdefinitionen — 135
- b) Rhythmus-Schulung in Musik und Bewegung — 136
- c) Rhythmen im Körper — 138
- d) Rhythmus als Ausdrucksmittel persönlicher Qualität in Bewegung und Alltagsgestaltung — 139
- e) Zeitmessung und Zeitforschung — 140
- f) Persönliche Definition — 141
- g) Rhythmus als Dynamik zwischen den Polen von Spannung und Entspannung — 142
- h) Die Bedeutung des Rhythmus für die Entwicklung des Menschen — 143

11 Material und Musikinstrumente — 151
- a) Auswahlkriterien — 151
- b) Rhythmikmaterial — 153
- c) Groove Pack — 154
- d) Musikinstrumente — 154
- e) Alltagsmaterial / Bewegungsgegenstände — 154
- f) Umgang mit Material und Instrumenten — 155

2. TEIL: DYNAMIK — 159

12 Die Aesthetik der Unterrichtsgestaltung — 161
- a) Qualität — 161
- b) Zwei Lektionen im Vergleich — 162
- c) Lernerfolg — 163

13 Der ästhetische Lern-Raum — 165
- a) Kreative Prozesse — 165
- b) Unterrichtsdynamik innerhalb der 4 Parameter — 166
- c) Rhythmus und Rhythmisierung in der Dynamik des Unterrichts — 166
- d) Die 6 Bereiche als Gestaltungsmittel im ästhetischen Lern-Raum — 169
- e) Reaktionen als Feedback — 172

14 Ziel, Prozess und Thema — 173
- a) Ziel und Prozess — 173
- b) Ziele setzen — 174
- c) Ziele umsetzen – Ziele erreichen — 175
- d) Zielsetzung konkret — 175
- e) Ziel und Thema — 176

15 Prinzipien der Gestaltung — 179
- a) Variation — 179
- b) Die organische Übungsentwicklung — 183
- c) Mischformen — 184

16 Lernprozess und Interaktion — 185
- a) Rhythmisiertes Lernen innerhalb der Bereiche — 185
- b) Resonanz im aesthetischen Lern-Raum — 186
- c) Resonanz und Inspiration — 188
- d) Interaktionsmuster im Lernprozess — 189

17 Planung zwischen Struktur und Dynamik — 191
- a) Der Aufbau einer Lektion: Einstieg – Entwicklung – Ausklang — 191
- b) Vorbereitungsraster — 194
- c) Planung eines Ablaufs über einen längeren Zeitraum — 196

18 Reflexion und Interaktion — 201
- a) Lebendige Vorbereitung und Reflexion — 201
- b) Reflexion — 201
- c) Standortbestimmung — 205
- d) Evaluation — 207
- e) Beobachtung einzelner Schülerinnen und Schüler anhand des Modells — 207

19 Wahrnehmungsdifferenzierung in erschwerten pädagogischen Situationen — 211
- a) Kinder lernen Musik mit allen Sinnen — 211
- b) Auswirkungen von mangelnder Differenzierungsfähigkeit — 211
- c) Strukturveränderungen im Unterricht — 213
- d) Erschwerte Unterrichtssituationen beobachten, analysieren und verändern — 217

20 Heterogenität ist Musik — 221

- a) Chance Musik in der Vielfalt — 221
- b) Musikalisches Lernen ist ein vielschichtiger Prozess — 222
- c) Der inklusive Musikunterricht ist spür- und fühlbar gestaltet — 223
- d) Deutliche Puls-und Rhythmusbewegungen unterstützen das musikalische Lernen — 224
- e) Visuell und auditiv komponierte „Aesthetik" ist Teil des Erfolgs — 225
- f) Die Partitur des inklusiven Musikunterrichts hat verschiedene Stimmen — 226

21 Über das Modell hinaus — 229

- a) Spannungsfeld Kunst und Pädagogik — 230
- b) Modell und Kompetenzerwerb — 232
- c) Musik – Bewegung – Lernen — 234
- d) Das Modell als Grundlage für spezifische Konzeptentwicklung — 235
- e) Experimentelle Räume — 237
- f) Kreativität und Lernen in Beziehung — 239
- g) Beziehung und Handwerk — 240
- h) Innovatives Lernen — 241

Anhang: Angaben zu Literatur und Überlieferung — 243

MUSIK UND BEWEGUNG KONKRET

1. TEIL: STRUKTUR

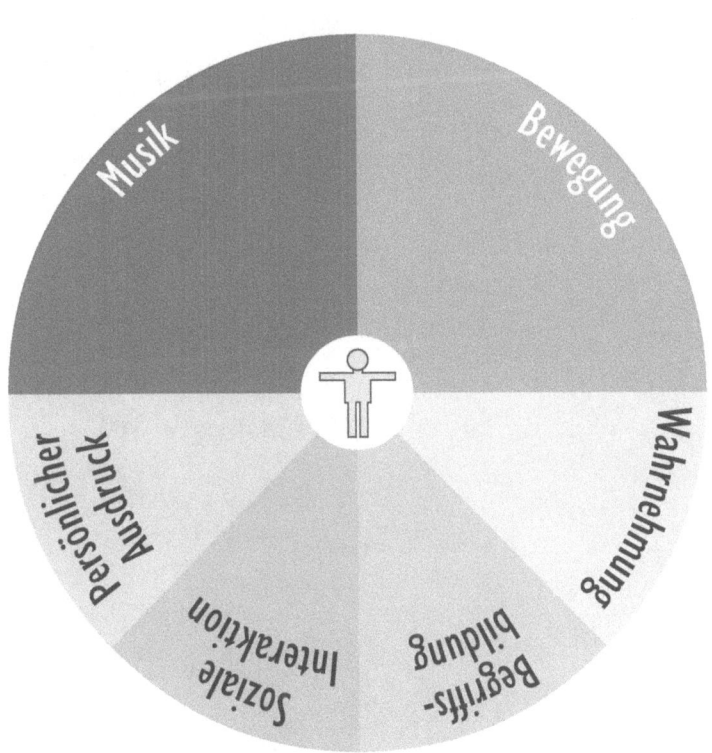

Vorwort

Seit der 1. Auflage dieses Buches sind nun mehr als 20 Jahre vergangen.

Zu Beginn der Überlegungen zur ersten Auflage stand die Auflage der Zürcher Hochschule der Künste (ZHdK), die Didaktik und die Vermittlung auf ein professionelles Niveau zu bringen und den Bereich dieser speziellen Musikpädagogik berufspolitisch zu verankern. Zur Einleitung der Überlegungen stand ein Forschungsprojekt mit dem Titel „Musik und Bewegung konkret", welches eine Befragung über den Nutzen und die Auswirkungen des Faches im pädagogischen Umfeld im Kanton Zürich sowie eine detaillierte Auswertung der Ergebnisse beinhaltete.

Praktisch galt es dann zuerst, das Überlieferte zu sortieren, zu ordnen und so aufzuschreiben, dass es anwendbar wurde. Der Bereich Musik war der erste. „Schreib noch einen" baten die Studierenden und so kam es zu den 6 Bereichen mit ihrer ganzen Beispielsammlung. Diese wurde für die 4. Auflage so stehen gelassen und gilt weiterhin als Nachschlagewerk für den Aufbau von Übungssequenzen. Durch die Prinzipien der aesthetischen Gestaltung wurden Grundlagen in der Prozessgestaltung auf der Basis des Modells entwickelt. Ich selbst sehe sie – auch nach dem nun erfolgten Durchlesen zur 4. Auflage – noch immer als wichtige Anwendungsprinzipien. Die Hochschule hatte ihre Anforderungen und die Musikschulen hatten immer weitere Anliegen. So wurden die zwei Teile einerseits zur Grundlage, andererseits zur Basis für Weiterentwicklungen. Sobald eine neue berufspolitische Herausforderung anstand, wurden Ansätze dazu weiterentwickelt. Vor allem die Wahrnehmungsförderung und damit verbundenen Ansprüche an den Umgang mit großen Gruppen waren oft Thema. Musik soll dabei chancengleich für alle Kinder vermittelt werden. Die neuen Anforderungen der Inklusion und dem damit binnendifferenzierten Vorgehen wurden entwickelt und vermittelt. Was ursprünglich als Denkanstoß, Grundlage, Verständnis für Handwerk und Vermittlung gedacht war, wuchs immer mehr als Kernzelle zu neuen Impulsen heran. Interdisziplinarität wurde ein Thema, die Rolle aller Künste in der Bildung sowie die Förderung der Persönlichkeit zur Entwicklung der individuellen Kreativität.

Zum Schluss zeigt sich als Ausblick die ganze Palette von Möglichkeiten, welche sich auftun, wenn man sich wirklich in ein komplexes Unterrichtsgeschehen einlässt, sei es nun als Lehrende oder als Lernende. Beziehung und Handwerk oder Handwerk in der kreativen Beziehung öffnen sich für eine immer wieder neu sich entwickelnde Kreativität aller Beteiligten. In diesem Sinne ist die Entwicklung im Laufe der Jahre seit der ersten Auflage immer breiter geworden. Vieles ist zur Selbstverständlichkeit mutiert, ungeahnte Möglichkeiten können sich noch immer weiterentwickeln. Wünschen wir in diesem Sinne den Leserinnen und Lesern weitere Erfahrungen, welche einerseits neu sich entfalten und andererseits immer wieder auf den alterprobten Grundlagen basieren.

Zürich, im September 2019, Elisabeth Danuser

1 Zur Einführung

a) Musik und Bewegung / Rhythmik

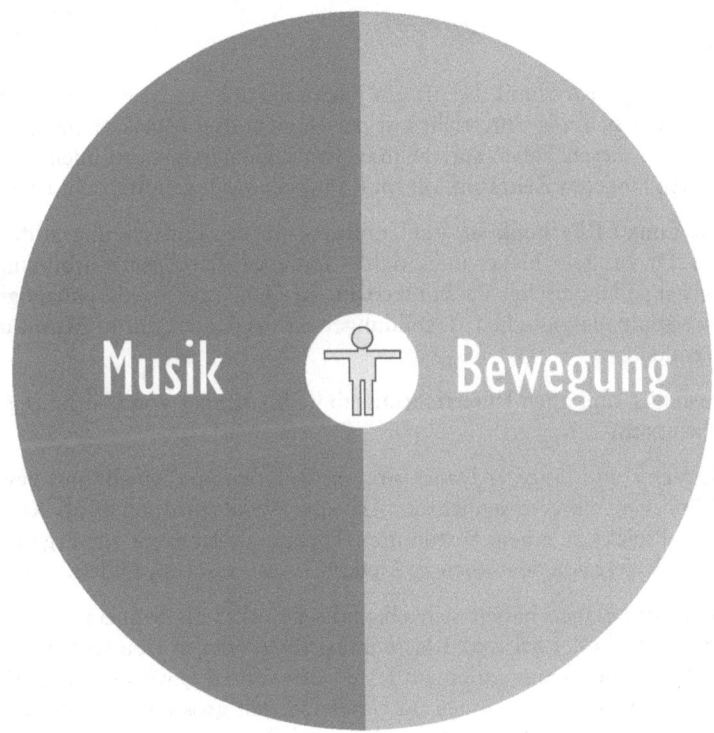

Musik und Bewegung / Rhythmik ist ein künstlerisch pädagogischer Unterricht, in dem die Grundlagen von Musik und Bewegung / Rhythmik vermittelt werden. Dieser wird mit Menschen aller Altersstufen sowie mit Menschen mit besonderen Bedürfnissen durchgeführt. Der Unterricht führt über Erfahrungen zu Erkenntnis und zu vielfältigem Kompetenzerwerb im Bereich Musik und Bewegung sowie Kunst und Kultur im Allgemeinen.

Musik und Bewegung / Rhythmik ist aus der Verbindung von Musik und Bewegung entstanden und geht davon aus, dass jeder musikalische Ablauf in Bewegung und umgekehrt jeder Bewegungsablauf in Musik umgesetzt werden kann. Das verbindende Medium dieser beiden Bereiche ist letztendlich der Rhythmus.

Die Gestaltung des Unterrichts folgt dem Prinzip des rhythmisierten prozessorientierten Unterrichtens und ist eine lebendige Auseinandersetzung mit Musik und Bewegung, welche sich im direkten Austausch zwischen Lernenden und Lehrenden entwickelt. Die interaktive Unterrichtsgestaltung ist absolut notwendig, damit das Wesen der Verbindung von Musik und Bewegung auf eine ästhetisch-dynamisch orientierte Art und Weise vermittelt werden kann. Eine lineare Aneinander-Reihung von Übungen entspricht nicht dieser Verbindung, denn der Kern liegt in der rhythmisierten Verbindung, welche für die inspirierende kreative Aktivität unerlässlich ist.

Ein Unterricht, welcher die Verbindung Musik und Bewegung als Grundlage setzt, ist auch ein ganzheitlicher Unterricht. Zusätzlich zu den Bereichen Musik und Bewegung werden daher auch die Bereiche der Wahrnehmung, Begriffsbildung, Soziale Interaktion und Persönlicher Ausdruck mit einbezogen und gefördert. Aus diesem Grunde ist Musik und Bewegung / Rhythmik in den unterschiedlichsten pädagogischen Arbeitsfeldern nutzbar.

Die Arbeit mit Menschen mit speziellen Bedürfnissen sowie generell die inklusive Gestaltung mit heterogenen Gruppen ist dank des ganzheitlichen Ansatzes ebenfalls von großer Bedeutung.

b) Praxisfelder

Musik und Bewegung / Rhythmik ist oft ein Fachunterricht in Musik- und Volksschulen. Je nach Praxisfeld deckt sich der Unterricht mit der elementaren Musikpädagogik für Menschen aller Altersstufen. In diesen Fällen spricht man von regelmässig stattfindenden Unterrichtssequenzen über einen längeren Zeitraum, oft im Rahmen von Regelunterricht und Lehrplänen.

Musik und Bewegung / Rhythmik ist – in Tradition mit der Entwicklung in der Schweiz (initiiert durch Prof. Dr. M. Scheiblauer in Zürich) – mit spezieller Zusatzausbildung der Lehrpersonen auch ein heilpädagogischer Fachunterricht. In Heil- und Sonderpädagogischen Institutionen sowie in sozialpädagogischen Ausbildungen ist der Unterricht in Musik und Bewegung sinnvoll anzuwenden.

Spezielle Arbeitsfelder sind auch Unterrichtsangebote für Kinder von 0–4 Jahren und deren Eltern sowie für Senioren.

Projekte von kürzerer und längerer Dauer sind im Rahmen von Musik und Bewegung immer möglich und können in unterschiedlichster Art und Weise stattfinden: als Konzert, als Mitmach-Projekt, als Projekt zu einem bestimmten Thema, als Konzept zur Ergänzung von einer Geschichte, einem Bilderbuch oder auch zu Liedern, Musikstücken, Bildern etc.

Die entwickelten Grundlagen haben sich ebenfalls bewährt als Sequenzen im musikalischen Gruppenunterricht wie in der Schweiz Klassenmusizieren oder in Deutschland JeKiTs, wo Elemente aus Musik und Bewegung zu einem festen Bestandteil geworden sind. Vor allem auch im Umgang mit erschwerten Situationen im Unterricht mit grossen und heterogen zusammengesetzten Gruppen zeigen sich Wahrnehmnungs- und Bewegungs-Sequenzen als äusserst hilfreich.

Musik und Bewegung / Rhythmik kann auch in Verbindung mit den künstlerisch pädagogischen Berufen in Theater und bildnerischem Gestalten gesetzt werden. Dadurch, dass die Lehrperson geübt ist, musikalische Prozesse in Bewegung umzusetzen und umgekehrt, kann sie auch in unterschiedlichsten Berufsfeldern diese Fähigkeit der Umsetzung nutzen. Lehrpersonen mit Ausbildungen in Musik und Bewegung sind prädestiniert, in der Kulturvermittlung nicht nur im Feld Musik und Bewegung sondern auch im transdisziplinären kulturellen Bereich zu arbeiten.

So wurde dieser Text entwickelt von den Quellen Musik und Bewegung hin zu einer Didaktik für den Bachelor Musik und Bewegung an der Zürcher Hochschule der Künste (ZHdK). Im Laufe der Jahre wuchs die Lehre weiter in den Unterricht für Musik mit Gruppen, für Musik mit Heterogenen Gruppen sowie inklusiven Projekten. Educationkonzerte, Mitmachkonzerte, Performance-Projekte der Künste im transdispziplinären Bereich entstanden logischerweise in allen nur denkbaren Facetten. Die Grundlagen von Musik und Bewegung können aber ebenfalls genutzt werden als Denkanstoss und Planungshilfe für alle Arten von Lehrveranstaltungen, welche den Anspruch einer zielorientierten und prozesshaften Arbeitsweise als Ziel haben.

c) Zur Begrifflichkeit

In diesem Text werden folgende Begriffe für das Fachgebiet verwendet: Musik und Bewegung, Musik und Bewegung / Rhythmik, Musik- und Bewegungspädagogik oder Rhythmik.

Die Begrifflichkeit zeigt verschiedene Tendenzen auf, welche in den letzten Jahren sich gezeigt haben.

Aus der persönlichen Sicht der Autorin wurde die Bezeichnung Musik und Bewegung gewählt, um den Respekt und die Nähe zur elementaren Musikpädagogik zu definieren und zu manifestieren. Der Begriff bot und bietet noch immer auch die Möglichkeit zur Vernetzung in weitere pädagogische und künstlerische Arbeitsfelder. Die Offenheit in interdisziplinäre Felder ist heute Realität und wird intensiv gelebt.

Der Begriff „Musik und Bewegung / Rhythmik" wird immer da gewählt, wo die Wurzeln zur traditionellen Rhythmik explizit und klar vorhanden sind und die Arbeit sich auch darauf bezieht. Er bedeutet nicht, dass die Bedeutung der Rhythmik geschmälert werden soll, sondern weist darauf hin, dass das Feld von Musik und Bewegung prädestiniert ist, als Wegweiser im interdisziplinären Feld von Musik und Kultur zu wirken.

In diesem Sinn ist das Modell von Musik und Bewegung als Aktionsmodell in allen Vermittlungsbereichen von Kultur und Lernen adaptierbar.

In der Regel lernen Studierende von Musik und Bewegung im Bachelor-Studium oder entsprechenden Weiterbildungen die notwendigen Grundlagen und künstlerischen Kompetenzen. Die Master Studien vertiefen ja nach Ausbildungsort einzelne Bereiche wie zum Beispiel Performance, Projektentwicklung und Vermittlung oder Heilpädagogik und die Studierenden werden dabei unterstützt, sich ein individuelles Profil zu erarbeiten.

d) Zum Text

Dieser Text ist entstanden in den Didaktik Modulen des Bachelor Musik und Bewegung an der ZHdK, Zürcher Hochschule der Künste. Aus den vielen Fragen der Studierenden, ihren Ideen und Gedanken zum Unterricht, sowie aus meinen Beobachtungen als Dozentin oder Expertin in der pädagogischen Arbeit in Musik und Bewegung mit Menschen aller Altersstufen, hat sich die vorliegende Gliederung und Gestaltung entwickelt.

Die Vermittlung von Musik und Bewegung wird als Modell in einer dualen Einheit von Struktur und Dynamik dargestellt.

In der Struktur werden Kompetenzprofile umrissen, welche für die Arbeit mit Menschen aller Altersstufen sowie Menschen mit besonderen Bedürfnissen zuzuordnen sind.

Im ersten Teil wird beschrieben, wie die Struktur dessen, was vermittelt werden soll, aufgebaut ist. Diese dient der angehenden Lehrperson als eine Art „Landkarte", als Orientierung, was sie in den verschiedenen Bereichen ihren zukünftigen Schülerinnen und Schülern auf unterschiedlichen Altersstufen vermitteln kann, und in welchen Schritten dies von statten gehen wird. Dieser Teil gibt den Studierenden einen genauen Überblick, was ihre zukünftigen Schülerinnen und Schüler lernen sollen, was der Gegenstand ihres zukünftigen Unterrichtens sein wird. Die beschriebene Struktur definiert die einzelnen Bereiche und Teilbereiche, mit vielen Beispielen aus der Praxis. Diese Unterrichtsbeispiele werden aber immer in den Zusammenhang mit einer Zielsetzung gestellt. Das heißt, es wird nicht einfach beschrieben, was man so alles machen könnte, sondern es wird aufgezeigt, warum was in welchem Augenblick sinnvoll ist. Das vielfältige Übungsmaterial ist in seinen Grundzügen überliefert, neu ist dabei die strukturelle Anordnung.

Der zweite Teil definiert die Merkmale einer kunstbasierten kreativen Unterrichtsgestaltung.

Dieser Teil heißt „Dynamik" und zeigt auf, wie ein solch lebendiger Unterricht gestaltet werden kann. Er gibt die Arbeitsinstrumente in die Hand, welche nötig sind, um den Unterricht prozessorientiert zu gestalten. Die angehende Lehrperson kann dabei erfahren, wie sie einzelne

Abläufe lebendig gestalten, vor- und nachbereiten sowie längerfristig planen und evaluieren kann. Nachdem im ersten Teil das „Was" und das „Warum" des Unterrichts erklärt wurde, geht es im zweiten Teil um das „Wie". Da die Dynamik des Unterrichts ganz stark von der Interaktion der Lehrkraft und der Schülerinnen und Schüler abhängt, und daher oft im Moment entsteht, wird in diesem zweiten Teil weitgehend auf Beispiele verzichtet. Es werden Grundlagen der Entwicklung beschrieben und nicht Rezepte zur direkten Umsetzung angeboten.

Die neu hinzugefügten letzten Kapitel dieser Überarbeitung zeigen auf, wie Zielsetzungen für neue Praxisfelder anhand des Grundmodells entwickelt werden können und erwähnen einige Praxisbeispiele, die sich als erfolgreich erwiesen haben. Die genaue Definierung von Zielen als auch die Möglichkeit der individuell anpassbaren Dynamik macht eine Anwendung in unterschiedlichsten Berufsfeldern möglich. Durch die Vielfalt der Ebenen werden zusätzlich zahlreiche Hinweise für die Arbeit im Bereich der Inklusion beschrieben. Angesprochen sind Lehrende und Lernende in Musik und Bewegung / Rhythmik, Musik, Künstlerischer Vermittlung, Gymnastik und Sport, sowie kunstpädagogisch Interessierte aus den verschiedensten Arbeitsgebieten. Da der ganze Text auch stark berufspolitisch ausgerichtet ist, liegt es auf der Hand, dass berufspolitisch neue Felder erschlossen und für diese Arbeitsgebiete auch neue Konzepte entwickelt wurden.

Es geht immer um die Verbindung von Musik und Bewegung, welche durch den Rhythmus verbunden wird: die Rhythmik, wie sie bis anhin bekannt ist. Dieser Unterricht ist sehr vielfältig, vielschichtig, bewegt und immer sehr kreativ. Diese Vielfältigkeit birgt leider auch die Gefahr in sich, unübersichtlich, chaotisch, unsystematisch zu werden. Die Formulierung ist ein Wagnis. Wie kann etwas derart Lebendiges und Kreatives methodisch-didaktisch dargestellt werden, ohne dass dabei die Lebendigkeit verloren geht? Die Würze des Ganzen entsteht ja im Moment, aus dem direkten Erlebnis heraus. Die tollsten Erlebnisse können nicht trocken beschrieben werden. Zudem laufen Übungsbeispiele Gefahr, in Banalität zu versinken, wenn sie so einfach aufgeschrieben werden. Trotzdem – das Ganze muss ja den Studierenden sowie allen interessierten Menschen aus dem beruflichen und persönlichen Umfeld erklärt werden.

e) Quellen

Literatur und Überlieferung

In diesem Werk wird zusammengefasst, was mir aus der Überlieferung und aus meiner langjährigen Praxis bekannt und was aus der Literatur ersichtlich ist. Da viele Prozesse und Abläufe in der Literatur zwar beschrieben, trotzdem aber in der Praxis viel lebendiger sind, als sie überhaupt beschrieben werden können, beruhen viele der hier vermittelten Erkenntnisse darauf, dass sie oft erlebt oder gesehen wurden. Im Anhang wird daher in jedem Bereich erwähnt, was bereits bekannt und was neu ist. Weiter wird zu jedem Kapitel auf weiterführende Literatur zum Thema verwiesen.

Grundsätze der Überlieferung aus der Rhythmik:

- Als zentrales und erstes Arbeitsprinzip ist für mich als Autorin die Wurzel der Rhythmik geblieben: *„die Verbindung von Musik und Bewegung"*. Das bedeutet, dass die Dynamik musikalischer Prozesse analysiert und dann umgesetzt wird sowohl in die Bewegung als auch in die Gestaltung des gesamten pädagogischen Prozesses. Die Dynamik von Aufbau, Entwicklung, Variation, Anfang und Schluss aus der Musik wird nutzbar gemacht für die Entwicklung sämtlichen pädagogischen Geschehens überhaupt. Diese Dynamik kann jeder Mensch aus sich heraus entwickeln und gestalten. So ist die Rhythmik immer ein Schöpfungsakt, eine lebendige Neugestaltung.

e) Quellen

- *„Vom Fühlen zum Erkennen, vom Greifen zum Be-greifen, vom Tun zum Verstehen"*: Persönliches, sinnliches Erleben von theoretischen Inhalten ist und bleibt die Grundlage jedes Handelns, nicht nur bei Kindern, auch in der Arbeit mit Erwachsenen. Der von Mimi Scheiblauer geprägte bekannte Grundsatz „erleben – erkennen – benennen" drückt noch prägnanter aus, was damit gemeint ist.
- Der größte Teil des Übungsmaterials wurde aus der Scheiblauer-Rhythmik übernommen, welcher eine unerschöpfliche Fülle an Einsatzmöglichkeiten in der Praxis aufzeigt. Nicht der zu vermittelnde Stoff ist grundsätzlich neu, wohl aber die Strukturierung und aufbauende Gliederung in der Formulierung der zwei Teile.
- Zum geschichtlichen Hintergrund der Rhythmik: Da dieser in der Literatur hinlänglich beschrieben ist, wird hier auf eine Abhandlung der geschichtlichen Entwicklung verzichtet. Die entsprechenden Literaturhinweise befinden sich im Anhang dieses Kapitels.
- In der Auseinandersetzung mit der heilpädagogischen Arbeit wurde immer klarer, wie wichtig es ist, Lernprozesse im Moment differenziert zu interpretieren und zu gestalten. Ebenfalls aus dieser Erfahrung kommt die Entwicklung der Wahrnehmungsdifferenzierung als Grundlage für den späteren Aufbau des Lernens.

Transposition unterschiedlicher Medien

Das Wissen der Umsetzung von musikalischen Inhalten auf die Bewegung wurde anhand der oben beschriebenen Grundsätze erweitert. Der Versuch, die Gestaltung jedes Prozesses sowohl in Alltag als auch in Pädagogik und Therapie in seiner Dynamik zu erfassen erfasst und in andere Erscheinungsformen zu übersetzen führte zur hier beschriebenen Form, Prozesse in unterschiedlichen Medien zu gestalten. So kann ein Ablauf zum Beispiel zuerst als Rhythmus dargestellt werden, anschliessend in eine musikalische Sequenz übersetzt, dann gezeichnet und in eine pädagogische Sequenz verwandelt werden.

Durch die Auseinandersetzung mit Rhythmik in Aus- und Weiterbildungen sowie der vielfältigen Kurstätigkeit und der direkten Arbeit mit Menschen aus verschiedensten Lebensbereichen entwickelte sich langsam die hier vorliegende Art, mit Worten, Klängen, Bewegungen und Zeichnungen zu lehren.

Schülerinnen und Schüler als Antriebskraft

Das Unterrichten eines künstlerischen Mediums erfordert, dass in der Interaktion von Schülerinnen, Schülern und Lehrkraft immer wieder neue Formen entstehen. Diese schlagen sich auch in der Theorie der Didaktik Module nieder. Die Struktur liefert die Grundlagen, aber die andauernde lebendige Auseinandersetzung löst konstante Veränderung aus, wird dadurch vielfältiger, kreativer, zeigt neue Aspekte. So prägt die praktische Arbeit die Theorie und bleibt stets ein Lehren und ein Forschen gleichzeitig. Persönlich lerne ich von Kindern jeden Alters und ebenso von den vielen KursteilnehmerInnen, den Studentinnen, mit denen ich lehrte und lernte und die mir mit ihren Reaktionen und Rückmeldungen gezeigt haben, ob sie das, was ich ihnen vermitteln wollte, verstehen oder nicht. Mein lebenslanger Forschungsprozess mit dem Thema „wie können die Schülerinnen und Schüler am besten lernen" erhält mich immer neugierig.

f) Grafik

Modellzeichnungen erleichtern an jedem Punkt die Orientierung im Spannungsfeld von Struktur und Dynamik. Die Grafik ist ein Mittel, verschiedene Aspekte eines Ablaufs schnell aufzuzeigen, während in diesen Fällen die Sprache eher ein schwerfälliges Mittel ist. Daher die Wahl von Wort und Zeichnung. Wer lieber liest, kann dies tun, wer sich lieber auf den visuellen Eindruck verlässt, ist dazu auch herzlich eingeladen. Die Zeichnungen bieten auch die Möglichkeit, Bewegungen nachzuempfinden, sich in ihren Linien, Kurven, Schwüngen mitzubewegen, sei dies nun im wahrsten Sinne des Wortes: mitbewegen im Raum, oder mit dem Finger oder nur den Augen mitempfinden. In diesem Text werden zwei verschiedene Arten von graphischer Darstellung gewählt, erstens ein Modell und zweitens bewegte Linien.

Das Modell:

Der Kreis des Modells bezeichnet immer das Ganze, den Zusammenhang aller beschriebenen Verbindungen. Innerhalb des Kreises werden die verschiedenen Bereiche und Verbindungen dargestellt.

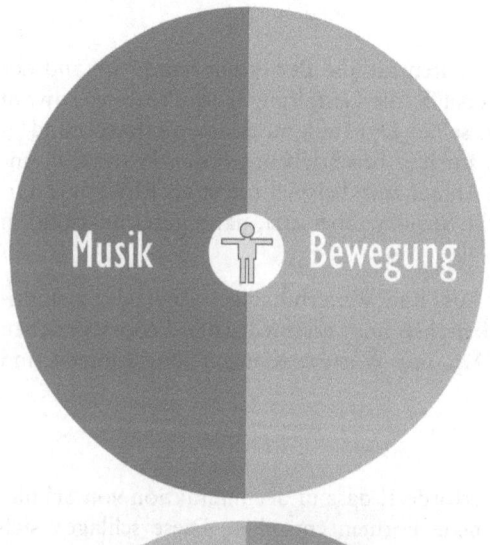

Grundlage der Arbeit ist die Verbindung von Musik und Bewegung.

Die hier bezeichnete Verbindung ist die Grundlage der ganzen beschriebenen pädagogischen Arbeit.

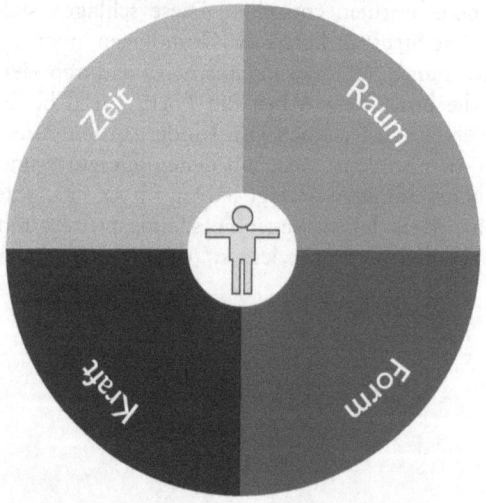

Jeder musikalische Ablauf kann in Bewegung, jeder Bewegungsablauf in Musik umgesetzt werden. Die vier Parameter Zeit, Raum, Kraft und Form sind Wurzel sowohl von Musik als auch von Bewegung. Sie bilden die Grundlage dieser Arbeit.

f) Grafik

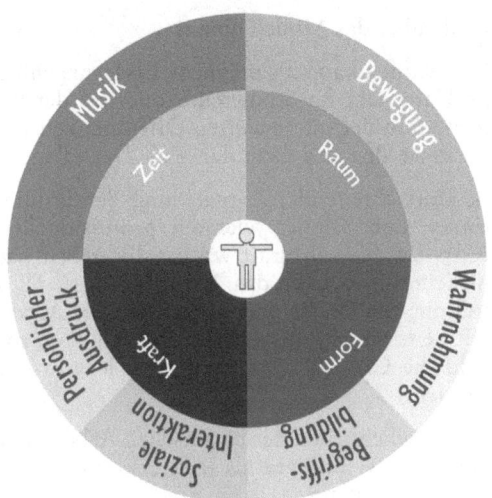

Neben den Bereichen Musik und Bewegung gehören auch die Bereiche Wahrnehmung, Begriffsbildung, Soziale Interaktion, Persönlicher Ausdruck dazu.

Die 4 Parameter bleiben bestehen, vergleichbar mit einem inneren Kern. Sie treten in allen sechs Bereichen in Erscheinung.

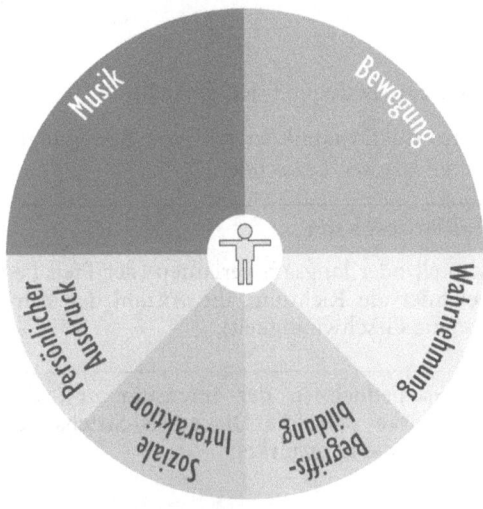

Die 6 Bereiche bilden die Gesamtheit der Abläufe von Musik und Bewegung / Rhythmik.

Anhand dieses Modells werden alle Bereiche erklärt und aufgebaut.

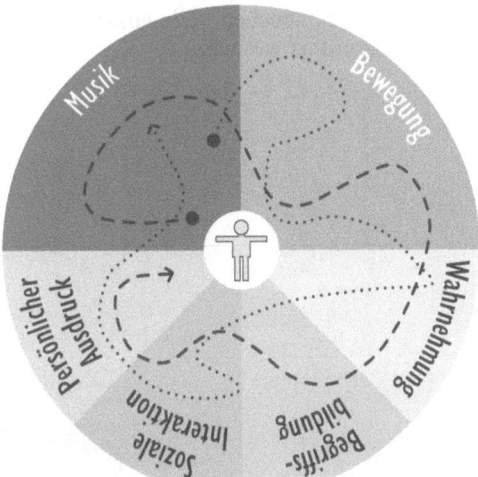

Linien im Modell

Die Linien innerhalb des Modells kommen vor allem im zweiten Teil des Textes zur Anwendung. Sie zeigen auf, wie sich die Dynamik der Unterrichtsgestaltung auf der Struktur des Modells der 6 Bereiche in einem künstlerisch pädagogischen Prozess entwickeln und manifestieren kann.

Die Abbildung zeigt zwei unterschiedliche Prozesse innerhalb der selben Struktur.

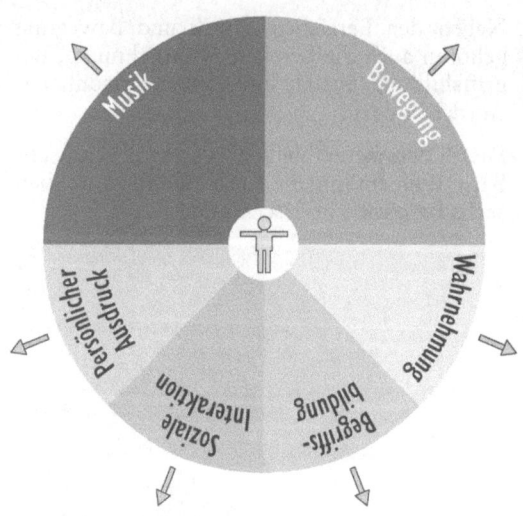

Pfeile über das Modell hinaus

Das Modell kann als mögliche Erklärungshilfe im Unterricht für Studierende oder bei der Information der interessierten Öffentlichkeit benutzt werden und dient daher als Grundlage.

Bei fortschreitender Entwicklung der Schülerinnen und Schüler oder der professionellen Aktivität der Lehrkraft wächst die Arbeit natürlicherweise über das Modell heraus. Dies soll mit den Pfeilen gezeigt werden. Die Arbeit mit dem Modell dient als Stütze, soll aber, sobald die Grundlagen erlernt sind, losgelassen werden.

Die Möglichkeiten der praktischen Arbeit sind unendlich vielfältiger als jede Erklärungshilfe ausdrücken kann.

Bewegte Linien

Mit einer Linie kann ohne Worte gezeigt werden, wie eine Bewegung sich darstellt.

Mit dieser Art von Linien wird im Laufe des Textes die Dynamik sowohl von Bewegungen, musikalischen Abläufen als auch von pädagogischen Prozessen bezeichnet.

	Ein Prozess kann
	schnell oder langsam verlaufen (der Pfeil bezeichnet die Richtung, die Anzahl der Kurven die Geschwindigkeit),
	unterschiedlich in der Intensität und der Lautstärke sein (die Dicke des Strichs bezeichnet die Lautstärke),
	oder in verschiedenen Dimensionen des Raums ausgeführt werden.

2 Die Verbindung von Musik und Bewegung

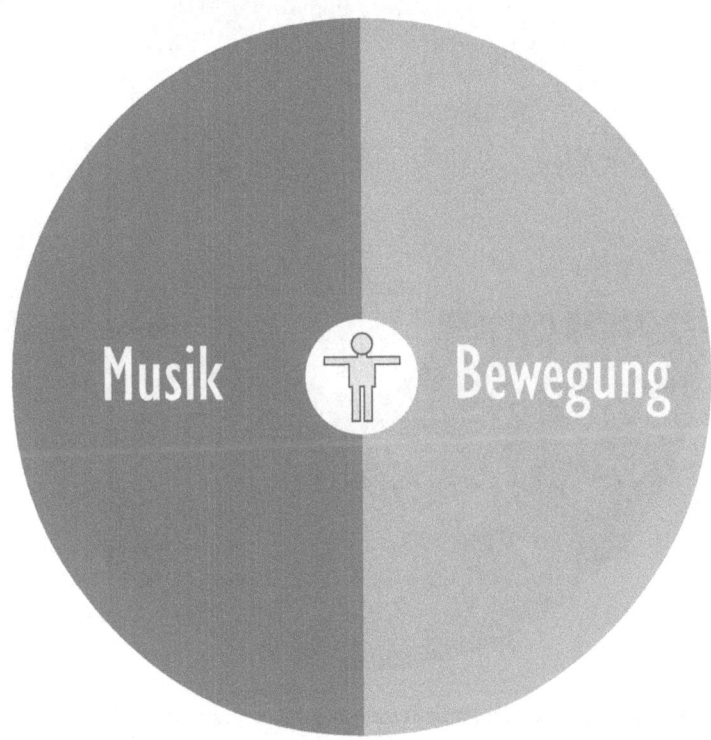

a) Musik in Bewegung und Bewegung in Musik umsetzen

Jeder musikalische Ablauf kann in Bewegung und jeder Bewegungsablauf in Musik umgesetzt werden. Grundlage für diese Umsetzung bilden die 4 Parameter Zeit, Raum, Kraft und Form. Sie stellen den eigentlichen Kern der elementaren Begegnung mit Musik dar. Mit Hilfe der Unterteilung in diese 4 Parameter können sämtliche musikalischen Elemente in Musik oder in Bewegung erlebt, bewegt, gehört oder gespürt werden und führen so zur Erwerbung erster Kompetenzen im differenzierten Umgang mit Musik und Bewegung.

Der elementare Umgang mit den einfachsten Grundlagen von Musik und Bewegung ab dem Alter von 5 bis 6 Jahren wird oft als selbstverständlich bezeichnet. Die praktische Erfahrung beweist aber häufig das Gegenteil. Ein Kind zum Beispiel, das oben und unten nicht an seinem Körper wahrnehmen kann – und das ist bei genauerem Hinsehen gar nicht selten der Fall – kann auch nicht hohe und tiefe Töne oder gar aufsteigende und absteigende Melodien unterscheiden. Wer laut und leise nicht mit seinen Bewegungen differenzieren kann, zum Beispiel wirklich laut wie ein Elefant gehen oder leise wie eine Schnecke schleichen, wird bestimmt auch Mühe haben, an einem Instrument unterschiedliche Lautstärken zu erzeugen. Die Erfahrung elementarer Gegensätze macht es vor allem kleineren Kindern möglich, sich einen persönlichen Zugang zu grundlegenden Phänomenen der Musik zu verschaffen.

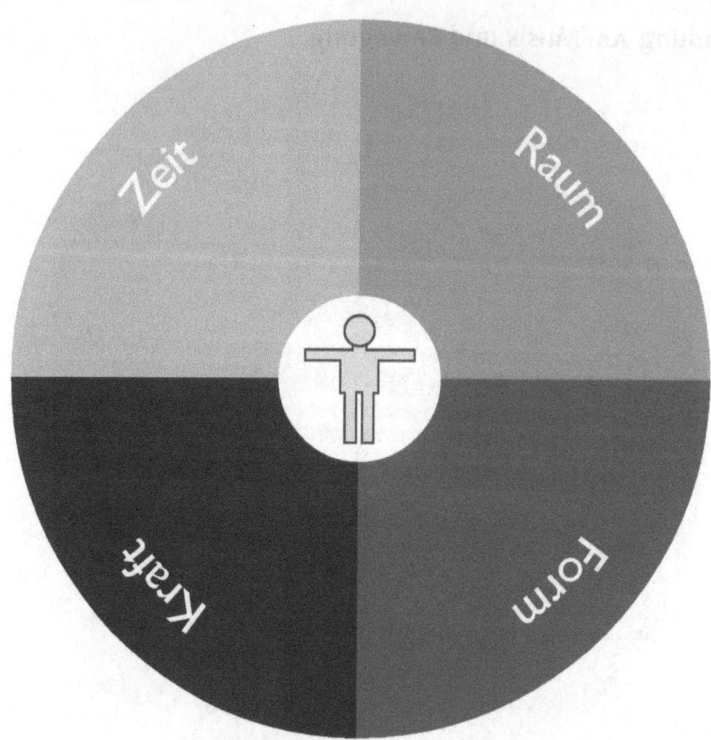

Im musikalischen Gruppenunterricht mit Kindern gibt es manchmal auch schwierige Situationen. Einzelne oder viele Schüler stören den Unterricht oder sind nicht motiviert, sich aktiv zu beteiligen. Eine Analyse zeigt, dass sie in vielen Situationen gar nicht richtig verstehen, was eigentlich von ihnen im Musikunterricht verlangt wird, weil sie nicht über die grundlegenden Differenzierungen innerhalb dieser 4 Parameter verfügen. Werden jedoch Elemente daraus vorab ausprobiert und erlebt, selbst in Bewegung und Klang verwandelt und als gehörte oder gespürte Veränderungen und Zustände wahrgenommen, so verschwinden die schwierigen Situationen meist von selbst. Die Kinder können einen persönlichen Bezug zum Unterricht und zur Musik herstellen und gewinnen gleichzeitig mit den musikalischen Kompetenzen auch einen persönlichen und lustvollen Bezug zum Kulturgut Musik und Bewegung.

b) Zeit – Raum – Kraft – Form: erste Unterscheidung

Das Erleben und Erarbeiten der Parameter beginnt in der Unterscheidung der schroffen Gegensätze. Zu beachten ist, dass bei deren Erarbeitung wirklich von größtmöglichen Gegensätzen ausgegangen wird, nicht nur von kleinen Unterschieden. Nur eine Polarisierung innerhalb der Gegensatzpaare macht möglich, dass graduelle Veränderungen und Abstufungen wirklich wahrgenommen und für die spätere Musikausübung genutzt werden können. Die Extremwerte in der Unterscheidung gegensätzlicher Phänomene werden hier Pole genannt.

Die folgende Tabelle zeigt die vier Parameter und einige ihrer Pole.

MUSIK UND BEWEGUNG

Zeit	Raum	Kraft	Form
Pole:	Pole:	Pole:	erste Begriffe:
lang – kurz	hoch – tief	laut – leise	Phrase
schnell – langsam	oben – unten	schwach – stark	Motiv
regelmäßig – unregelmäßig	nah – fern	Spannung – Entspannung	Wiederholungen
	vorn – hinten		geometrische Formen
Ruhe – Bewegung	rechts – links		

In der elementaren Musikerziehung können diese Pole auf vielfältige Art und Weise durch Bewegung oder Musik und anschließend in allen möglichen Kombinationen gestaltet werden. Da die Basis-Erfahrung immer dieselbe ist, spielt es für das Verständnis der elementaren Phänomene keine Rolle, ob die Erfahrung durch Musik oder durch Bewegung gemacht wird. Dies erschließt dem Unterricht die Freiheit, die Medien nach Bedarf zu wechseln und damit den Unterricht vielfältig und lebendig aufzubauen.

Die schematische Übersicht auf der folgenden Seite zeigt, wie die genannten Parameter in der Musik gut dargestellt und in Bewegung umgesetzt werden können.

Aufbau einer Bewegungssequenz

	Erste Differenzierungen der Bewegung im Parameter Zeit ■ Bewegungen ganz langsam oder sehr schnell ausführen ■ Bewegungen regelmäßig oder unregelmäßig gestalten ■ Bewegungen in regelmäßigen oder unregelmäßigen Abständen unterbrechen ■ den Wechsel zwischen Ruhe und Bewegung deutlich wahrnehmen.
	Erste Differenzierungen der Bewegung im Parameter Raum ■ jede Bewegung vor dem Körper und hinter dem Körper, auf der rechten oder der linken Seite ausführen ■ Bewegungen in der Höhe und in der Tiefe, oben und unten am Körper gestalten ■ Bewegungen nahe beim Körper und weiter weg ausführen.
	Erste Differenzierung der Bewegung im Parameter Kraft ■ Bewegungen laut oder leise, mit viel oder wenig Krafteinsatz durchführen.
	Erste Differenzierungen der Bewegung im Parameter Form ■ Bewegungsphrasen erkennen ■ Bewegung in Motiven gestalten ■ einzelne Bewegungsabläufe wiederholen können, auch wenn andere dazwischengeschoben werden ■ Bewegungen in geraden oder geschwungenen Linien, Spiralen etc. ausführen.

c) Differenzierung der 4 Parameter innerhalb der Pole

Sind die Parameter in ihren Unterschieden erlebt und erkannt worden, so richtet sich die Aufmerksamkeit nun auf die größtmögliche Differenzierung innerhalb der einzelnen Parameter. So kann zum Beispiel, statt nur mit entweder langen oder kurzen Tönen, mit unterschiedlichen Tonlängen experimentiert werden: so können statt Bewegungen in entweder langsamen oder schnellen Tempi, eine Reihe von Beschleunigungen und Verzögerungen ausprobiert werden.

Die folgende Tabelle zeigt die Differenzierungsmöglichkeiten.

MUSIK UND BEWEGUNG

Zeit	Raum	Kraft	Form
Pole:	**Pole:**	**Pole:**	**Erste Begriffe:**
lang – kurz	hoch – tief	laut – leise	Phrase
schnell – langsam	oben – unten	schwach – stark	Motiv
regelmäßig – unregelmäßig	nah – fern	Spannung – Entspannung	Wiederholungen
Ruhe – Bewegung Pausen	vorn – hinten		geometrische Formen
	rechts – links		
Differenzierung in	**Differenzierung in**	**Differenzierung in**	**Differenzierung in**
Tonlängen	Tonhöhen	unterschiedliche Lautstärken	Thema, Figur
verlangsamende / beschleunigende Tempi	Ton-Orte: Lokationen	crescendo – decrescendo	zwei – dreiteilige Liedformen
regelmäßige – unregelmässige Tonfolgen	aufsteigende – absteigende Tonfolgen	verschiedene Artikulationsarten	Variationen
unterschiedliche Rhythmen	Tonrichtungen: sich entfernend – sich nähernd, seitwärts, rund um den Körper – rundherum	pizzicato, legato, staccato, rubato, portato.	Rondo
verschiedene Taktarten		unterschiedliche Klangfarben	Unterschiedliche Linien und Punkte, Kreis, Reihe, Spirale, Dreieck, Viereck
freie Wechsel von Stille und Klang			

Differenzierung in der Umsetzung in die Bewegung

Zeit

Die Bewegung kann in unterschiedlichen Tempi variiert, im Wechsel zwischen Pausen und Bewegung gestaltet werden – bis hin zum Spiel mit Tonlängen, Tempoveränderungen und rhythmischer Vielfalt.

Raum

Die Bewegung kann sich in allen Dimensionen des Raums, von oben nach unten, von links nach rechts, in aufsteigenden oder absteigenden Linien, entwickeln.

Kraft

Bewegungen werden in verschiedenen Lautstärken, staccato, legato, spitz, getragen oder fließend verbunden ausgeführt, um in immer neuen Verbindungen Kraft und Lebendigkeit auszudrücken.

Form

Bewegungen brauchen Formen, damit wir uns überhaupt an sie erinnern können, sie wiederholen und üben können. Einfache und komplizierte Formen lassen Strukturen entstehen und geben Halt, öffnen aber auch Spielraum für Neues.

Die bewusste Auseinandersetzung mit allen vier Parametern und ihren internen Differenzierungen ermöglicht eine freie Gestaltung in allen nur denkbaren Richtungen und Dimensionen. Dies betrifft sowohl die Bewegungsgestaltung als auch den musikalischen Ausdruck. So kann Musik in Bewegung umgesetzt werden, Bewegungen begleiten oder zur Entwicklung neuer Ausdrucksformen anregen. Mit Bewegungen kann Gehörtes wahrgenommen und ausgedrückt werden. Dadurch kann Musik sichtbar werden, können neue Formen entstehen.

d) Praxisbezug

Praxisbezug	Die vier Parameter in ihrer Anwendung auf verschiedenen Altersstufen
3–5 Jahre	**Erste Unterscheidung:** In der Bewegung auf Hörerlebnisse reagieren, dieses Erlebnis anschließend auf Musikinstrumenten nachspielen: langsame und schnelle Tempi, regelmäßige und unregelmäßige Unterbrechungen, hoch und tief / laut und leise. Anhand von einfachen Stücken oder Liedern Formen erleben.
5–7 Jahre	**Alle Pole unterscheiden lernen und benennen:** In Bewegung und Musik erkennen, darauf reagieren, selber gestalten.
7–10 Jahre	**Differenzierungen innerhalb der Pole** hören, mit ihnen experimentieren, sie benennen.
10–14 Jahre	**Weiterführende Differenzierungen** vornehmen, ev. vorhandene Lücken schließen.
Ab 14 Jahren	**Differenzierung nutzen** als Wahrnehmungsbasis für die weiterführende Gestaltung.

3 Das Handwerk Musik und Bewegung

a) Die 6 Bereiche

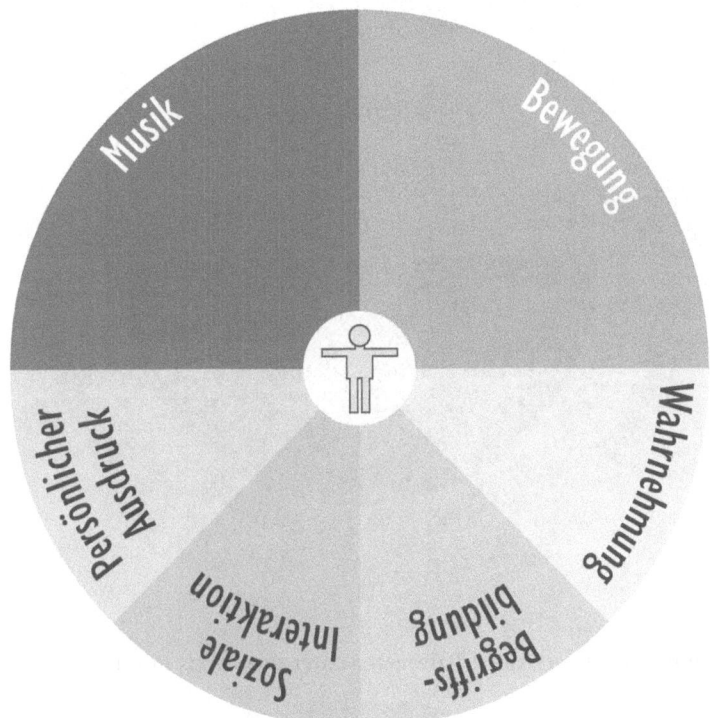

Musik und Bewegung sind die zwei ersten und wichtigsten Bereiche der Rhythmik. Damit sie ganzheitlich erlernt werden können, müssen noch vier weitere Bereiche berücksichtigt werden.
- **Wahrnehmung:** Um sich mit Musik und Bewegung vertieft auseinander zu setzen, ist die Förderung und Schulung der Wahrnehmungsfähigkeit erste Voraussetzung. In der Praxis werden daher alle Elemente sowohl gespürt und ertastet, als auch gehört und mit den Augen wahrgenommen.
- **Begriffsbildung / Bewusstmachung:** Alle beschriebenen Lernprozesse beinhalten die handelnde Auseinandersetzung mit Musik und Bewegung und das kognitive Erfassen der gemachten Erfahrungen. Dazu gehören sowohl das individuelle Verbalisieren des persönlich Erlebten, als auch das Erlernen der zugehörigen Bezeichnungen. Dieser Vorgang entspricht dem von Mimi Scheiblauer geprägten bekannten Satz „erleben – erkennen – benennen".
- **Soziale Interaktion:** In der Praxis von Musik und Bewegung gibt es viele soziale Komponenten. Dazu gehören das sich Zurechtfinden in einer Gruppe, das aufeinander Hören oder miteinander Gestalten sowie die Auseinandersetzung mit einem Partner.
- **Persönlicher Ausdruck:** Kreativität und individuelle Ausdrucksfreude sind unerlässlich für das Erwerben eines individuellen Zugangs zu Musik und Bewegung.

Als Ganzes betrachtet ergibt sich ein Kreis mit 6 Bereichen: I Musik, II Bewegung, III Wahrnehmung, IV Begriffsbildung, V Soziale Interaktion, VI Persönlicher Ausdruck.

Die 4 Parameter bilden den inneren Kreis innerhalb des Modells. Sie treten in allen 6 Bereichen in Erscheinung. Vorstellbar sind diese zwei Kreise als zwei Scheiben, die miteinander verbunden sind und nach Belieben gedreht werden können. Die 4 Parameter können in allen Bereichen geschult oder als Grundlage zur Gestaltung gebraucht werden.

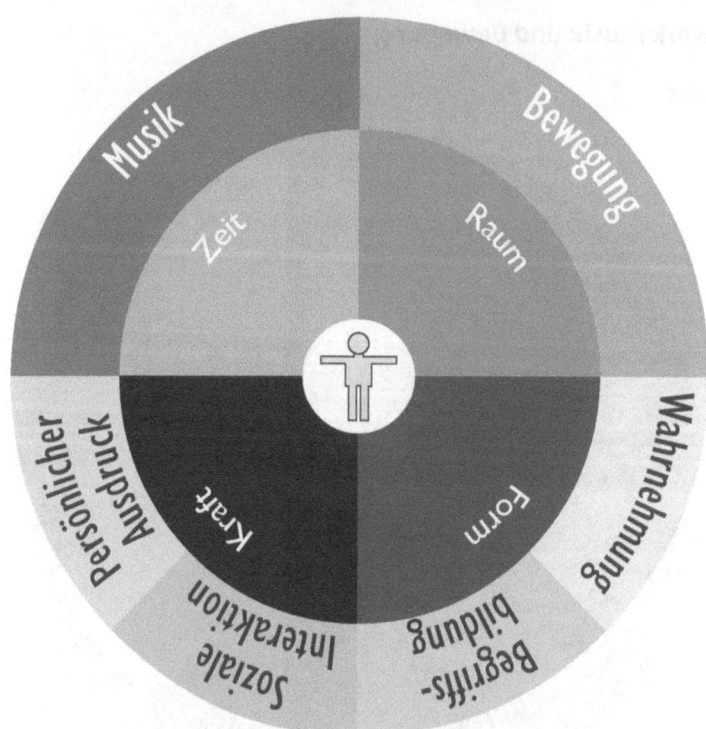

Dreidimensional gesehen liegen die 4 Parameter unter dem Kreis mit den 6 Bereichen.

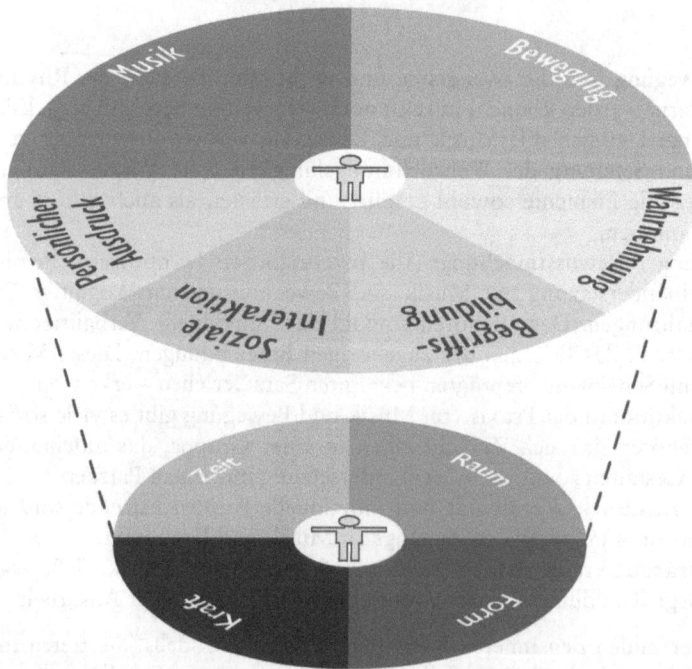

In Zukunft werden sie nicht mehr jedes Mal in die Mitte des Modells eingezeichnet.

b) Struktur und Dynamik

Struktur

Die 6 Bereiche in ihrer Verbindung stellen das Handwerk der Rhythmik dar. Sie bilden die Grundstruktur, anhand derer sich die ganze Arbeit gestaltet. Analog einer Landkarte ermöglicht ihre Darstellung als geschlossener Kreis den Gesamtüberblick und in jedem Moment eine Standortbestimmung.

Im ersten Teil, „Struktur", werden diese 6 Bereiche einzeln vorgestellt. Hier stehen alle Bereiche noch gleichberechtigt nebeneinander. Sie bilden ein „Repertoire", aus dem danach für jeden Lernschritt eine Auswahl getroffen wird, damit der Unterricht in logische Schritte gegliedert werden kann.

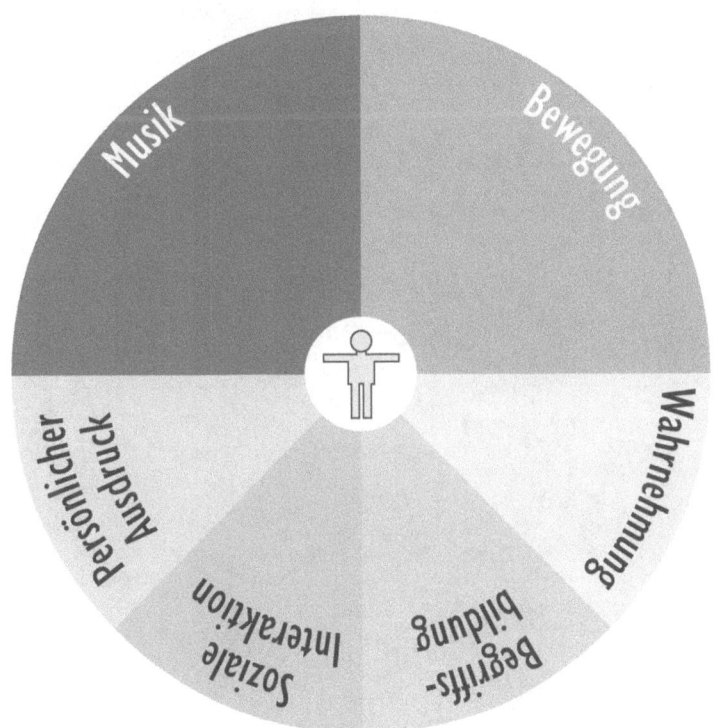

Dynamik

Auf der Grundlage der „Struktur" entwickelt sich in der Praxis in jeder Unterrichtseinheit ein neuer rhythmisierter Prozess. Im Unterricht werden je nach Arbeitsfeld und Altersstufe in diesem Koordinatennetz mit den Schülerinnen und Schülern verschiedene „Wege" begangen. Je nach der Wichtigkeit eines oder mehrerer Bereiche verläuft der „Weg" in größerer Nähe zu ihm oder ihnen, denn stets treten ein oder mehrere Bereiche in den Vordergrund, andere eher in den Hintergrund. Obwohl in der Praxis jeweils ein Bereich im Vordergrund steht, werden doch niemals die andern ganz außer acht gelassen. Im Grunde genommen kann ein einzelner Bereich ohne die übrigen gar nicht existieren.

Die untenstehende Graphik zeigt auf, wie sich auf der festen Struktur, die immer gleich bleibt, von Mal zu Mal verschiedene, unterschiedlich rhythmisierte Prozesse entwickeln können.

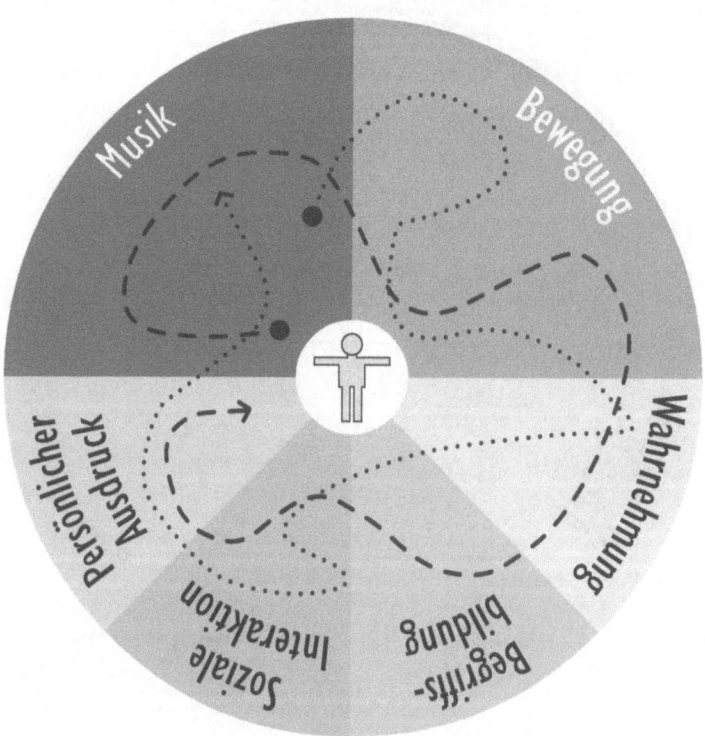

c) Die Teilbereiche

Die Teilbereiche sind in konzentrischen Kreisen angeordnet. Im Unterricht werden sie der Reihe nach berücksichtigt. Sie beginnen in ihrem Aufbau zuinnerst im Kreis, entwickeln sich also von innen nach außen. Jeder Bereich hat seine Teilbereiche und ist immer nach der selben Struktur aufgebaut. Der Aufbau beginnt in Kreis A in direktem Kontakt mit dem Körper, der Förderung der Körperwahrnehmung, und differenziert sich, je weiter er nach außen tritt, bis hin zur freien Gestaltung in Kreis E. Je breiter die Fähigkeiten eines Menschen gestreut sind, desto mehr verlagert sich die Entwicklung der Arbeit in die äußersten Kreise.

Der Aufbau der Teilbereiche:
A   im Mittelpunkt steht immer der Mensch. Der Aufbau der Struktur beginnt daher in jedem Bereich beim direkten Körperkontakt, der Wahrnehmung der Grundlagen des jeweilgen Bereichs,
B   nach der Wahrnehmung erfolgt die Erarbeitung der Grundlagen des Bereichs,
C   die erlebten Grundlagen werden differenziert,
D   die erworbenen Kenntnisse werden in Beziehung gesetzt zum Raum, zu verschiedenen Gegenständen oder Rhythmikmaterial, zu einem Partner oder zur ganzen Gruppe,
E   im äußersten Kreis wird die individuelle Gestaltung aufgrund der erlebten und erarbeiteten Kenntnisse möglich. Von hier aus ist dann der Raum offen für jede weitere künstlerische oder künstlerisch-pädagogische Entwicklung.

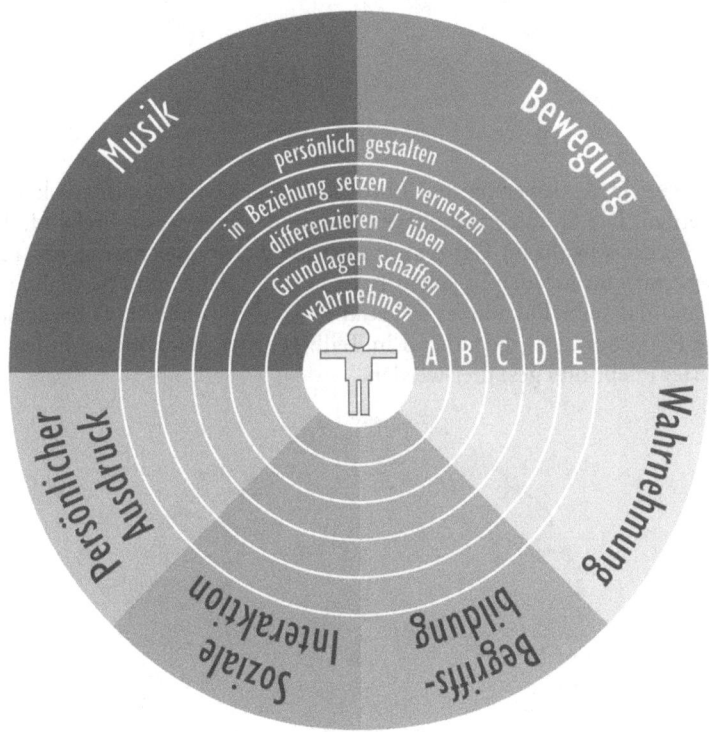

Die Entwicklung innerhalb der Teilbereiche

Die inneren Kreise sind beschränkt, komprimiert und öffnen sich gegen außen. Hier wird ein elementarer Zugang zu allen späteren gestalterischen Prozessen geschaffen. Diese inneren Kreise bilden die Grundlage, die Wurzel der ganzen Arbeit. Ohne sie ist Entwicklung nicht möglich. Kreativität und künstlerische Gestaltung können sich nur entwickeln, wenn die entsprechenden Grundlagen vorhanden sind. Deshalb brauchen die angehenden Lehrpersonen ein gutes Bewusstsein für den entsprechenden Aufbau. Wenn die Grundlagen erst einmal erarbeitet sind, so sind die Möglichkeiten der Gestaltung später unbegrenzt.

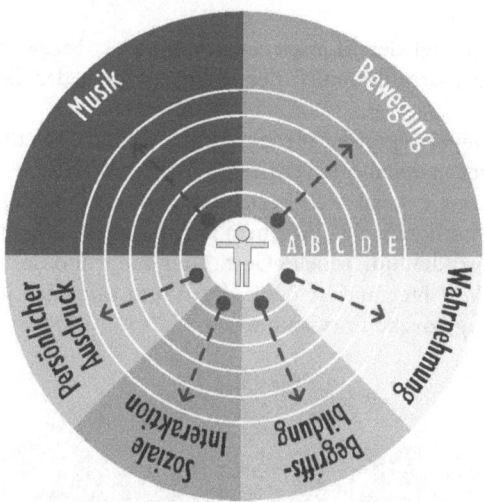

Die nach außen gerichtete Bewegung der Entwicklung des Übungsaufbaus kann auch als Spirale gesehen werden. Die Spirale symbolisiert eine sich öffnende, aufdrehende Bewegung. Die Differenzierung findet sowohl im Ganzen, in allen Bereichen gleichzeitig, als auch in den einzelnen Bereichen statt. So ist auch in jedem Bereich eine solche Spiralbewegung vorhanden. In diesem Sinne kann das selbe Phänomen wie zum Beispiel die einfache Differenzierung von laut und leise (siehe Praxisbezug 1), beginnend in Teilbereich A, nach außen hin sich öffnend immer differenzierter erlebt und gestaltet werden.

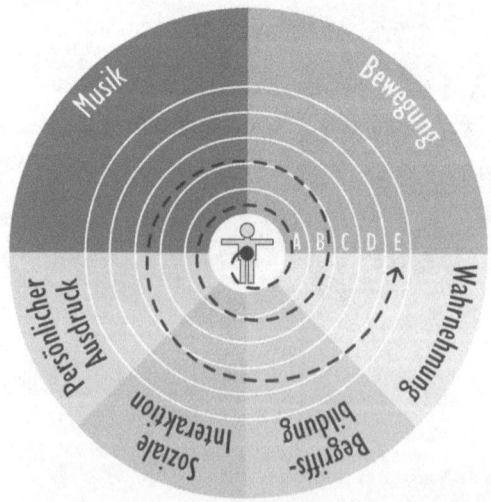

e) Das Modell als Grundlage für die praktische Arbeit

d) Die Struktur der Bereiche und ihrer Teilbereiche

Jeder Teilbereich hat seinen Schwerpunkt.

Die folgende Übersicht zeigt alle Bereiche mit ihren Teilbereichen.

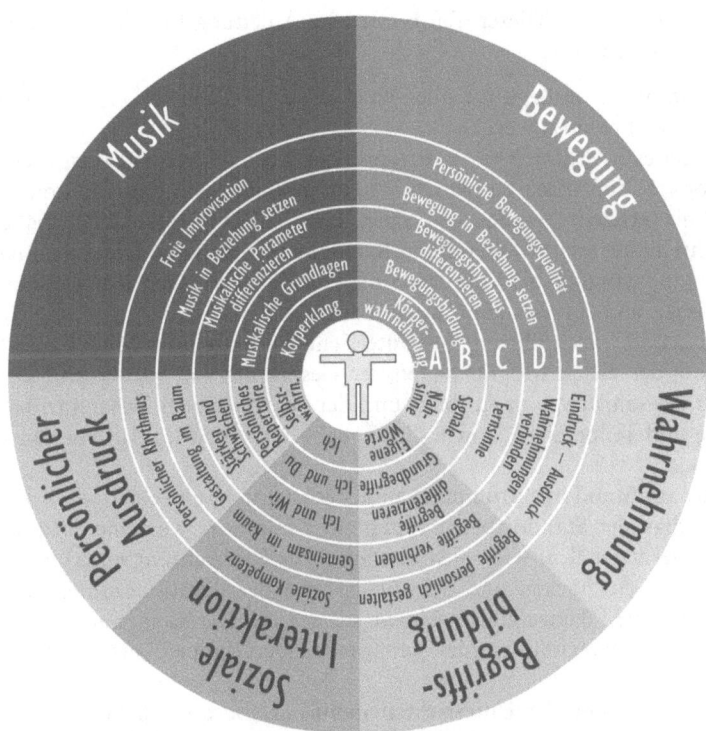

e) Das Modell als Grundlage für die praktische Arbeit

Das hier vorgestellte Modell wurde innerhalb einiger Jahre im Unterricht der Methodik-Didaktik Rhythmik entwickelt. Es soll den Studierenden helfen beim Erwerb von Strukturen, welche dann in der pädagogisch-künstlerischen Arbeit auf kreative Art und Weise gestaltet werden können. Das Modell ist ein Arbeitsinstrument, bestehend aus zwei Teilen, welche analog in den zwei Teilen dieses Textes beschrieben werden. Die Grafiken Struktur und Dynamik stellen die zwei notwendigen Teile des hier vorgestellten Modells dar: einen festen, unbeweglichen Teil, die **Struktur**, welche ein eigentliches Repertoire der Arbeit bedeutet, und eine Anleitung, wie auf dieser Struktur sich in der Praxis in jeder Unterrichtseinheit die **Dynamik**, eine neue rhythmisierte Bewegung entwickeln kann.

Im ersten Teil dieses Textes, mit dem Titel „**Struktur**", werden die einzelnen Bereiche in ihrem Aufbau dargestellt. Dieser Teil dient dem Erlernen des Aufbaus in logischen Schritten mit einer Übersicht über jeden Bereich. Jeder Teilbereich ist in Tabellenform mit Zielen dargestellt. Diese sind in ihrem Schwierigkeitsgrad aufsteigend geordnet, beginnend bei den einfachsten. Die Teilbereiche sind mit Beispielen für die Arbeit auf verschiedenen Altersstufen veranschaulicht. Die Beispiele sind exemplarisch, nicht chronologisch geordnet. Sie sollen die Phantasie der Leserin, des Lesers anregen, zu den beschriebenen Zielen eigene Übungsabfolgen zu erfinden. Für die Arbeit mit Kindern von 4 bis 10 Jahren befindet sich immer ein Beispiel entsprechend den Grobzielen. Für Schülerinnen und Schüler der Mittelstufe und für Erwachsene ist je ein exemplarisches Beispiel eingefügt. Alle Beispiele kommen aus den verschiedenen Übungsschulen der Didaktik Module im Bachelor Musik und Bewegung.

Im zweiten Teil, „**Dynamik**", wird anschließend aufgezeigt, wie sich ein rhythmisierter Prozess innerhalb dieser Strukturen entwickelt und wie Schwerpunkte und Ziele in der konkreten Arbeit gesetzt werden können. Dieser Teil bietet eine Anleitung für die Gestaltung der pädagogisch-künstlerischen Prozesse.

Das Modell kann als Grundlage für alle Aspekte der künstlerisch-pädagogischen Arbeit mit Musik und Bewegung benützt werden.

- Als erstes bietet es Richtlinien zur **Festlegung der Ziele** der Arbeit. Ausgehend von den Zielen ist es möglich, die Arbeit zu planen, neu zu gestalten und dann zu kontrollieren, ob die gesetzten Ziele erreicht wurden. Rezepte, das heißt, fertige Übungspakete oder reine Übungsbeschreibungen laufen Gefahr, in Banalität zu versinken. Die Arbeit nach Zielen aufzubauen ist unumgänglich als Voraussetzung zur Zusammenarbeit mit andern Lehrkräften, Eltern, Behörden und zur Verankerung im Berufsfeld.
- In der **Planung und Durchführung des Unterrichts** vermittelt das Modell eine Orientierungshilfe innerhalb der vielen Möglichkeiten der Gestaltung von Musik und Bewegung, durch die Kenntnis des schrittweisen Aufbaus und der verschiedenen Zusammenhänge der einzelnen Bereiche und Teilbereiche, sowie durch mehr Sicherheit im Aufbau von Unterrichtseinheiten.
- Als **Leitfaden zur Standortbestimmung** und Beobachtung einzelner Schüler bietet das Modell einen Aufbau der Standortbestimmung zur Definition, was eine Gruppe kann und wo sie gefördert werden soll, sowie einen Leitfaden zur Beobachtung einzelner Kinder in ihrem Verhalten und ihren Stärken und Schwächen und der daraus resultierenden Planung der nächsten Teilschritte. Weiter gibt es Hinweise, wie ein Thema in einem tieferen oder höheren Teilbereich weiterverfolgt werden kann, falls eine Gruppe überfordert oder unterfordert ist.
- Als Hilfe zur **Gestaltung der Unterrichtsdynamik** offeriert es Anleitung für die Übungsentwicklung durch Variation, organische Übungsentwicklung und Rhythmisierung des Unterrichts.
- Die Struktur der Bereiche unterstützt auch die Zielsetzung in unterschiedlichen Arbeitsfeldern. Je nach Auftrag des Unterrichts oder Projekts tritt ein Bereich in den Vordergrund, wird zum eigentlichen Zielbereich. Die anderen Bereiche treten dann in den Hintergrund, werden eher zum „Mittel" im Unterrichtsgeschehen.

f) Praxisbezug

Praxisbezug 1 *Schwerpunkte innerhalb der Teilbereiche* *nach Altersstufen geordnet:* Auf den entsprechenden Altersstufen wird vorwiegend in den bezeichneten Teilbereichen gearbeitet.	*2–4 Jahre*	*4–7 Jahre*
	7–10 Jahre	*10–16 Jahre*
	ab 16 Jahre	Bei länger dauerndem Unterricht wächst die Arbeit über die Darstellungen des Modells hinaus in die freie Gestaltung im künstlerischen oder künstlerisch-pädagogischen Bereich.

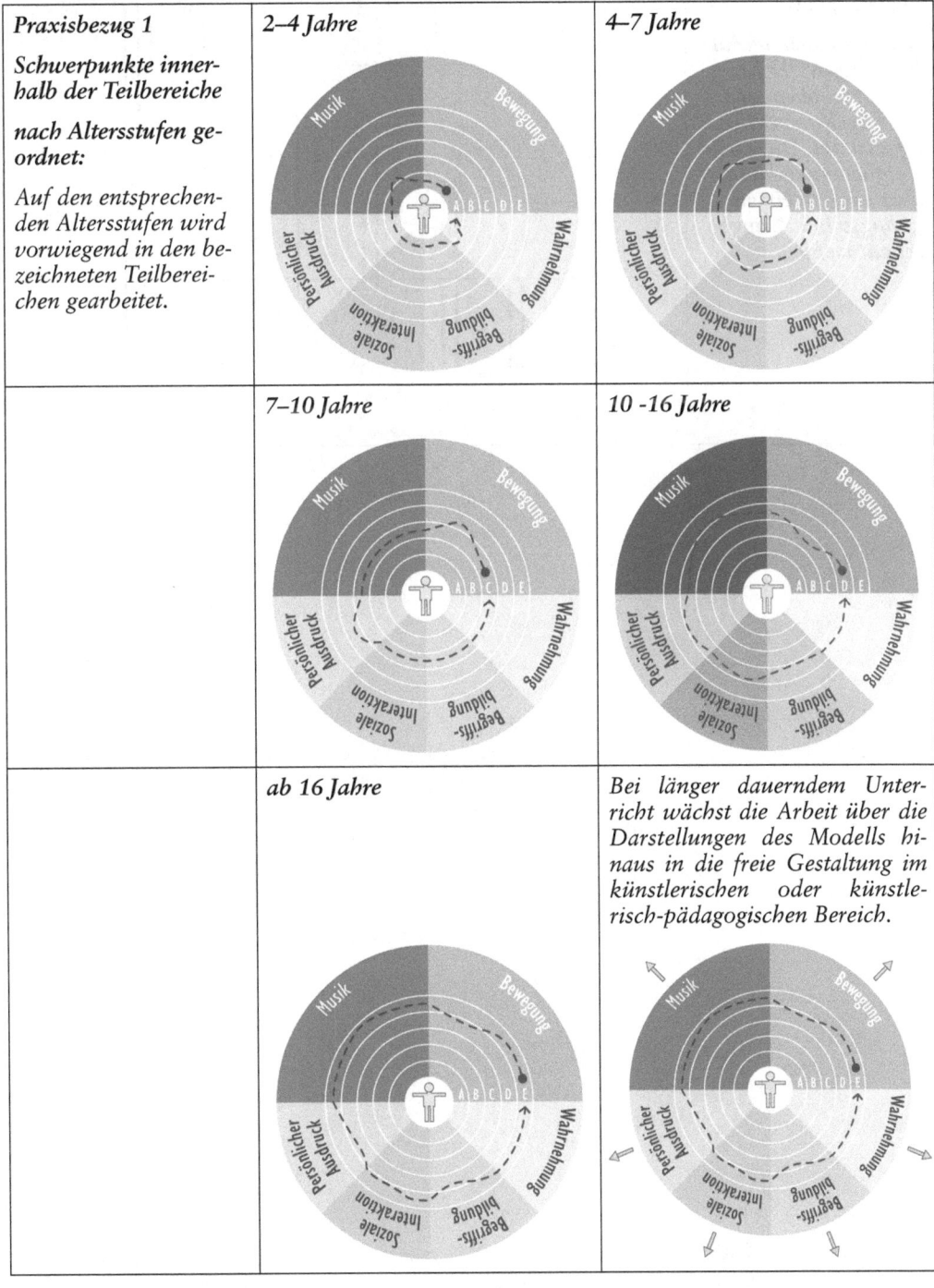

**Praxisbezug 2
„Längsschnitt"**

Bis jetzt haben wir alles im Querschnitt, quasi von oben, aus der Vogelperspektive, angeschaut. Die ganze Aufgliederung kann aber auch in einem „Längsschnitt" angeschaut werden.

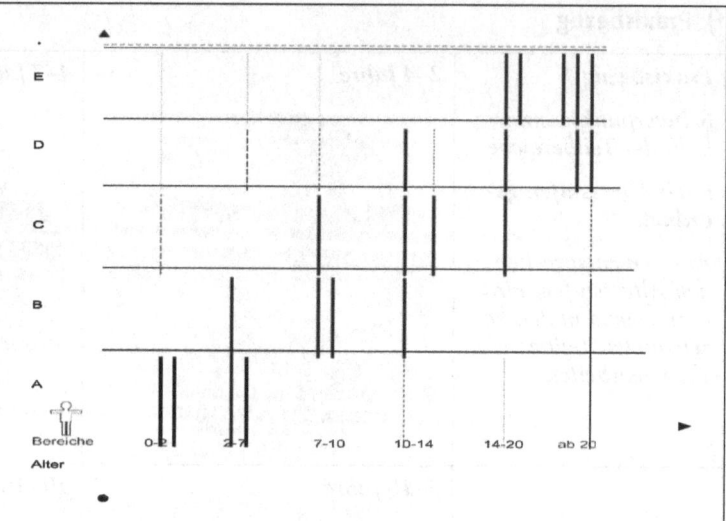

4 Der Bereich I – Musik

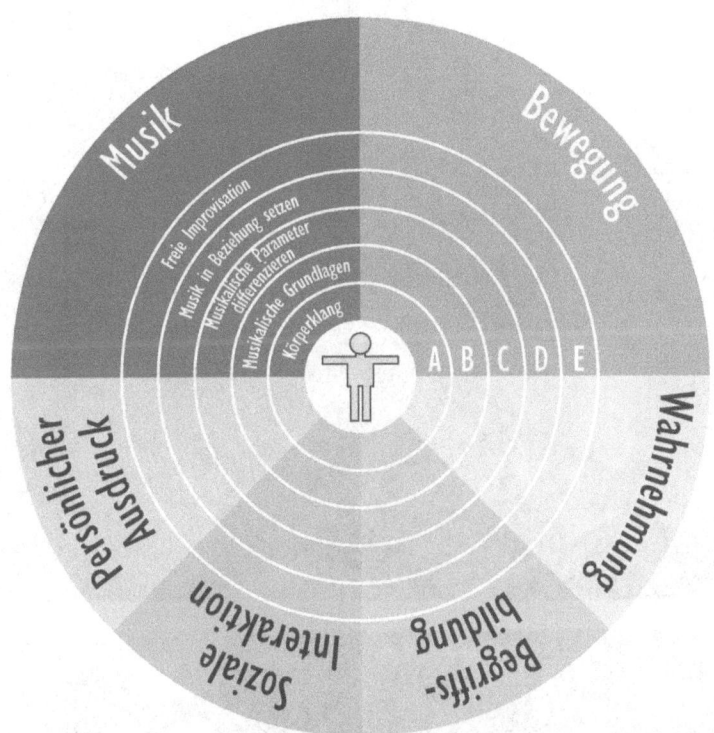

Ausgangspunkt im Bereich Musik ist das ganzheitliche musikalische Tun. Durch das Hören von Musik, das Spielen auf individuelle Art und Weise, das sich zur Musik Bewegen wird Musik zu einer persönlichen Sprache, einem individuellen kreativen Ausdrucksmittel. Die Erfahrungen mit Singen – Tanzen – Musizieren, für sich allein oder in der Gruppe, mit unterschiedlichen Instrumenten und Gegenständen aller Art eröffnen einen neuen Klangraum mit vielen Facetten.

In der anschließenden Differenzierung werden einzelne Elemente geschult und dann wieder ins Ganze eingereiht. Mosaikstückchen gleich werden musikalische Begriffe der vier Parameter, rhythmische Muster, einfache Instrumente, Lieder und Musikstücke aus dem eigenen Kulturkreis wie aus anderen Kulturen herausgegriffen, näher beleuchtet und wieder eingefügt ins ganze Bild.

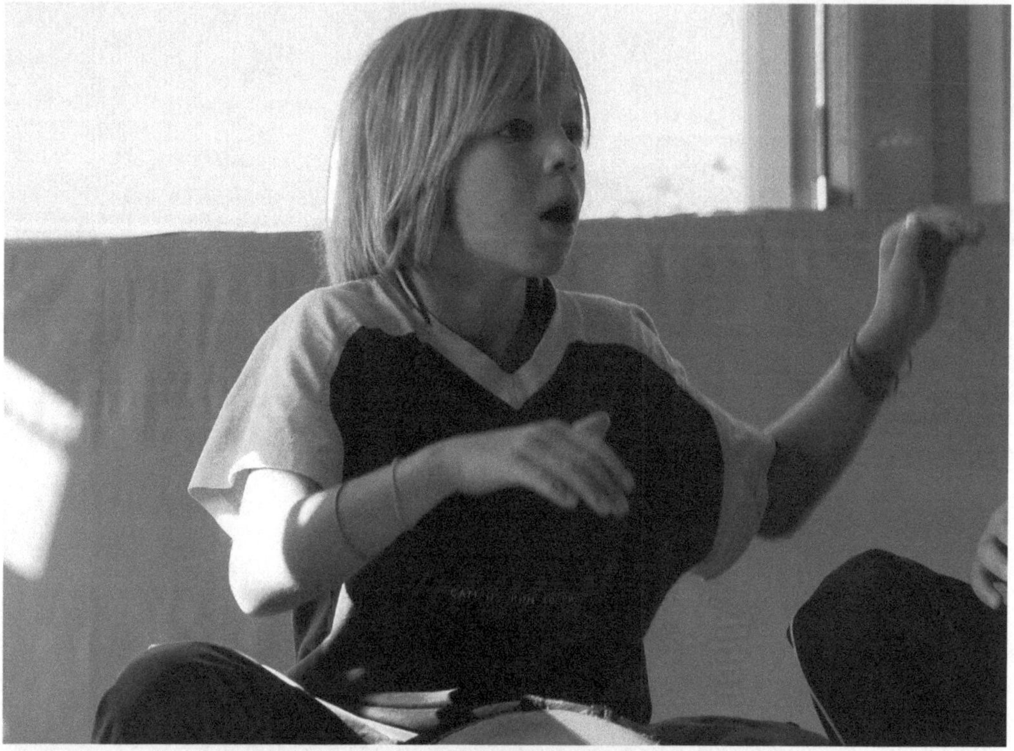

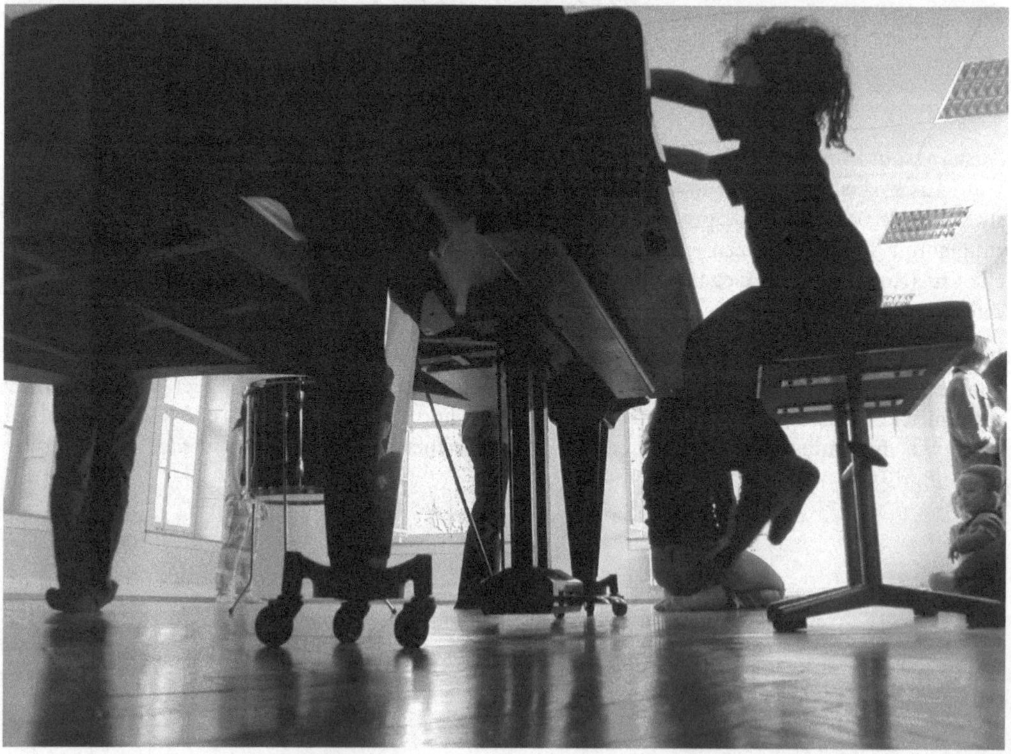

4 Der Bereich I – Musik

Folgende Kompetenzen werden in den einzelnen Teilbereichen erworben:

Teilbereich A: Mit Musik sein / Musik wahrnehmen
Die Schülerinnen und Schüler
- nehmen Klang, Rhythmus und Melodie mit dem Körper wahr: Spüren von Vibrationen von Musikstücken, einzelnen Klängen und Rhythmen;
- lassen sich von Musikstücken, Liedern, Klängen bewegen, nehmen Musik in ihrer Vielfältigkeit;
- sind offen für Musik aus der eigenen Kultur sowie aus anderen Kulturkreisen;
- erleben die Klänge des Körpers und nutzen sie.

Teilbereich B: Grundlagen erwerben
Die Schülerinnen und Schüler
- entdecken die Grundlagen des Musik Machens;
- bewegen sich zur Musik;
- bewegen oder musizieren zu Bewegungen;
- erleben Puls, Metrum und einfache Taktarten;
- gestalten Grundrhythmen;
- erleben die Pole der vier Parameter Zeit, Raum, Kraft, Form in ihrer musikalischen Bedeutung;
- reagieren auf musikalische Signale;
- spielen einfache Perkussionsinstrumente;
- singen verschiedene Lieder.

Teilbereich C: Musikalische Parameter differenzieren
Die Schülerinnen und Schüler
- differenzieren musikalische Elemente zwischen den Polen der vier Parameter und gestalten diese;
- üben vielfältige Rhythmen;
- spielen unterschiedliche Instrumente spielen;
- zeichnen und notieren musikalische Abläufe;
- setzen ihre Stimme differenziert ein;
- transferieren musikalische Erlebnisse in Bewegungsabläufe.

Teilbereich D: Musik in Beziehung setzen zum Raum, zu einem Gegenstand, zu einem Partner, zur Gruppe
Die Schülerinnen und Schüler
- stellen musikalische Erfahrungen mit Rhythmikmaterial dar;
- gestalten musikalische Erfahrungen in verschiedenen Raumdimensionen;
- musizieren mit einem Partner;
- improvisieren und musizieren in der Gruppe: auf andere hören, auf andere eingehen, mit anderen zusammenspielen.

Teilbereich E: Musik als eine persönliche Sprache entdecken
Die Schülerinnen und Schüler
- spielen frei mit Instrumenten nach ihren eigenen Ideen;
- drücken persönliche Wahrnehmungen, Eindrücke, Erlebnisse mit Musikinstrumenten aus;
- entwickeln einen eigenen Musikstil;
- gestalten ihren persönlichen Rhythmus musikalisch;
- verbinden Musik und Bewegung auf persönliche Art und Weise miteinander.

Musik A: Mit Musik sein / Musik wahrnehmen

I	Grobziele	Feinziele
A.1	Sich von Musik bewegen lassen	■ nach Lust und Laune sich zur Musik bewegen ■ zuhören und sich innerlich bewegen lassen ■ das Gehörte malen, zeichnen, in Worte fassen
A.2	Zuhören lernen	Hören von: ■ einzelnen Elementen der 4 Parameter ■ akustischen Phänomenen ■ Klängen von ausklingenden Instrumenten
A.3	Mit Musik und Liedern der eigenen Kultur vertraut werden	■ Musik und Lieder der eigenen Kultur kennen lernen ■ Musik und Lieder der eigenen Familie einbringen
A.4	Musik und Lieder anderer Kulturkreise kennen	■ ausgewählte Musik anderer Kulturkreise hören ■ einzelne Lieder aus unterschiedlichen Kulturkreisen singen ■ sich in neue Klangwelten einfinden
A.5	Einzelne Musikinstrumente kennen	■ Instrumente ausprobieren ■ vertraut werden mit verschiedenen Möglichkeiten des Spielens ■ mit unterschiedlichen Klängen experimentieren ■ auf einem Instrument unterschiedlichen Klänge erzeugen können
A.6	Körperklänge entdecken	■ Klänge die mit dem Körper erzeugt werden können, entdecken ■ damit experimentieren
A.7	Klänge, Geräusche, Rhythmen, Melodien mit allen Sinnen wahrnehmen	Hören und wahrnehmen folgender akustischer Phänomene: ■ Klänge unterschiedlicher Instrumente ■ Geräusche von Bewegungen ■ Geräusche von Aktionen mit Material ■ Qualitäten von unterschiedlichen Klängen von Musikinstrumenten
A.8	Vibrationen von Klängen wahrnehmen	Spüren von: ■ Instrumenten mit Resonanzkörpern in direktem Körperkontakt, z.B. Bassklangstäbe, Klangschalen, Klavier, Cello etc. ■ stark klingenden Instrumenten, z.B. eines großen Gongs ■ einzelnen Instrumenten, übertragen über einen schwingenden Gegenstand, z.B. eine Klangschale über das Fell einer großen Trommel
A.9	Klangräume erleben	Klänge in unterschiedlichen räumlichen Positionen zum Körper wahrnehmen: ■ oben – unten ■ vorne – hinten ■ neben dem Körper, rechts – links ■ auf dem Körper ■ nahe – weit weg
A.10	Klangbewegungen im Raum verfolgen	Richtungen von Klängen wahrnehmen: ■ Klänge, die sich dem Körper nähern ■ sich entfernen ■ ihn umkreisen ■ auf und ab steigen
A.11	Rhythmen, Tempi und Taktarten wahrnehmen	Wahrnehmen von: ■ verschiedenen Tempi von Instrumenten ■ ausklingenden oder kurzen Tönen ■ Töne im Pulsschlag ■ einfachen metrischen Abfolgen ■ Taktarten ■ Grund-Rhythmen

4 Der Bereich I – Musik

PRAXISBEZUG

I	Kinder von 4–10 Jahren
A.1	Die Kinder hören eine Improvisation vom Klavier. Sie bewegen sich spontan dazu, ohne Vorgaben. Anschließend malen sie ihre Eindrücke auf einem großen Papier auf.
A.2	▪ Die Kinder hören einem sich drehenden Reifen zu, bis er still auf dem Boden liegt. Wenn sie nichts mehr hören, setzen sie sich auf den Boden. ▪ Alle schließen die Augen und hören dem Ton einer Klangschale zu. Wer nichts mehr hört, öffnet die Augen.
A.3	Die Kinder lernen, sich zu verschiedenen Musikstilen zu bewegen und zuzuhören. Sie bringen Musik von zu Hause mit, die sie zu Bewegungsspielen einsetzen können.
A.4	Die Kinder lernen unterschiedliche Rhythmen und Melodien kennen und erwerben Toleranz, auch einmal Musik zu hören, die „fremd", ungewohnt tönt.
A.5	Die Kinder probieren auf einer Trommel verschiedene Töne und Geräusche aus. Anschließend versuchen sie es auch auf andern Instrumenten. Sie wissen, wie man einen Gong spielt oder ein Xylophon.
A.6	▪ Die Kinder stampfen, klatschen, schnipsen und bewegen sich dazu im Raum. ▪ Sie können mit ihrem Körper zu einem Lied spontan Geräusche machen.
A.7	▪ Alle legen sich auf den Boden. Sie hören und versuchen zu erraten, welches Instrument gerade getönt hat. ▪ Sie hören zu, wie jemand sich im Raum bewegt und machen anschließend die Bewegung nach.
A.8	Ein Kind nimmt eine Klangschale auf die Handfläche und spürt die Vibration des Klangs. Anschließend wird die Schale auf ein großes Tamburin gestellt, alle halten ihre Handflächen auf das Trommelfell und spüren die Vibration, wenn die Schale gespielt wird.
A.9	▪ Ein Kind setzt sich mit geschlossenen Augen hin. Ein anderes Kind spielt mit einer Rassel rund um dieses Kind herum, oder lässt die Rassel über dessen Beine rollen. ▪ Alle sitzen im Kreis mit einem Instrument. Wer will, legt sich in die Mitte. Die Instrumente werden leise gespielt: der Reihe nach, alle miteinander. Das Kind in der Mitte hört einfach zu, lässt die Musik auf sich wirken.
A.10	Die Kinder hören einer Klangkugel zu, die im Raum gerollt wird: vom Fenster zur Tür, dann quer durch den Raum, dann ganz nahe zu den Kindern hin.
A.11	▪ Die Kinder bewegen sich zu unterschiedlichen Tempi, auf einer Trommel gespielt. Sie drücken in Bewegung aus, was sie hören. ▪ Sie bewegen sich spontan in verschiedenen Taktarten, so wie sie diese empfinden.

Schüler/innen der Mittelstufe	Erwachsene
Ziel: Toleranz für verschiedene Musikstile erwerben ▪ Jeder bringt ein Stück seiner Lieblingsmusik mit. Die unterschiedlichen Musikstücke werden anschließend während längerer Zeit zur Bewegungsbegleitung gebraucht. ▪ Die Schülerinnen und Schüler lernen, sich auf unterschiedliche Klangphänomene einzulassen. Sie erwerben Toleranz für die Musik unterschiedlicher Kulturen und den Geschmack von andern Schülern.	*Ziel: Einen Klangraum in unterschiedlichen Qualitäten erleben* ▪ Die Gruppe experimentiert in der Bewegung mit einer Holzkugel: wie kann sie bewegt werden, welche Bewegungen sind möglich, sinnvoll, neu oder ungewohnt? ▪ Anschließend legen sich alle auf den Boden. Im Raum wird jetzt eine Kugel gerollt, in unterschiedlichem Tempo, in unterschiedlichen Raumwegen, um alle herum. ▪ Durch die intensivierte Wahrnehmung entsteht ein Bewusstsein für die verschiedenen Qualitäten eines Gegenstandes und die Möglichkeiten der Erzeugung von Klängen. ▪ Sich die Zeit zu nehmen, unterschiedlichen akustischen Phänomenen zuzuhören und auch solche auf Instrumenten zu erzeugen, ist für viele ein Erlebnis und öffnet den Raum für einen persönlichen Zugang zu akustischen Phänomenen und damit dem differenzierten Wahrnehmen von Musik.

Musik B: Musikalische Grundlagen erwerben

I	Grobziele	Feinziele
B 1.	Rhythmus von Grundbewegungsarten hören und darauf reagieren	▪ Regelmäßige oder unregelmässigen Notenwerte: gehen, springen, laufen … ▪ unterschiedliche Richtungen: seitwärts, rückwärts ▪ punktierte Notenwerte: hüpfen, Galopp, Bein nachziehen ▪ einfache rhythmische Muster
B.2	Unterbrechungen einschalten, Pausen wahrnehmen	▪ Musik hören bis sie aufhört, sich dazu bewegen und gleichzeitig anhalten ▪ stehen, wenn die Musik tönt, sich bewegen, so lange diese anhält
B.3	Grundbewegungsarten musikalisch begleiten	▪ die eigene Bewegung mit Musikinstrumenten begleiten ▪ die eigene Bewegung mit Körperklängen unterstützen
B.4	Ausgewählte Instrumente spielen lernen	Funktionsgerechte Art und Weise des Spielens kennen lernen von: ▪ Perkussionsinstrumenten ▪ Orff-Instrumenten etc. ▪ ev. etwas zu deren Geschichte erfahren
B.5	Pole des Parameters Zeit unterscheiden, auf einem Instrument spielen, gestalten	Hören und/oder auf einem Instrument spielen, in Bewegung darauf reagieren: ▪ lange und kurze Töne ▪ langsame und schnelle Tonfolgen ▪ regelmäßige und unregelmäßige Tonfolgen ▪ Pausen in regelmäßigen und unregelmäßigen Abständen ▪ einfache rhythmische Notenwerte (Halbe, Viertel, Achtel, Sechzehntel)
B.6	Pole des Parameters Raum unterscheiden, auf einem Instrument spielen, gestalten	Hören und/oder auf einem Instrument spielen, in Bewegung darauf reagieren: ▪ hohe und tiefe Töne ▪ Töne in unterschiedlichen Positionen zum Körper ▪ Töne in unterschiedlichen Raumlagen ▪ Töne an unterschiedlichen Orten im Raum
B.7	Pole des Parameters Kraft unterscheiden, auf einem Instrument spielen, gestalten	Hören und/oder auf einem Instrument spielen, in Bewegung darauf reagieren: ▪ laute und leise Töne ▪ Töne in schwacher oder starker Anschlagsweise
B.8	Pole innerhalb des Parameters Form unterscheiden, auf einem Instrument spielen, gestalten	Hören und/oder auf einem Instrument spielen, in Bewegung darauf reagieren: ▪ Wiederholungen erkennen ▪ einzelne Motive hören ▪ Phrasen spüren lernen ▪ Mit einfachen Lied- oder musikalischen Formen in Kontakt kommen ▪ Linie und Punkte in Verbindung zu Musik bringen ▪ Linie, Kreis, Spirale als Form-Klänge im Raum wahrnehmen
B.9	Stimme als körpereigenes Instrument einsetzen können	▪ mit der Stimme Geräusche erzeugen ▪ laute und leise Töne erzeugen ▪ Geräusche des Ein- und Ausatmens kennen ▪ Tonhöhen nachsingen ▪ rhythmische Notenwerte sprechen
B.10	Lieder singen und spielen	▪ ein einfaches Repertoire an Liedern sich erarbeiten, singen
B.11	Zu Liedern oder Musikstücken Begleitungen mit Instrumenten oder Bewegungen finden	▪ zu einem Lied eigene Bewegung finden ▪ mit Körperklängen begleiten ▪ ein Lied mit einfachen Instrumenten begleiten ▪ ein Lied nach einer vorgegebenen Begleitung begleiten ▪ zu einem Musikstück einen Tanz ausführen ▪ zu einem Lied einen Tanz ausführen

4 Der Bereich I – Musik

PRAXISBEZUG

I	Kinder von 4–10 Jahren
B.1	Die Kinder bewegen sich zur Musik genau im Rhythmus. Sie können regelmäßige und unregelmäßige Rhythmen unterscheiden und in der Bewegung darauf reagieren.
B.2	Die Kinder können ihre Bewegung anhalten, wenn die Musik zu spielen aufhört. Sie können eine Bewegung dem Tempo der Musik anpassen und gleichzeitig hören, wann sie stehen bleiben sollen.
B.3	Die Kinder gehen zur Musik und spielen dazu auf einem Tamburin. Sie können auch zur Musik klatschen, zur Musik gehen und klatschen oder eigene Geräusche zur Musik herausfinden.
B.4	▪ Die Kinder wissen, wie fest sie auf eine Trommel schlagen können, dass diese nicht kaputt geht. Sie lernen, einen Schläger richtig zu halten. ▪ Sie kennen ein Xylophon und die Stelle, wo man auf den Plättchen spielen muss. ▪ Sie tragen Sorge zu den Instrumenten.
B.5	▪ Ein Kind spielt lange Töne auf einem Gong. Die andern bewegen den Arm so lange in der Luft, wie sie den Ton hören. ▪ Ein Kind dirigiert für die andern, wie schnell sie auf den Tamburinen spielen sollen. ▪ Nach dem Klavier können alle die einfachsten Notenwerte mitklatschen.
B.6	▪ Unterschiedliche Tonhöhen werden unterschiedlichen Orten im Raum zugeordnet: bei einem hohen Ton suchen sich alle einen hohen Platz. ▪ Ein Kind bewegt sich im Raum mit einem Instrument. Die andern Kinder zeigen, wo es gerade spielt.
B.7	Die Kinder können mit ihren Füssen möglichst laute oder möglichst leise Töne erzeugen. Anschließend üben alle, laute und leise Geräusche mit einem Gymnastikball zu erzeugen.
B.8	▪ Alle bewegen sich zu einem Lied so wie sie gerade Lust haben. Wenn der Refrain kommt, machen alle die selbe Bewegung. ▪ Auf einem Blatt zeichnen die Kinder ein „Musikdiktat" nach kurzen und langen Tönen: Striche und Punkte zur Musik.
B.9	Die Stimme bietet viele Möglichkeiten: alle sind sehr laut, oder machen ein Flüsterkonzert.
B.10	Alle kennen einige Lieder und singen diese.
B.11	Wir begleiten das neue Lied mit Rasseln. Wir üben den Vier-Jahreszeiten-Tanz.

Schüler/innen der Mittelstufe	Erwachsene
Ziel: Körper und Instrumente als Medien zur Begleitung einsetzen ▪ Die Schülerinnen und Schüler lernen das Lied „We can do the Hand Jive" in seinen Grundzügen kennen. ▪ Sie lernen dazu einfache Bewegungen mit den Armen, die sie genau im Takt der Musik ausführen. ▪ Das Lied ist sehr einfach, es eignet sich besonders dafür, eigene Begleitungen zu finden. ▪ Anstatt der Bewegungen, welche die Schülerinnen und Schüler bald beherrschen, setzt die Hälfte der Schüler einzelne Instrumente zur Begleitung ein. ▪ In dieser ersten Phase sind es nur Rhythmus- Instrumente, welche die Melodie begleiten. ▪ In einer nächsten Phase wird die Begleitung des Lieds vertieft (s. Beispiel Bereich Musik C).	*Ziel: zu einem Lied eine einfache rhythmische Begleitung erfinden* ▪ Die Gruppe lernt ein Lied aus einem bestimmten Kontinent. Zuerst wird das Lied gesungen, dann werden einfache Bewegungen zur Begleitung gesucht: erst bewegen sich die Arme und Hände, anschließend die Beine und Füße und dann unterschiedliche Körperteile nach freier Wahl, zum Beispiel die Schulter, der Kopf, nur ein Finger etc. ▪ Aus diesem „Repertoire" sucht jeder sich eine Bewegung aus. Diese wird jetzt auf ein Instrument übertragen, das heißt, der Rhythmus der Bewegung ertönt auf einem geeigneten Instrument. ▪ Die unterschiedlichen Rhythmen ergeben eine neu zusammengestellte Liedbegleitung.

Musik C: Musikalische Parameter differenzieren

I	Grobziele	Feinziele
C.1	Differenzierung innerhalb des Parameters Zeit erkennen und musikalisch gestalten in Bewegung umsetzen	▪ Tonlängen hören, nach ihrer Länge ordnen ▪ unterschiedlichste Tempi hören und darauf reagieren ▪ verlangsamende oder beschleunigende Folgen spielen ▪ Rhythmen nachklatschen, bewegen, hören und spielen ▪ Notenwerte kennen lernen ▪ differenzierte graphische Notationen erstellen ▪ unterschiedliche Taktarten erkennen ▪ Taktwechsel hören ▪ sich zu untersch. Tempi und Rhythmen bewegen
C.2	Differenzierung innerhalb des Parameters Raum erkennen und musikalisch gestalten in Bewegung umsetzen	▪ Tonhöhen zueinander in Beziehung setzen lernen ▪ auf aufsteigende und absteigende Tonfolgen reagieren ▪ Tonrichtungen im Raum wahrnehmen, erkennen wo ein Ton herkommt und wo er hingeht ▪ sich entsprechend zu Tonhöhen bewegen ▪ auf Tonrichtungen in Bewegung reagieren
C.3	Differenzierung innerhalb des Parameters Kraft erkennen und musikalisch gestalten in Bewegung umsetzen	▪ unterschiedliche Lautstärken erkennen ▪ crescendo und decrescendo erkennen und spielen ▪ eine Beziehung zwischen Kraftdosierung und Lautstärke beim Spielen eines Instrumentes herstellen können ▪ unterschiedliche Artikulationen durch differenzierte Bewegungen am Instrument darstellen ▪ Bewegungsqualitäten auf das Instrumentenspiel übertragen: staccato, pizzicato, legato, portato ...
C.4	Differenzierung innerhalb des Parameter Form erkennen und musikalisch gestalten in Bewegung umsetzen	▪ musikalische Formen in Musik oder Tänzen erkennen und ihnen einen Ausdruck geben ▪ das Erlebnis von Phrase und Motiv erweitern, ein Thema erkennen oder neu gestalten ▪ zwei- oder dreiteilige Liedformen erkennen ▪ das Wesen der Variation erfassen ▪ geometrische Formen in ihrer musikalischen Bedeutung erkennen
C.5	Unterschiedliche Instrumente richtig spielen lernen	▪ das Spiel einzelner Instrumente nach Wahl vertiefen ▪ Besonderheiten in der Technik kennen lernen (Perkussionsinstrumente, Orff-Instrumente, Saiteninstrumente, Blasinstrumente)
C.6	Mit beliebigen Gegenständen Geräusche erzeugen	▪ ein Material nach seinen möglichen Geräuschen einsetzen (Papier, Steine, Holz, Röhren, Nägel) ▪ den Raum als Geräuschquelle nutzen ▪ Umweltgeräusche nachahmen
C.7	Instrumente nach Vorgaben spielen: einfache Notenschrift graphische Notation erkennen oder selber erstellen	▪ Satz eines Instrumentes nach Vorgabe spielen ▪ einfache Notenschrift oder graphische Notation lesen und schreiben ▪ graphische Notation selber anfertigen ▪ notieren, was zu spielen ist ▪ notieren, was gespielt wurde
C.8	Stimme differenziert einsetzen Liedrepertoire erweitern	▪ mit der Stimme Geräusche erzeugen ▪ mit der Stimme Elemente der Parameter darstellen ▪ einige Lieder nach Wahl kennen und singen
C.9	Lieder mit unterschiedlichen Instrumenten oder Bewegungen begleiten	▪ diese Lieder mit einem Instrument begleiten: frei oder nach Vorgabe ▪ zu diesen Liedern Bewegungen finden
C.10	Musikstücke hören und einzelne Elemente wiedererkennen	▪ Elemente der vier Parameter heraushören ▪ hören, welche Instrumente spielen ▪ mit andern Stücken vergleichen
C.11	Zu Musikstücken oder Liedern differenzierte Tanzformen ausführen	▪ zu unterschiedlichen Musikstilen mit einem Partner oder in der Gruppe einen Tanz ausführen lernen

4 Der Bereich I – Musik

PRAXISBEZUG

I	Kinder von 4–10 Jahren
C.1	▪ Die Kinder hören verschiedene Instrumente mit ausklingenden Tönen: welcher tönt am längsten, welcher am wenigsten lang? ▪ Die Kinder hören verschiedene rhythmische Muster von einem Instrument und klatschen dieses nach, oder sie gehen den Rhythmus mit den Füssen. ▪ Die Kinder können zwei Taktarten unterscheiden und entsprechend auf einem Instrument dazu spielen.
C.2	▪ Die Kinder bewegen sich im Raum entsprechend der auf- oder absteigenden Melodie. ▪ Sie können auf- und absteigende Melodien auf einem Xylophon spielen. ▪ Sie singen Tonhöhen von einem Instrument nach.
C.3	Ein Kind macht einen Sprung mit Anlauf durch den Raum. Die andern hören den Füssen zu und spielen anschließend ein crescendo auf ihrem Instrument. Die Kinder können mit den Händen unterschiedlich stark auf einer Trommel spielen und die verschiedenen Töne und Qualitäten hören.
C.4	▪ Die Kinder bewegen eine einfache ABA-Form: A ist ein klar rhythmisch strukturierter Teil, B ein freier Mittelteil. ▪ Variation: Die Kinder bewegen ein rhythmisches Muster, das sie vom Klavier hören, im Raum, anschließend klatschen sie es mit den Händen, dann nur mit den Fingern, dann gestalten sie es in halbem Tempo.
C.5	▪ Die Kinder kennen das Wesen eines Saiteninstruments und erzeugen Töne mit einem Bogen oder durch Zupfen. ▪ Sie können verschiedene Töne durch Blasen auf einer Flöte erzeugen.
C.6	▪ Mit einer Zeitung machen sie laute und leise Geräusche. ▪ Mit einem Stein können sie 10 verschiedene Geräusche hervorbringen.
C.7	▪ Die Kinder können ein crescendo nach einer graphischen Notation spielen. ▪ Sie spielen rhythmische Muster nach Notenwerten auf einem Tamburin
C.8	▪ Die Kinder können zu jeder Jahreszeit ein Lied singen. ▪ Sie können auch Elemente der 4 Parameter mit der Stimme darstellen und kennen Lieder dazu.
C.9	Zu ihrem Lieblingslied erfinden sie spontan Geräusche mit dem Körper oder spielen eine einfache Begleitung mit einem Instrument.
C.10	Die Kinder hören ein Stück aus dem 2. Brandenburgischen Konzert und können die Trompete heraushören, einzelne rhythmische Muster nachklatschen.
C.11	Die Kinder hören eine Tarantella und lernen differenzierte Schritte im 6/8-Takt.

Schüler/innen der Mittelstufe	Erwachsene
Ziel: Differenzierte Grundlagen zu einem schon bekannten Lied erarbeiten ▪ Die Schülerinnen und Schüler bewegen sich zu einem einfachen Rhymus aus Vierteln und Achteln. ▪ Die Füsse gehen die Viertel, die Hände schnipsen, klatschen oder patschen die Viertel. ▪ Die Stimme begleitet: Du – baba, Du – baba etc. ▪ Zur Melodie des bekannten Lieds „we can do the Hand Jive" lernen die Schülerinnen und Schüler nun neue Worte: ▪ „Das ist unser Blues, das ist unser Blues, der Sommerferien Blues wow wow! Oh baby ... " ▪ Allmählich werden nun immer mehr Begleitinstrumente zum Lied dazugenommen. ▪ Klangstäbe, welche auf „oh baby" die 1. Stufe begleiten ▪ Bongos: zum Anfangsrhythmus des Du – baba Bass-Stäbe begleiten die Stufen I – IV – V – I immer zu Taktanfang auf den ersten Schlag. Wenn dies alles klappt, können noch weiter Klangstäbe dazugenommen werden.	*Ziel: ein Lied mit Instrumenten differenziert begleiten* ▪ Das bekannte Lied (Beispiel aus Teilbereich B) wird nochmals gesungen. Diesmal lernt die Gruppe, vier unterschiedliche vorgegebene rhythmische Motive auf Conga, Caxixi, Schellenkranz und Glocke zu spielen. Diese vier rhythmischen Bewegungsmuster ergeben eine differenzierte Liedbegleitung. ▪ Zu einem Lied haben nun alle zwei Arten von Begleitung gelernt: eine individuelle, die aus den persönlichen Bewegungen hervorgegangen aus den persönlichen Bewegungen hervorgegangen ist, und eine vorgegebene, welche auf dem gezielten Einüben von rhythmischen Motiven basiert.

Musik D: Beziehung zum Raum, zu einem Gegenstand, zum Partner, zur Gruppe

I	Grobziele	Feinziele
D.1	Sich mit einem Gegenstand von der Musik bewegen lassen	▪ Besonderheiten von Rhythmikmaterial in der Bewegung zur Musik entdecken ▪ sich von der Musik zu neuen Bewegungs-Ideen mit dem Gegenstand inspirieren lasse
D.2	Mit einem Musikinstrument die Bewegungen/Aktionen eines Gegenstandes begleiten	▪ einen sich bewegenden Gegenstand mit einem Musikinstrument begleiten ▪ die Bewegung, die jemand mit einem Gegenstand macht, mit einem Instrument begleiten
D.3	Sich mit einem Gegenstand zur Musik bewegen und dessen Klänge und Geräusche zur Unterstützung brauchen	▪ die natürlichen Geräusche eines Gegenstands zur Unterstützung der Musik einsetzen ▪ Gegenstände im Raum durch Bewegungen eines Materials zum Klingen bringen
D.4	Gegenstände aller Art zum Klingen bringen	▪ mit einem Gegenstand viele unterschiedliche Töne oder Geräusche erzeugen
D.5	Elemente der vier Parameter mit den Klangmöglichkeiten eines Gegenstandes darstellen	▪ mit einem Gegenstand anhand eines Elementes der 4 Parameter Geräusche erzeugen ▪ einzelne Pole oder Elemente der Differenzierung mit ungewöhnlichen Klangerzeugern darstellen
D.6	Elemente des Parameters Zeit im Raum sichtbar werden lassen	▪ lange und kurze „Töne" mit Rhythmikmaterial im Raum darstellen, dieses bewegen oder klanglich darstellen ▪ in „Wegen" mit Material unterschiedliche rhythmische Notenwerte entstehen lassen
D.7	Elemente des Parameters Raum großflächig im Raum gestalten	▪ Höhen und Tiefen mit Material im Raum plastisch gestalten, sich entsprechend bewegen oder musizieren ▪ Bewegungen im Raum mit Musik begleiten und mit Material sichtbar werden lassen
D.8	Elemente des Parameters Form in den Raum bringen	▪ Motive in unterschiedlichen Raumlagen bewegen und erklingen lassen ▪ musikalische Formen mit Material im Raum darstellen
D.9	Mit einem Partner Musik machen	▪ aufeinander hören ▪ gemeinsam das Gleiche spielen ▪ abwechslungsweise spielen ▪ einander begleiten: einer singt, einer spielt ▪ einander begleiten: einer bewegt sich, einer spielt ▪ zusammen frei improvisieren
D.10	In der Gruppe zusammen mit anderen musizieren	▪ aufeinander hören ▪ gemeinsam spielen ▪ nacheinander spielen im Puls ▪ nacheinander in bestimmten Tempi spielen ▪ der Reihe nach ein rhythmisches Motiv spielen ▪ der Reihe nach einzelne Teile eines rhythmischen Motivs spielen ▪ im freien Wechsel miteinander spielen
D.11	Bewegung mit Material ▪ in unterschiedlicher Raumausnutzung ▪ in der Gruppe mit einem Instrument begleiten können	▪ zu Bewegungen von Gruppenmitgliedern mit oder ohne Material musikalische Begleitungen finden ▪ einzelne Motive aus der Vielfalt der Bewegungen spielen und begleiten.

4 Der Bereich I – Musik

PRAXISBEZUG

I	Kinder von 4–10 Jahren
D.1	■ Die Kinder bewegen sich mit einem Band zur Melodie der Musik. Sie finden viele fließende Bewegungen. ■ Die Bewegung mit dem Ball tönt ganz anders und braucht eine andere Begleitung.
D.2	■ Die Kinder schauen einem aufspringenden Gymnastikball zu, bis er am Boden liegt. Anschließend spielen sie die Geräusche des Balls auf einer Trommel nach. ■ Die Kinder hören die Geräusche von raschelndem Papier. Sie suchen sich ein passendes Instrument und begleiten die Aktion mit dem Papier.
D.3	Die Kinder bewegen sich zur Musik mit einem Tuch und erzeugen im Raum (an der Wand, an einem Stuhl etc.) zusätzliche Geräusche, welche die Musik unterstützen.
D.4	Die Kinder erzeugen neue Tonfolgen mit einem Pingpongball, den sie auf verschiedene Instrumente und Unterlagen fallen lassen.
D.5	Mit einem prellenden Tennisball können die Kinder ein crescendo „spielen".
D.6	■ Mit Seilen und Steinen legen die Kinder Muster in den Raum. Anschließend spielen sie diese kurzen und langen Töne mit Instrumenten nach. ■ In einem Reifenweg werden verschiedene Schritte gemacht: nur ein Schritt, immer zwei usw. Die Kinder erleben dabei die Grundlage von Viertel-Note und Achtel-Note.
D.7	■ Die Kinder bauen gemeinsam einen hohen Turm oder legen ein Bild flach auf den Boden. ■ Alle stehen ganz nah zusammen oder bewegen sich möglichst weit auseinander.
D.8	Die Kinder legen eine dreiteilige Form mit Material auf den Boden. Der erste und der dritte Teil sind genau gleich.
D.9	■ Zwei Kinder sitzen sich gegenüber. Das eine spielt einen Rhythmus vor, das andere spielt ihn genau nach. Das erste fährt fort etc. Anschließend erfindet das zweite Kind nach dem ersten Rhythmus einen Rhythmus der selben Länge. ■ Abwechslungsweise spielen sie jetzt freie Stücke.
D.10	Die Kinder lassen der Reihe nach ein Säcklein fallen, zuerst in einem regelmäßigen Rhythmus, dann möglichst schnell hintereinander und zum Schluss wartet jedes so lange, wie es will: ein Rhythmus entsteht.
D.11	■ Eine Gruppe Kinder bewegt sich mit einem Tuch. Die andere Gruppe begleitet mit einem Instrument die Bewegungen. Anschließend begleiten sie nur die Bewegungssequenzen, wenn ein Tuch in die Luft fliegt. ■ Zum Schluss spielt die eine Gruppe eine Musik und die Kinder mit den Tüchern bewegen sich genau dazu.

Schüler/innen der Mittelstufe	Erwachsene
Ziel: Bewegungen in der Gruppe im Tempo eines regelmässigen Pulses ausführen ■ Die Gruppe steht im Kreis. Die Lehrkraft spielt einen regelmäßigen Puls auf einem Becken. Alle bewegen sich dazu, zuerst die Füße, dann die Hände, die Arme, die Schulter etc. ■ Jetzt wird die Aufgabe erweitert: Das Tempo des Pulses bleibt, aber der Reihe nach macht jeder nur noch eine Bewegung, zuerst mit den Armen, dann mit der Schulter. ■ Immer nur eine Bewegung zu machen, diese aber genau im richtigen Moment und ganz genau im Tempo, das erfordert Präsenz und Reaktionsfähigkeit und ist für viele eine große Herausforderung.	*Ziel: die unterschiedlichen Geräusche, welche mit einem Blatt einer Zeitung erzeugt werden können, als Grundlage nutzen für die Gestaltung einer gemeinsamen Improvisation* ■ Jedes Gruppenmitglied erhält ein Blatt einer Zeitung und findet damit mindestens 10 verschiedene Geräusche. ■ Aus diesen Geräuschen wird jetzt eine Klangimprovisation zu bestimmten Themen gestaltet. Diese Themen können frei assoziiert sein; zum Beispiel Abläufe aus dem Alltagsleben, es können aber auch Liedinhalte, Geschichten oder musikalische Kurzformen dargestellt werden.

Musik E: Musik als eine persönliche Sprache entdecken

I	Grobziele	Feinziele
E.1	Mit einem Instrument nach freier Wahl spielen	■ verschiedene Instrumente frei gebrauchen ■ mit unterschiedlichen Instrumenten nach Wahl spielen
E.2	Musikalische Abläufe nach einer Vorstellung oder einem Bild spielen	■ unterschiedliche Gangarten ■ Tierbewegungen ■ Fahrzeuge ■ Wetterszenen ■ ein Bild anschauen und spielen, was darauf zu sehen ist
E.3	Alltagshandlungen mit Instrumenten „erzählen"	■ sich täglich wiederholende Alltagsabläufe ■ was speziell sich zu einem bestimmten Zeitpunkt ereignet hat ■ etwas besonders Spannendes aus dem Alltag
E.4	Geschichten oder Lieder mit Instrumenten „nacherzählen"	■ eine bekannte Geschichte mit Klängen erzählen ■ eine selbst erfundene Geschichte mit Instrumenten erzählen ■ spontan zu einem Bilderbuch Klänge erzeugen ■ den Inhalt eines Lieds mit Instrumenten wiedergeben
E.5	Bewegungserfahrungen mit Instrumenten ausdrücken	■ sich spontan zur Musik begleiten ■ einzelne Elemente aus einem Bewegungsablauf mit Instrumenten wiedergeben ■ eine Bewegungsqualität aus einer Bewegungssequenz mit Instrumenten wiedergeben
E.6	Frei improvisieren	■ nach den Bedürfnissen des Augenblicks etwas spielen ■ einem Instrument neue Klänge entlocken ■ sich im freien Wechsel zwischen Bewegung, Bewegung mit Material, Bewegung mit Instrument, Instrument allein ausdrücken
E.7	In der Improvisation auf einen Partner eingehen	■ während dem Improvisieren Eindrücke von außen aufnehmen, auf die ein Partner eingeht ■ während dem Improvisieren auf Ideen von einem Partner eingehen
E.8	In der Improvisation auf eine Gruppe eingehen	■ die eigenen Ideen in die Gruppe eingeben können, sich musikalisch einbringen ■ in der eigenen Improvisation Ideen von Gruppenmitgliedern aufnehmen können ■ neugierig werden auf Inputs von andern ■ offen sein für ein kreatives Zusammenspiel, dessen Ergebnis nicht voraussehbar ist
E.9	Nach außen bringen, was innerlich bewegt innerlich anklingen lassen, was außen passiert	■ Gefühle / Stimmungen ■ Spannungen ■ andern zuhören ■ auf andere eingehen ■ mit andern mitspielen, begleiten
E.10	Ein Bewusstsein erlangen für die Musik, die persönlich anspricht, die aus mir selber tönt und andere zum Klingen bringen kann	

4 Der Bereich I – Musik

PRAXISBEZUG

	Kinder von 4–10 Jahren
E.1	Die Kinder können sich frei entscheiden, welches Instrument sie spielen möchten. Sie können auf verschiedenen Instrumenten spielen, wie sie gerade möchten.
E.2	▪ Die Kinder bewegen sich wie bestimmte Fahrzeuge durch den Raum. Sie spielen auf Instrumenten, wie ein Motorrad anfährt, schnell oder langsam fährt und anschließend wieder anhält. ▪ Die Kinder spielen kleine Geschichten aus dem Leben eines Bärenkindes: wie es geht, wie es Futter sucht, mit seinen Kameraden spielt, abends einschläft.
E.3	▪ Die Kinder spielen einander vor, wie sie am Morgen aufstehen, wie ihr Frühstück „tönt", wie sie zur Schule kommen etc. ▪ Ein Kind erzählt mit einem Instrument, wie sein Geburtstagsfest verlaufen ist.
E.4	▪ Die Kinder vertonen eine Geschichte, die sie im Unterricht gehört haben. Sie wählen für bestimmte Figuren je ein Instrument aus, dann spielen sie einzelne Handlungen dieser Figuren. ▪ Vier Lieder haben die Kinder in der letzten Zeit im Unterricht gelernt. Ein Kind spielt mit einem Instrument den Inhalt eines Liedes vor. Die andern raten, welches Lied es sein könnte.
E.5	Die Kinder „erzählen" mit den Instrumenten, welche Gangart sie am liebsten haben. Ein Kind wählt „ganz schnell rennen", ein anderes wählt „schleichen".
E.6	Jedes Kind nimmt ein Instrument. Ohne zu üben spielt es den andern darauf etwas vor.
E.7	Ein Kind spielt dem andern Kind lauter schnelle Töne vor. Dieses greift auf seinem Instrument die schnellen Töne auf, gibt aber ab und zu eine neue Betonung hinein. Es entsteht eine neue Form, in der die schnellen Töne durch frei eingesetzte Betonungen ergänzt werden.
E.8	Die Kinder spielen in der Gruppe alle auf einem Instrument. Jedes spielt, was es will, aber nur so laut, dass es die andern noch hören kann. Wer will, spielt ein neues Tempo hinein, das die andern übernehmen. Nach einer Weile bringt jemand einen neuen Rhythmus, den alle begleiten können. So entsteht ein Stück mit unvorhergesehenem Klang.
E.9	▪ Wer Lust hat, kann den andern Kindern vorspielen, wie es ihm gerade geht. ▪ Wer will, kann vorspielen wie es tönt, wenn jemand sich freut, wütend wird oder traurig ist.
E.10	Die Kinder kennen die Musik, die ihnen gut gefällt, und diejenigen Instrumente, auf denen sie ganz persönliche Töne erfinden können.

Schüler/innen der Mittelstufe	Erwachsene
Ziel: Zu einer selbst mitgebrachten Musik einen „Video-Clip" erfinden ▪ Die Schülerinnen und Schüler bringen ihre Lieblings-CD und bezeichnen davon je ein Stück. Die verschiedenen Stücke werden als Begleitmusik zu verschiedenen Bewegungen gebraucht. In zwei Gruppen üben die Schülerinnen und Schüler jetzt einen Bewegungsablauf zu „ihrer" Musik. ▪ Zuerst werden einzelne Bewegungen zur Musik gesucht, anschließend werden diese Bewegungen zu einem Ablauf zusammengesetzt. Der ganze Ablauf muss zur Musik passen. ▪ Zum Schluss wird das ganze Stück mit einer Videokamera aufgenommen. Die Aufnahmen dienen als Grundlage für weitere Gestaltungsaktionen zu den Musikstücken.	**Ziel: Eine bekannte Geschichte mit Instrumenten „erzählen"** ▪ Die Gruppe wählt ein bekanntes Märchen aus und erzählt sich die Geschichte. ▪ Dann teilt sich die Gruppe in Kleingruppen auf. Jede Kleingruppe übernimmt einen Teil der Geschichte und sucht nun für jede Handlung ein passendes Instrument und entsprechende Rhythmen und Klänge. Der Inhalt muss erkennbar sein, ohne dass Worte gebraucht werden. ▪ Anschließend wird die Geschichte vorgespielt.

4 Der Bereich I – Musik

5 Der Bereich II – Bewegung

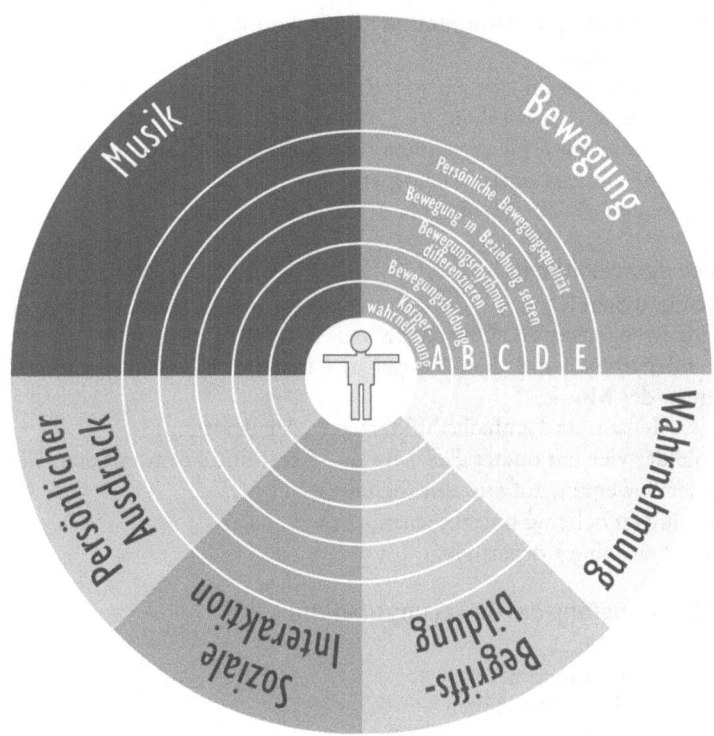

Im Bereich Bewegung steht der kreative und bewusste Umgang mit dem eigenen Körper im Vordergrund. Ausgegangen wird von einer gut geschulten Wahrnehmung, einer Differenzierung der individuellen Bewegungsmöglichkeiten und einer dynamischen persönlichen Gestaltung.

Dazu gehört eine altersgemäße Bewegungsschulung, aufbauend auf Selbstwahrnehmung und Selbstvertrauen, sowie die Fähigkeit, Bewegung als ein persönliches Ausdrucksmittel zu entdecken. Ein rhythmisches koordinatives Aufbautraining ist immer mit dabei.

Die so sich entwickelnde Bewegungsfähigkeit steht immer in Wechselwirkung zur Musik. Die Musik regt Bewegungen an und kann diese unterstützen oder begleiten. Genauso kann Bewegung Musik hervorrufen oder beeinflussen.

Folgende Kompetenzen werden in den einzelnen Teilbereichen erworben:

Teilbereich A: Wahrnehmung von Körper und Körper-Raum
Die Schülerinnen und Schüler
- erwerben ein Bewusstsein für den eigenen Körper, seine einzelnen Körperteile, seine Ausmaße, seine Oberfläche und Sensibilität;
- ordnen Wahrnehmungseindrücke, nehmen Gegenstände im Körperkontakt wahr;
- erfahren räumliche Dimensionen des Körpers;
- erwerben ein Bewusstsein für Berührung, Nähe und Distanz.

Teilbereich B: Bewegungsbildung
Die Schülerinnen und Schüler
- führen Grundbewegungsarten altersgemäß aus;
- drücken Grundrhythmen mit dem Körper aus und bewegen sich adäquat zu Tempi und Grundrhythmen der Musik;
- gestalten Puls, Metrum und einfache Taktarten in der Bewegung;
- stellen die Pole der vier Parameter Zeit / Raum / Kraft und Form mit dem Körper dar;
- reagieren in der Bewegung auf einzelne Signale;
- können Bewegungen beliebig unterbrechen;
- bewegen isoliert einzelne Körperteile.

Teilbereich C: Differenzierung des Bewegungsrhythmus
Die Schülerinnen und Schüler
- bewegen verschiedene Rhythmen;
- gestalten unterschiedliche Rhythmen
- wechseln von einer Bewegung in eine andere
- variieren unterschiedliche Bewegungsmuster;
- drücken Übergänge in der Differenzierung der 4 Parameter in Bewegung aus;
- führen Tänze zur Musik aus;
- bewegen sich adäquat zu unterschiedlicher Musik;
- trainieren Koordination und Gleichgewicht.

Teilbereich D: Bewegung in Beziehung setzen zum Raum, zu einem Partner, zu einem Gegenstand
Die Schülerinnen und Schüler
- führen Bewegungen mit allen nur denkbaren Materialien aus;
- gestalten Bewegungen in unterschiedlichen Raumdimensionen;
- finden einen eigenen Weg im Raum;
- bewegen sich in unterschiedlichen sozialen Konstellationen: für sich selbst, mit einem Partner, in der ganzen Gruppe.

Teilbereich E: Bewegungsgestaltung
Die Schülerinnen und Schüler
- gestalten frei verschiedene Rhythmen;
- entdecken persönliche Vorlieben für Rhythmen;
- entwickeln einen persönlichen Bewegungsrhythmus;
- drücken persönliche Erlebnisse in Bewegung aus;
- stellen Abläufe des Alltags pantomimisch dar;
- tanzen frei, mit oder ohne Musik;
- finden mit Material eigene Bewegungen;
- verbinden Musik und Bewegung auf persönliche Art und Weise miteinander.

5 Der Bereich II – Bewegung

Bewegung A: Wahrnehmung von Körper und Körper-Raum

II	Grobziele	Feinziele
A.1	Die eigene Bewegung in Beziehung zur Musik wahrnehmen	▪ unterschiedliche Klänge, Tempi, Rhythmen als Bewegungsanregung kennen lernen ▪ sich zu unterschiedlichen Musikstilen bewegen ▪ sich von Liedern zur Bewegung anregen lassen

A.2	Verschiedene Bewegungsrhythmen kennen	▪ Die Bewegung in ihren verschiedenen Rhythmen erfahren:
		  – regelmäßige oder unregelmäßige Notenwerte, schnelle oder langsame Tempi
		  – Rhythmen von Grundbewegungsarten

A.3	Den Körper in seinen Dimensionen im Raum erfahren	▪ Größe des Körpers wahrnehmen ▪ Raum um den Körper herum erfahren ▪ Raum am Boden ausnützen ▪ viel oder wenig Platz für die Bewegung brauchen
A.4	Raumdimenisonen als Quelle für Bewegungserfahrung nutzen	▪ sich im Raum bewegen lernen ▪ den Raum in unterschiedlichen Dimensionen durchqueren ▪ einen Platz zwischen den andern finden ▪ viel oder wenig Raum einnehmen
A. 5	Einzelne Körperteile in Bewegung wahrnehmen	▪ einzelne Körperteile bewegen ▪ die Bewegung mehr von den Füssen oder den Armen her lenken lassen
A.6	Den Innenraum des Körpers wahrnehmen	▪ den Atemfluss spüren ▪ den Pulsschlag spüren

A.7	Wahrnehmen über die Körperoberfläche	▪ Berührung, berührt sein zulassen
		▪ Gegenstände im Kontakt mit dem Körper wahrnehmen
		  – einen einzelnen Gegenstand oder viele kleine Gegenstände
		  – „Wind" von Tüchern
		  – Vibrationen von Klängen

A.8	Verschiedene Gegenstände am Körper differenzieren	▪ unterschiedliche Oberflächen-Eigenschaften von Material am Körper erleben ▪ Gegenstände nach ihren Eigenschaften erkennen
A.9	Gegenstände in unterschiedlicher Qualität in Beziehung zum Körper wahrnehmen	▪ sich entfernende Gegenstände wahrnehmen ▪ sich nähernde Gegenstände ▪ Gegenstände, die am Körper aufwärts oder abwärts rollen
A.10	Verschiedene Unterlagen erleben, erkennen, erinnern	▪ Eigenschaften von Unterlagen mit Bewegung verbinden ▪ auf unterschiedlichen Unterlagen sich bewegen
A.11	Ein Bewusstsein über Nähe und Distanz erreichen	▪ den eigenen Raum wahren können: „Nein" sagen, wenn etwas oder jemand zu nahe kommt ▪ wahrnehmen, wie viel Nähe oder Distanz jemand braucht in der Bewegung und im Kontakt ▪ Respekt vor den Ausdrucksmöglichkeiten der andern zeigen

5 Der Bereich II – Bewegung

PRAXISBEZUG

II	Kinder von 4–10 Jahren
A.1	Die Kinder lernen, dass sie sich zur Musik bewegen können, ohne kritisiert zu werden. Sie erfinden eigene Bewegungen auch zu einem Lied.
A.2	Die Kinder kennen einige Eigenschaften der Musik, die man in die Bewegung umsetzen kann, machen langsame oder schnelle Bewegungen genau im Tempo. Sie können gleichzeitig hören und sich bewegen.
A.3	Die Kinder machen sich zur Bewegung im Raum möglichst groß, dann möglichst klein. Wenn sie die Arme möglichst weit zur Seite ausstrecken, dann stoßen sie schneller an die andern an.
A.4	Die Kinder bauen sich mit Stühlen ein kleines Haus und bewegen sich an diesem engen Platz. Anschließend gehen sie nur den Wänden nach. Zum Schluss brauchen sie für die schnelle Bewegung ganz viel Platz.
A.5	▪ Die Kinder stehen im Kreis. Dann gehen sie in Kreisformen im Raum. Anschließend zeichnen sie Kreise in die Luft mit dem Arm, mit dem Zeigefinger, mit dem Bein, mit der Nase. ▪ Was ist anders, wenn ich den Arm bewege, das Bein oder den Finger?
A.6	Die Kinder fühlen ihren Puls zu Beginn der Stunde. Anschließend laufen sie ganz schnell durch den Raum. Dann fühlen sie wieder ihren Puls und nehmen den Unterschied wahr.
A.7	Die Kinder spielen mit einem großen Tuch oder mit einem Fallschirm. Die einen sitzen drunter, die andern schwingen in unterschiedlichen Rhythmen.
A.8	Die Kinder liegen auf dem Bauch auf einer Decke im Raum. Sie spüren, wie Bälle unterschiedlicher Größe über sie gerollt werden. Die Kinder raten, ob ein großer Ball oder ein kleiner Ball über ihren Rücken gerollt ist.
A.9	Die Kinder hängen Papierstreifen, Wolle und Schnüre im Türrahmen auf. Anschließend gehen sie durch diesen „Vorhang" und versuchen herauszufinden, wo die von ihnen selber aufgehängten Streifen sind.
A.10	Die Kinder legen einen Weg aus Matten und Teppichresten. Dann gehen oder rollen sie über diesen Weg.
A.12	Die Kinder lernen, die Bewegungsmöglichkeiten anderer Kinder zu respektieren, nicht über diese zu lachen, oder zu kommentieren, ohne gefragt zu werden. Sie können einschätzen, wie nahe sie einem andern Kind in der Bewegung kommen dürfen. Sie kennen ebenso Möglichkeiten, ihren eigenen Raum zu wahren. Sie sind fähig, Bewegung und Körperkontakt in einem für alle angenehmen Rahmen zu gestalten.

Schüler/innen der Mittelstufe	Erwachsene
Ziel: In der Bewegung den Raum vielfältig ausnutzen lernen ▪ Die Schüler bewegen sich zur Musik. ▪ Jedes Mal, wenn die Musik aufhört, gibt jemand eine Anweisung, wohin man sich bewegen soll: – alle zur Tür – alle an die eine Wand – alle zu einem bestimmten Kind – alle möglichst nahe beieinander – alle möglichst weit weg voneinander – alle in einer Reihe, in einem Kreis etc. ▪ Die unterschiedlichen Anweisungen bewirken, dass die Schülerinnen und Schüler sich automatisch ganz schnell durch den Raum bewegen müssen und dabei verschiedene Raumdimensionen nutzen.	**Ziel: den persönlichen Raum für die Bewegung entdecken** ▪ Zum Einstieg in eine Stunde: ▪ Alle suchen sich einen Platz für sich im Raum. ▪ Sie stellen sich vor, sie hätten Farbe an den Händen und bemalen damit jetzt ihren persönlichen Raum. So weit wie es geht, nach oben, nach außen, dann den Boden. Wo es nötig wird, nehmen sie den Ellbogen, die Zehen oder den Kopf zu Hilfe. ▪ Nach einer Weile kommt eine spontan improvisierte Musik dazu, die diese Bewegungen noch unterstützt. ▪ Wenn der persönliche Raum genügend „bemalt" ist, so können die Bewegungen größer werden und sich individuell in den Raum ausweiten.

BEWEGUNG B: BEWEGUNGSBILDUNG

II	Grobziele	Feinziele
B.1	Grundrhythmen kennen und bewegen	▪ einfache Rhythmen in Bewegung umsetzen – mit den Füssen gestalten – mit den Händen begleiten
B.2	Grundbewegungsarten in ihrem Rhythmus bewegen	▪ die verschiedenen Grundbewegungsarten bewegen – frei zur Musik – die entsprechende musikalische Begleitung erkennen – sich selber zur Bewegung mit einem Instrument begleiten
B.3	In der Bewegung auf auditive oder visuelle Signale reagieren	▪ die Bewegung zu bestimmten Signalen unterbrechen ▪ die Bewegung zu bestimmten Signalen verändern
B 4	Bewegungen in aufrechter Haltung oder in Kontakt mit dem Boden ausführen Bewegung im Kontakt mit dem Boden ausführen	▪ verschiedene Gangarten kennen und ausführen: – gehen, laufen, springen, hüpfen, Galopp, Gänsegang, etc. ▪ Bewegungen in verschiedenen Richtungen ausführen: – vorwärts, rückwärts, seitwärts, in geraden Linien, in Kurven, aufsteigend – absteigend, etc. ▪ unterschiedliche Bewegungsarten am Boden ausführen: – kriechen, rutschen oder rollen ▪ verschiedene Kontaktpunkte mit dem Boden zur Bewegung finden – Hände und Füße auf dem Boden, nur 1 Hand und Füße, nur 1 Hand und 1 Fuß, …
B.5	Die Pole des Parameters Zeit in Bewegung darstellen	▪ langsame und schnelle Bewegungen ausführen ▪ Bewegungen im Puls, zu einem Metrum ausführen ▪ Drei- und Viertakt bewegen können ▪ regelmäßige und unregelmäßige Bewegungssequenzen darstellen ▪ rhythmische Bewegungsmuster darstellen ▪ einfache Notenwerte bewegen: Viertel, Achtel, Halbe, Sechzehntel ▪ bewegt sein können – ruhig sein können, Pausen aushalten
B.6	Die Pole des Parameters Raum in Bewegung darstellen	▪ hohe und tiefe Bewegungen ausführen ▪ Bewegungen seitwärts machen ▪ Bewegungen in versch. Raumrichtungen gestalten
B.7	Die Pole des Parameters Kraft in Bewegung darstellen	▪ laute und leise Bewegungen machen ▪ Bewegungen mit viel oder wenig Krafteinsatz gestalten ▪ mit der Bewegung laute oder leise Töne auslösen ▪ den Unterschied zwischen Spannung und Entspannung im Körper kennen
B.8	Die Pole des Parameters Form in Bewegung darstellen	▪ Bewegungsfolgen wiederholen ▪ Phrasen in Bewegung darstellen ▪ einfache geometrische Formen im Raum bewegen – gerade und geschwungene Linien – diagonal, parallel – Linie, Kreis, Viereck, Dreieck …
B.9	Einzelne Körperteile isoliert bewegen	▪ eine Bewegung nur mit einem Körperteil ausführen – Extremitäten – Gelenke – Rumpf.
B.10	Bewegungen imitieren	▪ Körperstellungen nachahmen ▪ Bewegungsarten nachmachen ▪ Spiegelbewegungen nachahmen
B 11	Zu Liedern oder Musikstücken Tänze ausführen	▪ Bewegungsformen ausführen – zu einem Lied, zu einem Musikstück

5 Der Bereich II – Bewegung

Praxisbezug

II	Kinder von 4–10 Jahren
B.1	Die Kinder gehen im Tempo von Viertelnoten durch den Raum, anschließend laufen sie ganz schnell, im Tempo von Sechzehntel-Notenwerten. Sie können aus verschiedenen Tempi, die ihnen vorgespielt werden, die soeben von ihnen gehörten Notenwerte heraushören.
B.2	Die Kinder probieren mit ihren Füssen aus, wie viele unterschiedliche Schritte sie machen können: lange, kurze, ein Fuss neben dem andern ...
B.3	Alle bewegen sich frei im Raum, auf den Ton eines Gongs setzen sich alle auf den Boden, solange wie sie das Instrument hören. Wenn sie nichts mehr hören, gehen sie weiter.
B.4	▪ Die Kinder kennen 5–10 unterschiedliche Gangarten, die sie in aufrechter Haltung ausführen können. ▪ Bei der nächsten Bewegung darf immer nur eine Hand und ein Fuß am Boden sein, dann zwei Hände und ein Fuß ...
B.5	▪ Die Kinder erarbeiten sich ein Repertoire für schnelle und langsame Bewegungen. Sie spüren den Unterschied in der Bewegung der Beine, wenn sie punktierte oder regelmäßige Notenwerte bewegen. ▪ Die Kinder können sich so heftig bewegen wie sie nur wollen, sie können aber auch eine Weile ganz still sein, eine Pause einlegen.
B.6	Die Kinder führen eine Bewegung mit einem Band am Boden aus, aber auch möglichst weit oben im Raum. Sie können vorne, hinten, oben, unten, rechts, links klatschen.
B.7	Die Kinder können ganz laut oder ganz leise gehen. Sie können ihre Muskeln fest anspannen oder auch ganz locker lassen, sie erkennen den Unterschied zwischen Anspannung und Entspannung bei sich selber und bei andern Kindern.
B.8	Die Kinder können abwechslungsweise eine gerade Linie oder einen Bogen im Raum gehen.
B.9	Die Kinder stehen mit ihren Füssen ganz fest auf dem Boden und zeichnen einen Kreis mit dem Ellbogen in die Luft.
B.10	Die Kinder können Bewegungen von einem anderen Kind nachahmen.
B.11	▪ Zum Lied das die Kinder gerade gelernt haben, erfinden sie für jede Phrase eine passende Bewegungsabfolge. Daraus wird ein Tanz zusammengesetzt, den alle miteinander ausführen. ▪ Alle miteinander können die gleichen Tanzschritte zur Musik ausführen.

Schüler/innen der Mittelstufe	Erwachsene
Ziel: Körperteile isoliert bewegen Kreistanz zum Holiday Rap: ▪ Zu einem Lieblingssong der Klasse, dem Holiday- Rap, üben die Schülerinnen und Schüler, einzelne Körperteile nach Vorgaben zu bewegen. ▪ Zur Musik bewegen sie zuerst die Arme, die Hände, die Schultern, die Beine, die Füße. ▪ Anschließend findet ein Gespräch statt: ▪ „Welche Bewegungen wären noch möglich zu dieser Musik?" Alle probieren aus. ▪ Jeder erfindet für sich mindestens 5 verschiedene Bewegungen. Es darf pro Bewegung immer nur ein Körperteil gebraucht werden. ▪ Jetzt spielt wieder die Musik. Ein Schüler beginnt mit seiner Bewegung. Die andern ahmen ihn genau nach. Der erste Schüler ruft irgendwann einen andern Schüler. Dieser macht mit seiner Bewegung weiter. Die Gesamtheit der Bewegungen aller ergibt einen neuen Tanz!	*Ziel: Spannung und Entspannung im Körper wahrnehmen und diese Wahrnehmung als Grundlage für die Bewegungsgestaltung nutzen* ▪ Die Gruppe bewegt sich frei zu 2 verschiedenen Musikstilen: einer mehr fließend, der andere stark akzentuiert. ▪ Anschließend werden diese beiden Stile ohne Musik in Bewegung ausgedrückt und der Unterschied in der Muskelspannung diskutiert. ▪ „Unterschiedliche Spannung bewirkt unterschiedliche Bewegungen!" ▪ In einer Partnerarbeit bewegt nun ein Partner den andern, dieser kann willkürlich den Spannungszustand verändern, die Muskeln einmal entspannen oder stark anspannen. ▪ Der Partner muss seine Bewegung diesem Spannungszustand anpassen. ▪ In dieser Bewegungsabfolge entstehen in der gemeinsamen Auseinandersetzung mit Spannung und Entspannung unterschiedliche Rhythmen und Bewegungsqualitäten.

BEWEGUNG C: DIFFERENZIERUNG DES BEWEGUNGSRHYTHMUS

II	Grobziele	Feinziele
C.1	Differenzierung innerhalb des Parameters Zeit in Bewegung gestalten	▪ Bewegung verlangsamen oder beschleunigen ▪ komplexe rhythmische Muster bewegen ▪ Rhythmen hören und bewegen ▪ Rhythmen von andern sehen und imitieren ▪ verschiedene Taktarten in Bewegung umsetzen ▪ freie Wechsel zwischen Bewegung und Ruhe darstellen können
C.2	Die eigene Bewegung an verschiedene Tempi oder Rhythmen anpassen	▪ sich bewegen zu – Rhythmen verschiedener Gangarten – verschiedenen rhythmische Mustern
C.3	Bewegung an verschiedene Musikstile anpassen	▪ sich spontan bewegen zu: – lauter, leiser, wilder, sanfter ... Musik – Klängen verschiedener Instrumente – verschiedenen Musikstilen
C.4	Von einer Bewegung zur andern umschalten	▪ unterschiedliche Bewegungen im Wechsel ausführen – wechseln in Tempo oder Rhythmus – wechseln in der Richtung – wechseln in der Qualität der Bewegung
C.5	Bewegung über eine bestimmte Zeitspanne durchhalten	▪ eine Bewegung ausführen – während eines vorbestimmten Weges – über eine vorbestimmte Strecke – in der Diagonale des Raums
C.6	Bewegungsrhythmus auditiv, visuell oder taktil wahrnehmen und wiedergeben	▪ Rhythmen der Musik bewegen ▪ Bewegungsrhythmen auf Instrument übertragen ▪ Bewegungsrhythmus von jemandem übernehmen und/oder auf ein Instrument übertragen ▪ taktil erfahrene Rhythmen bewegen
C.7	Differenzierung innerhalb des Parameters Raum in Bewegung gestalten	▪ Bewegung in allen möglichen Raumlagen durchführen – aufsteigend – absteigend – an der Seite oder in der Mitte des Raums ▪ Bewegungen in differenzierten räumlichen Mustern ausführen – rundherum, geradeaus, in Zickzack-Linien, in geschwungenen Linien, spiralförmig ...
C.8	Differenzierung innerhalb des Parameters Kraft in Bewegung umschalten	▪ Bew. mit unterschiedlicher Kraftdosierung ausführen – viel oder wenig Kraft, mehr Kraft als vorher, weniger Kraft in der nächsten Bewegung ... ▪ durch Krafteinsatz die Qualität der Bew. beeinflussen – spitz, weich, hart, fließend, zerhackt ... ▪ Spannungszustände im Körper differenziert wahrnehmen, verändern, damit experimentieren
C.9	Differenzierung innerhalb des Parameters Form in Bewegung umsetzen	▪ wiederkehrende Bewegungsmotive in den freien Bewegungs- fluss einbauen ▪ dreiteilige Formen bewegen ▪ Bewegungen im Kanon ausführen ▪ Phrasen bewegen ▪ Bewegungen in allen denkbaren räumlichen Mustern ausführen
C.10	Körper-Koordinationsschulung	▪ verschiedene Körperpartien koordiniert bewegen – Hände und Füße – Kopf und Hände ... ▪ Audiomotorische Koordination: Gehörtes mit Bewegung koordinieren ▪ Visumotorische Koordination: Gesehenes mit Bewegung koordinieren
C.11	Gleichgewichtsschulung	▪ in verschiedenen Stellungen das Gleichgewicht halten ▪ auf einem Bein balancieren ▪ auf beweglichen Unterlagen das Gleichgewicht halten ▪ Gegenstände auf verschiedenen Körperteilen balancieren

5 Der Bereich II – Bewegung

PRAXISBEZUG

II	Kinder von 4–10 Jahren
C.1	Die Kinder beschleunigen oder verlangsamen ihre Bewegungen im freien Wechsel. Sie können dies frei tun, oder zusammen zur Musik oder genau so wie ein vorher bestimmtes Kind, das ein rotes Tuch trägt, damit man es gut sehen kann.
C.2	▪ Die Kinder können Bewegungsrhythmen von andern Kindern imitieren oder diese mit neuen Bewegungen darstellen. ▪ In freiem Wechsel können die Kinder eine Bewegung ausführen: schneller, langsamer. Sie tun dies mit oder ohne Begleitung durch Musik.
C.3	▪ Zur Musik stampfen, auf den Zehenspitzen gehen, schleichen, hüpfen. ▪ Die Musik regt an zu ...
C.4	Zu den Signalen der Musik können die Kinder zwischen zwei verschiedenen Bewegungsarten wechseln. Dies braucht viel innere und äußere Beweglichkeit.
C.5	Die Kinder können eine Bewegung über eine bestimmte Zeitspanne hinweg ausführen, oder über eine bestimmte vorgegebene Raumlänge, z.B. die Diagonale des Raums.
C.6	Die Kinder bewegen sich in einem Rhythmus aus Viertel- und Achtelnoten. Anschließend klopfen sie diesen Rhythmus einem andern Kind auf den Rücken.
C.7	Alle stehen im Kreis und halten die Hände auf gleicher Höhe in die Mitte. Ein Kind führt die ganze Gruppe an: Es bewegt die Hände in unterschiedlichem Tempo auf- und abwärts. Alle müssen die Hände immer auf der selben Höhe halten.
C.8	Mit den Füssen erzeugen die Kinder Geräusche: möglichst laute, möglichst leise. Anschließend gestalten wir eine „Kette"; jedes muss immer ein bisschen lauter sein als das vorhergige.
C.9	Alle Kinder spielen mit einem Ball frei im Raum. Auf ein bestimmtes Zeichen müssen alle das selbe Muster mit dem Ball machen: 2x prellen 1x aufwerfen. Anschließend hören sie ein Motiv in einem Musikstück. Dann hören sie das ganze Stück und halten immer die Hand hoch, wenn sie dieses Motiv hören.
C.10	▪ Die Kinder können regelmäßig gehen und gleichzeitig klatschen dazu. Dann klatschen sie nur, und die Füße bleiben stehen, hinterher machen sie es umgekehrt. ▪ Die Kinder prellen mit einem Ball immer genau so schnell, wie die Musik spielt. ▪ Die Kinder werfen den Ball von einer Hand in die andere, immer dann, wenn jemand ein entsprechendes Zeichen gibt.
C.11	Wenn die Musik aufhört, stehen alle auf einem Bein ohne zu wackeln.

Schüler/innen der Mittelstufe	Erwachsene
Beschleunigende und verlangsamende Bewegungssequenzen gestalten ▪ Die Schülerinnen und Schüler stehen in Reihen von 4–5 Personen nebeneinander. ▪ In früheren Stunden haben sie pantomimische Abläufe erlernt und dabei Sequenzen aus ihrem persönlichen Alltag dargestellt. ▪ Jetzt überlegt sich jeder eine ganz kurze Sequenz aus diesem Ablauf. Einer stellt sich an den ersten Platz der Reihe und macht seine Sequenz vor. Der nächste imitiert diese, aber ein bisschen schneller. Der nächste imitiert sie wieder, aber nochmals ein bisschen schneller. ▪ Es geht darum, dass die Schülerinnen und Schüler differenzierte Stufen von Bewegungsgeschwindigkeiten erkennen können. Jeder darf nur so viel schneller die vorherige Bewegung imitieren, dass der letzte in der Reihe noch in der Lage ist, die Bewegung ebenfalls auszuüben.	**Ziel: Spannungszustände im Körper verän- dern und damit experimentieren** ▪ Ausgehend von den Erfahrungen mit den Spannungszuständen der Muskeln im Körper (Beispiel Teilbereich B) wird jetzt die Bewegungserfahrung durch die Experimente mit der Körperspannung verfeinert. ▪ Alle bewegen sich frei und experimentieren in ihrer Bewegung anhand der Fragestellung: Wie beeinflusst die Spannung das Bewegungstempo, wie kann durch Spannungsveränderung dieses verlangsamt oder beschleunigt werden? ▪ Anschließend gestalten alle eine Bewegungsform im Raum, welche sie sich gut merken können, zum Beispiel eine Länge Bewegungen mit viel Spannung, dann verschiedene Kurven mit wenig Spannung. ▪ Diese Formen werden auf ein Blatt Papier aufgezeichnet. Sie dienen anschließend als grafische Notation für ein neues Musikstück oder für eine gemeinsam ausgeführte Bewegungsform.

Bewegung D: Bewegung in Beziehung setzen zum Raum, zu einem Partner und zu einem Gegenstand

II	Grobziele	Feinziele
D.1	Sich frei im Raum bewegen	<ul><li>den eigenen Weg im Raum finden</li><li>nicht mit andern zusammenstoßen</li><li>den ganzen Raum ausnützen in der Bewegung</li><li>von einem Punkt zum andern gehen</li><li>Kurven und Gerade im Raum gehen</li><li>hinter einem sich bewegenden Gegenstand hergehen</li></ul>
D.2	Sich im „beschränkten" Raum bewegen	<ul><li>um frei im Raum verteilte Gegenstände herumgehen ohne sie umzustoßen oder auf sie zu treten</li><li>in ganz bestimmten Wegen sich bewegen Reifenweg, Wege mit Seilen, Figuren mit Stäbchen, mit Klötzen …</li></ul>
D.3	Mit Material sinngemäß sich bewegen	<ul><li>Grundbewegungsarten mit Material ausführen können</li><li>Mit allen nur möglichen Gegenständen Bewegungen finden</li><li>mit den Gegenständen des klassischen Rhythmikmaterials Bewegungen kennen</li><li>mit den Gegenständen des klassischen Rhythmikmaterials neue Bewegungen erfinden</li></ul>
D.4	Sich in der Bewegung von Gegenständen beeinflussen lassen	<ul><li>die Bewegung den Qualitäten eines Materials anpassen</li><li>mit Material neue Bewegungen herausfinden</li><li>einen Gegenstand zweckentfremdet in der Bewegung benützen</li><li>sich ohne Material bewegen, so wie vorher mit dem Material</li></ul>
D.5	Mit Material plastisch gestalten	<ul><li>Bewegungs- oder Musikerfahrungen mit Material plastisch gestalten</li><li>Bilder mit Material legen</li><li>Elemente einzelner Parameter mit Material darstellen</li></ul>
D.6	Bewegungserfahrungen zeichnen oder malen	<ul><li>Qualitäten der Bewegung aufzeichnen</li><li>Bewegungen von Material aufzeichnen</li><li>sich von der Bewegung zu einer Zeichnung verleiten lassen</li></ul>
D.7	Partituren zeichnen	<ul><li>Bewegungen aufzeichnen, anschließend in Musik umsetzen</li><li>Bewegungen aufzeichnen und mit andern im Raum gestalten</li><li>Bewegungen so aufzeichnen, dass sie als Plan oder Partitur bewegt oder musiziert werden können</li></ul>
D.8	Mit andern zusammen sich bewegen	<ul><li>sich allein bewegen</li><li>sich mit einem Partner bewegen</li><li>sich in der Gruppe selbständig bewegen</li><li>sich von andern beeinflussen lassen</li><li>andere beeinflussen</li></ul>
D.9	Bewusstsein für den persönlichen Raum entwickeln	<ul><li>die persönliche Größe kennen</li><li>den nötigen Raum für die persönliche Bewegung kennen</li><li>räumliche Positionen in Bezug zum eigenen Körper gestalten</li><li>Richtungen in Bezug zum eigenen Körper wahrnehmen</li></ul>

5 Der Bereich II – Bewegung

PRAXISBEZUG

II	Kinder von 4–10 Jahren
D.1	▪ Im Raum hüpfen alle auf einem Bein von einem Fenster zum andern. Dann kriechen sie auf dem Bauch von der Tür zum Klavier. ▪ Wenn die Kinder sich im Raum bewegen, so können sie den ganzen Raum ausnützen. Sie finden ihren eigenen Weg, ohne dabei mit andern zusammenzustoßen.
D.2	▪ Im Raum stehen Klötze verteilt. Die Kinder gehen um diese Klötze herum, ohne sie umzuwerfen. ▪ Die eine Hälfte der Kinder sind Bäume, die andern sind die Waldtiere, welche sich darum herum bewegen.
D.3	▪ In der Auseinandersetzung mit einer kleinen Murmel lernen die Kinder einige Bewegungen kennen, die man mit der Murmel machen kann, sowie, dass man sie nicht werfen sollte. Hinterher finden sie für die Bewegung der Murmel im Reifen neue Möglichkeiten. ▪ Sie erlernen die Handhabung von Gegenständen mit unterschiedlichen Eigenschaften.
D.4	Die Kinder finden Bewegungen mit einem Chiffontuch und mit einer Holzkugel und lernen so über die unterschiedliche Handhabung, in ihrer Bewegungsqualität auf die Eigenschaften dieser zwei Gegenstände einzugehen.
D.5	Die Kinder bekommen einige Klötze, Stühle und Reifen und bauen damit einen hohen Turm.
D.6	▪ Die Kinder zeichnen immer, wenn sie Lust haben, ihre Bewegungen auf ein großes an der Wand befestigtes Papier. ▪ Die Kinder schauen einem Kind zu, das sich mit einem Seil im Raum bewegt. Sie zeichnen die Bewegung des Seiles auf. ▪ Wenn das Seil auf den Boden fällt, so entsteht eine spezielle Figur. Alle zeichnen diese auf ein Blatt.
D.7	▪ Die Kinder bewegen sich zu unterschiedlichen Tempi der Musik. Anschließend malen sie ihre Bewegungserfahrung auf einem großen Papier auf. ▪ Einzelne Teile dieser Zeichnungen ergeben eine Notation für ein neues Musikstück, andere Teile ergeben die Grundlage einer neuen Bewegungsabfolge.
D.8	Die Kinder können in ihrer Bewegung auf andere Rücksicht nehmen. Sie kennen die Grundregeln im Bereich „soziale Interaktion". Die Kinder können sich im Wechsel allein, mit einem andern Kind oder in der ganzen Gruppe bewegen.
D.9	▪ Die Kinder können ihre Körpergröße einschätzen und erkennen, ob sie unter einem Stuhl durchkriechen können. ▪ Die Kinder können erkennen, wie viel Raum sie brauchen, wenn sie ein Seil im Kreis herum schwingen wollen.

Schüler/innen der Mittelstufe	Erwachsene
Ziel: sich von Alltagsgegenständen zu individuellen Bewegungsmustern anregen lassen ▪ Die Schülerinnen und Schüler erfinden eigene Bewegungen mit beliebigem Material, das sie von zu Hause mitbringen. einen Ball, einen Schlüssel, eine Schnur, ... ▪ Sie probieren Bewegungen mit diesen Gegenständen aus, die gleichzeitig zur Bewegung anregen und einen Ton oder ein Geräusch erzeugen. ▪ Alle machen ihre Bewegung und ihr Geräusch vor. Die Schülerinnen und Schüler mit ähnlichen Geräuschen gehen zusammen in eine Kleingruppe. Welche Alltagshandlung könnte mit diesen Geräuschen dargestellt werden? ▪ Alle Ergebnisse der einzelnen Gruppen werden zusammengesetzt zu einer Alltagshandlungs-Konzert-Vorführung.	*Ziel: Die Form eines Alltagsgegenstands (Stuhl) in Bewegung erfahren und aus dieser Erfahrung eine persönliche Bewegungsgestaltung erfinden.* ▪ Eine Reihe von Stühlen steht in verschiedenen Positionen im Raum. ▪ Die Gruppe bewegt sich zur Musik, jedes Mal wenn diese aufhört, stellt jedes Mitglied einen Stuhl in einer bestimmten Position dar. ▪ Nacheinander gehen alle der Stuhlreihe nach und imitieren die verschiedenen Positionen. ▪ Dann wird die Stuhlreihe rhythmisiert nachbewegt. Für jede Strecke und für jede Position kann ein anderes Tempo gewählt werden. Dadurch entsteht für jeden Durchgang eine neuen Dynamik. ▪ Die Darstellung der Positionen in unterschiedlicher Dynamik löst unterschiedliche Assoziationen aus. Jetzt werden diese Assoziationen dargestellt: der erste Stuhl löst bei mir aus: ..., der zweite etwas Anderes ..., der dritte vielleicht etwas Ähnliches. Ausgehend von einer einfachen Form entsteht eine sehr persönliche Gestaltung mit vielen Nuancen.

BEWEGUNG E: BEWEGUNGSGESTALTUNG

II	Grobziele	Feinziele
E.1	Unterschiedliche Rhythmen gestalten	▪ neue Rhythmen erfinden und bewegen ▪ aus schon bekannten rhythmischen Motiven neue Ideen entwickeln ▪ bekannte Bewegungen in neuen Rhythmen ausführen ▪ mit verschiedenen Körperteilen neuen Klänge entwickeln
E.2	Bewegungsarten auswählen und abwechselnd nach eigenem Wunsch ausführen	▪ in aufrechter Haltung ▪ am Boden ▪ Variationen von Grundbewegungsarten
E.3	Den Grundbewegungsarten eigene Phantasiebilder unterlegen können	▪ sich bewegen nach bestimmten Bildern – Tiere – Fahrzeuge – Märchenfiguren – Elemente der Natur – Pflanzen – Sportarten – alle nur möglichen Bilder
E.4	Rhythmische Besonderheiten oder Qualitäten eines Musikstücks in Bewegung frei ausdrücken	▪ frei auf einzelne Rhythmen eingehen und gestalten ▪ die rhythmische Qualität eines Stückes darstellen ▪ einzelne rhythmische Motive herausgreifen und daraus eine neue Bewegungssequenz anfertigen ▪ die neue Bewegungssequenz mit Material bewegen und/oder in Musik umsetzen ▪ n der Bewegung frei auf die Qualitäten eines Musikstücks reagieren ▪ einzelne Qualitäten herausgreifen und neu gestalten ▪ die Darstellung neu in Musik umsetzen ▪ die Klangfarbe in Musik umsetzen
E.5	Zu Liedern oder zu Musik eigene Bewegungen oder Tanzschritte erfinden	▪ Bewegungen erfinden ausgehend von unterschiedlichen Elementen – Rhythmische Motive, Liedinhalt, Melodie, Form ... ▪ einen eigenen Tanz zu einem Lied erfinden
E.6	Eindrücke oder Abläufe aus dem Alltag gestalten	▪ Eindrücke des Alltags mit Bewegung und/oder Musik darstellen – Tageszeiten, Jahreszeiten, Wetter, Tiere, Pflanzen, Fahrzeuge ... – pantomimische Abläufe darstellen
E.7	Geschichten in Bewegung und/oder Musik darstellen	▪ erzählte Geschichten ▪ bekannte Geschichten ▪ selber erfundene Geschichten
E.8	Mit Material selber erfundene Bewegungen ausführen	▪ nach vorangegangenen Übungen eigene Ideen entwickeln ▪ freies Experimentieren mit Material
E.9	Formen darstellen x mit dem Körper x mit andern zusammen im Raum	▪ Formen mit dem Körper darstellen – Kreis, Linie, Dreieck, Buchstaben ... ▪ Gegenstände mit dem Körper darstellen – Fahrzeuge, Pflanzen, Möbel ... ▪ Formen mit andern zusammen im Raum darstellten
E.10	Ein Bewusstsein für den persönlichen Bewegungsrhythmus entwickeln	▪ bevorzugte rhythmische Bewegungsqualitäten entdecken und ges- talten ▪ persönliche Bewegungsqualitäten rhythmisch darstellen ▪ Rhythmen von sich selbst und andern vergleichen ▪ Vorzüge und Nachteile des eigenen Bewegungs-Rhythmus und dessen Einfluss auf die individuelle Alltagsgestaltung kennen lernen
E.11	Nach außen bringen, was innerlich bewegt	▪ spontan bewegen, was dir gerade in den Sinn kommt ▪ Gefühle oder Stimmungen darstellen ▪ nachspüren, ausdrücken, entwickeln ...

5 Der Bereich II – Bewegung

PRAXISBEZUG

II	Kinder von 4–10 Jahren
E.1	Die Kinder haben rhythmische Muster kennen gelernt. Jetzt erfinden sie neue Muster, spielen diese vor und suchen einige Muster, die ihnen besonders gefallen und die sie auch wiederholen können.
E.2	Die Kinder haben ein Repertoire an Bewegungen erworben und bewegen sich heute so, wie es gerade passt: Die einen stampfen wild, die andern kriechen lieber am Boden.
E.3	■ Die Kinder bewegen sich im Raum wie verschiedene Fahrzeuge. ■ Sie können Bewegungen unterschiedlicher Sportarten ausführen. ■ Sie können das „Wachsen der Blumen" mit dem Körper darstellen, oder zu viert eine Blume sein.
E.4	■ Die Kinder hören einen Blues und finden eigene Bewegungen dazu. ■ Die Kinder hören aus dem Karneval der Tiere ein Stück und stellen in der Bewegung dar, was sie gerade gehört haben.
E.5	Die Kinder lernen das Lied „we can do the hand jive" und jedes erfindet eine neue Bewegung dazu.
E.6	■ Pantomimisch erzählen die Kinder einander, was sie in den Ferien am liebsten gemacht haben. ■ Die Kinder spielen einander Abläufe aus dem Alltag vor, die immer wieder vorkommen. Die andern erraten, was dies sein könnte.
E.7	Die Kinder spielen die Geschichte der Frösche am Teich vor, die sie gerade in der Schule gehört haben. Spontan unterstützen sie die Bewegungen mit Stimmgeräuschen. Da die Geschichte richtig spannend wurde, wird sie in der nächsten Stunde noch mit Instrumenten begleitet.
E.8	Die Kinder bekommen alle ein Herbstblatt. Sie probieren damit 5 verschiedene Bewegungen aus.
E.9	■ Die Kinder stellen zu zweit oder zu dritt die Anfangsbuchstaben ihrer Namen dar. ■ In Kleingruppen gestalten sie Formen von Möbeln und setzen so ganze Zimmereinrichtungen zusammen.
E.10	■ Die Kinder finden Rhythmen, welche sie besonders gerne bewegen. Sie können diese auf einem Instrument spielen und ihnen auch ein Phantasiebild zuordnen: z.B. eine Gestalt aus einem Märchen. ■ Die Kinder bewegen sich wie verschiedene Tiere. Sie experimentieren mit der Bewegung dieser Tiere. Mit der Zeit entdecken sie, welche Tierbewegungen ihnen näher liegen als andere.
E.11	Die Kinder können erkennen, welche Bewegung ihre Befindlichkeit im Moment braucht. Sie können dies, wenn sie wollen, ausdrücken oder sich eine Weile zurückziehen. Die einen rennen ganz schnell, die andern ziehen sich in eine Ecke zurück.

Schüler/innen der Mittelstufe	Erwachsene
Ziel: Einen eigenen Tanz erfinden, den alle gemeinsam tanzen. ■ Die Schülerinnen und Schüler führen einander ihre bevorzugten Sportarten vor. Sie bilden kleine Gruppen und hängen die Bewegungen zusammen. ■ Jede Gruppe hängt jetzt ihre Bewegung an die Bewegung der andern Gruppe dran. Es entsteht eine lange Bewegungskette. ■ Aus dem Lied, das sie vorher geübt haben, haben sie einige Tanzschritte übernommen, die sie nun immer zwischen die Bewegungsabfolge der einzelnen Gruppen einfügen. ■ Jetzt wandeln sie den Tanz ab: beim Refrain des Lieds kommen immer dieselben Schritte, bei der Strophe macht je eine Gruppe ihre Bewegungen im Takt der Musik vor, die andern imitieren. Ein neuer Tanz ist entstanden.	**Ziel: Bewegungsimprovisation zu einem Musik- stück** ■ Zum Stück aus Bizet, Carmen, final „Les Toréros" hat die Gruppe in den letzten Stunden verschiedene Bewegungsformen entwickelt. Nun geht es darum, diese freien Formen analog zum Musikstück zu einem Ganzen zu gestalten. Das Stück mit seinen verschiedenen Teilen: AA- ABBA ist der Gruppe schon bekannt. Im A- Teil ist die Aufgabe, die eigene Bewegungsform mit derjenigen einer Partnerin zu kombinieren. Die eigene Bewegungsform kann bestehen bleiben, es muss aber mit mindestens einem Körperteil (zum Beispiel dem Arm), ein Kontakt zum Partner stattfinden. Mit – ist die Überleitung bezeichnet. Diese kann frei gestaltet werden. Im B-Teil nimmt die ganze Gruppe miteinander Kontakt auf, ebenfalls durch minimale Berührungspunkte wie im A-Teil. ■ Die einfache Strukturierung ermöglicht eine Gestaltung, welche sowohl die persönlichen Ideen als auch eine verbindende Gestaltung durch minimale Kontaktaufnahme mit einem Partner oder mit der ganzen Gruppe beinhaltet. Die formalen Anteile des Stücks werden durch die unterschiedliche soziale Zusammenstellung sichtbar gemacht.

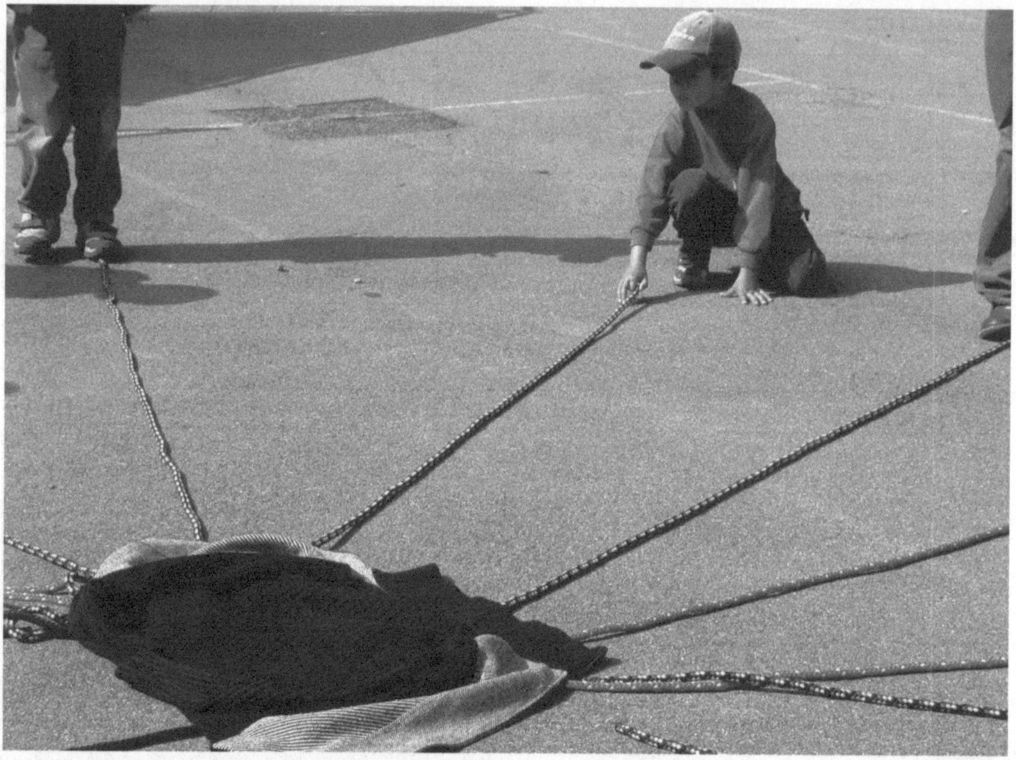

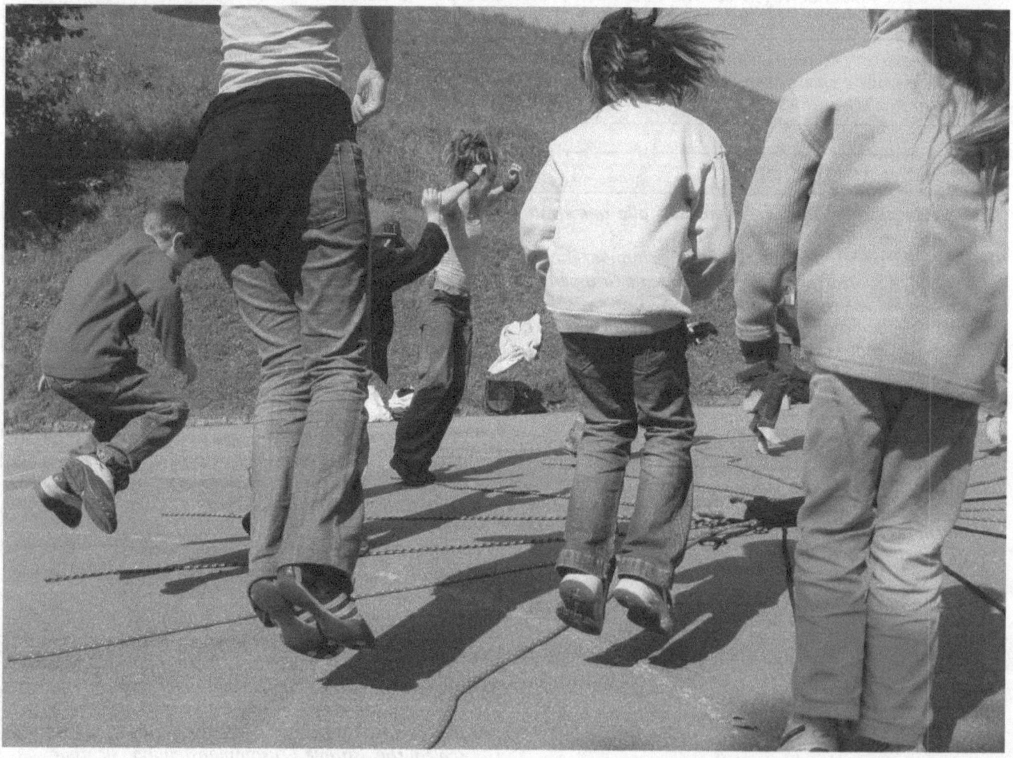

6 Der Bereich III – Wahrnehmung

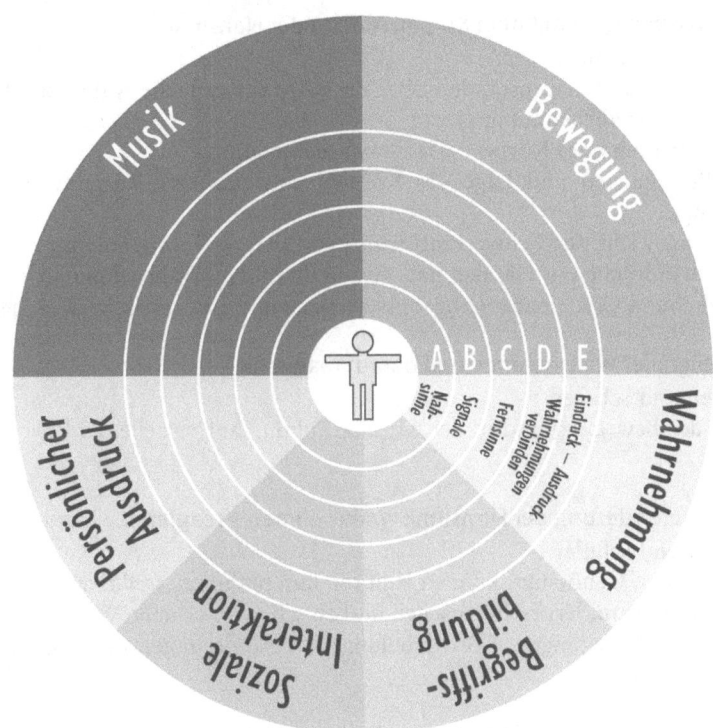

Im Bereich Wahrnehmung geht es zuerst um das Bewusstwerden und die Förderung der verschiedenen Wahrnehmungsfunktionen. Dazu gehören die Grundlagen und die Differenzierung der Nahsinne (Oberflächenwahrnehmung, Tiefenwahrnehmung, kinästhetische Wahrnehmung, vestibuläre Wahrnehmung) sowie der Fernsinne (auditive und visuelle Wahrnehmung). Die Förderung der Wahrnehmung wird einerseits in speziellen Unterrichtssequenzen aufgebaut, ist aber immer auch ein Bestandteil aller gestalterischen Abläufe.

Zum Bereich Wahrnehmung gehört weiter, sich die Zeit für Wahrnehmungserlebnisse zu nehmen, ganzheitliche Wahrnehmungsräume zu schaffen und zu genießen. In diesem Sinne ist die Wahrnehmung auch ein wichtiger Bestandteil der ästhetischen und sinnlichen Unterrichtsgestaltung.

Die Darstellung der Nahsinne und der Fernsinne bezieht sich auf die Erfahrungen aus der Rhythmik sowie auf Jean Ayres (*Bausteine der kindlichen Entwicklung*) und Renate Zimmer (*Handbuch der Sinneserziehung*).

Der physiologische Prozess der Wahrnehmungsfunktionen wird hier nicht beschrieben. Es wird auf die beiden oben genannten Werke verwiesen, welche dieses Thema eingehend behandeln.

Folgende Kompetenzen werden in den einzelnen Teilbereichen erworben

Teilbereich A: Wahrnehmen mit dem Körper, Aufbau der Nahsinne
Die Schülerinnen und Schüler
- nehmen Aktionen und Gegenständen über die Körperoberfläche wahr: Berührungsempfindung, Oberflächenwahrnehmung;
- spüren den Innenraum des Körpers: Tiefenwahrnehmung;
- empfinden Bewegungen und Lage des Körpers und einzelner Körperteile: kinästhetische Wahrnehmung;
- nehmen Gleichgewicht und Schwerkraft wahr: vestibuläre Wahrnehmung;
- erkennen Tasteindrücke mit Händen und Füssen: haptische Wahrnehmung;
- nehmen Geruchund Geschmack wahr: olfaktorische und gustatorische Wahrnehmung.

Teilbereich B: „Signale" wahrnehmen und darauf reagieren
Die Schülerinnen und Schüler
- reagieren in der Bewegung und in der Musikausübung auf visuelle, auditive und taktile Signale.

Teilbereich C: Differenzierung der Fernsinne: wahrnehmen – reagieren – handeln
Die Schülerinnen und Schüler:
- differenzieren ihren Gehörsinn, können zuhören und hinhören: auditive Wahrnehmung;
- variieren ihren Sehsinn, lernen hinzusehen und zu schauen: visuelle Wahrnehmung;
- sehen und hören Bewegungen, Körperstellungen, Veränderungen und antworten darauf in Bewegung oder Musik.

Teilbereich D: Wahrnehmung In Beziehung setzen zu Raum, Material, Partner, Gruppe
Die Schülerinnen und Schüler
- verbinden Sinneseindrücke und lassen diese bewusst werden;
- spüren, hören und sehen Bewegungen von Material und gestalten diese in Bewegung oder Musik nach;
- nehmen Bewegung und Musik in ihrer Beziehung zum Raum wahr;
- erleben Wahrnehmungen anderer Menschen, eines Partners oder der ganzen Gruppe und differenzieren diese.

Teilbereich E: Eindruck – Ausdruck – Gestaltung: wahrnehmen – sich berühren lassen – gestalten – neu erfinden
Die Schülerinnen und Schüler
- lassen sich von den verschiedenen Eindrücken berühren und sind in der Lage, dieses Berührtsein neu zu gestalten;
- geben dem persönlichen Eindruck einen passenden Ausdruck;
- erfahren die eigenen Wahrnehmungskanäle als eine verlässliche Informationsquelle und kreieren aus diesem Erfahrungsschatz Neues kreieren;
- erkennen und geniessen Wahrnehmung als einen ganzheitlichen Prozess;
- erleben und gestalten die Vernetzungen verschiedener Wahrnehmungselemente als ganzheitliche Wahrnehmungsräume.

a) Wahrnehmung A1, Aufbau der Nahsinne: Oberflächenwahrnehmung

Die Oberflächenwahrnehmung beinhaltet alle Empfindungen über die Haut, die gesamte Oberfläche des Körpers, also die Aufnahme und Auswertung von Informationen in direktem Körperkontakt zum Wahrnehmungsgegenstand. Dazu gehören Berührungen, Kontakte mit Gegenständen sowie das Wahrnehmen der Vibrationen. Die handelnde Auseinandersetzung erfolgt über die Differenzierung des Berührungsempfindens (was berührt meinen Körper, wie berührt es meinen Körper), aber auch die Lokalisation von Berührungen (wo berührt etwas meinen Körper, ist es oben, unten – hinten, vorne etc.). Am Anfang der Arbeit mit Rhythmuskoordination ist es empfehlenswert, Rhythmen über die Körperoberfläche spürbar zu machen, d.h. Rhythmen direkt am Körper zu klopfen, patschen etc., oder mit Materialien direkt am Körper zu arbeiten.

Über die Körperoberfläche können auch alle musikalischen Grundparameter bewusst und erlebbar gemacht werden: langsame und schnelle Tempi, hohe und tiefe Töne, auf- und absteigende Melodien etc.

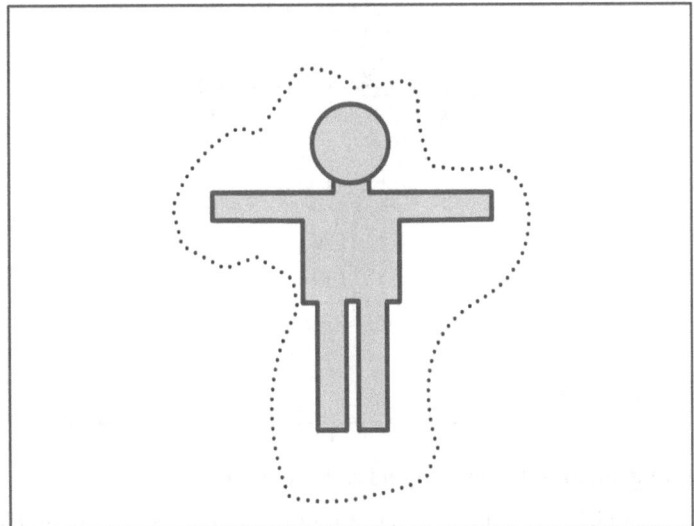

Oberflächenwahrnehmung, Berührungsempfindung

- passiv: Wahrnehmung von Berührung, Druck, Vibrationen, Temperatur, Schmerz
- aktiv: tasten und tastend erkennen (haptische Wahrnehmung), Differenzierung von Berührungen:
  - Wie ist die Qualität einer Berührung? Was berührt den Körper?
  - Lokalisation von Berührungen: Wo ist eine Berührung?
  - In welche Richtung bewegt sich eine Berührung?
- Sinnesorgan: Haut, die Haut begrenzt und öffnet gleichzeitig den Bezug zur Umwelt.

b) Wahrnehmung A2, Aufbau der Nahsinne: Tiefenwahrnehmung

Gegenspielerin der Oberflächenwahrnehmung ist die Tiefenwahrnehmung. Sie beinhaltet das bewusste Wahrnehmen des Innenraums des Körpers: Gelenke, Muskeln, Sehnen, aber auch innere Organe sowie Atmung und Herzschlag.

Grundlage für das musikalische Pulsempfinden ist das bewusste Wahrnehmen des eigenen Pulsschlags und der eigenen Atmung, wie sie auch im Singen trainiert wird.

Für die Rhythmusarbeit ist die Wahrnehmung der Gelenke und in einem weiteren Sinne auch der Muskeln weiter ausschlaggebend. Um unsere Gelenke wahrzunehmen, können wir zum Beispiel stampfen und auf- und abspringen. Auch ein Training von Bewegungen, welche laute und leise Geräusche im Gegensatz erzeugen, kann hier helfen.

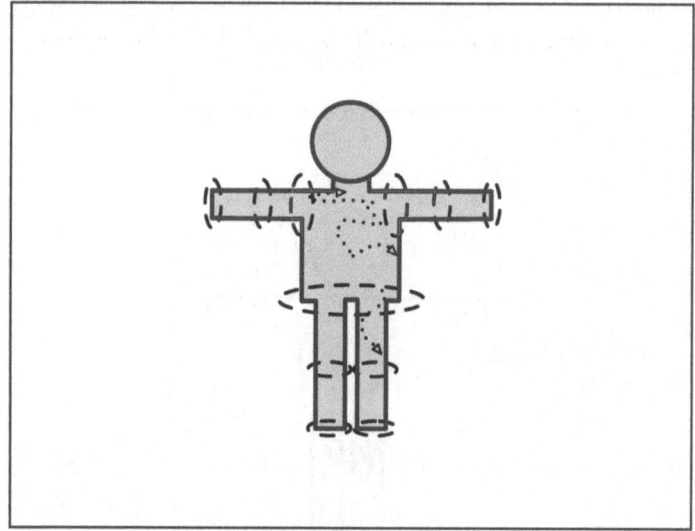

Tiefenwahrnehmung: Innenraum des Körpers wahrnehmen

- Wahrnehmung von Gelenken Muskeln Sehnen, inneren Organen, Atmung, Herzschlag
- Rezeptoren in Gelenken, Muskeln, Sehnen, Organen
- Geruchs- und Geschmackswahrnehmung: gustatorische und olfaktorische Wahrnehmung
- Sinnesorgane: Nase, Zunge, Mund.

c) Wahrnehmung A3, Aufbau der Nahsinne: Kinästhetische Wahrnehmung

Die kinästhetische Wahrnehmung beinhaltet alle Empfindungen, welche mit Bewegung, Bewegungsrichtungen und der Bewegung von einzelnen Körperteilen zu tun haben. Dazu gehört auch die Fähigkeit zur Empfindung von Körper- und Gelenkstellungen, die Fähigkeit zur Empfindung der Richtung und der Geschwindigkeit von Bewegungen sowie die Wahrnehmung von Muskel- und Kraftleistung.

Die koordinative Rhythmusarbeit verlangt sehr viel Körperbewusstsein, was viele Kinder am Anfang überfordert. Sie können die Bewegung nicht spüren und daher auch nicht imitieren. Es ist wichtig, dass die ersten Rhythmustrainings spezielle Einheiten beinhalten, welche die Bewegungen einzelner Körperteile gezielt fördern und deren Differenzierung unterstützen.

Kinästhetische Wahrnehmung, Bewegungsempfindung

- Bewegungsempfinden, Gefühle für Körperlichkeit und Selbstempfindung,
- Bewegungs- und Lagesinn
- Fähigkeit zur Empfindung von Richtung und Geschwindigkeit der Bewegung
- der Gliedmassen
- Empfindung der Körper und Gelenkstellung
- Wahrnehmung der Muskel- und Kraftleistung
- Rezeptoren in Gelenken, Sehnen, Muskeln, Haut.

d) Wahrnehmung A4, Aufbau der Nahsinne: vestibuläre Wahrnehmung

Bei der vestibulären Wahrnehmung geht es um das Gleichgewichtsempfinden und die Verlagerung der Körperachse. Wichtig ist das Spiel mit der Schwerkraft, welches immer wieder den Körper aus der Stabilität in die Instabilität und wieder zurück in die Stabilität führen muss. Die Rhythmuskoordinationsarbeit erfordert viel Gleichgewichtsintegration und ist für die Kinder oft eine Herausforderung. Es ist daher darauf zu achten, dass die Kinder in den ersten Übungen immer wieder eine stabile Körperhaltung einnehmen können, und dass sie genug Möglichkeiten haben, ihr Gleichgewicht sinnvoll zu trainieren.

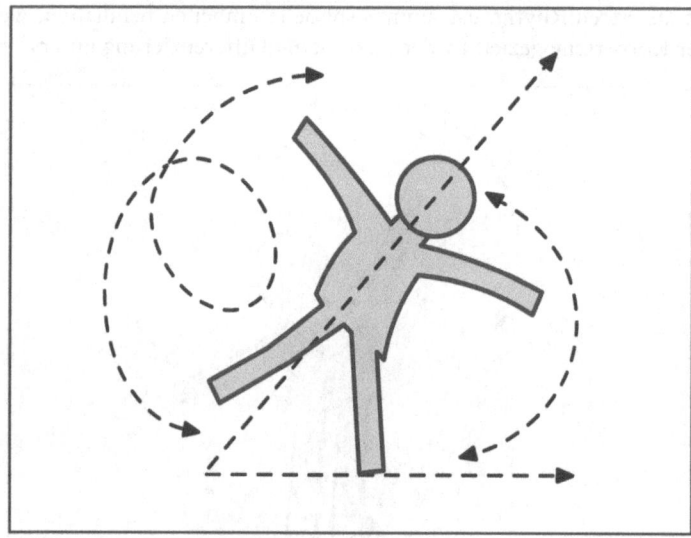

Vestibuläre Wahrnehmung, Gleichgewichtsempfingung

- Verlagerung der Körperachse
- Gleichgewichtskontrolle
- Regulation im Raum unter Bezug auf die Gravitation (Schwerkraft) Orientierung im Raum
- Lageempfindung
- Wahrnehmung linearer Beschleunigung Wahrnehmung von Drehbeschleunigungen
- Rezeptoren im Innenohr.

d) Wahrnehmung A4, Aufbau der Nahsinne: vestibuläre Wahrnehmung

Wahrnehmung A1: Aufbau der Nahsinne
Oberflächenwahrnehmung und Tiefenwahrnehmung

III	Grobziele	Feinziele
	Oberflächenwahrnehmung	
A.1	Körperoberfläche als Wahrnehmungsorgan erleben	▪ Berührung – berührt sein zulassen ▪ Gegenstände im Kontakt mit dem Körper wahrnehmen – einen einzelnen Gegenstand – viele gleiche Gegenstände – einzelne große Gegenstände – „Wind" von Tüchern – Vibration von Klängen
A.2	Verschiedene Gegenstände im Körperkontakt differenzieren	▪ unterschiedliche Gegenstände am Körper erleben ▪ unterschiedliche Eigenschaften von Gegenständen am Körper erleben – Oberflächenbeschaffenheit – Größe – Menge – Gewicht
A.3	Unterschiedliche Unterlagen erleben, erkennen, erinnern	▪ Eigenschaften von Unterlagen erkennen ▪ Reihen von unterschiedlichen Unterlagen erleben
A.4	Richtungen und Wege eines Gegenstands am Körper wahrnehmen	▪ die Richtung eines Gegenstands am Körper erkennen: aufwärts, abwärts, seitwärts ... ▪ den Weg eines Gegenstands am Körper wahrnehmen ▪ den wahrgenommenen Weg nachbewegen: bei einer andern Person, im Raum, mit dem Arm, dem Finger ...
A.5	Die Stelle definieren können, an der ein Gegenstand den Körper berührt: Lokalisation	▪ den Ort des Kontakts definieren können ▪ zeigen, wo ein Gegenstand den Körper berührt ▪ einen Gegenstand bei einer andern Person an der selben Stelle wieder auflegen können
A.6	Rhythmen am Körper erfahren und wiedergeben	▪ Rhythmen taktil wahrnehmen ▪ mitklatschen oder nachher wiedergeben ▪ einem andern Kind auf den Rücken klopfen ▪ Rhythmen von verschiedenen Versen und Liedern am Körper klopfen und singen ▪ unterschiedliche Tempi wahrnehmen ▪ Pausen und Unterbrüche spüren
A.7	Intensität von Druck eines Gegenstandes auf den Körper wahrnehmen	▪ wahrnehmen, ob ein Gegenstand mit viel oder wenig Druck auf dem Körper aufliegt ▪ Abstufungen von Druck wahrnehmen können ▪ Unterschiede bei der Abstufung persönlich identifizieren
	Tiefenwahrnehmung	
A.8	Gelenke wahrnehmen durch Gewicht (Druck und Zug)	▪ mit schweren Gegenständen hantieren ▪ mit sehr großen Gegenständen hantieren ▪ Gewicht anhängen ▪ Schweres stoßen oder ziehen
A.9	Gelenke wahrnehmen durch Druck in der Bewegung	▪ Bewegungen ausüben, die viel Druck auf einzelne Gelenke ausüben ▪ Druck durch Auf- oder Abspringen erzeugen
A.10	Gelenke wahrnehmen durch Gegendruck oder Zug	▪ Kraftspiele: gegeneinander drücken ▪ gegen festes Material drücken / schwere Dinge stoßen ▪ schwere Gegenstände ziehen ▪ einander im Raum herum ziehen
A.11	Innenraum des Körpers wahrnehmen	▪ Atemfluss spüren ▪ Pulsschlag wahrnehmen

d) Wahrnehmung A4, Aufbau der Nahsinne: vestibuläre Wahrnehmung

PRAXISBEZUG

III	Kinder von 4–10 Jahren
A.1	In einzelnen Lektionen werden die Kinder mit verschiedenen Gegenständen „massiert": • ein einzelner Ball, ein großes Kissen, oder viele kleine Pingpong Bälle, • sie liegen unter einem großen Schwungtuch und spüren den Wind, wenn das Tuch auf und ab schwingt, • sie legen sich eine Klangschale auf die Hand und spüren deren Vibrationen.
A.2	• Die Kinder erleben im Körperkontakt, dass Gegenstände unterschiedliche Eigenschaften haben: Sie sind glatt oder rau, klein oder gross, schwer oder leicht. • Die Kinder legen sich unter Gegenstände mit unterschiedlicher Größe: ein kleines Tuch oder eine schwere Matte.
A.3	• Die Kinder legen sich auf unterschiedliche Matten, Decken und Kissen. Sie spüren die Unterschiede der Auflagefläche. • Sie nehmen den Unterschied wahr, wie es ist, wenn sie auf harten oder weichen Gegenständen stehen.
A.4	• Die Kinder rollen sich gegenseitig eine Klangkugel über das Bein: Sie spüren den Unterschied, ob diese auf- oder abwärts rollt. • Ein Kind bewegt die Hand entsprechend der Bewegung der Kugel, die es auf dem Rücken spürt.
A.5	Ein Kind legt sich auf den Bauch. Die andern Kinder legen ihm ein Säcklein auf den Rücken, ein Bein oder den Arm. Das Kind muss die Stelle zeigen oder benennen könne, an der das Säcklein gelegen hat. Am Anfang kann das Kind eine Auflagestelle benennen, später mehrere.
A.6	Einem Kind wird ein Rhythmus auf den Rücken geklopft. Es klatscht ihn anschließend mit den Händen.
A.7	Ein Kind legt einem andern einen leichten oder einen schweren Ball auf den Rücken. Das andere Kind muss herausfinden, welcher Ball auf dem Rücken gelegen hat.
A.8	• Zwei Kinder stehen sich gegenüber, zwischen ihnen liegt ein Seil am Boden. Sie geben sich die Hand und versuchen, einander über das Seil hinaus zu ziehen. • Die Kinder hängen sich Gewichtmanschetten an die Füße und gehen mit ihnen herum.
A.9	Die Kinder springen 10 Mal auf und ab. Sie springen von ihrem Stuhl herunter.
A.10	• Ein Kind legt sich auf den Rücken, das andere Kind zieht es im Raum herum. • Zwei Kinder drücken die Handflächen gegeneinander. Wer ist stärker?
A.11	Die Kinder spüren ihren Atem, sie legen die Hand dahin, wo sie ihn von außen spüren. Dann vergleichen sie: wer spürt es wo?

Schüler/innen der Mittelstufe	Erwachsene
Ziel: Wahrnehmung der Körperoberfläche als Entspannungsmoment erfahren • Die Schülerinnen und Schüler haben alle einen Tennisball und sitzen damit im Kreis. Ein Schüler setzt oder legt sich in die Mitte des Kreises. Der Reihe nach rollen alle ihren Tennisball ganz vorsichtig in die Mitte, so dass dieser ganz leicht am Schüler in der Mitte anstößt. • Ohne sich berühren zu müssen, erleben die Schülerinnen und Schüler Kontakt der Tennisbälle an unterschiedlichen Stellen des Körpers. Sie erfahren die Wahrnehmung als ruhig und konzentriert. • Dieser Ablauf erfordert Sorgfalt, Achtsamkeit und Vertrauen aller im Umgang miteinander. • Auf dieser Stufe geht es darum, dass die Schülerinnen und Schüler einen altersentsprechenden Umgang mit ihrem Körper und mit Kontakt erwerben können. Dazu gehört ein Bewusstsein über die passende Nähe und Distanz, über Achtsamkeit im Umgang miteinander und das Wissen um Grenzübertretungen. • Ebenfalls zentral ist die Fähigkeit, „Nein" zu Kontakt, Berührung oder Bewegung zu sagen, die einem nicht zusagt. • Als letztes ist es auch wichtig, dass die Schülerinnen und Schüler über solche Themen miteinander sprechen können. Eine Ent-Tabuisierung des Themas kann dadurch erreicht werden.	Als Ausgleich zu den Anspannungen des Alltags genießen die Erwachsenen eine Massage.

Wahrnehmung A2: Taktile Wahrnehmung

	Grobziele	Feinziele
	Taktile Wahrnehmung	
A.12	Mit den Händen wahrnehmen und tastend erkennen	■ mit den Händen unterschiedliches Rhythmikmaterial ertasten ■ verschiedene Qualitäten von Gegenständen durch Anfassen und Betasten erleben ■ Gegenstände ertasten, ohne sie zu sehen
A.13	Gegenstände wiedererkennen	■ Rhythmikmaterial durch Tasten erkennen ■ Alltagsgegenstände tastend erkennen
A.14	Taktile Figur-Grundwahrnehmung	■ aus vielen kleinen, gleichen Gegenständen einen großen finden ■ aus verschiedenen Gegenständen einen bestimmten wiederfinden
A.15	Mit den Füssen wahrnehmen	■ verschiedene Unterlagen mit den Füssen wahrnehmen ■ Rhythmikmaterial mit den Füssen wahrnehmen und erkennen ■ Fußparcours über Matten und Teppichreste oder im Freien
A.16	Gegenstände mit Händen, Füssen, Rücken erkennen	■ Differenzieren von – Formqualitäten: gerade oder rund / groß oder klein / lang oder kurz / schmal oder breit / ... – Formen erkennen: Quadrat, Viereck, etc. – Oberfläche: rau oder glatt / flach oder gewellt / kantig – Struktur: weich oder hart / pelzig oder holzig / porös oder konstant – Größe / Geruch / Geräusch etc.
A.17	Mit allen Oberflächensinnen sich orientieren können	■ Fixpunkte im Raum durch Tasten erkennen ■ Fixierte Wege im Raum ertasten
A.18	Kreative Gestaltung von Tasteindrücken	■ Tastvorhänge / Tastteppiche ■ Tastwände / Tasttunnels ■ sich auf unbekannte Tasteindrücke einlassen ■ selber solche für andere gestalten ■ Nein sagen können, wenn der Tasteindruck unangenehm ist

d) Wahrnehmung A4, Aufbau der Nahsinne: vestibuläre Wahrnehmung

PRAXISBEZUG

	Kinder von 4–10 Jahren
A.12	▪ Die Kinder ertasten mit geschlossenen Augen mit den Händen unterschiedliches Rhythmikmaterial und beschreiben die wahrgenommenen Qualitäten: ist der Gegenstand hart oder weich, ist er eckig oder rund, kann man ihn aufheben, ist er beweglich etc ... ▪ Die Kinder betrachten 5 Gegenstände. Anschließend ertasten sie einen davon und finden heraus, welchen sie wahrgenommen haben.
A.13	▪ Ein Rhythmikmaterial ist unter einem Tuch versteckt. Die Kinder finden tastend heraus, welches es ist. ▪ Die Kinder erkennen verschiedene Alltagsgegenstände mit den Händen, die in einem Sack versteckt sind.
A.14	▪ In einem Sack mit vielen kleinen Kugeln finden die Kinder einen Schlüssel. ▪ Die Kinder ertasten ein Tamburin. Aus verschiedenen Trommeln ertasten sie nachher wieder das selbe Tamburin.
A.15	Die Kinder gehen ohne Schuhe auf einer Matte. Sie versuchen heraus zu finden, wo der Rand ist. Die Kinder gehen über verschiedene Matten und spüren, welche Art von Matte sie gerade betreten. Die Kinder gestalten einen Fußparcours im Wald.
A.16	Die Kinder ertasten unterschiedliche Materialien und können ihre unterschiedlichen Qualitäten definieren. Sie können die ertasteten Qualitäten in ihrer Bewegung darstellen: zum Beispiel weiche oder eckige Bewegungen machen. Ihre Tasteindrücke spielen sie auch auf einem Instrument vor: zuerst war es ganz spitz, dann glatt und anschließend kantig.
A.17	▪ Die Kinder spannen ein Seil quer durch den Raum. Ein Kind verbindet sich die Augen und tastet sich dem Seil nach. Es versucht herauszufinden, wo es sich gerade befindet: beim Fenster, beim Klavier... ▪ Sie lernen auch, sich an eine Fläche mit dem Rücken zu lehnen und herauszufinden, wo sie sich gerade befinden.
A.18	▪ Die Kinder sind gespannt, welchen Tastparcours eine andere Klasse im Keller für sie gebaut hat. Es gibt dort Klänge, unterschiedliche Unterlagen und verschiedene Tücher, die von der Decke herunterhängen. ▪ Sie sind offen für die neuen Eindrücke, haben aber auch den Mut, „Nein" zu sagen zu bestimmten Erfahrungen, wenn sie sich dabei nicht wohl fühlen.

Schüler/innen der Mittelstufe	Ein Beispiel für die Arbeit mit Erwachsenen
Ziel: Wahrnehmungserlebnisse zulassen und die Erfahrungen in Musik ausdrücken ▪ Die Schülerinnen und Schüler erleben Gegenstände mit unterschiedlichen Oberflächenqualitäten auf ihrer Handfläche. Anschließend drücken sie die wahrgenommenen Qualitäten mit einem Instrument aus. Es entstehen „spitze, weiche und harte" Töne.	Sich in Ruhe einlassen auf verschiedene Tasteindrücke ist für viele ein ganz neues Erlebnis.

Wahrnehmung A3: Kinästhetische und vestibuläre Wahrnehmung

III	Grobziele	Feinziele
	Kinästhetische Wahrnehmung	
A.19	Einzelne Teile des Körpers isoliert wahrnehmen	▪ die wichtigsten Körperteile spüren und benennen ▪ die wichtigsten Gelenke spüren und benennen können
A.20	Einzelne Körperteile isoliert wahrnehmen und bewegen	▪ Körperteile differenziert wahrnehmen ▪ erleben, erkennen und benennen der einzelnen Körperteile
A.21	Den Körper in seinen räumlichen Dimensionen erfahren	▪ Was ist hinten / oben / vorne / am / neben … dem Körper ▪ Funktionsweisen der verschiedenen Körperteile erfahren
A.22	Beziehung der einzelnen Körperteile zueinander kennen	▪ Funktionen der Gelenke erfahren und kennen ▪ Zusammenhänge von Beugung und Streckung erkennen ▪ Zusammenhänge von Drehbewegungen erkennen
A.23	Körper- und Gelenkstellungen spüren	▪ Stellungen des Körpers auf Anweisung ausführen ▪ Stellungen des Körpers wahrnehmen, ohne sie zu sehen ▪ Stellungen erkennen und nachbewegen von einem Modell: z.B. ein Bild, eine Puppe
A.24	Richtung und Geschwindigkeit einer Bewegung empfinden	▪ Bewegungen im Körper bezüglich ihrer Richtung und ihrer Geschwindigkeit analysieren können ▪ Bewegungen im Raum bezüglich ihrer Richtung und ihrer Geschwindigkeit analysieren können
A.25	Muskelspannung wahrnehmen	▪ Spannung im ganzen Körper wahrnehmen ▪ Entspannung im ganzen Körper wahrnehmen ▪ Spannung in einzelnen Muskelgruppen wahrnehmen ▪ Entspannung in einzelnen Muskelgruppen wahrnehmen
A.26	Unterschiedlichen Krafteinsatz spüren	▪ den Unterschied von viel Krafteinsatz – wenig Krafteinsatz in einer Bewegung wahrnehmen können ▪ den Krafteinsatz differenziert dosieren können
A.27	Sich ein Bild vom eigenen Körper und seinen wichtigsten Bewegungsfunktionen machen können	▪ wissen, wie der Körper sich bewegt ▪ wissen, wie einzelne Teile sich bewegen ▪ sich vorstellen können, wie es aussieht, wenn der Körper sich bewegt ▪ die eigene Bewegung für sich wahrnehmen können
	Vestibuläre Wahrnehmung	
A.28	Dreh- und Rollbewegungen um die eigene Achse wahrnehmen	▪ rollen um die Längsachse ▪ drehen im Liegen um die Querachse ▪ drehen am Boden im Sitzen ▪ drehen im Stehen
A.29	Rutschen und schaukeln erleben	▪ schaukeln am Boden: in Bauchlage, Rückenlage.. ▪ auf Bank rutschen
A.30	Auf verschiedenen Unterlagen rutschen und rollen	▪ rutschen auf Tüchern, Teppichresten, .. ▪ rutschen auf Klötzen ▪ rollen auf einem Tuch
A.31	Lineare Beschleunigung der Bewegung wahrnehmen	▪ Beschleunigung vom Gehen zum Laufen ▪ allmähliche Beschleunigung ▪ Beschleunigung auf einer Geraden
A.32	Drehbeschleunigung der Bewegung wahrnehmen	▪ Beschleunigung im Kreis oder auf einer Spirale ▪ Beschleunigung in der Körperrotation
A.33	Auf Gegenständen balancieren	▪ balancieren auf einem Bein, – balancieren auf einer Stange ▪ balancieren auf einer wackligen Unterlage, ▪ balancieren auf einem Balancierbrett
A.34	Gegenstände auf dem Körper balancieren	▪ balancieren auf verschiedenen Körperteilen ▪ zu zweit balancieren, – in der Gruppe etwas balancieren
A.35	Bewusstsein über die Gesetze der Schwerkraft des Körpers erleben	▪ Schwerkraft im ganzen Körper spüren ▪ der Bewegung der Schwerkraft folgen können

d) Wahrnehmung A4, Aufbau der Nahsinne: vestibuläre Wahrnehmung

PRAXISBEZUG

III	Kinder von 4–10 Jahren
A.19	Die Kinder können einen Arm allein bewegen, nur den Fuß oder eine Hand
A.20	Die Kinder können auf Anweisung nur den rechten Zeigefinger bewegen.
A.21	Die Kinder rollen einen Ball über den Körper. Dann prellen sie ihn vor oder hinter dem Körper, dann rechts oder links.
A.22	Die Kinder bewegen den Kopf zur Seite oder nach vorne. Dann beschreiben sie, wo im Körper sie dabei Bewegungen spüren.
A.23	Die Kinder stellen sich so hin, wie sie das am Beispiel einer Holzpuppe sehen.
A.24	Die Kinder können auf Anweisung vorwärts, seitwärts oder rückwärts hüpfen.
A.25	Die Kinder können alle ihre Muskeln anspannen, so dass sie steif wie ein Brett werden. Sie können sich auch weich wie eine Stoffpuppe machen.
A.26	Die Kinder rollen einen Ball so fest gegen eine Wand, dass er wieder zurückrollt. Dann rollen sie ihn so sanft, dass er bei der Wand liegen bleibt.
A.27	Die Kinder haben ein Verständnis dafür erworben, wie sich die einzelnen Körperteile anfühlen, wenn sie sich bewegen.
A.28	Die Kinder probieren mit ihrem Körper möglichst viele Drehbewegungen aus. Wie kann ich mich drehen; auf einem Bein, im Sitzen, im Liegen, ...
A.29	Die Kinder machen Sprünge, die den ganzen Körper hin und her schaukeln lassen. Sie können auch auf dem Bauch liegend schaukeln.
A.30	Die Kinder liegen auf einem Tuch. Sie versuchen sich darauf fortzubewegen.
A.31	Die Kinder laufen in geraden Linien durch den Raum und werden dabei immer schneller und wieder langsamer.
A.32	Die Kinder laufen auf einer Spirale im Raum nach außen. Sie werden dabei immer schneller. Wenn sie wieder nach innen kommen, verlangsamen sie ihr Tempo.
A.33	Alle stehen auf einem Bein. Alle gehen dem ausgelegten Seil nach.
A.34	Die Kinder balancieren einen Ball auf der Handfläche. Sie tragen zu zweit ein Rhythmikstäbchen je auf dem kleinen Finger.
A.35	Die Kinder spüren den Körper mit seiner natürlichen Schwerkraft. Sie spielen „Ballon": zuerst atmen sie ganz viel Luft ein, anschließend lassen sie die Luft langsam wieder heraus und sinken, der Bewegung der Schwerkraft folgend, langsam zu Boden.

Schüler/innen der Mittelstufe	Erwachsene
Ziel: Einen langen Stab auf der Handfläche balancieren lernen ▪ Die Schülerinnen und Schüler experimentieren mit einem langen Gymnastikstab und finden viele unterschiedliche Bewegungen. Zuerst experimentieren sie mit Bewegungen, bei denen sie den Stab fest halten müssen. Anschließend lassen sie ihn fallen und fangen ihn, bevor er auf den Boden fällt. Dies kann in vertikaler oder horizontaler Lage passieren. ▪ Das Spiel mit der Schwerkraft wird jetzt intensiviert. Der Stab wird auf verschiedene Körperteilen gelegt und die Schülerinnen und Schüler versuchen, ihn auf unterschiedliche Weise durch den Raum zu tragen, ohne dass er herunterfällt: auf der Handfläche, dem Handrücken, der Schulter, einem Finger etc. ▪ Der Körper muss im Spiel mit der Schwerkraft ausgleichend wirken und auf alle Schwankungen reagieren. ▪ Anschließend wird der Stab auf der Handfläche hochgestellt und so balanciert. Der Körper muss nun sehr geschickt und schnell auf die Schwankungen des Stabes reagieren, damit er nicht herunterfällt.	*Ziel: Schwerkraft in der Hin- und Her- Bewegung des Körpers erfahren* ▪ Dieser Ablauf wird in einer Dreiergruppe ausgeführt. ▪ Eine Person steht in der Mitte, die andern links und rechts. Aufgabe ist jetzt für die mittlere Person, sich möglichst steif zu machen, wie ein Stab. Die Füße bleiben immer am Boden, die Person in der Mitte wird von den andern beiden hin und her „gekippt". ▪ Das Spiel mit dem Gleichgewicht ist für alle drei ein Erlebnis: Stehen die äußeren zwei zu weit auseinander, so wird das Gewicht der mittleren Person zu groß und es besteht die Gefahr, dass sie fällt. ▪ Stehen die zwei zu nah beieinander, so entsteht kein Spiel der Balance. ▪ Die Übung erfordert Konzentration und Vertrauen und lässt ein tiefes Erlebnis der Schwerkraft entstehen.

Wahrnehmung B: Reagieren auf Signale und Grundlagen der Body Percussion

III	Grobziele	Feinziele
B.1	Reagieren auf auditive Signale	▪ Bewegung unterbrechen, gleichzeitig mit der Musik ▪ Bewegung auf ein auditives Signal anhalten ▪ Bewegung anhalten, wenn ein bestimmtes Musikstück ertönt
B.2	Reagieren auf auditive Signale im Raum	▪ einen Ton aus den andern heraushören und darauf reagieren ▪ Tonlängen wahrnehmen und dazu eine bestimmte Bewegung ausführen ▪ Geräuschen von Materialbewegungen bewusst zuhören und darauf reagieren ▪ sich konzentrieren auf die Länge eines Geräusches ▪ sich frei bewegen können und auf auditive Signale reagieren
B.3	Reagieren auf visuelle Signale	▪ freie Bewegung unterbrechen auf ein visuelles Signal ▪ Bewegungen im Kreis unterbrechen auf ein Signal
B.4	Reagieren auf visuelle Signale im Raum	▪ reagieren auf gut sichtbare Signale ▪ reagieren auf wenig sichtbare Signale
B.5	Reagieren auf taktile Signale	▪ in der Bewegung auf taktile Signale reagieren
B.6	Signale verbinden	▪ In der Bewegung – schauen und hören – hören und spüren – schauen und spüren
B.7	Patsch – Klatschmuster als Grundlage für die Wahrnehmung von Puls und Metrum am Körper erfahren	▪ Patsch-Muster auf die Oberschenkel regelmässig durchführen ▪ Patsch-Klatschmuster in regelmässigen Schlägen durchführen

d) Wahrnehmung A4, Aufbau der Nahsinne: vestibuläre Wahrnehmung

PRAXISBEZUG

III	Kinder von 4–10 Jahren
B.1	▪ Die Kinder bewegen sich zur Musik, wenn diese aufhört, stehen sie auch still. ▪ Die Kinder bewegen sich im Raum, sie stehen still, wenn ein Gong ertönt, so lange, wie sie diesen hören. ▪ Ein Kind gibt diese Signale für die andern.
B.2	▪ Die Kinder stehen im Raum verteilt. Immer, wenn sie eine Klangschale hören, gehen sie herum, bis sie nichts mehr hören. ▪ Die Kinder hören einer Kugel zu, die durch den Raum rollt. Sie setzen sich hin, wenn sie nichts mehr hören. ▪ Die Kinder springen so lange auf und ab, wie sie einen Ball prellen hören. ▪ Die Kinder bewegen sich zur Musik im Raum. Auf den Ton eines Tamburins wechseln sie die Richtung.
B.3	Die Kinder stehen im Kreis. Sie klatschen alle den selben Rhythmus. Wenn jemand damit aufhört, hören alle auf.
B.4	Die Kinder bewegen sich frei im Raum. Wenn jemand ein rotes Tuch hoch hält, stehen alle still. Die Kinder reagieren auch darauf, wenn jemand nur die Hand aufhält.
B.5	Die Kinder gehen leise im Raum. Wer mit einem Tuch berührt wird, setzt sich hin.
B.6	Die Kinder können abwechslungsweise auf taktile, visuelle oder auditive Signale reagieren. Sie können dies in der freien Bewegung tun oder wenn sie sich im Kreis befinden.
B.7	▪ Die Kinder patschen zu verschiedenen Liedern im Puls oder Takt auf ihre Beine, erst auf die Oberschenkel, dann überall: hoch und tief. ▪ Die Kinder patschen zu verschiedenen Lieder im regelmässigen Puls oder Takt wahlweise auf den Bauch, die Schultern, die Füsse, die Nasenspitze etc. ▪ Anschliessend lernen sie einfache Patsch-Klatschmuster im 3- oder 4-Takt: Patsch auf die Oberschenkel – Klatsch – Klatsch Patsch auf die Schultern – Klatsch – Klatsch etc.

Schüler/innen der Mittelstufe	Erwachsene
Ziel: Mit einem anregenden Spiel die Reaktionsfähigkeit fördern ▪ Die Schülerinnen und Schüler spielen das Spiel „Fruchtsalat". Sie sitzen in einem Stuhlkreis. ▪ Vier Früchtenamen stehen zur Auswahl, jedes Kind ist eine bestimmte „Frucht". Eine Schülerin steht in der Mitte und ruft den Namen einer Frucht. Alle aufgerufenen „Früchte" wechseln so schnell wie möglich ihren Platz. Das Kind in der Mitte versucht, sich einen freien Platz zu erobern. Wer übrig bleibt, muss neu in die Mitte gehen. ▪ Wenn „Fruchtsalat" gerufen wird, so müssen alle den Platz wechseln. ▪ Solche Spiele fördern die Reaktionsfähigkeit, verlangen Wachheit und Konzentration. Sie werden gerne gespielt und können beliebig erweitert werden.	**Ziel: in Bewegung auf zwei unterschiedliche Signale reagieren** ▪ Alle prellen einen Tennisball mit einer Hand. ▪ Ruft jemand „hop", so wird der Ball mit der andern Hand weitergeprellt. ▪ Ruft jemand „hip", so geht der Ball einmal in die Luft statt auf den Boden. ▪ Das Ganze kann zuerst in freiem Tempo geübt werden. Anschließend wird der Ablauf in einem vorgegebenen Metrum ausgeführt. ▪ Variiert werden kann dieser Ablauf, indem die Bälle im Kreis gerollt werden, auf „hop" wird immer die Richtung gewechselt. ▪ Solche Übungen zur Förderung der Reaktion können immer wieder durchgeführt und langsam erschwert werden.

f) Wahrnehmung C1: Differenzierung der Fernsinne: Auditive Wahrnehmung

Die Fernsinne haben eine grössere Reichweite, sie sind zuständig für die Aufnahme und Auswertung von Informationen ohne direkten Kontakt zum Wahrnehmungsgegenstand.

In der Förderung der auditiven Wahrnehmung geht es gerade in heterogenen Gruppen in erster Linie um die Förderung der auditiven Aufmerksamkeit, also um die Fähigkeit, überhaupt hinzuhören, einem akustischen Ereignis zu lauschen. Als nächstes beeinflusst die audiomotorische Koordination (Bewegung mit Gehörtem koordinieren) die koordinativen Fähigkeiten in Bewegung und Handlung.

Zum Unterricht gehört weiter die Differenzierung von Tönen und Geräuschen, die Unterscheidung von Tonhöhen, Tempi und Tonrichtungen. Ebenfalls gefördert werden die auditive Merkfähigkeit und das auditive Gedächtnis.

Zentral ist die auditive Figur-Grundwahrnehmung. Dies bedeutet, dass das Kind aus einer Vielzahl von Tonereignissen einzelne Geräusche oder Töne herausfiltern und als wichtig erkennen kann.

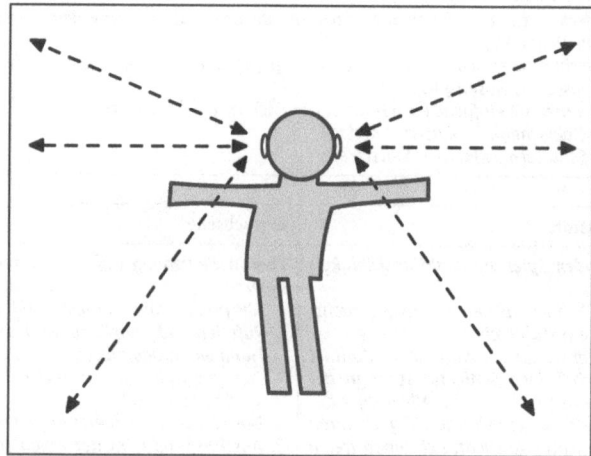

Auditive Wahrnehmung

- auditive Aufmerksamkeit
- Differenzierung von Tönen und Geräuschen: Diskrimination Tonlagen, Tonhöhen
- Unterscheidung von Tonrichtungen: Lokalisation
- auditive Merkfähigkeit: Musikalische Ereignisse erinnern
- auditive Figur-Grundwahrnehmung
- audiomotorische Koordination
- verstehen des Sinnbezugs
- Sinnesorgan: Ohr.

g) Wahrnehmung C2: Differenzierung der Fernsinne: Visuelle Wahrnehmung

In der visuellen Wahrnehmung wird als erstes – analog zur auditiven die visuelle Konzentration gefördert, neben dem «Hinhören ist auch das «Hinschauen»-Können wichtig. Dazu gehören die visumotorische Koordination (die Koordination vom Hinschauen und Bewegung gleichzeitig, etwa beim Prellen eines Balls) sowie die Förderung der visuellen Figur-Grundwahrnehmung.

Zur Förderung der visuellen Wahrnehmung gehört ferner im Musik- und Bewegungsunterricht das Erkennen und Imitieren von Körperstellungen und Bewegungen, Bewegungslagen und Bewegungsrichtungen, das Erkennen von Formen und deren Umsetzung in Musik oder Bewegung, dazu natürlich die Form- und Farbwahrnehmung im Allgemeinen sowie das visuelle Gedächtnis.

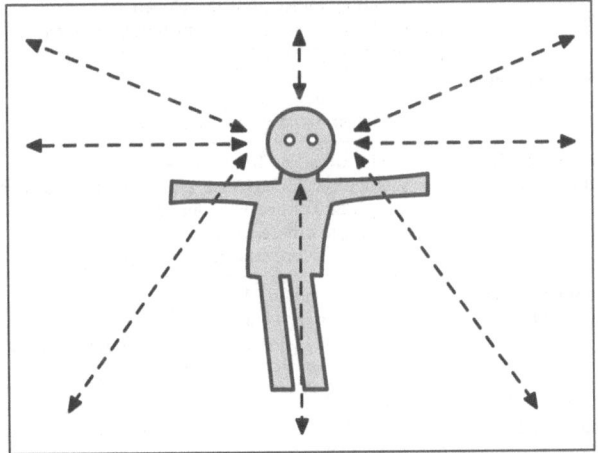

Visuelle Wahrnehmung

- visumotorische Koordination
- Formwahrnehmung / Körperstellungen / Bewegungen
- Raumlage / Räumliche Beziehungen
- Farbwahrnehmung
- Figur-Grundwahrnehmung
- Wahrnehmungskonstanz
- visuelles Gedächtnis
- Sinnesorgan: Auge.

Wahrnehmung C1: auditive Wahrnehmung

III	Grobziele	Feinziele
	Auditive Wahrnehmung	
C.1	Auditive Aufmerksamkeit: hören und horchen lernen	▪ einzelnen Tönen oder Geräuschen zuhören lernen ▪ einzelnen Abläufen von Gegenständen zuhören lernen ▪ Musik oder Liedern zuhören
C.2	Differenzierung von Tönen und Geräuschen	▪ Töne von unterschiedlichen Musikinstrumenten hören und erkennen ▪ Geräusche der Umwelt identifizieren lernen
C.3	Lokalisierung: hören, wo sich eine Geräuschquelle im Raum befindet	▪ eine Tonquelle nahe am Körper erkennen können ▪ Ort bezeichnen, wo die Tonquelle sich befindet
C.4	Richtung des Tons: Hören, wohin ein Ton sich bewegt Hören, woher ein Ton kommt	▪ Richtung am Körper spüren ▪ Richtung im Raum wahrnehmen ▪ einem Ton nachgehen können ohne zu schauen ▪ hören, woher ein Ton auf einen zukommt ▪ nachzeigen, wo der Ton hingeht ▪ nachzeichnen, wo der Ton hingegangen ist ▪ hingehen, wo der Ton hingegangen ist
C.5	Elemente des Parameters Zeit auditiv wahrnehmen und differenzieren	▪ hören, wenn ein Ton fertig ist ▪ solange der Ton erklingt, eine Bewegung ausführen ▪ klingende Töne aneinander hängen ▪ Tonlängen differenzieren ▪ hythmen hören, erkennen, nachspielen
C.6	Elemente des Parameters Raum auditiv wahrnehmen und differenzieren	▪ Bewegungen von Material hören ▪ hohe und tiefe Töne unterscheiden ▪ aufsteigende und absteigende Melodien erkennen ▪ zu Tonleitern sich bewegen
C.7	Elemente des Parameters Kraft auditiv wahrnehmen und differenzieren	▪ laute und leise Bewegungen erkennen, hören und gestalten ▪ unterschiedliche Lautstärken hören und zeichnen ▪ crescendo und decrescendo hören, zeichnen, bewegen
C.8	Elemente des Parameters Form auditiv wahrnehmen und differenzieren	▪ Wiederholungen wahrnehmen ▪ Motive oder Themen hören ▪ Phrasen wahrnehmen ▪ dreiteilige Formen hören
C.9	Auditives Gedächtnis entwickeln	▪ sich erinnern können an schon gehörte Töne, Geräusche, Melodien ... ▪ Melodien nachsingen oder nachspielen ▪ Rhythmen nachklatschen, nachspielen ...
C.10	Auditive Figur-Grundwahrnehmung	▪ einen Ton aus anderen heraushören ▪ hören, wenn ein rhythmisches Motiv wiederkommt innerhalb anderer Rhythmen ▪ hören und verstehen, was gesagt wird, auch wenn ▪ andere gleichzeitig miteinander sprechen
C.11	Sinnbezug verstehen	▪ Abläufe hören und wiedergeben ▪ Geräusche aus dem Alltag hören und erkennen ▪ Geräusche und Töne mit Sprache in Verbindung setzen

g) Wahrnehmung C2: Differenzierung der Fernsinne: Visuelle Wahrnehmung

Praxisbezug

III	Kinder von 4–10 Jahren
C.1	▪ Die Kinder hören einem sich drehenden Reifen zu, bis er still steht. ▪ Die Kinder hören dem Klang eines Beckens zu, bis es nicht mehr tönt.
C.2	Die Kinder können hören, welches Instrument gerade gespielt hat.
C.3	Ein Kind geht durch den Raum und spielt ein Instrument an verschiedenen Orten im Raum, ohne dass die andern es sehen können. Diese müssen raten, wo der Ton im Raum sich befindet.
C.4	▪ Die Kinder rollen eine Klangkugel in den Raum. Sie können mit geschlossenen Augen zeigen, wohin die Kugel rollt. ▪ Ein Kind sitzt in der Mitte des Raums. Die andern versuchen sich zu ihm hin zu schleichen. Das Kind zeigt immer in die Richtung, aus der es jemanden hört. ▪ Einige Kinder spielen „wandernde Klänge" im Raum: sie gehen mit einem Instrument im Zimmer umher und spielen diesen Klang auf dem ganzen Weg. Die andern Kinder sitzen im Raum verteilt und hören diesem Weg zu.
C.5	▪ Die Kinder hören ausklingenden Musikinstrumenten zu. Sie zeichnen mit dem Finger in die Luft, solange sie den Ton hören. Anschließend spielen sie eine „Klingerkette": der Reihe nach spielen sie nur einen Ton eines ausklingenden Instrumentes. Der nächste Ton folgt immer genau dann, wenn der vorherige verklungen ist. ▪ Einige Kinder sitzen in der Mitte des Raum, die andern spielen diese ausklingende Töne um sie herum.
C.6	▪ Die Kinder hören einem Tamburin zu, das durch den Raum rollt. Sie können genau zeigen, wo das Tamburin hinrollt. ▪ Die Kinder bewegen sich zur Musik im Raum. Wenn die Musik aufhört, so hören sie einen hohen oder einen tiefen Ton und bewegen sich entsprechend dazu. ▪ Die Kinder hören einem Tamburin zu, das rund um ihren Körper herum gespielt wird: über dem Körper, neben dem Körper, hinter dem Körper.
C.7	Die Kinder hören den Unterschied zwischen lauten und leisen Tönen einer Trommel.
C.8	Die Kinder stehen im Raum und hören dem Spiel einer Trommel zu. Immer wenn wieder das ganz schnelle Tempo kommt, so laufen sie mit.
C.9	Die Kinder hören verschiedene rhythmische Muster. Anschließend klatschen sie diese Muster nach.
C.10	Ein Kind hört der Improvisation der ganzen Gruppe zu, ohne zuzuschauen. Immer wenn es den Triangel hört, hält es die Hand hoc.
C.11	Ein Kind geht durch den Raum und lässt verschiedene Einrichtungsgegenstände im Raum ertönen. Die andern können den Weg dieses Kindes nachher nachgehen.

Schüler/innen der Mittelstufe	Erwachsene
Ziel: Einzelne Klänge innerhalb eines ganzen Klanggeschehens wahrnehmen (zur auditiven Figur-Grundwahrnehmung) ▪ Die Schülerinnen und Schüler hören einer Improvisation der Lehrkraft mit verschiedenen Instrumenten zu. Sie zählen, wie oft sie in der Improvisation ein bestimmtes Instrument hören.	**Ziel: sich einlassen auf das Erlebnis Klang** ▪ Mit geschlossenen Augen sitzt die Hälfte der Gruppenmitglieder verteilt im Raum. ▪ Die andere Hälfte der Gruppenmitglieder ist ebenfalls verteilt im Raum und hat je ein Instrument. Abwechslungsweise spielen sie nun ihre Instrumente .Dadurch entsteht ein „wandernder" Klang, ein „Klangband", das sich durch den Raum bewegt. ▪ Überraschungseffekte verstärken das Klangerlebnis.

Wahrnehmung C: Visuelle Wahrnehmung

III	Grobziele	Feinziele
	Visuelle Wahrnehmung	
C.12	Visuelle Aufmerksamkeit Sehen und schauen lernen	▪ einem sich bewegenden Gegenstand nachschauen ▪ sich auf visuelle Eindrücke einlassen
C.13	Körperstellungen imitieren	▪ einfache Körperstellungen imitieren ▪ symmetrische Körperstellungen imitieren ▪ Körperteile bewegen sich nacheinander: symmetrisch – asymmetrisch
C.14	Körperstellungen mit Material imitieren	▪ einfache Stellungen mit Material imitieren ▪ Körper macht immer eine Bewegung, Material bleibt relativ ähnlich ▪ Material verändert sich immer mit
C.15	Bewegungen imitieren	▪ Bewegungen an Ort nachahmen ▪ Bewegungen im Raum nachahmen ▪ Bewegungen rhythmisieren und nachahmen ▪ sich frei im Raum bewegen und imitieren
C.16	Körper-Formen erkennen und imitieren	▪ Einfache Körperformen erkennen und nachmachen ▪ Formen von Material auf den Körper übertragen
C.17	Material-Formen erkennen und imitieren	▪ einfache geometrische Formen erkennen ▪ Formen von Material im Raum erkennen und ihnen nachgehen
C.18	Erlebte Formen aufzeichnen	▪ die gemachten Formen auf ein Papier aufzeichnen
C.19	Richtungen im Raum wahrnehmen und mitbewegen	▪ auf und ab ▪ hin und her, vor und zurück ▪ rundherum ▪ Bewegungen nachschauen, in die Luft nachzeichnen
C.20	Bewegungen in Spiegelformen imitieren	▪ einfache Bewegungen in Spiegelformation nachahmen ▪ einfache Bewegungen mit Material im Spiegel nachahmen ▪ freie Bewegungen nachmachen ▪ Spiegel im eigenen Körper darstellen
C.21	Spielgelbewegungen aufzeichnen	▪ einfache Bewegungen zeichnen, ▪ abwechselnd, dann beidhändig ▪ frei spiegelbildlich zeichnen, beidhändig
C.22	Elemente des Parameters Zeit visuell wahrnehmen	▪ lange und kurze Gegenstände ▪ regelmäßige und unregelmäßige Folgen von Gegenständen ▪ langsame und schnelle Bewegungen ▪ betonte und unbetonte Teile eines Bewegungsablaufs sehen
C.23	Elemente des Parameters Raum visuell wahrnehmen	▪ hohe und tiefe Elemente ▪ auf- und absteigende Bewegungen ▪ Raumpositionen: an der Seite, in der Mitte ▪ Raumrichtungen: quer, längs, diagonal, geradeaus, seitwärts ...
C.24	Elemente des Parameters Kraft visuell wahrnehmen	▪ sehen, wie der Krafteinsatz einer Bewegung ist ▪ sehen, wie der Krafteinsatz die Qualität einer Bewegung beeinflusst ▪ Spannung oder Entspannung einer Bewegung sehen
C.25	Elemente des Parameters Form visuell wahrnehmen	▪ Bewegungsmotive sehen ▪ Bewegungsphrasen sehen ▪ Wiederholungen erkennen ▪ Geometrische Formen wahrnehmen, erkennen und neu gestalten (s. oben)
C.26	Farben wahrnehmen und mit ihnen experimentieren	▪ Farben einander zuordnen ▪ sich zu bestimmten Farben bewegen
C.27	Visuelle Figur-Grundwahrnehmung trainieren	▪ bestimmte Formen aus vielen Formen herausfinden können ▪ wiederkehrende Motive unter vielen andern erkennen
C.28	Visuelles Gedächtnis trainieren	▪ sich an Gegenstände erinnern, auch wenn sie nicht mehr zu sehen sind ▪ sich an Formen erinnern und diese nachgestalten ▪ sich an Folgen von Formen erinnern und diese wiedergeben

g) Wahrnehmung C2: Differenzierung der Fernsinne: Visuelle Wahrnehmung

PRAXISBEZUG

III	Kinder von 4–10 J
C.12	Die Kinder schauen einem wegrollenden Tamburin nach. Die Kinder schauen einem sich bewegenden Band genau zu.
C.13	Die Kinder imitieren die Körperstellung eines Kindes. Zuerst bewegen sich nur die Arme oder die Beine in symmetrischen Bewegungen. Anschließend bewegt sich zuerst der eine Arm, dann der andere. Dann folgen kompliziertere asymmetrische Armbewegungen, anschließend verändert sich der ganze Körper.
C.14	Ein Kind macht Stellungen mit einem Stab vor. Die andern imitieren diese genau.
C.15	Die Kinder gehen zu zweit nebeneinander in unterschiedlichen Gangarten durch den Raum. Das eine geht immer genau so wie das andere es vorzeigt.
C.16	Ein Kind macht mit dem Armen ein Dreieck vor. Die andern imitieren dieses genau.
C.17	Ein Kind legt eine Form mit 5 Rhythmikstäbchen. Die andern legen diese nach, dann wird immer nur ein Stäbchen verändert und von allen nachgelegt.
C.18	Die Kinder zeichnen die Formen, die sie mit dem Seil auf den Boden gelegt haben, auf ein großes Blatt Papier.
C.19	■ Alle stehen im Kreis. Ein Kind macht sich größer und kleiner, alle machen genau mit. ■ Ein Kind bewegt ein Tuch in verschiedenen Richtungen im Raum. Die andern schauen zu und zeichnen diese Bewegung anschließend mit dem Arm in die Luft.
C.20	Zwei Kinder stehen sich gegenüber. Sie „putzen" zusammen einen Spiegel: eines macht die Bewegung vor, das andere „ist der Spiegel" und imitiert das erste genau.
C.21	Auf einem großen Blatt Papier ist in der Mitte ein Strich. Mit beiden Händen zeichnen die Kinder Spiegelbewegungen.
C.22	■ Die Kinder ordnen Gegenstände nach ihrer Länge oder nach ihrer Dicke. ■ Die Kinder legen rhythmische Muster mit Steinen auf den Boden.
C.23	Ein Kind faltet sein Tuch auf ganz spezielle Art und Weise. Die andern falten genauso.
C.24	Die Kinder können sehen, ob ein anderes Kind seine Muskeln anspannt oder entspannt.
C.25	Die Kinder schauen einer Gruppe bei einem Tanz zu. Sie können erkennen, wenn diese wieder den Refrain tanzt.
C.26	Die Kinder lassen sich von Tüchern verschiedener Farben in ihrer Bewegung beeinflussen.
C.27	Am Boden liegt ein Muster aus vielen Seilen. Die Kinder suchen alle Vierecke.
C.28	Die Kinder schauen einem sich bewegenden Kind zu. Sie machen diese Bewegung anschließend nach.

Schüler/innen der Mittelstufe	Erwachsene
Ziel: Mit Hilfe eines Spiegels im Raum verteilte Gegenstände entdecken ■ Die Schülerinnen und Schüler erhalten je einen kleinen Taschenspiegel. Damit müssen sie nun einzelne im Raum verteilte Gegenstände finden: einen Bleistift, ein Blatt Papier, einen Gummi an einem Stuhlbein etc.. ■ Diese Aufgabe erfordert von den Schülerinnen und Schülern neben der Figur- Grundwahrnehmung auch eine gute räumliche Vorstellungskraft, denn die einzelnen Gegenstände können mit Hilfe des Spiegels nur über „Umwege" entdeckt werden.	**Ziel: visuelle Eindrücke mit Hilfe von Musik und/oder Bewegung ausdrücken** ■ In der Arbeit mit Erwachsenen geht es darum, dass die visuelle Eindrücke als Quelle der Inspiration entdeckt werden können. ■ So werden zum Beispiel Farbeindrücke aus Kombinationen von Tüchern als Grundlage für eine musikalische Improvisation genommen. ■ Oder es können Umrisse von Gegenständen ertastet und dann aufgezeichnet werden. Die Zeichnungen dienen dann als Grundlage für Raumwege, welche im Raum in Bewegung gestaltet werden. ■ Raumwege wiederum können an bestimmten Punkten mit Musikinstrumenten untermalt werden.

Wahrnehmung D: Beziehung zu Raum / Material / Partner / Gruppe

III	Grobziele	Feinziele
D.1	Sinneseindrücke verbinden	▪ Elemente aus allen Erfahrungen tastend, schauend, hörend erfahren
D.2	Materialerfahrung: Wahrnehmung und Bewegung verbinden	▪ Eigenschaften von jedem Material ▪ ertasten – am Körper spüren – zuhören – sehen, wie es sich bewegt, zuschauen ▪ und darauf in Bewegung reagieren
D.3	Wahrnehmung und Bewegung koordinieren	▪ sich mit Material bewegen ▪ Auge-Hand-Koordination ▪ Hand-Ohr-Bewegung koordinieren ▪ spüren-hören-schauen-bewegen koordinieren

D.4	Formen gestalten	▪ Geometrische Grundformen
		  – spüren
		  – schauen
		  – im Raum gehen
		  – mit dem Körper nachahmen
		  – wiedererkennen
		  – erinnern
		  – zeichnen, mit Material nachlegen
		  – vergrößern – verkleinern
		  – variieren
		  – mit Musik begleiten / gestalten

D.4	Bewegung und Musik wahrnehmen und im Raum variieren	▪ alle wahrgenommenen Elemente in verschiedenen Raumpositionen variieren lernen ▪ nach oben – nach unten im Raum ▪ größer – kleiner ▪ schneller -langsamer ...
D.5	Merkfähigkeit Erinnerungsvermögen	▪ sich an Gegenstände erinnern, die nicht mehr sichtbar sind ▪ sich an Bewegungen anderer Kinder erinnern ▪ Formen erst anschauen, nachlegen, wenn sie unter einem Tuch versteckt sind ▪ musikalische Phrasen und Leertakte ergänzen
D.6	Lücken wahrnehmen und Kombinationen herstellen	▪ fortlaufende Reihen wahrnehmen und Logik erkennen ▪ Lücken ergänzen ▪ Kombinationen herstellen
D.7	Eigenschaften von Gegenständen verallgemeinern	▪ verallgemeinern: ▪ bestimmte Eigenschaften aus verschiedenen Formen erkennen und gestalten ▪ Material nach seinem Geräusch ordnen ▪ Musikinstrumente nach Klang sortieren ▪ Raumwege nach Qualitäten ordnen ▪ Bewegungen mit ähnlicher Qualität suchen
D.8	Wahrnehmen im sozialen Kontext	▪ zuschauen, zuhören was ein anderes Kind macht ▪ erinnern, was ein Kind gemacht hat ▪ imitieren, was ein anderes Kind gemacht hat ▪ nachmachen, was ein anderes Kind macht ▪ schauen, was die ganze Gruppe macht ▪ gemeinsam hören, spüren, schauen, riechen, darüber sprechen, etwas daraus gestalten ...

g) Wahrnehmung C2: Differenzierung der Fernsinne: Visuelle Wahrnehmung 87

PRAXISBEZUG

III	Kinder von 4–10 Jahren
D.1	Die Kinder hören rhythmische Muster und klatschen diese nach. Dann gehen sie diese Muster im Raum. Sie legen die Muster mit Rhythmikmaterial auf den Boden: die betonten Schläge mit Tamburinen, die unbetonten Schläge mit Steinen. Dann verändern sie diese Reihen und spielen die neuen Gebilde mit Instrumenten nach. Die Kinder legen ein Tuch über ein Muster. Sie tasten das Muster ab, legen es anschließend mit Material nach oder spielen es auf einem Instrument.
D.2	Die Kinder lassen sich mit einem Gymnastikball massieren. Sie ertasten den Gymnastikball mit den Händen und den Füssen. Dann stellen sie ihren Wahrnehmungseindruck in der Bewegung dar: sie rollen auf verschiedene Art und Weise durch den Raum. Hinterher bewegen sich die einen Kinder, die andern spielen auf einem Instrument eine passende Musik dazu. Die Kinder schauen der Bewegung eines Gymnastikballs zu, dann spielen sie die gesehene Bewegung mit einer Melodie auf einem Xylophon nach.
D.3	Die Kinder ertasten einen Gymnastikstab mit den Händen. Sie lassen ihn mit geschlossenen Augen fallen und versuchen, ihn zu fangen. Dann machen sie dasselbe mit offenen Augen. Zum Schluss üben sie dasselbe auf ein musikalisches Zeichen: auf einen Ton lassen sie den Stab fallen und versuchen, ihn wieder zu halten, bevor er am Boden liegt.
D.4	Die Kinder legen mit Seilen ein großes Quadrat in den Raum. Sie gehen dieser Form nach, ohne sie mit den Füssen zu verändern. Anschließend legen oder stellen sie Quadrate mit allen zur Verfügung stehenden Gegenständen in den Raum. Unter einem Tuch finden sich verschiedene Formen, unter anderem ein mit einem Seil gelegt sind. Sie tasten die Formen ab und finden die Quadrate. Die Kinder zeichnen sich gegenseitig viereckige Formen auf die Handfläche, die andern müssen herausfinden, ob es Quadrate oder andere Vierecke waren.
D.4	Die Kinder hören eine weich fließende Melodie von einer Flöte und bewegen sich dazu mit einem Tuch. Dann bewegen sie diese Melodie in verschiedenen Raumlagen: so hoch im Raum wie möglich, so tief wie möglich. Dann verkürzen oder verlängern sie den Melodiebogen in ihrer Bewegung: sie brauchen für die Darstellung der selben Melodie nur ganz wenig Platz, oder so viel wie möglich.
D.5	Die Kinder schauen einander zu, wie sie durch den Reifenweg gehen. Dann machen sie es genau nach.
D.6	Die Kinder legen wiederkehrende Muster mit Material auf den Boden. Dann nehmen sie einige Gegenstände heraus. Die andern müssen diese wieder einfügen.
D.8	▪ Aus vielen Instrumenten suchen die Kinder alle diejenigen heraus, die ähnlich wie eine Rassel tönen. ▪ Die Kinder suchen alle Bewegungsgegenstände heraus, mit denen man sich zu fließenden Klängen bewegen kann. ▪ Kinder spielen im Kreis: jeder spielt einen Ton auf einem Instrument: was für ein Rhythmus oder was für eine Melodie entsteht?

Schüler/innen der Mittelstufe	Erwachsene
Ziel: Ausgehend von Wahrnehmungs- und Bewegungserfahrungen einen Tanz erfinden ▪ Die Schülerinnen und Schüler schneiden aus Zeitschriften Photos von Menschen mit unterschiedlichen Körperstellungen aus. Sie imitieren diese Stellungen mit ihrem Körper. ▪ Dann legen sie die Photos auf den Boden. ▪ Zur Musik bewegen sie sich frei, jedes Mal wenn diese aufhört, stellen sie sich zu einer Photographie und imitieren die Stellung. ▪ Anschließend wählen sie ihr Lieblingsbild aus. Zusammen mit vier andern Schülern setzen sie die Stellungen ihrer Bilder zu einer Folge von Stellungen zusammen. ▪ Aus dieser Folge entwickeln sie einen kleinen Bewegungsablauf. ▪ Zu einem Blues bewegen sie nun der Reihe nach ihren Ablauf, zu jeder Phrase gehört ein neuer Ablauf. ▪ Nun ist ausgehend von der Imitation von Körperstellungen auf Photos ein neuer Tanz entstanden.	**Ziel: Die Qualität der Eigenschaften eines Gegenstands (in diesem Fall ein Seil) wahrnehmen und ausgehend von dieser Wahrnehmung neue Bewegungsqualitäten entwickeln.** ▪ Die Gruppenmitglieder bewegen sich mit einem Gymnastikseil. Zuerst suchen sie möglichst viele unterschiedliche Bewegungen mit dem Seil. Dann experimentieren sie mit möglichst typischen Bewegungen, die mit dem Seil gemacht werden können. Als Ausruhphase legen sie sich gegenseitig Figuren mit dem Seil auf die Hand oder auf den ganzen Körper. Als nächstes probieren sie aus, wie sie sich möglichst ähnlich der Qualität des Seils bewegen können. Die Wahrnehmungserfahrungen dienen als Grundlage für das Entwickeln neuer Bewegungsqualitäten.

Wahrnehmung E: Eindruck – Ausdruck – Gestaltung

III	Grobziele	Feinziele
E.1	Sich an Wahrgenommenes erinnern	▪ sich an wahrgenommene Qualitäten erinnern ▪ aus der Erinnerung neu gestalten
E.2	Wahrgenommenes einordnen	▪ Kategorien kennen ▪ Kategorien / Oberbegriffe herstellen lernen
E.3	Wahrgenommenes vergleichen	▪ ähnliche Qualitäten erkennen ▪ unterschiedliche Qualitäten wahrnehmen ▪ Differenzierung
E.4	Analogien erkennen und gestalten	▪ Gehörtes sichtbar machen ▪ Gehörtes spürbar machen ▪ Gespürtes hörbar machen ▪ Gespürtes sichtbar machen ▪ Gesehenes hörbar machen ▪ Gesehenes spürbar machen
E.5	Wahrnehmungen mit persönlichen Erlebnissen verbinden	▪ Wahrgenommenes verbinden mit dem persönlichen Alltag ▪ persönliches Darstellen, falls ein Bedürfnis dazu vorhanden ist
E.6	Wahrnehmungen mit persönlichen Vorlieben verbinden	▪ Wahrnehmungserlebnisse, die persönlich berühren, neu gestalten ▪ einen eigenen Ausdruck geben ▪ Wahrnehmungen aus dem persönlichen Erlebnisbereich aufnehmen und einen neuen Ausdruck geben
E.7	Alle Medien einbeziehen und verknüpfen	▪ musizieren ▪ bewegen / tanzen ▪ malen / Zeichnen ▪ gestalten / modellieren / plastizieren ▪ sprechen, Geschichten oder Gedichte erfinden ▪ Pantomime / Theater
E.8	Aus der Vielfalt der Wahrnehmungen eine persönliche „Sprache" entwickeln	▪ neue Verknüpfungen erleben ▪ die neuen Erfahrungen andern mitteilen ▪ die neuen Erfahrungen für sich ausdrücken

g) Wahrnehmung C2: Differenzierung der Fernsinne: Visuelle Wahrnehmung

PRAXISBEZUG

III	Kinder von 4–10 Jahren
E.1	Die Kinder spielen mit Instrumenten nach, wie es ist, wenn sie im Gras liegen und die Sonne auf sie herunterscheint. Oder sie bewegen sich so, wie sie sich fühlen, wenn es regnet und sie keinen Schirm haben.
E.2	Die Kinder lernen, Wahrnehmungseindrücke zu ordnen nach Qualitäten, die sie wahrgenommen haben: Wenn sie eine Schachtel mit kleinen Nägeln in ein Tamburin auskippen, dann tönt das so, wie wenn der Regen gegen das Fenster prasselt oder wie wenn einige Kinder auf den Zehenspitzen auf und ab springen. Sie können die unterschiedlichsten Wahrnehmungseindrücke auf diese Art und Weise einordnen.
E.3	Die Kinder können Wahrnehmungseindrücke einordnen, und gleiche Erfahrungen zusammenbringen (siehe E.2). Sie können dazu auch Gegensätze herausfinden, sich entsprechend bewegen oder diese mit einem Musikinstrument ausdrücken.
E.4	Die Kinder spüren, wie sich ein Tuch über ihren Körper bewegt. Sie spielen diesen Eindruck auf einem Musikinstrument oder zeichnen ihn auf ein großes Blatt Papier. Wenn das Tuch einen Weg von unten nach oben macht, dann können sie diesen Weg auch im Raum durch eine Bewegung ausdrücken.
E.5	Die Kinder hören einem Musikstück zu. Spontan verbinden sie dieses mit einer Erfahrung, die sie am Tag davor im Schwimmbad gemacht haben. Dann improvisieren sie gemeinsam eine Wasser- und Schwimm-Musik.
E.6	Die Kinder führen einander pantomimisch ihre liebsten Sportarten vor. Dann spielen sie diese auf einem Instrument. Sie differenzieren dann diese Wahrnehmungen in der Gestaltung: zum Beispiel: „das Snowboarden gefällt mir am besten in den Kurven, wenn viel Beschleunigung da ist."
E.7	Die Kinder hören eine Geschichte. Dann greifen sie einzelne Figuren heraus und bewegen sich entsprechend. Die einen erfinden einen kurzen Text zu diesen Figuren, die andern eine Musik, und eines macht eine Zeichnung. Dann setzen sie diese Element zu einem kleinen Theater zusammen und spielen dies einer andern Klasse vor.
E.8	Die Kinder können spontan den andern etwas vortanzen oder musizieren, wenn sie Lust dazu haben. Sie haben aber auch gelernt, dass es ebenso wichtig ist, Erfahrungen nur für sich auszudrücken, ohne sie jemandem zu zeigen. Auch ist es völlig in Ordnung, einfach still zu bleiben und an etwas nur zu denken, sich etwas vorzustellen. Die Kinder sind sich gewöhnt, ihre Ideen in den Unterricht einzubringen und den Ideen ihrer Kameraden zuzuhören.

Schüler/innen der Mittelstufe	Erwachsene
Ziel: Einen eigenen Wahrnehmungsraum kreieren ▪ Für ein Schulfest gestalten die Schülerinnen und Schüler den Mehrzweckraum ihres Schulhauses zu einem Wahrnehmungs-Erfahrungsraum um. ▪ Hier hat alles Platz: Kissen und Matratzen, Tücher, Düfte, Wärme oder Kälte ... ▪ Dadurch, dass die Schüler gelernt haben, mit Kontakt achtsam umzugehen, sind sie auch in der Lage, mit Verantwortung diesen Raum zu gestalten.	*Ziel: persönliche Wahrnehmungserfahrungen aufzeichnen und als Grundlage für eine grafisch notierte „Partitur" nutzen* ▪ Die Mitglieder der Gruppe sprechen über ihre Erfahrungen, die sie mit dem Seil gemacht haben (vgl. Beispiel in Teilbereich D). Sie machen eine Zeichnung von der neu entdeckten Bewegungsqualität. ▪ Diese Qualität der Zeichnung geben sie auf einem Musikinstrument wieder. ▪ Jetzt überlegen sie sich, wie sie diese Klang-qualität mit andern Instrumenten begleiten könnten. Es können unterstützende oder gegensätzliche Klänge sein. ▪ Dann halten sie die Möglichkeiten der „Hauptstimme", der Klangqualitäten in einer Symbolzeichnung fest. Anschließend zeichnen sie die „Begleitstimmen" an dem Ort dazu, wo sie genau ertönen soll. Diese grafische Form einer einfachen Partitur kann von allen Gruppenmitgliedern gespielt werden.

Wahrnehmung D: Wahrnehmung -Bewegung – Raum

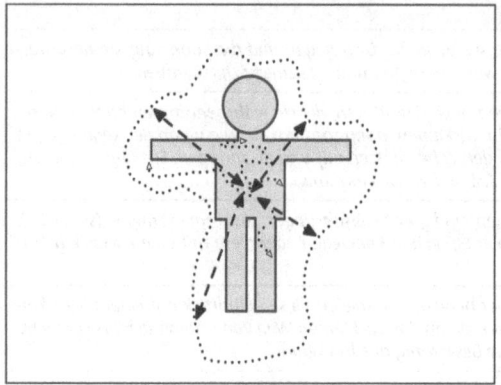

Ein Bewegungsimpuls entwickelt sich vom Innenraum des Körpers zur Körperoberfläche

(Tiefenwahrnehmung, Berührungsempfindung).

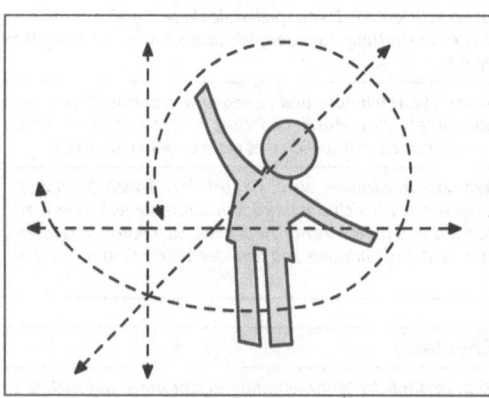

Durch die kinästhetische Wahrnehmung entsteht Bewegung, der Raum des Körpers wird erkundet in allen Dimensionen, mit unterschiedlicher Geschwindigkeit und Intensität.

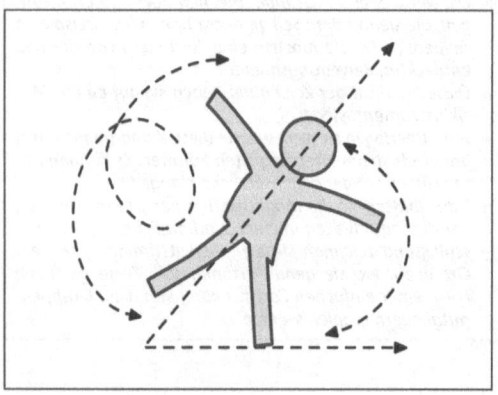

Die Empfindung der Schwerkraft und des Gleichgewichts unterstützt die Verlagerung der Körperachse und damit eine Vergrößerung des persönlichen Bewegungsraums.

g) Wahrnehmung C2: Differenzierung der Fernsinne: Visuelle Wahrnehmung

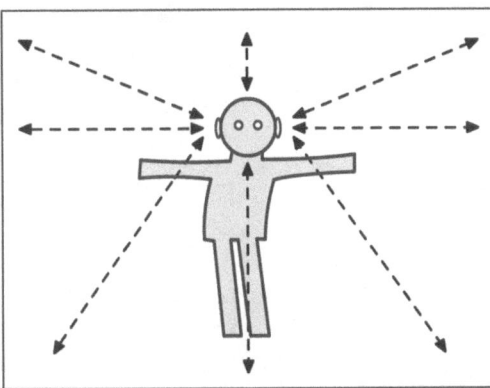

Die Entwicklung der Fernsinne öffnet dann die Erfahrung dafür, dass der Raum in weiteren Dimensionen wahrgenommen, erkannt und ausgenützt werden kann.

Erst das Zusammenspiel aller Wahrnehmungsfunktionen ermöglicht die kreative Bewegung im Raum.

7 Der Bereich IV – Begriffsbildung

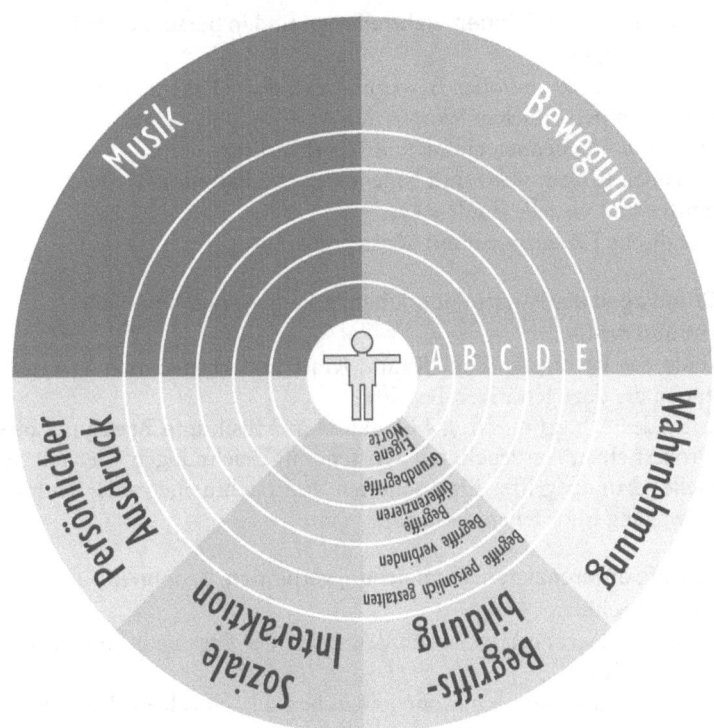

Im Bereich Begriffsbildung geht es zuerst darum, die gemachten Erfahrungen zu reflektieren, zu verbalisieren, zu verallgemeinern, von andern Erfahrungen zu unterscheiden oder diesen zuzuordnen.

Verbalisieren bedeutet, eine Erfahrung sowohl in persönlichen Worten ausdrücken zu können als auch die dazu gehörigen Bezeichnungen für einen erfahrenen Begriff zu lernen. Dabei geht es häufig um Begriffe der 4 Parameter in Musik und Bewegung, ebenso werden aber auch Begrifflichkeiten der Musik, von Instrumenten, Formen und Musikstilen benannt, sowie Begriffe des Körpers und der Bewegungsqualitäten erlernt.

Reflektieren meint, über die gemachten Erfahrungen nachzudenken, diese in die Erfahrungen des Alltags einzuordnen, ihnen einen persönlichen Sinn zu geben.

Verallgemeinern heisst, dass Erfahrungen aus einem Medium auch in andern Medien ausgedrückt werden können, zum Beispiel kann so eine Bewegung zuerst in Musik und dann in einer Zeichnung oder nur als ein Symbol dargestellt werden.

Eine Erfahrung von andern zu unterscheiden oder diesen zuzuordnen bedeutet, Erfahrungen miteinander zu vergleichen und in Beziehung zueinander zu setzen.

Der Aufbau des Bereichs Begriffsbildung endet mit dem gestalterischen Umgang mit Sprache überhaupt. Dieser Bereich ist daher auch ein Schlüsselbereich für das Lernen in Musikschulen sowie für das fächerübergreifende Lernen überhaupt.

Folgende Kompetenzen werden in den einzelnen Teilbereichen erworben:

Teilbereich A: Begriffe mit allen Sinnen wahrnehmen und in persönlichen Worten benennen
Die Schülerinnen und Schüler
- erleben Abläufe in Musik und/oder Bewegung mit den Elementen der Nah- und Fernsinne und drücken diese in persönlichen Worten aus;
- erleben, erkennen und benennen einfache Körperbegriffe;
- nehmen den eigenen Körper wahr und benennen seine Funktionsweisen;
- erkennen auditive und visuelle Eindrücke;
- drücken musikalische Erfahrungen mit Worten aus.

Teilbereich B: Grundlagen der Parameter erleben, erkennen und benennen
Die Schülerinnen und Schüler
- erleben die Pole der Parameter Zeit, Raum, Kraft und Form durch Bewegung und Musik und die erkennen die dazugehörigen Begriffe;
- machen Begriffe des Alltags durch das Gestalten in Musik und Bewegung bewusst; und geben diesem Prozess einen Ausdruck: mit Worten, mit Zeichnungen oder mit Symbolen;
- erleben einfache Grundbegriffe, Eigenschaften von Sachthemen oder Kulturtechniken mit Musik und Bewegung und stellen diese dar.

Teilbereich C: Begriffe differenzieren, vergleichen, verbinden, benennen
Die Schülerinnen und Schüler
- erkennen die Differenzierungen zwischen den Polen der Parameter in Musik und Bewegung und fassen diese in Worte;
- stellen Verbindungen und Kombinationen zwischen den einzelnen Parametern her und stellen diese mit Musik und Bewegung dar;
- stellen Abstraktionen von Begriffen her: finden für eine Bewegung oder eine Musik ein Symbol und setzen dieses in unterschiedlichen Medien um;
- geben diesen Erfahrungen die dazu gehörigen Namen;
- drücken Begriffe aus den Kulturtechniken in Musik, Bewegung oder Sprache aus.

Teilbereich D: Begriffe in Beziehung setzen zur Gestaltung in Musik und Bewegung, zum Raum, zu Partnern
Die Schülerinnen und Schüler
- gestalten gemachte Erfahrungen mit Worten oder mit einem andern Medium;
- erzählen, was sie mit einem Material gemacht haben;
- gestalten einen Begriff mit Musik oder Bewegung, ohne vorher direkt die Erfahrung gemacht zu haben;
- variieren vorangegangene Erfahrungen in unterschiedlichen räumlichen Dimensionen.

Teilbereich E: Alltagsbezug: Begriffe aus dem Alltag persönlich gestalten
Die Schülerinnen und Schüler
- geben ihren Erfahrungen des Alltags Worte und drücken diese mit verschiedenen Medien aus;
- machen Erfahrungen des Unterrichts in Sprache, Musik, Bewegung oder künstlerischer Darstellung sicht-, hör- oder spürbar;
- kennen und gestalten persönliche Formen des Ausdrucks;
- gehen mit Sprache gestalterisch um;
- schaffen eine Verbindung zwischen verbalem und nonverbalem Ausdruck;
- erkennen, dass nicht alle Erfahrungen in Worten ausgedrückt werden können oder sollen;
- haben ein Bewusstsein für Stärken oder Schwächen im individuellen verbalen Ausdruck.

7 Der Bereich IV – Begriffsbildung

Ich tanze gerne.

Melanie 5

Luka

BEGRIFFSBILDUNG A: ABLÄUFE MIT ALLEN SINNEN WAHRNEHMEN UND IN PERSÖNLICHEN WORTEN AUSDRÜCKEN

IV	Grobziele	Feinziele
A.1	Abläufe in Musik und Bewegung erfahren und anschliessend in persönlichen Worten ausdrücken	▪ erzählen können, was gemacht wurde ▪ eigene Erfahrungen dazu mitteilen ▪ sich an die Erfahrungen erinnern
A.2	Wahrnehmungseindrücke in der Differenzierung der Oberflächenwahrnehmung benennen	▪ spüren, was für ein Gegenstand den Körper berührt und diesen benennen, eventuell erraten ▪ spüren, wie viele Gegenstände den Körper berühren und dies benennen ▪ die Qualität und Eigenschaften eines Gegenstandes benennen ▪ diese Qualität in persönlichen Worten beschreiben
A.3	Wahrnehmungseindrücke der Lokalisation in der Oberflächenwahrnehmung erkennen und benennen	▪ spüren, wo ein Gegenstand den Körper berührt und den Ort zeigen und/oder nennen können ▪ diesen Ort an jemand anderem zeigen können ▪ diesen Ort an einem Modell, einer Puppe oder einer Zeichnung zeigen können ▪ spüren, in welche Richtung ein Gegenstand über den Körper rollt und diese benennen
A.4	Worte für Wahrnehmungseindrücke finden	▪ Eindrücke in persönlicher Art und Weise benennen können ▪ für einzelne Eindrücke die dazugehörigen Namen kennen
A.5	Abläufe in Musik oder Bewegung benennen	▪ einzelne Handlungen nach der Erfahrung benennen ▪ vor der Handlung sagen, was man machen will
A.6	Die Begriffe des Körpers kennen und benennen	▪ einzelne Körperteile benennen ▪ einzelne Gelenke benennen ▪ Funktionen den Körpers benennen
A.7	Atemfunktionen wahrnehmen und beschreiben	▪ den eigenen Atem spüren ▪ spüren, wie der Atem sich im Körper bewegt ▪ für sich mit dem eigenen Atemfluss in Kontakt kommen und ev. beschreiben können
A.8	Eigene Bewegungen beschreiben	▪ Funktionen des Körpers benennen oder auf verbale Anweisung ausführen können ▪ Bewegungsabläufe benennen oder nach verbaler Aufforderung ausführen ▪ sagen, wie man sich bewegen will und anschliessend die Bewegung ausführen
A.9	Auditive Wahrnehmungserfahrungen benennen	▪ eigene Wort finden für das Hör-Erlebnis eines einzelnen Klangs ▪ eigene Worte finden nach dem Hören eines Musikstücks oder eines Lieds
A.10	Visuelle Wahrnehmungserfahrungen benennen	▪ sagen können, was ein Gegenstand getan hat, nachdem man den Ablauf gesehen hat ▪ sagen können, wie andere sich bewegt haben

7 Der Bereich IV – Begriffsbildung

PRAXISBEZUG

IV	Kinder von 4–10 Jahren
A.1	Die Kinder werden mit einem Ball massiert. Sie können erzählen, wo der Ball überall durchgerollt ist. Sie können auch beschreiben, wie sich der Unterschied anfühlt, wenn der Ball über die Hand oder den Arm rollt.
A.2	▪ Ein Kind legt dem andern verschiedene Gegenstände auf den Rücken. Dieses soll herausfinden, was für ein Gegenstand sich auf dem Rücken befindet. ▪ Das Kind soll anschliessend erraten, wie viele Gegenstände auf dem Rücken liegen. Das Kind kann auch beschreiben, was diese Gegenstände für eine Qualität haben.
A.3	Ein Kind sitzt am Boden. Ein anderes Kind rollt eine Klangkugel von einer Ecke des Raumes bis zu dem Kind, über seine Beine und wieder fort in den Raum. Das zweite Kind beschreibt anschliessend genau, wo es die Klangkugel gehört hat, oder es geht den selben Weg im Raum.
A.4	Die Kinder erkennen, ob ein Gegenstand fest, weniger fest oder ganz stark die Hände berührt, und sie können dies auch spüren und beschreiben.
A.5	Die Kinder bewegen sich zur Musik in verschiedenen Geschwindigkeiten. In der nächsten Stunde erzählen sie möglichst genau, wie sie sich bewegt haben, wie die Bewegung sich angefühlt und wie die Musik getönt hat.
A.6	▪ Die Kinder imitieren einzelne Körperstellungen der Lehrkraft. Diese führt die Körperstellungen in einem regelmässigen Tempo durch. Die Kinder sagen immer, welcher Körperteil oder welches Gelenk sich gerade bewegt hat. ▪ Als nächstes führt die Lehrperson diese Bewegungen rhythmisiert, das heisst in unterschiedlichen Abständen durch. Auch im Rhythmus der Bewegung (im schnellen oder langsamen Wechsel) können die Kinder die sich bewegenden Gelenke oder Körperteile benennen.
A.7	Die Kinder haben ein Wissen erworben darüber, wie der Atem auf ihre Bewegungen reagiert. Sie haben auch ein Bild gesehen, wie die Lunge und die Atemwege aussehen. Nach einer intensiven Bewegungssequenz beschreiben sie, wie sich ihr Atem gerade anfühlt.
A.8	Die Kinder haben eine ganz feine Musik mit leisen und ausklingenden Tönen gemacht. Sie beschreiben jetzt, wie sie sich dazu bewegen könnten.
A.9	Die Kinder hören zu, wie eine Geige eine Melodie spielt. Sie beschreiben anschliessend ihre Empfindungen.
A.10	Die Kinder schauen zu, wie ein Kind sich mit einem Papierball bewegt. Sie beschreiben ihre Eindrücke, wie sie diese Bewegung sehen und wie sie eine solche Bewegung mit einem andern Material machen könnten.

Schüler/Innen der Mittelstufe	Erwachsene
Ziel: Die eigene Befindlichkeit in Bezug auf Musik und Bewegung in persönlichen Worten ausdrücken ▪ In regelmässigen Abständen werden mit den Schülerinnen und Schülern Evaluationen durchgeführt in Form von persönlichen Gesprächen, Fragebogen oder Briefen. Diese haben zum Ziel, die Arbeit zu reflektieren und geben den Schülerinnen und Schülern die Gelegenheit, sich zu äussern. Der Lehrperson sind sie ein Spiegel über ihre Beziehung zur Arbeit mit Musik und Bewegung.	▪ In der Arbeit mit Erwachsenen sind regelmässige Feedback-Runden angesagt. Diese dienen zuerst dem Ausdruck der persönlichen Befindlichkeit; genauso gehört aber auch dazu, eine Beziehung zu den Erfahrungen des Alltags herzustellen. ▪ Die Auseinandersetzung mit Musik und Bewegung kann auch Aufschluss geben darüber, wie man bestimmte Dinge im Alltag angeht, und wie die neuen Erfahrungen dies eventuell auch beeinflussen können.

Begriffsbildung B: Grundlagen der Parameter, von Kulturtechniken und Sachthemen erleben, erkennen und benennen

IV	Grobziele	Feinziele
B.1	Pole des Parameters Zeit ▪ erkennen und benennen ▪ in eigenen Worten beschreiben ▪ mit den zugehörigen Begriffen bezeichnen	▪ alle Elemente der Pole hören und beschreiben können ▪ Rhythmen der einfachsten Gangarten nach Gehör wiedererkennen ▪ Notenwerte der Grundrhythmen benennen und schreiben können: Halbe Note, Viertelnote, Achtelnote, Sechzehntelnote, punktierte Achtel ▪ Pausen bezeichnen und schreiben ▪ Taktarten: gerade und ungerade Takte, Viertakt und Dreitakt unterscheiden und benennen
B.2	Pole des Parameters Raum ▪ erkennen und benennen ▪ in eigenen Worten beschreiben ▪ mit den zugehörigen Begriffen bezeichnen	▪ alle Elemente der Pole hören und beschreiben können ▪ hohe und tiefe Töne oder Bewegungen im Raum erkennen können und auf Anweisung richtig ausführen ▪ sagen können, wo im Raum etwas tönt ▪ Positionen im Raum: weit, nah, in der Ecke, bei der Tür am Körper: von oben nach unten, erkennen und benennen ▪ Notenlinien kennen, darauf hohe und tiefe Töne unterscheiden können
B.3	Pole des Parameters Kraft ▪ erkennen und benennen ▪ in eigenen Worten beschreiben ▪ mit den zugehörigen Begriffen bezeichnen	▪ alle Elemente der Pole hören und beschreiben können ▪ unterschiedliche Lautstärken erkennen und benennen ▪ Lautstärken mit Klangfarben kombinieren können ▪ Kraftdosierung in einer Bewegung erkennen und benennen lernen ▪ den Wechsel zwischen Spannung und Entspannung im Körper definieren können

B.4	Pole des Parameters Form
	▪ erkennen und benennen
	▪ in eigenen Worten beschreiben
	▪ mit den zugehörigen Begriffen bezeichnen
		▪ alle Elemente der Pole hören und beschreiben können
		▪ Wiederholungen erkennen
		▪ ABA-Formen: unterschiedliche Teile benennen
		▪ sagen können, wann ein Motiv wiederkehrt
		▪ Formelemente auf verbale Anweisungen in Musik oder Bewegung umsetzen
		▪ Geometrische Formen:
		  – runde oder gerade Formen mit dem Körper darstellen, benennen können nach der eigenen Erfahrung oder nach der Beobachtung von andern
		  – Grundformen in die Luft zeichnen können mit verschiedenen Körperteilen
		  – Kreis/Reihe mit andern Kindern zusammen gestalten können

B.5	Begriffe des Alltags nacherzählen, in Musik oder Bewegung darstellen können ▪ Alltagsgegenstände ▪ Einfache Tagesabläufe	▪ Gegenstände aus dem Alltag mit dem Körper darstellen ▪ Elemente von Abläufen des Alltags in Bewegung oder mit Musikinstrumenten darstellen ▪ erraten und verbalisieren können, was andere getan haben
B.6	Begriffe aus den Kulturtechniken, Sachthemen aus dem Unterricht durch Wahrnehmungseindrücke vertiefen, nacherzählen und mit Musik und Bewegung ausdrücken	▪ Buchstaben oder Zahlen mit dem Körper ausdrücken ▪ Elemente aus Sachthemen mit allen Sinnen wahrnehmen, nach diesen Erfahrungen mit Musik und Bewegung gestalten ▪ neue Lieder zum Thema erfinden

7 Der Bereich IV – Begriffsbildung

PRAXISBEZUG

IV	Kinder von 4–10 Jahren
B.1	■ Die Kinder können beschreiben, ob eine Musik schnelle oder langsame Teile hat. Sie lernen die Bezeichnungen der Notenwerte der Rhythmen, die sie schon oft geklatscht haben, mit ihren richtigen Namen kennen. Sie können diese Notenwerte aus dem Schriftbild erkennen oder nach dem Gehör dem Schriftbild zuordnen. ■ Die Kinder lernen zwei unterschiedliche Tänze kennen, einen in einem geraden Takt, den andern in einem Dreitakt. Sie können die Unterschiede hören und sich entsprechend dazu bewegen.
B.2	■ Die Kinder hören einer Musik zu. Sie können erkennen, wann darin hohe oder tiefe Töne vorkommen. ■ Sie legen fünf Seile als Notenlinien auf den Boden. Anschliessend lernen sie den Platz der hohen und tiefen Notenwerte auf dem Liniensystem kennen. Dann sind sie selber hohe oder tiefe „Noten", die auf den entsprechenden Linien sich zu hohen oder tiefen Tönen bewegen. ■ Sie lernen auch den Unterschied zwischen Noten, die im Zwischenraum und solchen, die auf der Linie liegen, kennen. Sie können sich entsprechend den Notenwerten auf den Linien bewegen.
B.3	■ Die Kinder können laute oder leise Töne benennen, sie können auch beschreiben, wie diese Töne auf sie wirken, und diese Qualitäten anschliessend in Bewegung umsetzen. ■ Die Kinder wissen, mit wie viel Kraft sie einen lauten Ton auf einer Trommel spielen können.
B.4	■ Die Kinder lernen eine Rondoform kennen und bestimmen die Teile A / B / C / D. Anschliessend setzen sie diese verschiedenen Teile zu einem ganzen Rondo zusammen. ■ Die Kinder können auf Anweisung mit ihrem Körper geometrische Formen darstellen: einen Kreis mit den Armen, den Fingern, dem ganzen Körper ...
B.5	■ Die Kinder können mit ihrem Körper Gegenstände des Alltags darstellen: zuerst sind alle ein Stuhl, dann ein Tisch ... ■ Sie können auch erzählen, was sie am letzten Tag gemacht haben und diese Erzählung in Musik oder in Bewegung umsetzen.
B.6	■ Die Kinder stellen mit ihrem Körper Zahlen dar. Ein Kind muss drei davon zusammenzählen. ■ Zu der Geschichte von den Hunden, die sie gerade gehört haben, erfinden sie spontan ein neues Lied zu einer bekannten Melodie und begleiten dieses mit Rasseln und Trommeln.

Schüler/innen der Mittelstufe	Erwachsene
Ziel: Den Refrain in einem Song ihrer Wahl erkennen und benennen ■ Die Schülerinnen und Schüler hören den Lieblingssong eines Mitschülers. Beim zweiten Hören zeichnen sie auf, was sie hören. Im anschließenden gemeinsamen Gespräch wird klar, dass ein Teil im Lied immer wiederkehrt, andere aber sich nie wiederholen. ■ Jetzt bestimmen sie anhand ihrer Zeichnungen, wie die Bewegung zur Melodie des Refrains sein soll. Alle bewegen sich frei zur Musik, wenn der Refrain kommt, führen sie alle dieselbe Bewegung aus. Wenn jetzt die Unterschiede klar sind, dann wird der entsprechende Begriff eingeführt. ■ In einer andern Stunde werden weitere Songs gehört und der jeweilige Refrain bezeichnet.	■ Je nach Schwerpunkt werden auch auf der Erwachsenenstufe neue Begriffe in Musik und Bewegung eingeführt. Es ist aber auch einmal eine Information über die Herkunft eines Tanzes, einzelner Instrumente oder Musikstücke angesagt.

Begriffsbildung C: Begriffe differenzieren, vergleichen, verbinden, benennen

IV	Grobziele	Feinziele
C.1	Begriffe des Parameters Zeit differenzieren: • Bewegungen und Unterscheidungen zwischen den Polen ordnen und benennen • die entsprechende Notenschrift kennen • eine grafische Notation erstellen	• differenzieren zwischen Geschwindigkeiten: schneller werden – langsamer werden, accelerando und diminuendo kennen • differenzieren zwischen langen und kurzen Tönen, Töne nach Längen ordnen • Phrasenlängen gestalten: während einer Phrasenlänge eine Bewegung ausführen, eine Phrasenlänge aus der Erinnerung gestalten • Tonlängen und Tempoveränderungen mit graphischen Notationen darstellen: zur Musik, zur Bewegung, aus der Erinnerung, als „Partitur" für Musik- oder Bewegungs-Stücke
C.2	Begriffe des Parameters Raum differenzieren: • Bewegungen und Unterscheidungen zwischen den Polen ordnen und benennen • die entsprechende Notenschrift kennen • eine grafische Notation erstellen	• Richtungen in der Veränderung zwischen hoch und tief erkennen: spontan zur Musik bewegen, nach dem Hören sagen können, was geschehen ist, nach dem Hören nachspielen, die richtigen Begriffe kennen • auf- und absteigende Melodien in Bewegung darstellen, beschreiben oder graphisch darstellen • Richtungen im Raum differenzieren: weit weg, näher kommend, weggehend, zurückkommend
C.3	Begriffe des Parameters Kraft differenzieren: • Bewegungen und Unterscheidungen zwischen den Polen ordnen und benennen • die entsprechende Notenschrift kennen • eine grafische Notation erstellen	• crescendo und decrescendo in Musik und Bewegung erkennen, gestalten und schreiben • Kraft in der Bewegung unterschiedlich einsetzen • Krafteinsatz beim Musik-Spielen mit Artikulation in Verbindung bringen: portato, staccato, pizzicato, legato kennen, hören und spielen und benennen • Höreindrücke in der Differenzierung des Parameters der Form als graphische Notation darstellen
C.4	Begriffe des Parameters Form differenzieren: • Bewegungen und Unterscheidungen zwischen den Polen ordnen und benennen • die entsprechende Notenschrift kennen • eine grafische Notation erstellen	• Differenzierte musikalische Formen kennen lernen • Variationen: Formen grösser und kleiner gestalten • Veränderung: Formen organisch verändern • Gegensätze erkennen und darstellen • Wiederholungen gestalten • Thema wiederholen: Kanon • geometrische Formen mit graphischer Notation in Verbindung bringen
C.5	Einfache Symbole erarbeiten für erlebte Elemente der vier Parameter	• für alle Bewegungen oder musikalischen Abläufe Symbolbewegungen oder Zeichen finden: – zum Umsetzen in ein anderes Medium – zum Erinnern und Wiedererkennen
C.6	Zur Musik oder zur Bewegung malen oder zeichnen	• frei zeichnen • den Ablauf oder einzelne Teile daraus zeichnen
C.7	Abläufe in Musik und/oder Bewegung aus der Erinnerung beschreiben können	• aus der Erinnerung erzählen • sich an ein bestimmtes Element aus den vier Parametern erinnern
C.8	Begriffe aus dem Schulalltag in Musik und Bewegung umsetzen	• einen Begriff mit dem Körper ausdrücken • ein Symbol in Bewegung ausdrücken • ein Symbol in Musik ausdrücken • einen Begriff musizieren • neue Formen des Ausdrucks finden

7 Der Bereich IV – Begriffsbildung

PRAXISBEZUG

IV	Kinder von 4–10 Jahren
C.1	Die Kinder hören eine rhythmische Phrase von vier Takten am Klavier. Dann klatschen sie diese nach. Sie erwerben ein Gefühl für die Phrasenlängen. Sie klatschen anschliessend rhythmische Muster in genau dieser Phrasenlänge, ohne vorher eine Phrase vom Klavier gehört zu haben.
C.2	Die Kinder bewegen sich frei zu einer Musik mit einem Gymnastikband. Dann bewegen sie mit dem Band den Bogen der Melodie mit ihren auf- und absteigenden Elementen. Nachher zeichnen sie eine solche Bewegung genau auf einem Blatt Papier und spielen diese auf einem Xylophon nach.
C.3	Die Kinder hören einem sich ausdrehenden Reifen zu und beschreiben ihr Hörerlebnis. Sie lernen dazu die Begriffe crescendo und decrescendo kennen. Sie zeichnen diese auf, und erfinden dann ein Musikstück, in dem verschiedene Instrumente zu verschiedenen Zeiten lauter und leiser werden. Die Kinder spüren Papier mit unterschiedlicher Oberfläche (glattes Papier, Krepp Papier, Schmirgelpapier). Sie beschreiben diese Erfahrungen und spielen sie mit verschiedenen Musikinstrumenten nach.
C.4	Die Kinder legen im Raum unterschiedlich grosse Vierecke mit verschiedenem Rhythmikmaterial. Dann hören sie ein Stück mit einfachen Variationen. Sie können Elemente der Veränderung beschreiben.
C.5	Die Kinder hören ein Musikstück, in dem immer wieder das selbe Motiv vorkommt, wie zum Beispiel die Eroica von Beethoven. Sie erfinden ein Zeichen für dieses Motiv. Dann setzen sie dieses Symbol in eine neue Bewegung um oder finden dazu ein passendes Instrument.
C.6	■ Die Kinder hören zu, wie ein Kind für sie ein selbst erfundenes Musikstück spielt. Sie zeichnen dazu spontan, was ihnen in den Sinn kommt. ■ Einem andern Kind hören sie zu, wie dieses etwas vorspielt und zeichnen anschliessend aus der Erinnerung den Teil, der ihnen am besten gefallen hat.
C.7	■ Die Kinder hören die „Moldau" von Smetana. Sie beschreiben anschliessend, was sie gehört haben. Dann hören sie das Stück wieder und zeichnen einzelne Teile auf. ■ Sie erfinden dann eine eigene Wassermusik, tanzen einige Tanzszenen mit aus dem Stück und erfinden eine „Flussmusik".
C.8	Die Kinder haben in der Schule über Schlangen gelernt. Jetzt bewegen sie sich wie Schlangen, zeichnen diese Bewegungen auf, erfinden spontan Schlangentanzmusik. Sie schreiben Worte in Schlangenform.

Schüler/innen der Mittelstufe	Erwachsene
Ziel: die wichtigsten Organe des Körpers kennen und benennen ■ Nach der Bewegungsdifferenzierung, welche in Kapitel 6, Bereich Bewegung, Teilbereich B und C beschrieben wird, wird jetzt Wert auf die Wahrnehmung des Körper-Innenraums gelegt. ■ Wie spüren wir Herzschlag, Atemrhythmus, Puls etc? Anschliessend legt sich ein Schüler auf den Boden, die andern legen Seile um ihn herum. Innerhalb dieser Umrisse werden jetzt Zeichnungen entsprechender Organe und ihrer Funktionskreise hingelegt. ■ „Entsprechen die Bilder unseren Wahrnehmungen? Welche Funktionen haben wir uns so vorgestellt, welche ganz anders?" ■ Anschliessend folgt ein Anatomieunterricht, welcher in Zusammenarbeit mit der Klassenlehrperson durchgeführt wird.	■ Als Ausgangspunkt für die Improvisation mit Musik und Bewegung können auch Begriffe gewählt werden. ■ So dienen sowohl musikalische Begriffe aus den Parametern oder aus Formen als auch Begriffe des Alltags oder aus persönlichen Erlebnissen als Ausgangspunkt.

Begriffsbildung D: Begriffe in Beziehung setzen zur Gestaltung in Musik und Bewegung, zu Material, in den Raum, zu Partnern

IV	Grobziele	Feinziele
D.1	Gemachte Erfahrungen bewusst machen: einen Ablauf nacherzählen und mit einem andern Medium gestalten	▪ alle Erfahrungen auch verbal ausdrücken können ▪ in der Gestaltung von einem Medium auf ein anderes umschalten
D.2	Erzählen können, was man gemacht hat mit einem Material	▪ Bewegungen mit Material beschreiben können ▪ mit einem andern Material dasselbe ausdrücken ▪ mit einem Musikinstrument eine Bewegung „erzählen"
D.3	Begriffe mit Material kennen oder erfinden	▪ für Bewegungen mit Material entsprechende Bezeichnungen kennen ▪ für Bewegungsabläufe mit Material entsprechende Bezeichnungen finden ▪ Zeichnungen für Materialbewegungen machen
D.4	Einen Begriff nach verbaler Aufforderung mit Musik oder Bewegung gestalten, ohne vorher direkt die Erfahrung gemacht zu haben	▪ die Elemente der vier Parameter in der Grundlage oder der Differenzierung so gut kennen, dass sie spontan in Musik oder in Bewegung oder mit einer Zeichnung ausgedrückt werden können
D.5	Vorangegangene Erfahrungen in unterschiedlichen räumlichen Dimensionen variieren	▪ alle gemachten Erfahrungen räumlich variieren – hoch oder tief – kleiner und grösser – in den Proportionen verändert
D.6	Symbolbewegungen mit einem Material darstellen	▪ für eine Bewegung ein Symbol erfinden ▪ für einen Bewegungsablauf unterschiedliche Symbole finden, diese abwechslungsweise gestalten oder in Musik umsetzen
D.7	Material zweckentfremdet einsetzen	▪ Material wird zu „Gebrauchsgegenständen" ▪ Material wird zu fiktiven Gegenständen
D.8	Begriffe der Bewegungen einer Gruppe im Raum kennen	▪ die Begriffe der Bewegungen einer Gruppe kennen – übereinander – miteinander – nacheinander – umeinander – zusammen – auseinander – aufeinander – hintereinander
D.9	Neue Begriffe mit einem Partner oder in der Gruppe erarbeiten können	▪ mit einem Partner oder der Gruppe neue Begriffe für eine Tätigkeit erfinden

7 Der Bereich IV – Begriffsbildung

Praxisbezug

IV	Kinder von 4–10 Jahren
D.1	Die Kinder erzählen abwechslungsweise, was sie gestern in der Schule gemacht haben: mit Worten, mit Silben oder Stimmgeräuschen, mit einem Musikinstrument, mit einem Material, mit einer Bewegung
D.2	Die Kinder erzählen mit Körperstellungen, was sie gerade mit einem Klotz gebaut haben.
D.3	- Die Kinder kennen die Bezeichnungen, wie man mit einem Ball spielt: prellen, rollen, werfen, fangen etc. - Sie können für neue Bewegungen mit dem Ball, die sie selber erfunden haben, auch neue Bezeichnungen erfinden.
D.4	Die Kinder teilen sich in vier Gruppen auf. Sie improvisieren je ein Musikstück zu einem unterschiedlichen Thema: auf- und absteigende Melodien, tiefe dunkle Töne, Rhythmen unterschiedlicher Gangarten, schnell, Töne durch viele Pausen unterbrochen.
D.5	- Die Kinder bewegen ein Seil in unterschiedlichen Höhenlagen: sie machen verschiedenen „schlängelnde" Bewegungen und führen diese am Boden, in der Mittellage und möglichst hoch durch. Dann gestalten sie die Bewegungen in der Längenausdehnung: sie machen möglichst kurze Schlangenbewegungen oder ganz lange. - Aus diesen Erfahrungen gestalten sie einen neuen Bewegungsablauf. Wenn sie diesen auf ein Blatt Papier aufzeichnen, dann ergibt sich eine neue grafische Notation, die mit verschiedenen Instrumenten gespielt werden kann.
D.6	Die Kinder kennen verschiedenen Bewegungen mit einem Tennisball. Sie geben jeder Bewegung eine einfache Zeichnung und ein Geräusch. Dann macht ein Kind das Geräusch, die andern bewegen sich dazu mit dem Tennisball.
D.7	- Die Kinder machen aus dem Tuch verschiedene Kleidungsstücke. - Die Kinder nehmen einen Klotz und bewegen sich damit so, wie wenn er ein grosser Koffer wäre.
D.8	Die Kinder bewegen sich zur Musik. Jedes Mal, wenn diese aufhört, ruft die Lehrkraft eine Bezeichnung: z.B. hintereinander. So schnell wie möglich sollen alle sich hintereinander stellen.
D.9	Die Gruppe erfindet ein neues Wort für den Tanz mit dem Fallschirm, den sie gerade gemacht haben.

Mittelstufe	Erwachsene
Ziel: den Umgang mit einem Gegenstand symbolisch darstellen - Die Schülerinnen und Schüler sitzen im Kreis. Sie geben symbolisch/pantomimisch eine grosse Kiste im Kreis herum. Darin „findet" jeder einen persönlichen Gegenstand, zum Beispiel einen Hut, etwas zum Essen, ein Lieblingstier etc. - Dieser Gegenstand kann jetzt im Raum herum getragen werden. Dabei verändert sich seine Qualität. Einmal wird er ganz gross, dann klein und leicht, schwerfällig, ausnehmend lebendig, zäh, flüssig etc. - Die Bewegungen werden entsprechend den Vorstellungen angepasst.	***Ziel: zwischen verbalem und nonverbalem Ausdruck spontan wechseln können*** - In der Gruppe erzählen sich alle, was sie an diesem Tag schon gemacht haben. Sie können dies verbal mit Worten, in Bewegung oder mit einem Musikinstrument tun. Ein Gruppenmitglied hat eine laute Trommel. Jedes Mal, wenn diese gespielt wird, muss die Ausdrucksart (Bewegung, Sprache, Musik) gewechselt werden, ohne dass der Faden der Erzählung verloren geht.

BEGRIFFSBILDUNG E: BEGRIFFE AUS DEM ALLTAG PERSÖNLICH GESTALTEN

IV	Grobziele	Feinziele
E.1	Den Erfahrungen des Alltags Worte geben und diese mit unterschiedlichen Medien ausdrücken können	▪ die Erfahrungen des Alltags mit unterschiedlichen oder immer wieder wechselnden Worten beschreiben
E.2	Persönliche Formen des Ausdrucks kennen	▪ wissen um die persönlichen Stärken und Schwächen im Ausdruck ▪ nach Lust und Laune einen Ausdruck finden oder etwas nicht im Ausdruck gestalten
E.3	Individuelle Vorlieben / Stärken oder Schwächen im verbalen Ausdruck kennen	▪ wissen, wann man etwas gerne mit Worten ausdrückt ▪ dazu stehen, wenn man etwas lieber mit einer Bewegung oder einer Musik ausdrückt ▪ mitteilen können, dass man etwas lieber gar nicht ausdrücken möchte
E.4	Mit der Sprache gestalterisch umgehen	▪ sprechen ▪ singen ▪ improvisieren mit der Stimme ▪ schreiben ▪ einzelne Worte in Musik oder Bewegung umsetzen
E.5	Den Erfahrungen des Alltags Worte geben und/oder diese mit verschiedenen Medien ausdrücken	▪ die zur Verfügung stehenden Medium spontan zum Ausdrücken benützen können
E.6	Erfahrungen des Unterrichts in Sprache, Musik, Bewegung oder künstlerischer Darstellung ausdrücken, sichtbar, hörbar, spürbar machen	▪ wechseln können zwischen den unterschiedlichen Formen des Ausdrucks
E.7	Eine Verbindung zwischen verbalem und nonverbalem Ausdruck machen können	▪ den Unterschied kennen zwischen verbalem und nonverbalem Ausdruck ▪ zwischen verbalem und nonverbalem Ausdruck wechseln können
E.8	Erkennen, dass nicht alle Erfahrungen in Worten ausgedrückt werden können oder sollen	▪ Vorzüge der unterschiedlichen Ausdrucksmedien kennen

7 Der Bereich IV – Begriffsbildung

PRAXISBEZUG

IV	Kinder von 4–10 J
E.1	*Die Kinder können ihre Erlebnisse spontan mit verschiedenen Medien gleichzeitig erzählen.*
E.2	*Die Kinder wissen, wann sie welches Medium des Ausdrucks am besten verwenden können.*
E.3	*Die Kinder haben gelernt, ihre Stärken im Ausdruck zu schätzen und einzusetzen. Sie sind auch manchmal bereit, Ausdrucksmedien zu benützen, die ihnen nicht so geläufig sind.*
E.4	▪ Die Kinder hören eine Geschichte von einem Schneemann. Mit ihrer Stimme gestalten sie nun alle Tätigkeiten mit Schnee, die es braucht, um einen Schneemann zu bauen. ▪ Ausgehend von diesen Geräuschen bezeichnen sie die einzelnen Tätigkeitswörter und schreiben diese auf.
E.5	*Die Kinder können ihre Erlebnisse erzählen, ihnen die richtigen Worte geben. Sie können ihre Erlebnisse zuerst in einer Pantomime darstellen, diese dann musikalisch umsetzen und hinterher einen kurzen Aufsatz darüber schreiben.*
E.6	*Die Kinder können ihre Erfahrungen im Unterricht andern Schülern erzählen, mit Instrumenten darstellen oder mit Material eine kurze Studie zeigen.*
E.7	*Die Kinder können in ihren Erzählungen zwischen freien Worten, gelernten Bezeichnungen, musikalischen Abläufen oder Bewegungen wechseln.*
E.8	*Die Kinder können durchaus auch einmal darauf bestehen, eine Erfahrung nicht verbal ausdrücken zu wollen.*

Schüler/innen der Mittelstufe	Erwachsene
Ziel: die Stimme als gestalterisches Mittel einsetzen ▪ Mit der Stimme werden unterschiedliche Geräusche erfunden. Diese werden dann anhand ihrer Lautstärke geordnet: Welche tönen lauter, welche leiser? ▪ Mit dem vorhanden Stimm-Material wird jetzt ein Stück mit lauter und leiser werdenden Tönen und Geräuschen gestaltet. ▪ Anschliessend bekommt jedes Geräusch eine entsprechende Bezeichnung und diese Skalen werden mit Worten aufgeschrieben: ▪ *„Flüstern, piepsen, schnalzen, sprechen, rufen, schreien … ".*	***Ziel: aus einzelnen Worten eigene Gedichte kreieren.*** ▪ Aus einer Zeitschrift schneidet sich jedes Gruppenmitglied fünf Worte aus. In einer Partnerarbeit werden diese Worte zuerst in Bewegung ausgedrückt und dann eine Reihenfolge festgelegt. ▪ Aus dieser Reihenfolge entsteht zuerst ein Bewegungsablauf und anschliessend wird der Ablauf mit Worten ausgedrückt. ▪ Aus den einzelnen Worten entsteht ein Ablauf und dann ein neues „Gedicht".

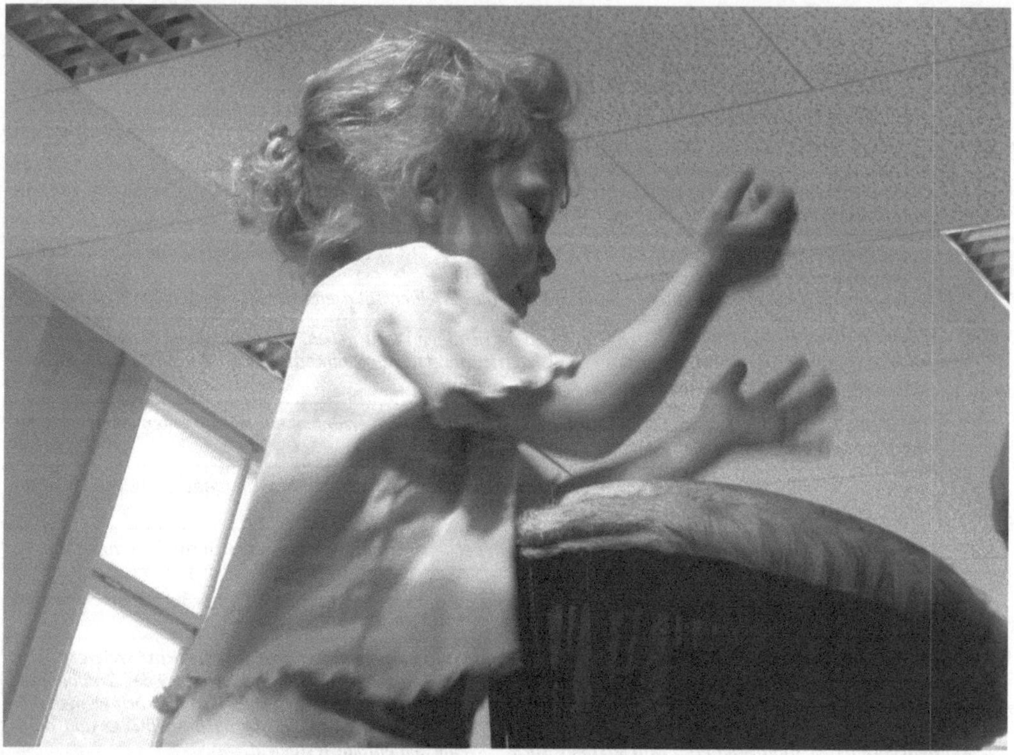

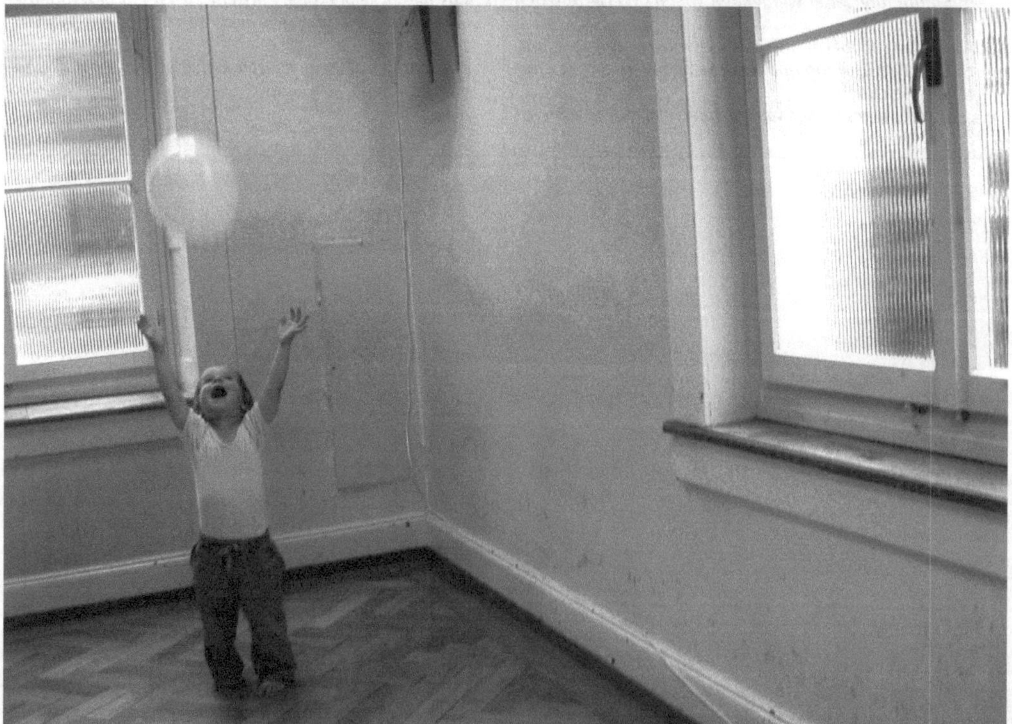

8 Der Bereich V – Soziale Interaktion

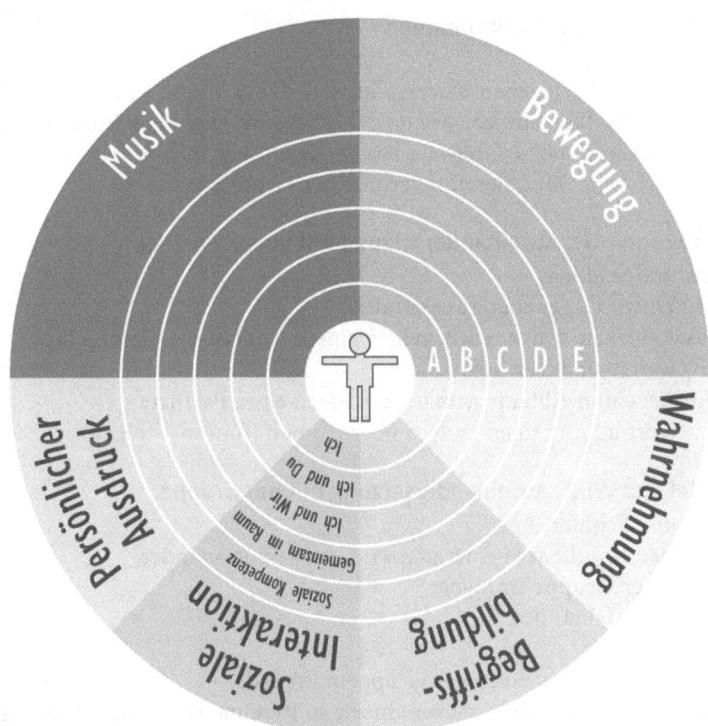

Die Auseinandersetzung mit Musik und Bewegung fördert immer auch die soziale Kompetenz. Im Bereich Soziale Interaktion geht es darum, sich selber zu erleben im Umgang mit anderen, eigene Ideen einzubringen, auf andere zu hören und auf diese einzugehen.

Ein differenzierter Aufbau von gruppendynamischen Prozessen gehört ebenso dazu wie das sorgfältige Umgehen-Können mit einem Partner.

Im Bereich Soziale Interaktion gibt es auch klare Regeln, welche den persönlichen und den sozialen Bereich bestimmen und schützen. So ist die Entfaltung der Bewegungsfähigkeit im freien Raum nur möglich, wenn gewährleistet ist, dass alle Rücksicht nehmen, und man sicher sein kann, dass niemand einen anrempelt oder verletzt bei der Bewegung. Genauso ist die Freiheit in der Darstellung im persönlichen Ausdruck nur gewährleistet, wenn alle Mitglieder der Gruppe diesen auch respektieren, das heißt, dass niemand vor, während oder nach dem Prozess ausgelacht oder negativ kommentiert wird.

Folgende Kompetenzen werden in den einzelnen Teilbereichen erarbeitet:

Teilbereich A: „ICH", sich selbst wahrnehmen
Die Schülerinnen und Schüler
- kennen die Ausmaße des eigenen Körpers im sozialen Kontext („Ich – mein Körper, meine Grenzen, mein Raum: Wer bin ich, wie groß bin ich, wie viel Platz braucht mein Körper zur Bewegung, welches sind meine Grenzen, wo ist die Grenze meines Nachbarn?")
- nehmen sich selber beim Musizieren innerhalb der Gruppe wahr.

Teilbereich B: „ICH und DU", Auseinandersetzung mit einem Partner
Die Schülerinnen und Schüler
- setzen sich mit einem Gegenüber auseinander;
- nehmen Ideen von einem Partner auf, zeigen einem Andern die eigenen Ideen;
- probieren zu Zweit neue Ideen aus;
- fügen sich ein sich ein in Abläufe gemäss den Ideen eines Partners;
- können Verantwortung für einen andern übernehmen (führen – folgen).

Teilbereich C: „ICH und WIR", Auseinandersetzung mit der Gruppe
Die Schülerinnen und Schüler
- setzen sich mit den Mitgliedern einer ganzen Gruppe auseinander;
- können sich in einer Gruppe einfügen;
- warten bei Bedarf aufeinander;
- schauen einander zu;
- gestalten eine Aktion für ein einzelnes Gruppenmitglied;
- kennen soziale Konstellationen: nacheinander, hintereinander, miteinander, gegeneinander, nebeneinander etc.

Teilbereich D: Ich – mein Partner – die Gruppe im Raum und/oder mit Material
Die Schülerinnen und Schüler
- sind in der Lage, in allen sozialen Konstellationen mit Material etwas zu gestalten;
- bewegen sich im Raum mit andern;
- finden einen eigenen Weg zwischen andern.

Teilbereich E: Soziale Kompetenz und Kreativität
Die Schülerinnen und Schüler
- sind in der Lage, Verantwortung zu übernehmen;
- führen in Kleingruppen einzelne Übungen aus;
- erfinden und gestalten gemeinsame Abläufe;
- ergänzen Ideen von andern;
- improvisieren gemeinsam in Musik oder Bewegung.

8 Der Bereich V – Soziale Interaktion

Soziale Interaktion A: Sich selbst wahrnehmen als Grundlage der sozialen Wahrnehmung

V	Grobziele	Feinziele

A.1	Den eigenen Körper wahrnehmen	▪ den Körper wahrnehmen können: „Das bin ich"
		▪ Körperbild: die einzelnen Teile kennen
		▪ Funktionsweise: „das kann mein Körper"
		▪ engste räumliche Begriffe wahrnehmen
		  – vorne und hinten am Körper
		  – oben und unten am Körper

A.2	Körpergrenzen wahrnehmen	▪ Grenzen des Körpers von innen ▪ Grenzen des Körpers von außen, um sich herum ▪ bei sich sein – bei jemand anderem

A.3	Den Körper und seine Position im Raum wahrnehmen	▪ Distanzen erkennen in Bewegung
		▪ die eigene Position im Raum wahrnehmen
		▪ die eigene Bewegung in Bezug zur Raumlage wahrnehmen:
		  – hoch – tief
		  – eng – weit
		  – nah – fern
		  – gerade – diagonal ...

A.4	Bewusstsein für den eigenen Körper behalten zwischen den andern	▪ bei sich bleiben, auch wenn andere ausscheren ▪ in der Reihe stehen können ▪ nebeneinander sitzen ▪ einander die Hände im Kreis geben ▪ hintereinander gehen
A.5	Die eigene Bewegung zwischen den andern wahrnehmen	▪ zur Musik bewegen im Raum: ▪ nicht zusammenstoßen ▪ einen eigenen Weg gehen ▪ ausweichen, aber doch den eigenen Weg gehen ▪ zwischen den andern einen Weg finden ▪ allein einen Weg gehen

A.6	Sich selber in der Musikausübung innerhalb der Gruppe kennen	▪ die Lautstärke des Instruments der Gruppe anpassen
		  – laut genug, um gehört zu werden
		  – so laut, dass die andern immer noch gehört werden

A.7	Sich selber in einem sozialen Kontext wahrnehmen	▪ sich selber wahrnehmen im Kreis ▪ sich selber wahrnehmen in der Bewegung zwischen andern

8 Der Bereich V – Soziale Interaktion

Praxisbezug

V	Kinder von 4–10 Jahren
A.1	▪ *Die Kinder können die Ausmaße ihres Körpers und ihren Bewegungsradius einschätzen. Sie können spüren, wie viel Platz sie einnehmen im Kreis, wie viel Platz sie brauchen für ihre Bewegung im Raum.* ▪ *Die Kinder bauen sich Gebilde mit drei Reifen. Sie bauen diese gerade so hoch, dass sie noch durchkriechen können. Sie bauen diese Gebilde für sich selbst, nachher auch für andere. Die Kinder sitzen weit auseinander in einem großen Kreis. Sie rollen sich nacheinander einen Ball mit einer Glocke drin zu. Wenn der Ball bei ihnen ankommt, rollen sie ihn um sich herum. Dabei hören, sehen und spüren sie gleichzeitig, wie lange der Ball braucht, um von einem Kind zum andern und dann rund um einen selbst herum zu rollen*
A.2	▪ *Die Kinder bilden mit Stühlen eine enge Gasse. Sie stellen die Stühle so nahe nebeneinander, dass sie nur knapp durchkriechen können. Sie spüren dabei die Grenzen ihres Körpers an der Stuhlreihe.* ▪ *Ein Kind legt sich auf den Boden, die andern legen Seile um es herum, bis eine Figur entsteht. Dann verkleiden sie die am Boden liegende Figur mit Tüchern, Knöpfen etc.*
A.3	*Die Kinder bauen verschiedene Ecken im Raum. Die einen bauen sie so, dass man auf etwas drauf steigen kann, die andern gestalten sie so, dass sie ganz weit drunterkriechen können. In einer andern Ecke muss man ganz nahe beieinander sitzen, und manchmal darf man sich überhaupt nicht berühren, muss möglichst weit auseinander sein. Alle Kinder gehen durch den Raum. Ein Kind ruft ein Wort: z.B. „oben", alle müssen schnell in die Ecke, wo man auf etwas klettern soll. Anschließend gestalten sie dieselbe Übung statt mit Worten mit Tönen: hohe Töne, tiefe Töne, viele Töne nahe beieinander, einzelne Töne.*
A.4	*Die Kinder können sich selber wahrnehmen im Kreis: mal rutschen sie ganz nah zusammen, dann ganz weit auseinander, sie können ihren Nachbarn spüren oder nur sehen oder nur hören.*
A.5	*Die Kinder bewegen sich im Raum so, wie sie gerade Lust haben. Sie lernen, wie sie sich zwischen den andern bewegen können, ohne an diese anzustoßen. Sie merken auch, dass jedes Kind ein anderes Tempo und eine andere Lautstärke haben kann, ohne dass dies die andern zu stören braucht.*
A.6	*Die Kinder spielen in der Gruppe, jedes hat ein Musikinstrument. Sie können spielen, was sie wollen, nur müssen sie jederzeit die andern Kinder auch noch hören.*
A.7	*Die Kinder bewegen sich im Raum, jedes für sich. Sie können trotzdem andere dabei sehen, oder hören, wie diese gehen. Die Kinder können ihre eigene Bewegung zwischen den andern beibehalten, auch wenn diese etwas anderes machen.*

Schüler/innen der Mittelstufe	Erwachsene
Ziel: die persönlichen Bedürfnisse aller wahrnehmen und gestalten ▪ Eine Gruppe Jugendlicher ist gegen Ende der Stunde sehr müde. Sie wünschen sich, sich noch ein Weilchen hinlegen zu können. Einige wollen sich gegenseitig massieren. ▪ Ein Junge hingegen ist sehr aktiv. Er wünscht sich, über möglichst hohe Klotztürme springen zu können. ▪ Im gemeinsamen Gespräch wird beschlossen, dass alle Bedürfnisse Platz haben sollen. ▪ Der Raum wird in zwei Hälften aufgeteilt. Die eine Hälfte ist für Bewegung, die andere für Ruhe reserviert. Die Lehrperson übernimmt es, die Grenze zu überwachen, so dass die liegenden Schülerinnen und Schüler ihre Ruhe haben können. ▪ Alle liegen da und lassen sich in Ruhe massieren. Der Junge springt und springt, bis die Stunde zu Ende ist. ▪ Am Schluss über ihre Erfahrungen befragt, sagt ein Mädchen: „es war toll, Erdbeben und Massage gleichzeitig, das habe ich noch nie erlebt!"	▪ In der Arbeit mit Erwachsenen ist es ganz wichtig, dass genügend Raum da ist, um für sich sein zu können. ▪ So ist in allen Stunden immer auch Raum für persönliche Auseinandersetzung mit Material oder individuelle musikalische Improvisationen vorhanden oder auch einfach Zeit, um in Ruhe den gemachten Erfahrungen nachzuspüren.

Soziale Interaktion B: „Ich und Du", Auseinandersetzung mit einem Partner

V	Grobziele	Feinziele
B.1	Wahrnehmen eines Gegenübers	▪ einen Gegenstand hin und her geben ▪ wahrnehmen, wo sich ein Partner gerade befindet
B.2	Einen Partner in seiner Tätigkeit imitieren	▪ Körperstellungen imitieren ▪ Bewegungen nachmachen ▪ Spiel auf einem Musikinstrument imitieren
B.3	Eine Tätigkeit abwechselnd ausführen	▪ eine Tätigkeit abwechselnd ausführen ▪ eine Tätigkeit in freiem Wechsel ohne vorherige Anzeige ausführen
B.4	Eine gleiche Tätigkeit gemeinsam ausführen	▪ einen Gegenstand gemeinsam halten oder tragen ▪ einen Gegenstand mit/zwischen verschiedenen Körperteilen gemeinsam tragen ▪ Geschicklichkeitsübungen: balancieren zu zweit
B.5	Eine Tätigkeit zu zweit ausführen: jeder übernimmt einen Teil der Aufgabe	▪ eine Bewegung gemeinsam mit einem Material ausführen ▪ einen Gegenstand gemeinsam bewegen
B.6	Verantwortung übernehmen	▪ führen / folgen: einen Partner führen, auf ihn aufpassen ▪ sich führen lassen: Vertrauen haben in jemand anderen ▪ für einen Partner Musik machen
B.7	Sich einem andern anpassen	▪ tun, was der andere tut, sich seinen Anforderungen überlassen ▪ sich vom andern führen lassen
B.8	Mit einem Partner eine gestalterische Aufgabe lösen	▪ gemeinsam ein Bild legen, abwechslungsweise oder im freien Wechsel ▪ gemeinsam mit dem Körper etwas darstellen ▪ gemeinsam ein Bild malen
B.9	Mit einem beliebigen Partner eine Aufgabe übernehmen können	▪ mit einem guten Freund eine Aufgabe lösen ▪ mit einem ungewohnten oder nicht gut bekannten Partner eine Aufgabe lösen
B.10	Mittel der Kommunikation zu zweit finden Zu zweit improvisieren	▪ sich mit einem Partner verbal verständigen ▪ sich mit einem Partner nonverbal verständigen ▪ sich mit einem Gegenstand bewegen ▪ eine Idee gemeinsam realisieren ▪ immer in Kontakt sein, Verbindung beibehalten
B.11	Gegenseitige Ideen aufnehmen und gestalten Gemeinsam nach einem Plan etwas gestalten	▪ miteinander nach der Idee des einen etwas gestalten ▪ einen Plan erarbeiten und mit dem Partner diesen umsetzen ▪ mit dem Partner nach einem vorgegebenen Plan etwas gestalten

8 Der Bereich V – Soziale Interaktion

Praxisbezug

V	Beispiele für Kinder von 4–10 Jahren
B.1	Die Kinder sitzen sich gegenüber und rollen eine Kugel hin und her. Dann schließt ein Kind die Augen, das andere verändert seine Position im Raum. Es rollt die Kugel vorsichtig von hinten, von der Seite, von weit weg oder von nahem zum andern Kind hin. Dieses soll hören, wo sich sein Partner befindet und die Kugel aus dieser Richtung in Empfang nehmen.
B.2	■ Zwei Kinder sitzen sich gegenüber. Das eine macht eine Bewegung vor und bleibt dann sitzen; wenn es wieder still ist, macht das andere diese Bewegung genau nach. ■ Die Kinder gehen nebeneinander im Raum. Das eine imitiert immer genau die Bewegung des ersten.
B.3	Die Kinder spielen gemeinsam auf einer Trommel mit einer großen Fläche, nach einer Weile spielen sie immer abwechslungsweise. Sie machen nicht ab, wer wann an die Reihe kommt, sondern sie wechseln spontan.
B.4	Die Kinder halten ein Tuch zwischen sich, so dass dieses gespannt ist. Sie legen einen Tennisball darauf und rollen den Ball gemeinsam auf dem Tuch, ohne dass er herunterfällt.
B.5	■ Zwei Kinder haben zusammen einen Luftballon. Sie zählen, wie oft sie ihn in die Luft schlagen können, ohne dass er auf den Boden fällt. ■ Die Kinder halten zusammen ein Seil, jedes an einem Ende. Sie probieren aus, wie viele Bewegungen sie mit dem Seil machen können, dass dieses immer gestreckt bleibt zwischen ihnen.
B.6	■ Ein Kind hat die Augen verbunden und steht in einem Reifen. Das andere führt es im Zimmer herum. ■ Ein Kind macht Geräusche, das andere folgt diesen im Raum herum. ■ Ein Kind bekommt vom andern eine Musik auf drei Instrumenten „geschenkt".
B.7	Das Kind, das geführt wird, muss wissen, ob es dem ersten Kind vertraut oder nicht, und kann sich je nachdem nur mit offenen Augen oder gar nicht führen lassen.
B.8	Die Kinder haben verschiedene Gegenstände sich ausgesucht. Gemeinsam legen sie auf einem Tuch ein Bild mit diesen Gegenständen. Mit ihren Händen bilden sie gemeinsam eine Blume, ein Haus, eine Kugel ...
B.9	Bei der Einteilung der Zweiergruppen können die Kinder einmal ihre besten Freunde auswählen, ein anderes Mal sind sie auch bereit, mit einem Kind, mit dem sie sonst nichts zusammen machen, eine Aufgabe zu lösen.
B.10	Zwei Kinder spielen spontan auf einem Röhrenxylophon und einer Lira. Sie erfinden eine ganz neue Klangkombination.
B.11	■ Zwei Kinder spielen spontan die Geschichte von der Katze mit einer Trommel, die das eine Kind gerade erfunden hat. ■ Zwei andere Kinder zeichnen einen Plan für einen Turm aus Stühlen und Klötzen und bauen ihn dann anschließend genau so, wie sie ihn gezeichnet haben.

Schüler/innen der Mittelstufe	Erwachsene
Ziel: Zu zweit einen Ball balancieren ■ Die Schülerinnen und Schüler gehen in Paaren zusammen. Sie klemmen einen Ball zwischen ihre Schultern und gehen damit durch den Raum, ohne dass er herunterfällt. ■ Anschließend probieren sie aus, ob sie den Ball auch zwischen den Knien, den Hüften, den Händen etc. balancieren können. ■ Das gemeinsame Ausführen der Aufgabe führt zu gemeinsamer Konzentration.	*Ziel: eine Bewegung zu zweit im freien Wechsel ausführen* ■ Die Erwachsenen stehen sich in Paaren gegenüber. Einer fängt an in einem bestimmten Tempo zu klatschen. Der andere greift plötzlich ein und übernimmt das Klatschen im selben Tempo. Es wird nicht ausgemacht, wann der Wechsel ist, es dürfen jedoch nie beide gleichzeitig klatschen und es sollte auch keine Lücke entstehen. ■ Also kommt es auf klare Zeichen und eine gute Konzentration der nonverbalen Kommunikation an. ■ Anschließend wird das selbe auch im Raum ausgeführt. Statt zu klatschen, wird jetzt mit Schritten gestaltet. Als weitere Erschwerung gehen jetzt alle frei im Raum umher. ■ Da mehrere Paare gleichzeitig im Raum sind, wird die Aufgabe immer anspruchsvoller.

Soziale Interaktion C: Ich und Wir, Auseinandersetzung mit einer Gruppe

V	Grobziele	Feinziele
C.1	Einander wahrnehmen im Kreis „Jetzt bin ich dran – jetzt die andern"	▪ alle Gruppenmitglieder wahrnehmen ▪ einen Gegenstand im Kreis herumgeben: spüren, schauen, hören ▪ einen Gegenstand der Reihe nach benützen ▪ eine Bewegung der Reihe nach machen
C.2	▪ Einander zuhören – zuschauen können ▪ Bewegungen im Puls im Kreis herumgeben ▪ Klänge im Puls im Kreis herumgeben ▪ Bewegungen im Rhythmus ▪ Klänge im Rhythmus ▪ Klangketten ▪ „wandernde" Klänge	▪ nacheinander, der Reihe nach ▪ „warten, bis ich an der Reihe bin" ▪ eine Bewegung herumgeben ▪ einen Ton herumgeben ▪ Bewegungen in unregelmäßigem Abstand herumgeben ▪ Klänge in unregelmäßigem Abstand herumgeben ▪ Töne ausklingender Instrumente der Reihe nach spielen ▪ Klänge in unterschiedlichen Positionen im Raum der Reihe nach spielen

C.3	Wahrnehmen aller von einem Einzelnen	▪ alle machen etwas für eine Person
		   – in der Kreismitte
		   – in einer freien Situation

C.4	Gemeinsam, miteinander etwas tun	▪ einen Gegenstand gemeinsam bewegen
		▪ gezielte Bewegungen mit einem Gegenstand ausführen
		▪ gemeinsam etwas balancieren
		▪ gemeinsam ein Musikstück spielen
		   – alle spielen das Gleiche
		   – alle spielen einen Teil davon

C.5	Gemeinsam eine Form gestalten: „Jeder trägt seinen Teil bei – es braucht alle!"
	▪ mit Musikinstrumenten
	▪ in Bewegung
		▪ gemeinsam Formen im Raum darstellen
		   – geometrische Formen
		   – Raumbegriffe
		   – musikalische Parameter
		   – Phantasieformen

C.6	Im Raum sich wechselweise bewegen: „alle bewegen sich: nur einer bewegt sich" ▪ mit Musikinstrumenten ▪ in Bewegung	▪ eine Bewegung wechselweise in der Gruppe oder allein ausführen ▪ einander zuschauen lernen

C.7	Gemeinsam gestalten / bauen: „der Reihe nach"	▪ Gemeinschaftsbau mit Material
		▪ mit Körperstellungen gemeinsam „bauen"
		▪ mit Bewegungen gemeinsam gestalten
		   – der Reihe nach
		   – freie Reihenfolge

C.8	Freie Impulse in die Gruppe eingeben
	▪ in Musik
	▪ in Bewegung
		▪ neue Impulse eingeben
		   – Rhythmen
		   – Bewegungen
		   – Klänge
		▪ der Reihe nach Impulse eingeben
		▪ in nicht vereinbarten Abständen Impulse eingeben
		▪ in freiem Wechsel Impulse eingeben

C.9	Spielformen in der Gruppe einüben	▪ Lieder und Begleitungen spielen ▪ Stücke zum Gruppenmusizieren ▪ Musik und Bewegung zu einem Lied oder einem Stück

C.10	Gemeinsam einen Tanz ausführen	▪ in unterschiedlichen Konstellationen
		   – allein, zu zweit, zu dritt, alle zusammen
		   – unterschiedliche Raumformationen

C.11	Gemeinsam Musik machen	▪ miteinander spielen ▪ nacheinander spielen ▪ solo – tutti ▪ mit „Dirigent"

8 Der Bereich V – Soziale Interaktion

PRAXISBEZUG

V	Beispiele für Kinder von 4–10 Jahren
C.1	▪ Die Kinder stehen im Kreis. Jedes klatscht der Reihe nach einmal. Dann klatscht jedes Kind der Reihe nach so lange, wie es will. ▪ Anschließend benutzt jedes Kind der Reihe nach Körperklänge, es muss immer ein neuer Klang kommen. Das Ganze dauert so lange, bis niemand mehr einen neuen Klang weiß.
C.2	Die Kinder haben alle ein ausklingendes Instrument. Der Reihe nach spielen sie dieses, der nächste setzt immer genau dann ein, wenn er vom Instrument des vorherigen nichts mehr hört. Zuerst stehen alle im Kreis, dann im Raum verteilt. Die Klangkette darf nie abreißen, es sollen aber auch nicht zwei Klänge gleichzeitig ertönen.
C.3	Die Kinder halten sich alle an einem großen Tuch. Der Reihe nach kann ein Kind sich in die Mitte des Tuches setzen, die andern schütteln das Tuch für dieses eine Kind.
C.4	Die Kinder lassen einen Luftballon auf dem großen Tuch auf- und abspringen. Die ganze Gruppe versucht gemeinsam, den Ballon mindestens 10 x hintereinander fliegen zu lassen.
C.5	▪ Alle Kinder gemeinsam bilden ein großes Dreieck im Raum. Alle zusammen bilden eine aufsteigende Reihe: der erste ist ganz klein, der nächste ein bisschen größer etc. ▪ Jedes Kind hat ein Musikinstrument: alle zusammen spielen einen Rhythmus, jedes immer nur einen Ton davon.
C.6	▪ Die Kinder bewegen sich im Raum: wenn eines stillsteht, bleiben alle stehen, wenn eines wieder anfängt zu gehen, gehen alle weiter. ▪ Alle stehen still und schauen einem Kind zu, das sich im Raum bewegt. Es geht so lange, bis ein anderes anfängt zu gehen.
C.7	Jedes Kind hat einen Klotz. Der Reihe nach stellt jedes seinen Klotz in die Mitte, bis ein Gebilde entsteht.
C.8	Die Kinder sitzen im Kreis mit je einem Musikinstrument. Sie spielen alle im selben Tempo miteinander. Wer will, kann das Tempo ändern, wenn die andern dies hören, müssen sie das neue Tempo übernehmen. Am Anfang wechseln die Kinder der Reihe nach, dann wird die Reihenfolge nicht mehr vorbestimmt.
C.9	Die Kinder üben gemeinsam eine Begleitung zu einem Lied, jedes Kind bekommt ein Stück einer Begleitung mit einem bestimmten Instrument. Alle Instrumente zusammen geben eine schöne Begleitung.
C.10	Die Kinder lernen im Laufe des Unterrichts mehrere Tänze, zu schneller und langsamer Musik, bei denen sie zu zweit, zu dritt, zu viert oder alle zusammen tanzen. Sie sind gewohnt, das miteinander zu tun.
C.11	Die Kinder spielen ein „solo-tutti" Stück. Ein Kind ist Dirigent. Es zeigt immer genau, wer allein spielen soll und wann alle zusammen.

Schüler/innen der Mittelstufe	Erwachsene
Ziel: Gemeinsame Regeln in einem Spiel erfinden ▪ Die Schülerinnen und Schüler spielen mit einem großen Fallschirm. Möglichst ohne Mithilfe der Lehrperson erfinden sie laufend neue Formen und Regeln. ▪ Obwohl dieses Tuch ja an sich so einfach ist, ist es doch für die Interaktion in der Gruppe in regelmäßigen Abständen geeignet. Alle können mitmachen, man kann nicht viel falsch machen, die Abläufe funktionieren nur, wenn alle dabei sind: lustvolles Zusammenspiel entsteht!	*Ziel: einen pantomimischen Ablauf gemeinsam durchführen* ▪ Alle stehen im Kreis. Ein „imaginärer" Ball wird pantomimisch im Kreis herum gegeben. Er kann sich dabei beliebig verändern, größer, kleiner, schwerer, bewegter etc. werden. ▪ Nach einer Weile kann sich der Ball auch in einen andern Gegenstand „verwandeln". ▪ Alle tragen gleichermaßen zur Qualität des gemeinsamen Ablaufs bei.

Soziale Interaktion D: Soziale Konstellationen in Beziehung zu Material und Raum

V	Grobziele	Feinziele
D.1	Sich selbständig im Raum bewegen	▪ reagieren auf Musik ▪ andere wahrnehmen in Bewegung ▪ nicht zusammenstoßen ▪ den eigenen Weg zwischen den andern finden
D.2	Raumformationen bewegen	▪ nebeneinander ▪ durcheinander ▪ hintereinander ▪ Kreis / Reihe / Linie / Diagonale ▪ Spirale / Dreieck / Viereck
D.3	Raumbewegungen gestalten	▪ miteinander – allein ▪ nebeneinander / auseinander / zueinander ▪ auf ein Ziel zu ▪ gegeneinander
D.4	Sich gemeinsam mit einem Material beschäftigen	▪ Alle bewegen ein Material gemeinsam, nach Anweisung ▪ neue Bewegungen / Klänge entstehen lassen ▪ gemeinsam neue Regeln entwickeln
D.5	Alle bewegen sich frei mit einem Material	▪ sich mit einem Material frei zwischen den andern bewegen ▪ sich nach Anweisung eines andern bewegen ▪ mit eigenem Material Kontakt aufnehmen
D.6	Gemeinsam mit einem Material etwas darstellen	▪ eigene Ideen in die Gruppe einbringen ▪ Neues gestalten, entstehen lassen
D.7	Bekannte Spiele spielen	▪ Bewegungsspiele ▪ Kreisspiele ▪ Singspiele
D.8	Bekannte Spiele verändern	▪ mehr Reaktion einbauen ▪ neue Bewegungen dazu erfinden ▪ Musik mit einbeziehen

D.9	freier Wechsel:
	
	allein- Gruppe-Partner-Kleingruppen
		▪ in allen möglichen Kombinationen gemeinsam handeln lernen
		  – eine Aufgabe gemeinsam lösen
		  – ein szenische Gestaltung einstudieren
		  – ein Musikstück erfinden

8 Der Bereich V – Soziale Interaktion

Praxisbezug

V	Kinder von 4–10 Jahren
D.1	*Jedes Kind sucht sich einen Platz im Raum. Es fixiert einen neuen Punkt im Raum, auf einen Ton des Klaviers läuft das Kind so schnell wie möglich dorthin. Wenn ihm auf diesem Weg jemand begegnet, so sucht es eine Lösung: weicht schnell aus oder bleibt kurz stehen.*
D.2	*Die Kinder stehen alle in einer Reihe nebeneinander. Das Kind in der Mitte geht vorwärts oder rückwärts, alle müssen immer genau gleich weit sein wie dieses Kind.*
D.3	*Die Kinder stehen sich in zwei Reihen gegenüber. Auf einen Ton gehen alle mit Gänsefüßchen aufeinander zu, auf einen neuen Ton gehen sie wieder rückwärts.*
D.4	*Vier Kinder halten gemeinsam einen Reifen. Sie legen einige Rhythmikstäbchen auf diesen Reifen. Dann gehen sie damit durch den Raum und passen auf, dass kein Stäbchen herunterfällt.*
D.5	*Alle Kinder haben ein Stück Zeitung in der Hand. Sie erfinden damit viele Bewegungen, ohne dass das Papier zerreißt oder zerknüllt. Dann zeigen sie einander, welche Bewegungen sie herausgefunden haben und imitieren diese Bewegungen. Zum Schluss machen sie ein großes Konzert mit Geräuschen der Zeitungen.*
D.6	*Immer drei Kinder zusammen erhalten je langes Seil. Sie finden damit eine Bewegung heraus, die alle drei gemeinsam machen müssen. Dann legen sie gemeinsam eine Form auf den Boden.*
D.7	*Die Kinder spielen gemeinsam Fangen und klären vorher die Regeln. Dann spielen sie unterschiedliche Formen von Fangen, die einzelne Kinder kennen.*
D.8	*Die Gruppe erfindet jetzt neue Formen von Fangen:* • *Alle singen ein Lied, auf einen bestimmten Ton laufen alle weg, eines muss die andern fangen* • *alle müssen sich in einer bestimmten Gangart bewegen beim Spiel* • *alle müssen sich in einem bestimmten Rhythmus bewegen ...*
D.9	*Die Kinder haben alle die Bewegungen von verschiedenen Tieren ausprobiert. Jetzt gehen sie in kleinen Gruppen zusammen und studieren eine kleine Tiergeschichte ein. Diese spielen sie dann den andern vor. Eine Geschichte gefiel allen besonders gut, diese wird dann in der nächsten Stunde nochmals gespielt und in Musik umgesetzt.*

Schüler/innen der Mittelstufe	Erwachsene
Ziel: Mit einem Gegenstand gemeinsam ein Objekt darstellen • Die Gruppe erhält ein langes Seil. Ohne zu sprechen stellen sie damit verschiedene Formen, Gegenstände oder Bilder dar: • Einen Kreis, ein Viereck, eine Blume, einen Baum, ein Schloss ... • Die gemeinsame Gestaltung erfordert viel non- verbale Kommunikation und Vorstellungsvermögen auf verschiedenen Ebenen.	**Ziel: Sich in der eigenen Bewegung durch andere beeinflussen lassen** • Zu einem Klavierstück von Erik Satie bewegen sich alle frei im Raum. • Wer will, kann einen Gegenstand in seine Bewegung einbeziehen, zum Beispiel ein Band, eine Kugel etc. • Spontan wird dieser Gegenstand dann einem andern Gruppenmitglied weitergegeben. Dieses muss in seiner Bewegung darauf reagieren. Es entsteht ein Bild eines Gegenstands, der sich durch die ganze Gruppe bewegt. • Nach Bedarf können mehrere Gegenstände eingesetzt werden.

Soziale Interaktion E: Soziale Kompetenz und Kreativität

V	Grobziele	Feinziele
E.1	Eine Gruppe anleiten lernen	■ einfache und klare Zeichen geben ■ Signale geben ■ eine Bewegung vorzeigen (die Ideen müssen realistisch sein!) ■ mit einem Material eine Bewegung vormachen ■ dirigieren
E.2	Ideen von einzelnen wahrnehmen und ausführen ■ in Musik ■ in Bewegung	■ Vorschläge einzelner aufnehmen – aufnehmen und akzeptieren – zuschauen und zuhören – mitmachen ■ Ideen von Einzelnen gestalten
E.3	In Kleingruppen einzelne Aufgaben ausführen ■ in Musik ■ in Bewegung	■ Ideen von Andern akzeptieren ■ aus Aufgaben der Lektion selbständig eine eigene Arbeit gestalten ■ gemeinsam etwas erarbeiten ■ den Andern vorführen
E.4	Gemeinsame Abläufe erfinden, gestalten, durchführen	■ Tänze ■ Bewegungen zu Liedern ■ zur Bewegung von einem Gruppenmitglied ■ zu Bild, Geschichte, Lied
E.5	Unterschiedliche Rollen annehmen	■ in der Improvisation in Musik oder Bewegung ■ im Spielen einer Geschichte ■ im Darstellen eines Ablaufs aus dem Alltag
E.6	Ideen von andern weiterentwickeln	■ Ideen übernehmen und weiterentwickeln – mit einem Musikinstrument – in einer Bewegung – mit einem Material – in einem pantomimischen Ablauf – in einer selbst erfundene Geschichte
E.7	Freie Improvisation in unterschiedlichen sozialen Konstellationen ■ in Musik ■ in Bewegung	■ Wechselweise allein, zu zweit oder in der ganzen Gruppe aufeinander eingehen – in Musik – im Entwickeln eines neuen Stückes – in Rollenspielen aus dem Erlebnisbereich – in der freien Bewegung – im Gestalten mit Materialien – im Gestalten mit nur einem Gegenstand
E.8	Soziale Kompetenz	■ sich einbringen – nicht „überbewerten" ■ sich akzeptieren – nicht alles annehmen ■ sich konfrontieren – nicht „überfahren"

8 Der Bereich V – Soziale Interaktion

PRAXISBEZUG

V	Kinder von 4–10 Jahren
E.1	- Die Kinder bewegen sich frei im Raum. Auf einen Ton des Klaviers wechseln sie jedes Mal die Gangart. Als nächstes macht immer ein Kind eine Gangart vor, die andern imitieren diese. Das Kind, welches vormacht, muss seine Ideen so realistisch gestalten, dass alle Kinder sein Vorschläge nachmachen können. - Ein Kind „dirigiert" für die andern: wenn es sich groß macht, spielen alle ganz laut, wenn es sich klein macht, dann ganz leise. Je deutlicher das Kind die Zeichen gibt, desto einfacher wird es für die andern.
E.2	Die Kinder wollen auf ihren Musikinstrumenten ein Gewitter spielen. Sie beraten gemeinsam, wie sie den Regen, den Blitz oder den Donner spielen wollen. Einzelne Ideen werden aufgegriffen, andere können nicht berücksichtigt werden.
E.3	Die Kinder haben gemeinsam neue Körperstellungen geübt. Jetzt gehen sie in Kleingruppen zusammen und überlegen sich, was sie gemeinsam darstellen wollen: ein Schloss, ein Haus, oder eine Pflanze.
E.4	Die Kinder haben in der Schule ein Froschgedicht gelernt. In Kleingruppen gestalten sie jetzt zu jeder Strophe einen kleinen Tanz und begleiten diesen mit ein paar Instrumenten. Die Ergebnisse aus allen Gruppen stellen das ganze Gedicht mit unterschiedlichen Ideen in Musik und Bewegung dar.
E.5	Die Kinder stellen Abläufe aus ihrem Alltag in Bewegung dar: Sie verteilen verschiedene Rollen, übernehmen diese abwechselnd. Wenn sie die Bewegungen gut können, suchen sie entsprechende Geräusche und Töne für sie. Sie erleben sich selber in unterschiedlichen Rollen in der sozialen Konstellation der Gruppe.
E.6	Die Kinder stehen im Kreis. Ein Kind stellt pantomimisch ein Tier dar, das es in der Hand hält: eine ganz weiche kleine Katze. Sie gibt diese Katze pantomimisch dem nächsten Kind. Dieses übernimmt die Katze und langsam verwandelt sich diese in einen grossen Tiger. Der Tiger geht zum nächsten Kind, wo er sich in einen Vogel verwandelt …
E.7+8	- Die Kinder kennen sich so gut, dass sie frei miteinander improvisieren können. Im Raum sind verschiedene Bewegungsmaterialien, am Rand einige Musikinstrumente. Einige wählen von diesen Materialien aus und bewegen sich damit. Sie erfinden gemeinsam spontan neue Bewegungen, experimentieren mit diesen Materialien und geben diese hin und her. Einige Kinder schauen eine Weile zu, dann machen sie auch mit. Wer Lust hat, geht ab und zu zu den Instrumenten und begleitet einige von den Bewegungen. - Es entsteht eine ganz neue Bewegungsform, welche die Kinder in den nächsten Stunden wiederholen und weiterentwickeln.

Schüler/innen der Mittelstufe	Erwachsene
Ziel: aus einzelnen musikalischen Motiven ein Musikstück zusammensetzen - Jede Schülerin, jeder Schüler wählt sich ein Instrument aus. Die Aufgabe lautet: „spiele damit eine Abfolge, in der schnelle und langsame Töne sich mindestens je 2 Mal abwechseln. Zeichne dann diesen Ablauf und das Instrument, welches gespielt wird, auf einen Papierstreifen." - Die Streifen werden anschließend alle in die Mitte gelegt. - In der gemeinsamen Diskussion werden diese jetzt zu einer grafischen Notation zusammengefügt. Zum Teil spielen die Instrument gemeinsam, zum Teil allein. - Aus den einzelnen Teilen entsteht ein gemeinsames Stück, zu dem jeder etwas beigetragen hat.	**Ziel: in der Gruppenimprovisation frei zwischen Begleitung und Phrasierung oder Melodie wechseln** - Die Gruppe übt eine „Ostinato-Begleitung auf Congas. Alle spielen das selbe Muster über 4 Takte. Wenn alle es können, wird folgendes „Stück" gespielt: - Alle beginnen mit dem Ostinato. Ohne sich vorher abzusprechen, kann, wer immer will, eine freie passende Phrasierung oder eine Melodie dazu spielen. Es können verschiedenen Phrasierungen gleichzeitig erklingen, wer will, kann auch andere Instrumente mit einbeziehen.

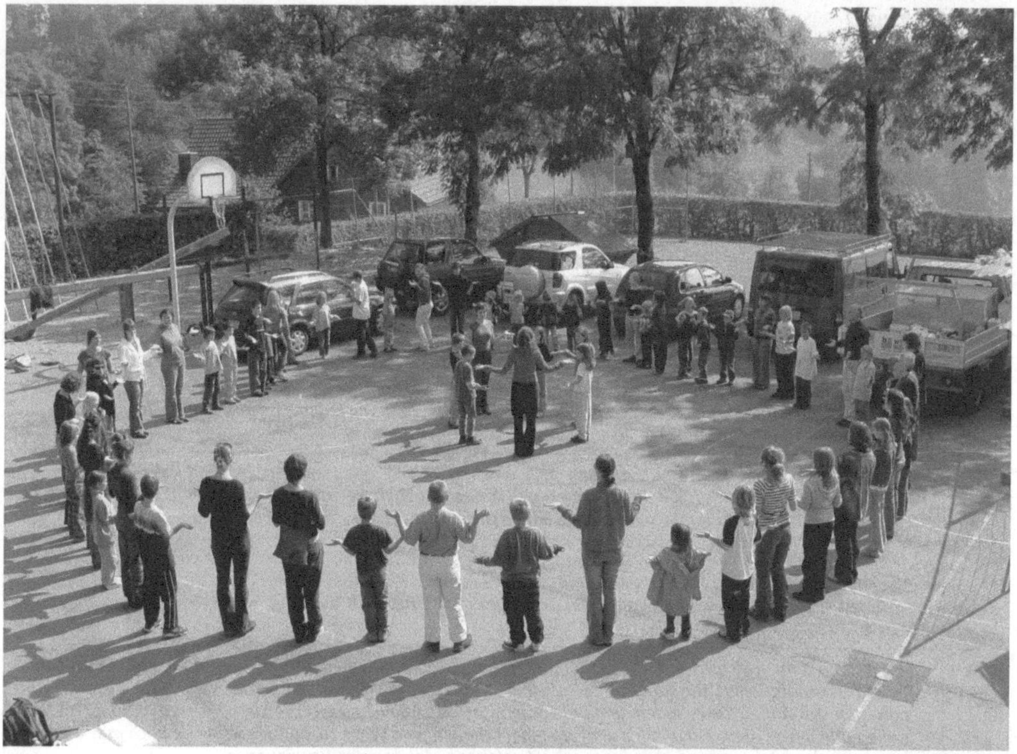

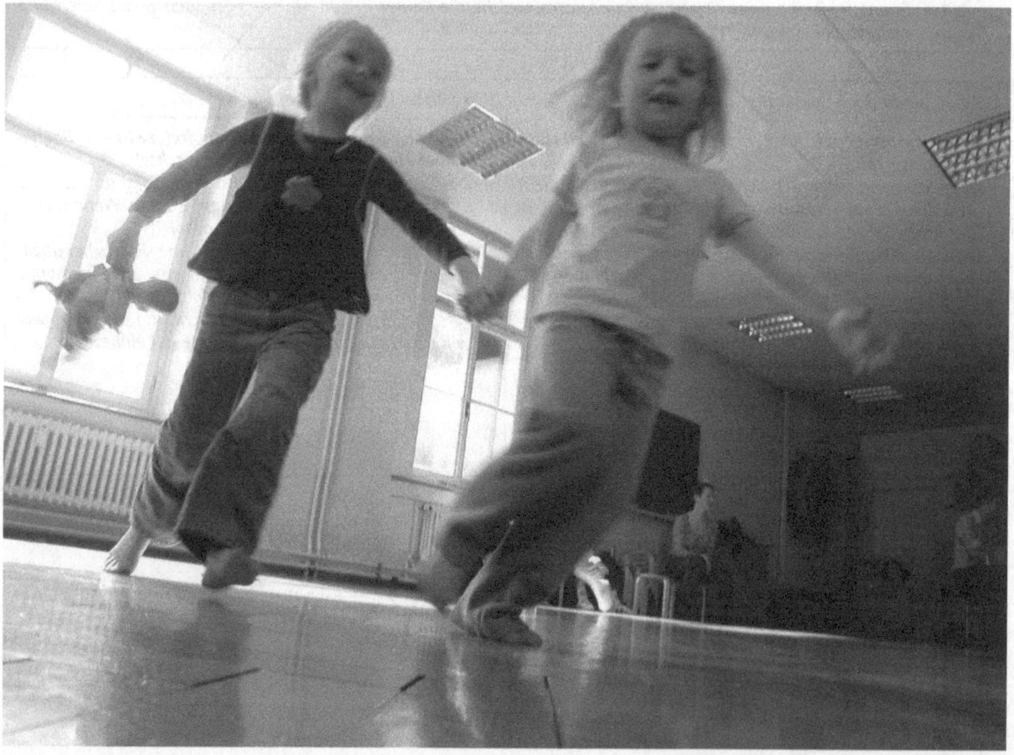

9 Der Bereich VI – Persönlicher Ausdruck

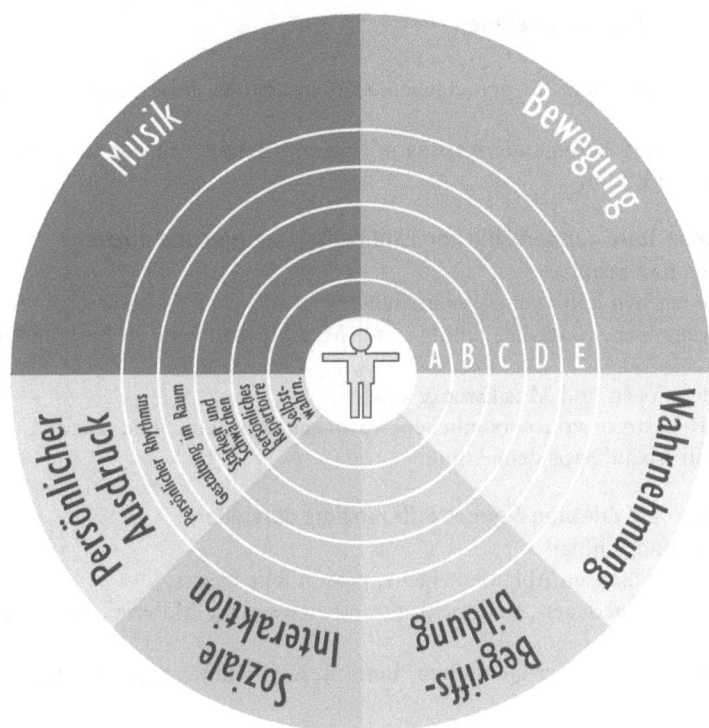

Im Bereich Persönlicher Ausdruck geht es um die Entwicklung der persönlichen Kreativität. Im Unterricht Musik und Bewegung lernen die Schülerinnen und Schüler, sich so auszudrücken, wie sie Lust haben und wie es zu ihnen passt. Singen, musizieren, tanzen, sich bewegen mit oder ohne Gegenstand, allein oder mit einem Partner – den verschiedenen Ausdrucksformen sind keine Grenzen gesetzt.

Ausdrucksformen der Kreativität können nach aussen gebracht, andern gezeigt werden, aber genauso gut als mehr als innere Bewegung wahrgenommen werden, ohne dass unbedingt eine Gestaltung dafür gefunden werden muss.

In der freien Gestaltung gibt es kein Falsch oder Richtig, denn diese kann nicht bewertet werden. Regeln entstehen lediglich aus den Anforderungen der Rücksichtnahme für die Gruppe und die Umgebung.

Folgende Kompetenzen werden in den verschiedenen Teilbereichen erworben:

Teilbereich A: Sich selber wahrnehmen
Die Schülerinnen und Schüler
- erwerben ein Bewusstsein für den eigenen Körper, kennen dessen Ausmasse, Möglichkeiten und Grenzen;
- erfahren sich in der Auseinandersetzung mit einem Partner, mit der Gruppe, mit einem Gegenstand und im Raum.

Teilbereich B: Repertoire der persönlichen Fähigkeiten kennen und nutzen
Die Schülerinnen und Schüler
- schätzen ihre eigenen Fähigkeiten realistisch ein;
- wenden Bewegungen, Material, Stimme und Musikinstrumente in herkömmlicher Art und Weise an;
- können Lieder singen und Musikstücke spielen;
- kennen ein Repertoire von persönlichen Ausdrucksmöglichkeiten: Tiere, Geschichten, Gegenstände und Abläufe aus dem Alltag.

Teilbereich C: Aus dem Erlebten Eigenes differenziert darstellen
Die Schülerinnen und Schüler
- entwickeln aus bekannten Abläufen eigene, persönliche Ideen;
- gestalten mit verschiedenen Ausdrucksmitteln: Bewegung, Material, Stimme, Musikinstrumente;
- drücken eigene Rollen, Tier-Qualitäten, bestimmte Charaktereigenschaften auf persönliche Art und Weise aus.

Teilbereich D: Die Persönliche Gestaltung in Beziehung setzen mit Material, der Gruppe, einem Partner, dem Raum
Die Schülerinnen und Schüler
- setzen die persönliche Kreativität frei in Beziehung zu allen umgebenden Bedingungen: den Bedürfnissen des Augenblicks entsprechend;
- gestalten mit Musikinstrumenten;
- gestalten mit Bewegung;
- gestalten mit der Stimme;
- gestalten mit der Sprache;
- gestalten mit Materialien, Gegenständen;
- sind frei in der Wahl der Medien;
- gestalten für sich allein, mit einem Partner, in einer Kleingruppe, in der ganzen Gruppe.

Teilbereich E: Freie Gestaltung in allen Bereichen
Die Schülerinnen und Schüler
- drücken das, was sie persönlich bewegt mit unterschiedlichen Medien aus;
- geben ihrer persönlichen Bewegungsqualität eigene Formen;
- spüren ihren persönlichen Rhythmus;
- stellen ihre die bevorzugten Musikstücke dar, den Bedürfnissen des Augenblicks entsprechend;
- drücken sich im freien Wechsel zwischen Ruhe und Bewegung sich aus.

9 Der Bereich VI – Persönlicher Ausdruck

Persönlicher Ausdruck A: Sich selber wahrnehmen

VI	Grobziele	Feinziele
A.1	„Das bin ICH"	▪ den eigenen Körper wahrnehmen, kennen ▪ die verschiedenen Körperteile kennen ▪ Dimensionen des Körpers kennen
A.2	„So töne ICH"	▪ den Klang und die Möglichkeiten der eigenen Stimme kennen ▪ Geräusche der eigenen Bewegung kennen
A.3	„ICH, meine Ausdehnung im Raum"	▪ die eigene Grösse kennen und einschätzen lernen: Länge, Breite ▪ wissen, wie viel Platz der eigene Körper im Raum braucht: – In normaler Stellung – bei extremer Ausdehnung – bei minimalster Ausdehnung – bei schneller Bewegung – bei langsamer Bewegung
A.4	„ICH und ein Gegenstand"	▪ erkennen, was ich mit einem Gegenstand machen kann ▪ wissen, was ich mit einem Gegenstand nicht machen soll: Gefahren für mich selbst, die andern ▪ alltägliche Bewegungen oder Klänge mit einem Gegenstand kennen ▪ eigene Ideen mit einem Gegenstand haben
A.5	„So werde ich zu einem Gegenstand oder einer Form"	▪ mit dem Körper einen Gegenstand darstellen können ▪ den Körper in eine Form „verwandeln" können
A.6	„ICH und ein Partner"	▪ mit einem andern Kind zusammen eine Übung durchführen können ▪ für ein anderes Kind Verantwortung übernehmen ▪ sich von einem andern Kind führen lassen
A.7	„ICH und die Gruppe"	▪ sich in der Gruppe selbständig bewegen ▪ in der Gruppe eigene Ideen einbringen können ▪ andern zuschauen ▪ mit andern zusammen etwas machen

9 Der Bereich VI – Persönlicher Ausdruck

Praxisbezug

VI	Kinder von 4–10 Jahren
A.1	Die Kinder kennen den eigenen Körper und seine Bewegungsmöglichkeiten. Sie wissen, was sie mit ihren Füssen, Beinen etc. machen können. Nach einiger Zeit der Auseinandersetzung mit Musik und Bewegung können sie sich selbst und ihre Bewegungsmöglichkeiten relativ realistisch einschätzen.
A.2	Die Kinder können mit ihrer Stimme hohe und tiefe Töne erzeugen. Sie wissen, wie laut sie singen können oder wie es tönt, wenn jemand flüstert. Die Kinder können die Klänge ihres Körpers einsetzen, sie wissen um die Möglichkeit der Körperklänge und können diese zur Begleitung eines Lieds oder einer Bewegung einsetzen.
A.3	▪ Die Kinder haben eine Vorstellung davon, wie hoch sie an der Wand hinauf greifen können, wie viel Platz sie brauchen, wenn sie sich im Raum möglichst breit machen und wo sie drunter kriechen können, wenn sie sich ganz klein machen. ▪ Ebenso können die Kinder einschätzen, wie viel Raum sie brauchen, wenn sie ganz schnell im Raum laufen wollen und wo sie nur ganz langsam durchgehen können. ▪ Sie können sich und ihre Bewegungsmöglichkeiten realistisch einschätzen.
A.4	▪ Die Kinder wissen, was sie mit einem Tuch, einem Ball, einem Stab etc. machen können. Es ist ihnen ebenfalls bewusst, dass sie eine Holzkugel nicht werfen sollen, dass man viel Platz im Raum braucht, wenn man ein Seil schwingen will und dass alle zur Seite gehen sollen, wenn man einen Tennisball scharf werfen will. ▪ Die Kinder können ein Material zur Bewegung benützen und auch Klänge oder Geräusche damit erzeugen. Die Kinder haben genug Sicherheit im Umgang mit Material erworben, um auch neue Ideen damit ausprobieren zu können.
A.5	Die Kinder verwandeln sich in eine Kugel.
A.6	▪ Die Kinder haben mit einem Partner verschiedene Bewegungen ausprobiert. Sie wissen jetzt, was sie mit einem andern Kind in Bewegung machen können, wie es tönt, wenn sie zu zweit auf einem Instrument spielen oder wie es ist, sich gemeinsam mit einem Gegenstand zu bewegen. ▪ Sie kennen die wichtigsten Regeln im Umgang mit einem Partner und sind daher auch in der Lage, mit einem andern Kind neue Ideen auszuprobieren, sich auf ungewohnte Tätigkeiten einzulassen.
A.7	▪ Die Kinder haben gelernt, sich in der Gruppe selbständig zu bewegen. Sie können ihre eigenen Ideen einbringen und auch andern zuschauen. ▪ Ihre soziale Kompetenz ist nach einer bestimmten Zeit des Umgangs mit Musik und Bewegung so weit gewachsen, dass sie in der Lage sind, selbständig zu handeln, wenn es ihnen Freude macht, aber auch, sich Ideen von andern anzupassen.

Schüler/innen der Mittelstufe	Erwachsene
▪ In der Arbeit mit Jugendlichen geht es vor allem darum, dass die Jugendlichen eine positive Einstellung zu ihrem Körper und seinen Bewegungsmöglichkeiten erwerben können. ▪ Dazu ist es wichtig, dass sie viele Bewegungen aus ihrem Erlebnisbereich ausführen und auch ihre eigene Musik dazu einsetzen können. ▪ Sich überhaupt an die Möglichkeiten der persönlichen Ausdrucksweise heranzutasten, ist oft ein Wagnis. Die Lehrkraft und die Schüler/innen brauchen hier viel Toleranz und Respekt vor persönlichen Grenzen und Hemmungen.	▪ Erwachsene erleben im Teilbereich A eine vertiefte persönliche Auseinandersetzung mit ihrem Körper. ▪ Es geht darum, zu entdecken, wie interessant und komplex der persönliche Ausdruck werden kann. ▪ Für viele Erwachsene ist es am Anfang eher eine Überforderung, sich individuell auszudrücken. Im sorgfältigen Aufbau der Arbeit erleben sie je länger je mehr, wie spannend und befreiende die Entwicklung der persönlichen Kreativität in Musik und Bewegung sein kann.

Persönlicher Ausdruck B: Repertoire der persönlichen Fähigkeiten nutzen

VI	Grobziele	Feinziele
B.1	Bewegungen des Körpers kennen und ausführen	▪ Kenntnis der Bewegungsmöglichkeiten einzelner Körperteile haben ▪ wissen, welche Bewegungen ausführbar sind ▪ wissen, welche Bewegungen nicht möglich sind
B.2	Bewegungen mit Material kennen und ausführen	▪ mit den klassischen Rhythmikmaterialien Bewegungen kennen und ausführen können ▪ Grenzen aller Materialien kennen ▪ mit einem Material neue Bewegung herausfinden
B.3	Lieder singen und begleiten	▪ Lieder singen können ▪ sich an gehörte Lieder erinnern ▪ zu Liedern Bewegungen kennen ▪ zu Liedern Bewegungen erfinden ▪ zu Liedern instrumentale Begleitungen kennen ▪ zu Liedern instrumentale Begleitungen erfinden
B.4	Notenwerte und Rhythmen erkennen und gestalten	▪ Rhythmen nachklatschen und/oder nachbewegen ▪ Rhythmen selber darstellen ▪ einfache Notenwerte altersgemäss erkennen
B.5	Elemente der Pole in Musik oder Bewegung darstellen	▪ einzelne Bewegungen zu den Polen kennen ▪ einzelne Bewegungen mit Material zu den Polen beherrschen ▪ einzelne Pole mit Musikinstrumenten darstellen
B.6	Tiere in ihrer Bewegungs- und/oder Klangqualität darstellen	▪ einzelne Tiere mit dem Körper darstellen ▪ mit einem Instrument Tierbewegungen oder -geräusche darstellen ▪ kleine Abläufe aus dem Leben eines Tieres darstellen
B.7	Geschichten darstellen	▪ kurze Geschichten mit dem Körper „erzählen" ▪ oder mit einem Instrument
B.8	Gegenstände aus dem Alltag darstellen	▪ Gebrauchsgegenstände des Alltags mit dem Körper darstellen ▪ Geräusche von Gegenständen mit Instrumenten oder der Stimme imitieren
B.9	Abläufe aus dem Alltag darstellen	▪ Abläufe des Alltags pantomimisch darstellen ▪ Abläufe mit Instrumenten oder der Stimme nachspielen
B.10	Gestalten, Rollen, Charaktere darstellen	▪ „Persönlichkeiten" aus Geschichten darstellen ▪ verschiedenen Charaktere einer Geschichte darstellen ▪ Gefühle ausdrücken: mit dem Körper, mit Instrumenten, mit der Stimme
B.11	Ein Repertoire an persönlichen Gestaltungsmöglichkeiten kennen	▪ ein Repertoire an Gestaltungsmöglichkeiten haben – in Musik – in Bewegung – mit einem Material

9 Der Bereich VI – Persönlicher Ausdruck

Praxisbezug

VI	Kinder von 4–10 Jahren
B.1	Die Kinder führen einander gegenseitig vor, was sie mit ihren Beinen alles machen können. Sie zeigen einander Bewegungen, welche die andern nachmachen können, und solche, welche nur sie allein machen können. In ihrer Darstellung unterscheiden sie zwischen allgemein ausführbaren Bewegungen und kleinen persönlichen „Kunststücken", die sie irgendwo speziell gelernt haben (wie zum Beispiel Spitzentanz oder Rollen aus dem Kung Fu) oder die nur sie ausführen können.
B.2	Die Kinder können mit den verschiedenen Rhythmikmaterialien je zwei Bewegungen spontan ausführen, die sie einmal gelernt haben. Danach können sie auch je zwei eigene Bewegungen herausfinden.
B.3	■ Die Kinder haben sich ein Repertoire an Liedern erarbeitet und können einige Lieder singen und kennen eine Begleitung dazu. Die Begleitung kann in einer Bewegung, in Körperklängen oder instrumental sein. ■ Zu einem ihnen bekannten Lied erfinden sie spontan neue Klatschmuster.
B.4	Die Kinder hören einen Rhythmus, der auf einer Trommel gespielt wird. Sie klatschen diesen nach. In einer Phrasenlänge von zwei Takten spielt die Lehrkraft immer neue Rhythmen vor, welche die Kinder spontan nachklatschen. Anschliessend schreiben sie einen der geklatschten Rhythmen mit Notenwerten auf.
B.5	Die Kinder kennen zu den Polen des Parameters des Raums „hoch und tief" einige Bewegungen mit eine Gymnastikband. Sie können diese Bewegungen mit einem Xylophon begleiten.
B.6	Die Kinder können fünf verschiedene Tiere in ihrer Bewegung darstellen. Sie kennen dazu ein Lied. Die Bewegungen der Tiere spielen sie auf einem Instrument spontan nach. Aus dem Leben dieser Tiere erfinden sie eine kleine Geschichte und spielen diese mit Instrumenten.
B.7	Die Kinder hören einen Teil eines Märchens. Die einen spielen diesen spontan in der Bewegung nach, die andern begleiten auf einem Instrument, was sie an Bewegung sehen.
B.8	■ Die Kinder können Geräte aus der Küche mit dem Körper darstellen. ■ Die Kinder imitieren in ihrer Bewegung verschiedene Fahrzeuge und begleiten ihre Bewegung mit Stimmgeräuschen.
B.9	Die Kinder spielen mit einem Instrument vor, wie sie das letzte Mal schwimmen gegangen sind.
B.10	Die Kinder spielen ihre Lieblingsfigur aus einem Film vor.
B.11	Die Kinder kennen einige Gestaltungsmöglichkeiten und können einige davon auch jemandem vorspielen.

Grundsätze für die Arbeit mit Jugendlichen und Erwachsenen

- Auch im Bereich persönlicher Ausdruck braucht es Grundlagen. Anregungen zum freien Ausdruck können einen Menschen auch überfordern, oder Gefühle wie „das kann ich nicht" hervorrufen.
- Das Wissen um ein persönliches Repertoire an Bewegungen mit und ohne Material, Spielformen mit Musikinstrumenten, Lieder, Liedbegleitungen und Tänze schafft die Grundlage, von der aus die individuelle persönliche Kreativität sich entwickeln kann.
- In diesem Teilbereich geht es in der Arbeit mit Jugendlichen und Erwachsenen auch stark darum, das Erlernte in Verbindung zu bringen mit Persönlichem, mehr darüber zu lernen, was man lieber tut, was einem besser liegt und was weniger.
- Für viele Jugendliche ist die Vielfalt des persönlichen Ausdrucks nicht wirklich bewusst, sondern orientiert sich häufig an Vorstellungen, Vorbildern oder Idolen. Diese Verbindung darf auch zum Ausdruck kommen.
- Ebenfalls aber werden durch die Erarbeitung des persönlichen Repertoires neue, meist lebensnahere Ausdrucksformen entwickelt.

Persönlicher Ausdruck C: aus der Erfahrung des Erlebten Eigenes entwickeln

VI	Grobziele	Feinziele
C.1	Den Körper in verschiedenen Zusammenhängen frei bewegen	▪ eigene Bewegungen mit den Armen, den Beinen, den Händen, den Fingern, dem Kopf etc. erfinden ▪ zu Musik eigene Bewegungen erfinden ▪ mit Material eigene Bewegungen erfinden
C.2	Zu Liedern eine eigene Begleitung finden	▪ zu einem Lied eine freie Bewegungsbegleitung erfinden ▪ zum Lied wiederholbare Bewegungen als Begleitung erfinden ▪ mit Instrumenten eine Begleitung erfinden können ▪ mit Körperklängen eine Begleitung erfinden
C.3	Mit den Begriffen der vier Parameter frei umgehen	▪ in der Bewegung oder mit Instrumenten frei zwischen den Polen der vier Parameter variieren können ▪ sich in freiem Wechsel zwischen den Polen bewegen können ▪ sich oder andere mit Instrumenten begleiten
C.4	Mit Instrumenten frei spielen	▪ mit verschiedenen Instrumenten frei spielen können ▪ mit einem Instrument eine Geschichte erzählen ▪ Klangbilder erfinden ▪ rhythmische Muster frei erfinden
C.5	Persönliche Erlebnisse aus dem Alltag nachspielen	▪ persönliche Erlebnisse pantomimisch darstellen ▪ dasselbe als Rollenspiel mit Worten ▪ mit Instrumenten nachspielen ▪ ein spezielles Ereignis darstellen ▪ Wünsche ▪ was nicht gefällt
C.6	In unterschiedlichen sozialen Konstellationen etwas frei gestalten	▪ sich allein bewegen, musizieren, sich getrauen, allein das zu tun, was mir gefällt, mir gerade einfällt ▪ mit einem Partner frei improvisieren, mich von einem Partner leiten lassen, einen Partner anführen ▪ in der Gruppe frei improvisieren, die Gruppe anleiten können, sich von der Gruppe leiten lassen, zu einem bestimmten Thema in der Gruppe improvisieren
C.7	Verschiedene Tiere frei gestalten	▪ frei variieren in der Gestaltung von Tieren mit Bewegung und Instrument ▪ ein Lieblingstier darstellen, oder eines, das unsympathisch ist
C.8	Verschiedene Rhythmen frei gestalten	▪ rhythmische Qualitäten von schnell, langsam, rhythmisiert oder frei gestalten ▪ Rhythmen frei an gegebene Formen anpassen
C.9	Rollen, Charakterfiguren, Gestalten nach freier Wahl darstellen	▪ persönliche Vorlieben oder Abneigungen darstellen

9 Der Bereich VI – Persönlicher Ausdruck

PRAXISBEZUG

VI	Kinder von 4–10 Jahren
C.1	Die Kinder erfinden zu einer Musik ganz neue Bewegungen. Sie können dabei einzelne Körperteile oder den ganzen Körper brauchen. Sie erfinden immer wieder Neues.
C.2	Jedes Mal wenn die Kinder das Lied „wir werden immer grösser" hören, erfinden sie dazu eine neue musikalische Begleitung. So kennen sie einige Lieder, die sie immer gleich begleiten und andere, welche sie frei begleiten.
C.3	▪ Mit einer Gleitflöte begleiten die Kinder die auf und absteigenden Bewegungen, welche ein Kind für sie mit einem Tuch vormacht. ▪ Die Kinder bilden mit Instrumenten verschiedene Gruppen: Sie ordnen die Instrumente mit verschiedenen Klanglängen in Gruppen und improvisieren damit abwechslungsweise.
C.4	Die Kinder erzählen von einem Sonnentag. Sie improvisieren frei mit Instrumenten nach Wahl ein Klangbild mit dem Titel „Sonne im Gras".
C.5	Ein Kind spielt auf einem Instrument vor, was es sich am meisten wünscht. Die andern versuchen, diesen Wunsch in Bewegung darzustellen.
C.6	Die Kinder wechseln frei in ihren Bewegungsgestaltungen mit einem japanischen Papierball: einmal spielen sie allein, ein anderes Mal mit einem Partner zusammen und dann wieder mit der ganzen Gruppe.
C.7	Die Kinder bewegen sich wie ein bestimmtes Tier und begleiten sich dazu mit der Stimme. Sie nehmen auch ein Instrument mit und begleiten sich dabei.
C.8	Die Kinder beginnen in einer Viertakt mit ihren Instrumenten zu spielen. Sie gehen aus diesem Takt langsam über in unterschiedliche Rhythmen. Die einen spielen weiterhin den Takt, die andern experimentieren mit den Rhythmen.
C.9	▪ Die Kinder können frei nach Wunsche verschiedene Figuren aus Geschichten darstellen. ▪ Sie können ebenfalls assoziieren, wenn sie eine Bewegung ausführen oder eine Musik spielen oder hören: „das tönt wie ..., das fühlt sich an wie"

Schüleri/innen der Mittelstufe
Erwachsene
▪ In der Arbeit mit Jugendlichen und Erwachsenen geht es in der Differenzierung des freien Ausdrucks darum, dass sie den Raum bekommen, mit der Gestaltung ihrer Erfahrungen „in die Tiefe" gehen zu können. ▪ Während in den Teilbereichen A und B mehr die Verbindung zu den persönlichen Gestaltungsmöglichkeiten im Vordergrund steht, so ist es jetzt in Teilbereich C die vertiefte Auseinandersetzung mit den Erfahrungen. ▪ So ist die Lehrperson hier gefordert, das Ausgedrückte geschickt zu hinterfragen, so dass eine differenzierte Weiterentwicklung geschehen kann. ▪ Der persönliche Ausdruck soll als ein entwickelbarer Prozess erlebt und gestaltet werden.

Persönlicher Ausdruck D: Die persönliche Gestaltung in Beziehung zu Material, zur Gruppe, einem Partner, dem Raum

VI	Grobziele	Feinziele
D.1	Sich im Raum frei bewegen	▪ den ganzen Raum zur persönlichen Gestaltung ausnutzen ▪ die persönliche Gestaltung an die Gegebenheiten des Raumes anpassen ▪ Spezialitäten des Raums in die Gestaltung einbeziehen
D.2	Mit Material eigene Bewegungen erfinden	▪ mit allem nur möglichen Material eigenes erfinden ▪ neue Möglichkeiten ausprobieren ▪ mit andern zusammen Neues gestalten ▪ sich in der persönlichen Gestaltung den Merkmalen von Material anpassen
D.3	Mit Material eigene Klänge erfinden	▪ mit Material entsprechende Klänge herausfinden Bewegungen erfinden, welche neue Klänge hervorrufen ▪ mit den neuen Klängen eigene Abläufe oder „Musikstücke" erfinden
D.4	Mit einem Partner eigene Bewegungen erfinden	▪ mit einem Partner zusammen einen eigenen Tanz erfinden, eine Geschichte darstellen ▪ eine eigene Musik erfinden und darstellen ▪ „Spezialitäten" des Partners in die eigene Gestaltung einbeziehen
D.5	In einer Kleingruppe eigene Ideen einbringen und gestalten	▪ zur eigenen Idee in einer Kleingruppe stehen und diese mit den andern zusammen ausprobieren ▪ Ideen von andern aufnehmen und eigene Ideen dazu beisteuern ▪ für die Gruppe etwas erfinden, das für alle passt
D.6	In der Gruppe eigene Ideen einbringen und gestalten	▪ für die ganze Gruppe realisierbare Aktionen in Bewegung oder Musik einbringen ▪ Ideen von andern aufnehmen, ausführen, mit eigenem ergänzen ▪ Ideen von andern als Bereicherung in die persönliche Gestaltung integrieren
D.7	Mit der Sprache gestalten	▪ Stimme als körpereigenes Instrument gebrauchen ▪ Geräusche mit der Stimme gestalten ▪ einzelne Wörter als Ausgangspunkt für Gestaltung nehmen
D.8	Mit allen nur möglichen Gegenständen Bewegungen oder Geräusche erfinden	▪ was einem an Gegenständen begegnet, als Möglichkeit zur Gestaltung nutzen

D.9	In der Gestaltung zwischen den verschiedenen Medien wechseln	▪ mit allen nur möglichen Gegenständen etwas Neues herausfinden
		  – neue Geräusche
		  – neue Klänge
		  – neue Bewegungen
		  – neue Geschichten

9 Der Bereich VI – Persönlicher Ausdruck

Praxisbezug

VI	Kinder von 4–10 Jahren
D.1	Die Kinder bewegen sich im Raum in immer neuen Raumwegen. Sie geniessen es, diese Raumwege mit verschiedenen Tempi und Gangarten zu gestalten: schnell in der Kurve, langsam in der Diagonale etc. Sie bewegen sich auch nach eigenen Ideen, wenn eine Musik dazu spielt, sie können den Takt und die Eigenart der Musik auf persönliche Art und Weise umsetzen.
D.2	Die Kinder haben gelernt, mit Material umzugehen und kennen viele mögliche Bewegungen. Mit einem Gegenstand, den sie noch nie benutzt haben: zum Beispiel einer kleinen Pappschachtel, erfinden sie jetzt ganz viele neue Bewegungen: auf dem Kopf tragen, mit dem Fuss bewegen, werfen und fangen.
D.3	Die Kinder finden auch verschiedene Geräusche mit diesen Schachteln und ordnen diese den einzelnen Parametern zu. Sie begleiten damit ein Lied und ergänzen die vorhandenen Geräusche mit einem Instrument, falls ein Klang fehlt.
C.4	Mit der Schachtel gehen die Kinder jetzt zu zweit zusammen. Sie balancieren sie gemeinsam auf der Hand, geben sie auf unterschiedliche Art und Weise hin und her. Dann „verwandeln" sie die Schachtel in einen schweren Stein, schieben diesen im Raum herum.
D.5	In einer Gruppe zu vier Kindern üben sie jetzt dasselbe noch einmal: sie verwandeln die Schachtel immer wieder in einen Gegenstand von unterschiedlichem Gewicht oder unterschiedlicher Grösse und transportieren diesen gemeinsam im Raum. In Bewegung und ev. Geräuschen stellen sie die Qualität dar.
D.6	Die Lehrperson schaut den verschiedenen Aktionen der Kinder zu und gestaltet daraus Gestaltungsaufgaben für die ganze Gruppe, aber ohne Material, nur in der Vorstellung: zuerst bewegen sich alle so, wie wenn sie eine Feder mit sich herum tragen würden. Anschliessend spielen sie diese Bewegungen auf einem Instrument der Reihe nach vor.
D.7	Die Kinder haben ein grosses blaues Schwungtuch. Sie erzeugen Wellen und Wind damit. Die Hälfte der Kinder legt sich unter das Tuch, die andere Hälfte schwingt das Tuch. Die Kinder unter dem Tuch sind Fische, die im Meer in den unterschiedlichen Wellen schwimmen. Dann wird das Tuch weggelegt. Die Kinder am Rand erzeugen mit der Stimme Wellengeräusche, die Kinder in der Mitte bewegen sich entsprechend dazu. Anschliessend erfinden die Kinder Worte für die Qualität der verschiedenen Wellen, sie setzen diese zusammen und schon bald ergibt sich ein „Fischgedicht".
D.8	Nach der Erfahrung mit der Schachtel experimentieren die Kinder mit andern Gegenständen.
D.9	Aus all diesen Erfahrungen entstehen immer wieder neue Stücke oder neue Spiele.

Schüler/innen der Mittelstufe	Erwachsene
Ziel: Mit einer Einkaufstüte Geräusche erzeugen und damit eine persönliche Geräuschgeschichte erfinden ■ Die Schülerinnen und Schüler haben alle eine Einkaufstüte aus Papier oder Plastik. Nach einer Bewegungsphase erzeugen sie nun möglichst viele Geräusche damit. ■ Jeder erzeugt nun für sich eine Folge lauter und leiser Geräusche. Diese Geräusche werden so verändert, dass sie eine Bewegungsfolge darstellen, welche die Schülerin oder der Schüler in der letzten Zeit real erlebt hat. ■ Diesmal arbeitet jeder für sich, die Ergebnisse werden einander auch nicht vorgezeigt.	**Ziel: Klangqualitäten entdecken und damit improvisieren** ■ Jedes Gruppenmitglied erhält zwei Pet- Flaschen. Damit beklopfen sie den ganzen Raum und untersuchen die unterschiedlichen Klangmöglichkeiten. ■ Aus der Fülle der Klangmöglichkeiten sucht sich jeder zwei Klänge aus. ■ Diese zwei Klänge stehen nun zur Verfügung für eine gemeinsame Improvisation. Jeder darf nur diese zwei Klänge einbringen, diese aber beliebig oft. ■ Diese Improvisation findet in einer freien Form statt, alle sitzen mit geschlossenen Augen im Kreis und gestalten sehr differenziert im Kontakt mit den andern Gruppenmitgliedern. ■ Dasselbe Setting wird in einer anderen Stunde mit Musikinstrumenten nach freier Wahl wiederholt.

Persönlicher Ausdruck E: Kreativität in allen Bereichen

VI	Grobziele	Feinziele
E.1	Persönliche Vorlieben in der Bewegung kennen und ausdrücken	▪ das ganz Persönliche in der Bewegung ausdrücken: Tempo, Rhythmus, Qualität, Dynamik etc. ▪ den persönlichen Ausdruck in der Bewegung von innen nach aussen bringen ▪ die momentane Befindlichkeit in diese Gestaltung je nach Bedürfnis einbringen oder eben gerade nur für sich behalten
E.2	Persönliche Vorlieben in Musik kennen und ausdrücken	▪ den persönlichen Ausdruck mit verschiedenen Instrumenten darstellen können ▪ einen persönlichen Bezug zu verschiedenen Instrumenten herstellen ▪ die „persönliche" Musik erfinden ▪ zu einer gegebenen Musik oder einem Lied eine persönliche Begleitung erfinden ▪ persönliche Musikstücke aufzeichnen oder malen
E.3	Eigene Geschichten erfinden und gestalten	▪ das ganz persönliche Gestalten in Geschichten oder kleinen Abläufen ausdrücken
E.4	Zu Liedern / Musikstücken eigene Begleitung und/oder Bewegungen erfinden	▪ eigene Begleitungen frei zu Liedern, Musikstücken, Tänzen etc. erfinden ▪ in der Wahl des Mediums beliebig variieren können
E.5	Persönliche Gestalten, Charaktere, Archetypen kennen und darstellen	▪ Gestalten, welche einem selber nahe liegen, kennen und darstellen, je nach den Bedürfnissen des Augenblicks frei variieren ▪ einen Bezug zu verschiedenen Aspekten der eigenen Persönlichkeit herstellen, diese ausdrücken lernen auf ganz persönliche Art und Weise
E.6	Die persönliche Tier-Qualität kennen und darstellen	▪ Wissen, welche „Tiere" unserem Wesen verwandt sind ▪ in der persönlichen Gestaltung solche Aspekte ausdrücken lernen und dabei auch auf andere eingehen können
E.7	Den persönlichen Rhythmus kennen und gestalten	▪ den eigenen Rhythmus in der Bewegung kennen ▪ den eigenen Rhythmus in der Tagesgestaltung kennen ▪ diesem Rhythmus in Gestaltung und Ausdruck Raum geben können
E.8	Die Qualität des persönlichen Da-Seins ausdrücken	▪ Stärken und Schwächen des persönlichen Seins kennen und auch in der persönlichen Gestaltung berücksichtigen ▪ wissen, was einen unterstützt, fördert ▪ wissen was einen hemmt, blockiert und wie dieses Wissen im persönlichen Ausdruck genutzt kann
E.9	Sich im Wechsel zwischen Ruhe und Bewegung ausdrücken	▪ den Ausdruck nach aussen bringen, darstellen, für sich allein oder für andere ▪ den Ausdruck als innere Bewegung empfinden, diesen wahrnehmen ohne diesen zeigen zu wollen ▪ persönliche Erfahrungen eventuell später für sich selber festhalten in einem beliebigen Medium

9 Der Bereich VI – Persönlicher Ausdruck

Praxisbezug

VI	Kinder von 4–10 Jahren
E.1	Die Lieblingsmusik der Kinder wird abgespielt. Jedes Kind macht dazu, worauf es gerade Lust hat: Die einen bewegen sich ganz wild, die andern rollen eine Kugel im Reifen für sich. Dies geht alles gut nebeneinander, wenn die Wahrnehmung der einzelnen wach ist, so dass die einzelnen Aktivitäten einander nicht behindern. Die Kinder lernen dabei ganz genau, wie sie ihre eigene Befindlichkeit darstellen können. Sie kommen oft mit einer Vorstellung in die Stunde, wie oder was sie heute sein wollen.
E.2	Die Kinder können auch mit verschiedenen Musikinstrumenten frei experimentieren. Am besten geht das, wenn jedes sich einen Raum baut, in den es seine Instrumente legen und dann frei spielen kann. Die Kinder einigen sich auf ein Signal, wenn dies ertönt, dann sind alle still, damit wird der Experimentierphase ein Rahmen gegeben, der allzu grosse Exzesse verhindern kann.
E.3	In der Experimentierphase haben einige Kinder eine Idee für eine Geschichte gehabt, die sie mit Instrumenten spielen könnten. Sie erzählen diese den andern und dann spielen alle Kinder diese Geschichten gemeinsam. Diese sind ganz unterschiedlich in Thema, Länge und Form.
E.4	Die Kinder haben in der Schule ein neues Lied gelernt: „ich bin ich und du bist du". Sie singen dieses vor, dann erfindet die eine Gruppe neue Bewegungen dazu, die andere Gruppe übt eine Begleitung mit Instrumenten. Der soziale Aspekt des Liedes soll in der Bewegung als auch in der musikalischen Begleitung zum Ausdruck kommen.
E.5	Die Kinder haben während einer Bewegung mit einem Ball plötzlich Ideen, wie sie diesen als verschiedene „Personen" spielen könnten. Sie üben, wie ein Riese, ein Zwerg oder ein Dinosaurier mit dem Ball spielen würde. Jedes sucht für sich seine Lieblingsfigur aus.
E.6	Die Kinder stellen Klötze im Zimmer auf, dies ist ihr Wald. Sie bewegen sich darin wie verschiedene Tiere. Darin wohnen nun verschiedene Tiere, welche im Wald spazieren gehen. Die einen Tiere haben gerne hohe Bewegungen, mit vielen Sprüngen darin, die andern kriechen lieber am Boden herum. Einige Tiere bleiben lieber für sich allein, andere teilen ihre Höhle mit einem andern Tier. Während dieser Gestaltung lernen die Kinder viel über persönliche Vorlieben und Abneigungen in der Gestaltung von verschiedenen Tieren: welches tönt wie, wie bewege ich mich am liebsten etc.
E.7	Jedes Tier hat auch seinen Rhythmus in Bewegung und Klang, jedes Kind findet seinen eigenen Rhythmus dazu.
E.8+ 9	Die Tiere können sowohl wild als auch ruhig sein. In dieser Gestaltung lernen die Kinder über pers. Eigenarten, ihre Rhythmen und ihr Bedürfnis nach Ruhe oder Bewegung.

Schüler/innen der Mittelstufe	Erwachsene
Ziel: die eigene Ausdrucksfähigkeit kennen, diejenige von andern respektieren ■ Die Schülerinnen und Schüler haben eine Phase der Gestaltung hinter sich, in der die Jungen und die Mädchen für eine Weile getrennt ihre Themen behandelt haben. ■ Die Mädchen erfanden und gestalteten einen eigenen Tanz, die Jungen wünschten sich, im Freien Kraftspiele zu üben. Durch die Mithilfe der Lehrperson war diese Teilung für kurze Zeit möglich. ■ In der anschliessenden gemeinsamen Phase wurde jetzt eine Bewegungsimprovisation durchgeführt, in der eine „neutrale" Musik in einem regelmässigen Metrum gespielt wurde. Der Raum wurde auf ein Quadrat in der Mitte beschränkt. In diesem Quadrat konnte jede Schülerin und jeder Schüler, wann immer er/sie wollte, hineingehen, einen Teil ihrer Bewegungserfahrung darstellen und wieder hinausgehen. ■ Wer draussen war, begleitete die Bewegungen innerhalb des Quadrats mit Körperklängen oder Stimmgeräuschen. ■ Die vorgezeigten Bewegungen wurden nicht gewertet oder kommentiert. Es fand aber ein abschliessendes Gespräch statt, bei dem jeder etwas dazu sagen musste, wie er die Unterschiede in den Bewegungsqualitäten erlebt hatte. Das Gespräch zeigte eine grosse Offenheit für die Gegensätzlichkeiten innerhalb der Klasse. Innerhalb des Quadrats hatten diese sich nicht gestört.	■ In der Auseinandersetzung mit Musik und Bewegung über mehrere Monate hinweg haben die Gruppenmitglieder gelernt, ihre eigenen Vorlieben und Stärken, sowie das, was sie nicht besonders mögen, besser kennen zu lernen. ■ In der Gruppe wird dies daran spürbar, dass alle sich mehr getrauen, Bewegungen oder Töne zu gestalten. Ebenso wird das gegenseitige Interesse grösser, was die andern wohl zu diesem Thema einfallen lassen. ■ Die eigenen Ideen und die Gestaltung der ganzen Gruppe wird zu einer ständig wachsenden Quelle der Inspiration.

10 Manifestationen von Rhythmus

a) Rhythmusdefinitionen

Die Dynamik des Rhythmus bestimmt sowohl Unterrichtsinhalte als auch Unterrichtsprozesse.

Alles, was wir tun, hängt ab von Rhythmus. Wie wir gehen, uns bewegen, kommunizieren, lernen, ist abhängig davon, wie wir unseren persönlichen Rhythmus gestalten. Schauen wir aus dem Fenster oder gehen wir vor die Tür, so begegnen wir unzähligen Rhythmen unterschiedlichster Art.

Die Suche nach Definitionen von Rhythmus führt in viele Richtungen. Eine einzige Definition von Rhythmus, welche der Mehrzahl der Beschreibungen zu Grunde liegt, gibt es nicht. Wohl aber werden bestimmte Gesetzmäßigkeiten von Rhythmus gefunden, welche sich in ihren Aussagen decken. So finden sich drei verschiedene Tendenzen, welche sich allgemein definieren lassen:

- Rhythmus findet sich in der Kunst, in Musik, Bewegung, Tanz, Dichtung, Literatur, Malerei und Plastik.
- Rhythmus ist aber ebenso eine Gestaltungsform unseres Alltags und unserer Persönlichkeit.
- Rhythmus hat immer mit der Verbindung von Gegensätzen zu tun, er entsteht aus der Bewegung zwischen zwei Polen.

Emile Jaques-Dalcroze, der Begründer der Rhythmik, definierte Rhythmus folgendermaßen:

- *„Der Takt wird verstandesmäßig berechnet, der Rhythmus intuitiv erfasst."*
- *„Meiner Überzeugung nach wird der Kunstsinn in jedem, der sich der Erziehung durch und für den Rhythmus anvertraut, geweckt."*
- *„Der Rhythmus liegt sämtlichen Äußerungen des Lebens, der Wissenschaft, der Kunst zum Grunde. Er ist die Ordnung, der Takt in der Bewegung und zugleich die persönliche Art und Weise, wie man diese Bewegung ausübt. Das Studium des Rhythmus soll uns dahin bringen, uns in allen Lebensäußerungen auf individuelle Weise zu gehaben, d.h. unser Fühlen dem natürlichen Rhythmus gemäss zu offenbaren, der uns eigen ist und der seinerseits von unserer Leibesbeschaffenheit, vom Kreislauf unseres Blutes, von unserem Nervensystem abhängt"* (1).

Die Enzyklopädie der Microsoft Encarta 98, sagt:

> *„Rhythmus ist der kontrollierte Fluss hörbarer oder sichtbarer Bewegung, meist erzeugt durch eine geordnete Aufeinanderfolge einzelner Bestandteile der jeweiligen Ausdrucksform"*.

Roswitha Heimann weist dem Rhythmus folgende Grundsätze zu:
- *Der Rhythmus bildet einen Gegensatz zum Takt und ist ein Urphänomen des Lebens.*
- *Ein Wesensmerkmal des Rhythmus ist die Periodizität, die Wiederholung des Ähnlichen.*
- *Rhythmus entsteht im Spannungsfeld von Polarität.*

Und:
- *Die Etymologie verweist uns auf zwei wesentliche Merkmale des Rhythmus, auf den Fluss und den Halt: „Innerhalb der geisteswissenschaftlichen Disziplinen besteht keine allgemeingültige Festlegung in Bezug auf die Rhythmusinterpretation.*
- *Rhythmus steht in Beziehung zu Zeit und Raum.*
- *Rhythmus offenbart sich sowohl als ein objektives als auch ein dem Menschen erlebnismässig zugängiges, subjektives Geschehen.*
- *Als Merkmale des Rhythmus werden erwähnt: Periodizität oder Wiederkehr von Ähnlichem, Struktur oder Ordnung, Polarität oder Variabilität.*

- *Auch von der Geisteswissenschaft wird vielfach bestätigt, dass Rhythmus ein in Lebensvorgängen auffindbares Grundprinzip darstellt"* (2).

Dietrich Ebert definierte Rhythmus in einem Vortrag 1997 am Symposium „Rhythmik in Wissenschaft und Praxis" über Beziehungen zwischen Atemrhythmus und rhythmisch- musikalischen Bewegungen folgendermaßen:

> „Alle organischen Bewegungen manifestieren sich in Diastolen und Systolen" (J.W. von Goethe, Fragment einer Tonlehre). „Wenn wir von dem psychologischen Verständnis des Rhythmus als Aufeinanderfolge ähnlicher Bewegungen ausgehen, das zwar im Sinne der Wahrnehmung gemeint ist, das man aber ohne Einschränkungen auch auf rhythmische motorische Aktionen übertragen kann, dann erfordert die Wiederholung ähnlicher Elemente nicht nur die Erzeugung dieser Elemente, sondern auch das Loslassen von der Erzeugung, die Pause. Der Goethe'sche Satz kann verallgemeinert werden: so wie jede Systole (des Herzens) von einer Diastole gefolgt werden muss, um eine neue Systole zu ermöglichen, so muss jede Aktion, soll sie Element des Rhythmus sein, von einer Pause gefolgt werden, um die Aktion so oder ähnlich neu zu beginnen. Jeder Anspannung muss eine Entspannung folgen, jedem Schlag ein Zurückziehen, jeder Kontraktion eine Erschlaffung. Das allgemeine Grundelement eines jeden lebendigen Rhythmus ist somit eine duale Einheit, bestehend aus einem aktiven und einem passiven Element ... Es kann eine Bewegung dann als rhythmisch bezeichnet werden, wenn sich duale, komplementäre Grundelemente wiederholen" (3).

In Musik und Bewegung / Rhythmik kommt dem Rhythmus in allen diesen drei genannten Tendenzen eine zentrale Rolle zu.

Erstens ist er im Sinne des Bewegungsrhythmus und des musikalischen Rhythmus Gegenstand des Unterrichts selber.

Zweitens tritt Rhythmus als Gestaltungsform des persönlichen Ausdrucks in Erscheinung. Rhythmus in der Bewegung zeigt sich im persönlichen Ausdruck. Rhythmus als Zeitgestaltung hat mit Lebensqualität und Gestaltung zu tun.

Drittens ist Rhythmisierung ein Gestaltungsprinzip des Unterrichts. Alle pädagogischen Prozesse, vom kleinsten Ablauf über die Gestaltung einer Lektion bis hin zum ganzen Ablauf, werden nach den Prinzipien des Rhythmus zwischen den Polen von Spannung und Entspannung oder Ruhe und Bewegung gestaltet.

b) Rhythmus-Schulung in Musik und Bewegung

Robert Jourdain definiert den musikalischen Rhythmus als Verbindung von Metrum und Phrasierung:

> „Das Metrum legt einen zeitlichen Ablauf fest, es organisiert Töne in kleinen und manchmal größeren Gruppen und liefert dabei eine Art Gitter, das sich über die Musik spannt. Phrasierung verleiht der Musik hingegen eine Art erzählerische Dimension. Es handelt sich dabei um eine Methode, mit der eine Komposition sich zu einem packenden Drama entwickeln kann. Das Metrum legt den musikalischen Zeitablauf für kleinere Abschnitte fest, Phrasierung den für größere. Ohne Metrum nimmt Musik den statischen Gestus gregorianischer Gesänge an, ohne Phrasierung wird sie monoton und banal."

Und weiter:

> „Das wesentliche am Metrum ist der kontinuierliche Schlag, der sich wie das Ticken einer Uhr über das rhythmische Muster legt. Vereinfacht gesagt ist der Schlag die stän-

b) Rhythmus-Schulung in Musik und Bewegung

> *dige Wiederholung von Kontraktion und Relaxion, von Spannung und Entspannung ... Warum betrachten wir Phrasierung überhaupt als eine Form von Rhythmus? Weil sie genau wie das Metrum dazu dient, Musik zeitlich zu gestalten"* (4).

Auch diese Definition bezeichnet Rhythmus als die Verbindung von zwei Gegensätzen. In der Ausübung von Musik und von Bewegung entsteht immer die Verbindung dieser beiden Dualitäten.

In der Schulung des Rhythmus in Musik und Bewegung geht es als erstes um das Erlebnis von Puls, Beat und Off-Beat, pulsierenden Ketten, das Erlernen von rhythmischen Mustern, Notenwerten, Pausen etc.. In der Musik dient dies als Grundlage für das Spielen eines Instruments. In der Bewegungsschulung dient die Schulung von Rhythmus der Förderung von Bewegungsfluss, Koordination und Reaktion. In der Verbindung von Musik und Bewegung in der Schulung von Rhythmus ist ein Anstieg von Konzentration und Koordination, allgemeiner rhythmischer Sicherheit und persönlichem Ausdruck zu beobachten.

Rhythmusschulung geschieht ebenfalls im Bereich der Wahrnehmung. Rhythmus wird auditiv wahrgenommen, Rhythmen werden vielfältig gehört. Ebenso wird Rhythmus visuell wahrgenommen, dies über die Bewegung anderer Gruppenmitglieder oder der Lehrperson, sowie in Form von visuellen Mustern, graphischen Notationen oder Notenwerten. Taktil werden Rhythmen ebenfalls sehr stark wahrgenommen. So werden im Unterricht manchmal Rhythmen auf den Rücken, die Handflächen etc. geklopft und diese Erfahrungen dann in Musik oder Bewegung umgesetzt. Ebenfalls können Rhythmen als Vibration durch die Schwingung eines Tons auf dem Fell einer Trommel oder Luftwellen von geschwungenen Tüchern wahrgenommen werden.

Im Bereich Soziale Interaktion werden Rhythmen zusätzlich gemeinsam dargestellt. Das sich Hingeben in einen gemeinsamen Rhythmus fördert das Hingeben an einen gemeinsamen Fluss, ein gemeinsames Tun. Ebenso werden rhythmische Muster oder Pulsketten gemeinsam dargestellt: der Reihe nach spielt jedes Gruppenmitglied in einer Pulskette oder in einem rhythmischen Muster nur je einen Ton. Der Rhythmus entsteht aus der Gemeinsamkeit der Schläge aller. Rhythmus in diesem Sinne geübt, verlangt von allen Gruppenmitgliedern Präsenz, Wachheit und Koordination. Rhythmische Muster so gespielt funktionieren nur, wenn jeder bereit ist, seinen Ton genau an der richtigen Stelle und genau in der richtigen Intensität zu spielen.

Rhythmus in der Bewegung können wir immer sehen. Dabei können Bewegungsrhythmen in unterschiedlicher Art und Weise beobachtet werden:
- die Füße haben einen Rhythmus, der beim Gehen oder bei der Bewegung unterschiedlicher Gangarten sicht- und hörbar wird
- die Füße können in der Geschwindigkeit eines Metrums gehen, die Hände dazu einen Rhythmus klatschen
- die Musik kann ein bestimmtes Tempo, ein Metrum oder einen Takt vorgeben, der ganze Körper kann dazu einen Rhythmus gestalten
- die Art und Weise wie ein Mensch sich bewegt, wird als sein ganz persönlicher Rhythmus bezeichnet. Dabei wird weniger auf die Rhythmusgestaltung von einzelnen Körperteilen geachtet, sondern eher der Ausdruck dieses Bewegungsrhythmus angeschaut.

In der konkreten Auseinandersetzung von Rhythmus wird immer wieder festgestellt, dass die Schulung von Rhythmus in Musik und/oder Bewegung eine tiefe Auswirkung auf den ganzen Menschen hat. So nannte Amélie Hoellering, die Gründerin des Rhythmikon in München, die Rhythmusschulung eine Form der Meditation in der westlichen Welt.

c) Rhythmen im Körper

Fritiof Capra beschreibt den Rhythmus folgendermaßen:

> *„Bei der künftigen Ausformulierung der neuen ganzheitlichen Weltanschauung dürfte die Idee des Rhythmus wahrscheinlich eine grundlegende Rolle spielen. Der System-Ansatz hat gezeigt, dass lebende Organismen von Natur aus dynamisch und ihre sichtbaren Formen stabile Manifestationen ihnen zugrundeliegender Vorgänge sind. Vorgang und Stabilität lassen sich jedoch nur vereinbaren, wenn die Vorgänge rhythmischen Strukturen folgen – Fluktuationen, Schwingungen, Vibrationen, Wellen. Die neue System-Biologie zeigt, dass Fluktuationen für die Selbstorganisations-Dynamik von entscheidender Bedeutung sind. Sie sind die Grundlage der Ordnung in der lebenden Welt: Geordnete Strukturen entstehen aus rhythmischen Mustern. Für unsere Bemühungen um eine einheitliche Beschreibung der Natur kann die begriffliche Verschiebung von Struktur zu Rhythmus äußerst nützlich sein. Rhythmische Muster scheinen sich auf allen Ebenen zu manifestieren ...*
>
> *Rhythmische Strukturen sind also ein universales Phänomen; gleichzeitig jedoch erlauben sie es dem Individuum, seine spezifische Persönlichkeit auszudrücken, Die Manifestation einer einzigartigen persönlichen Identität ist eine bedeutende Eigenschaft menschlicher Wesen, und es scheint so, als sei diese Identität im wesentlichen die Identität eines Rhythmus. Menschliche Individuen kann man an ihrer charakteristischen Sprechweise, Körperbewegungen, Gesten oder Atmung wiedererkennen – alles unterschiedliche Arten rhythmischer Struktur"* (5).

Außer dem Rhythmus in Musik und Bewegung spielen also auch noch viele andere Rhythmen für unser Leben eine Rolle. Beobachten wir unseren Körper, so stellen wir als erstes fest, dass er aus verschiedenen Elementen besteht. Das, was uns Festigkeit gibt, ist das Skelett, sind unsere Knochen, welche in ihren „Scharnieren", unseren Gelenken, beweglich sind. Die Bewegung selbst wird dann von den Muskeln und Sehnen durchgeführt, welche ihre „Befehle", die Impulse, vom Gehirn erhalten. Zusammengehalten wird das alles durch die Haut, welche eine schützende Hülle für uns darstellt. Im Inneren des Körpers hat jedes Organ seinen Platz. Unser Körper ist ein sehr differenziertes Gefüge verschiedenster Elemente, welche im Normalfall alle aufeinander abgestimmt sind und in ihrer Ganzheit das bestimmen, womit wir uns dann ausdrücken, in der Außenwelt handeln, arbeiten, unsere Gefühle ausdrücken, tanzen, springen, laufen, spielen: unsere Bewegung in ihrer rhythmisierten Beweglichkeit.

Auch im Körper finden sich viele unterschiedliche Rhythmen, denken wir nur zuerst an den Herzschlag, den Atemrhythmus etc. Die Chronomedizin setzt sich mit den Rhythmen der verschiedenen Organe im Körper und deren Zusammenwirken in gesundem und kranken Zustand auseinander.

Dazu Gunther Hildebrand:

> *„Musik und musikalische Bewegung sind Künste, die sich im Zeitlichen verwirklichen und Zeitorganismen bilden. ... Es besteht daher Grund genug, nach biologischen Zeitstrukturen im Menschen zu fahnden, die als – wie auch immer geartete – Äquivalente oder Reagenten für das musikalische Tun und Erleben in Betracht kommen. Gerade im Hinblick auf die pädagogischen und therapeutischen Möglichkeiten der Musik dürfte es von Bedeutung sein, zu wissen, in welcher Weise und wo die musikalisch-zeitliche Funktionsordnungen und Strukturen im Organismus verwirklicht sind.*
>
> *Die Ergebnisse der modernen Chronobiologie und Chronomedizin haben gezeigt, dass der menschliche Organismus nicht nur eine komplizierte Raumgestalt besitzt, sondern*

auch über eine hochdifferenzierte Zeitgestalt verfügt, die aus zahlreichen rhythmischen Zeitstrukturen aufgebaut ist" (6).

Jedes Organ im menschlichen Körper hat seinen eigenen Rhythmus. Dieser wird in der Chronomedizin gemessen. Die Rhythmen aller Organe stehen im Idealfall in ganzzahligen Verhältnissen zueinander, ähnlich den harmonischen Intervallproportionen in der Musik. Diese ganzzahligen Verhältnisse der Rhythmen im Körper zueinander bedeuten Gesundheit und Ausgewogenheit im menschlichen Körper, ein andauerndes Ungleichgewicht kann Krankheiten hervorrufen.

Die Rhythmen der Organe haben verschiedene Frequenzen:

Langwellige Rhythmen hat das Stoffwechselsystem. So braucht ein Verdauungszyklus zum Beispiel ungefähr 24 Stunden für einen Ablauf und wiederholt sich daher alle 24 Stunden wieder.

Extrem kurzwellige Rhythmen mit einer Periodendauer von 10–3 sec weist das ganze Nerven- und Informationssystem auf, welches unmittelbar auf jede Information oder Wahrnehmung reagiert, welche auf den Körper einwirkt.

Ausgeglichen werden diese beiden Systeme durch das Atmungs- und Kreislaufsystem. Vorzugsweise im Nachtschlaf sorgt dieses System dafür, dass sich diese Rhythmen wieder ausgleichen und aufeinander einstimmen. Während des Tages werden die ganzzahligen Verhältnisse nur sehr selten die ganze Zeit eingehalten, aber nach ein paar Stunden Schlaf konvergieren sie wieder.

d) Rhythmus als Ausdrucksmittel persönlicher Qualität in Bewegung und Alltagsgestaltung

Nicht nur im Körper selber, sondern auch in der **Lebensgestaltung** spielt Rhythmus eine wichtige Rolle. Wenn wir uns in unserem Leben unseren Bedürfnissen entsprechend bewegen können, so fühlen wir uns wohl. Wenn wir unserem Körper die Momente von Aktivität und Ruhe erlauben, die er braucht, so ermöglichen wir ihm eine natürliche Beweglichkeit – bewegen uns in Eintracht mit ihm und fühlen uns gesund. Eine natürliche Bewegungsbetätigung fördert die Durchblutung von Haut, Muskeln und Organen, stärkt damit unsere Abwehrkraft, kurz: sie ist ein wichtiger Bestandteil unserer Gesundheit. Auf der Gefühlsebene ist eine natürliche Beweglichkeit ebenso wichtig. Wenn wir uns in einem unserem Leben angepassten Rhythmus bewegen können, so leben wir in Einklang mit unseren Bedürfnissen nach Ruhe und Bewegung, unser Gefühlsleben kann sich entsprechend unserer Bewegung entwickeln, schneller wenn es nötig ist, mit mehr Ruhe, wenn diese angesagt ist. So können sich auch Gefühls-Spannungen, welche sich in uns ansammeln, wieder auflösen. Wer von uns kennt nicht das Bedürfnis, nach einem anstrengenden Tag einen entspannenden Spaziergang zu machen, ev. joggen zu gehen, oder zu schwimmen oder eben sich zurückzuziehen und ein schönes Buch zu lesen oder eine Musik zu hören?

Rhythmus – nach Alies Erdmann – ist die freie gelebte innere Eigenzeit. Je mehr wir in Einklang leben können mit dieser gelebten inneren Eigenzeit, je mehr wir also diese in unserem Alltag gestalten können, desto wohler fühlen wir uns und desto leichter fällt es uns, zu handeln und das Leben gemäss unserer persönlichen Dynamik zu gestalten. In der heutigen Zeit ist viel von Zeit und Zeitmangel die Rede. Obwohl wir alle mehr Freizeit haben als früher, so empfinden wir immer wieder, dass wir keine Zeit haben, dass wir gehetzt sind, unser Terminplan überfüllt ist.

Durch die bewusste Auseinandersetzung mit unseren persönlichen Rhythmen, Zeiten, die uns guttun, Rhythmen, die uns in unserer Lebensgestaltung unterstützen, können wir lernen, diese besser zu erkennen und auch im Leben wieder deutlicher zu berücksichtigen. Wenn wir etwas gemäss unserem Rhythmus tun, so können wir in Frieden arbeiten, und sind eigentlich trotzdem meist rechtzeitig fertig. Tun wir dies nicht, so fühlen wir uns gehetzt, erledigen Dinge, statt sie zu „leben", die Aufgaben sind zwar alle erfüllt, aber unsere Freude daran, unsere ganz persönliche Qualität, etwas auszuführen, ist verloren gegangen.

Der hier genannte persönliche Rhythmus hängt von vielen Faktoren ab und kann individuell sehr verschieden sein. Sind wir von unserem persönlichen Rhythmus getrennt, wird das Leben zu schwerfällig oder zu hektisch, oder beides gemischt. Die Gestaltung unseres Lebens hängt stark davon ab, ob wir gemäss unserem persönlichen Rhythmus leben können.

Auch Rhythmen der Umwelt und des Klimas wirken auf unser Leben ein. Rhythmen der Umwelt, der Natur und des Klimas beeinflussen unser Leben stark. Auch das kulturelle und gesellschaftliche Leben sowie die Gewohnheiten des sozialen Raums beeinflussen die Rhythmen unserer Lebensgewohnheiten.

e) Zeitmessung und Zeitforschung

Anthony Aveny setzt sich in seinem Buch „Rhythmen des Lebens" mit den Instrumenten zur Zeitforschung in verschiedenen Kulturen auseinander. Im Einführungstext schreibt er:

> „Schon immer haben die Menschen versucht, Zeit in den Griff zu bekommen. Sie haben sie mit ihren Körpern gemessen, nach der Natur, nach den Gestirnen und mit Maschinen. Auf unserem Weg in die Moderne haben wir die zyklische Zeit der Natur zerrissen, in Stücke gehackt, linear ins Unendliche gestreckt und zugleich in allerkleinste Maßeinheiten unterteilt" (7).

Aveny geht aus vom individuellen Zeitempfinden und den biologischen „eingebauten" Rhythmusgebern. Er schildert dann, wie sich von der Antike bis in die Gegenwart unser Umgang mit der Zeit entwickelte, wie die zyklische Vorstellung von einer linearen überlagert wurde, bis unter dem Einfluss der exakten Naturwissenschaften und der Industriegesellschaft der Mensch sich schließlich „einem Zeitmass unterwarf, das nicht seines ist." Aveny beschreibt die unterschiedlichen Einstellung der Zeiteinteilung in verschiedenen Kulturen. Naturvölker leben mehr im Einklang mit dem Rhythmus der Natur, passen ihre Lebensrhythmen den Gegebenheiten der Natur an. Die Kulturen der Zivilisation legen ein Zeitgitter über das rhythmische Leben der Natur. Beide Systeme haben ihre Vor- und Nachteile für den Menschen und das kulturelle Zusammenleben.

Die Uni Basel veranstaltete im Juni 1998 ein interfakultäres Programm zum Thema „Zeit für Zeit": Dazu Leo Jenni und Piero Onori im Vorwort der Dokumentationsreihe:
- *Zeit kann man nicht einfach haben – sie ist zu kostbar.*
- *Zeit gehört zu den Dingen, die wir nicht kaufen können. Wir bekommen sie als Geschenk – wir besitzen sie nicht. Wir können sie nicht nach Belieben vergrößern und vermehren.*
- *Wir spannen den Bogen von erkennbaren Grundrhythmen und Zeitmassen der Natur bis zum gesellschaftlichen Umgang mit unserer Zeitordnung. Von der rhythmischen Tagesuhr einer einzelnen Zelle bis zu neuen Wegen in der Arbeitszeitpolitik (8).*

Auch die moderne Zeitforschung setzt sich mit den persönlichen Rhythmen in der heutigen Zeit auseinander. Karlheinz Geissler, Zeitakademie Tutzing, stellt fest:
- *Wer sich keine Zeit lässt, wirtschaftet ab. Das gilt für die Gesellschaft genauso wir für das Unternehmen oder den einzelnen Menschen. Man muss schnell sein, aber auch langsam, man muss Pausen machen, warten können, manches wiederholen, um Neues zu erkennen und vom Alten zu unterschieden.*
- *Den richtigen Zeitpunkt finden, heißt schnell und langsam sein zu können, bedeutet, Warten zur Produktivkraft machen (9).*

Diese Äußerungen zeigen den Zusammenhang zwischen den Anforderungen, die an den Menschen in Bezug auf die Gestaltung seines persönlichen Rhythmus gestellt werden, und den breiten Auswirkungen, die eine Förderung des Bewegungsrhythmus auch im Bereich der Gestaltung der individuellen Handlungskompetenz bietet.

f) Persönliche Definition

- Unser Leben wird bestimmt von einer Vielzahl von Rhythmen, Rhythmen die um uns herum existieren und solchen, die in unserem Körper exisitieren. Unser Wohlbefinden hängt ab davon, wie wir mit diesen unterschiedlichen Rhythmen umgehen und diese gestalten.
- Rhythmus ist ein dynamisches Gleichgewicht zwischen den Polen Spannung und Entspannung.
- Rhythmus gibt die Grundlage der Lebendigkeit eines jeden Ablaufs, bestimmt letztendlich die Individualität.
- Alles was Spannung hat, hat auch Rhythmus.
- Rhythmus ist ein grundlegendes Lebensprinzip, vergleichbar mit dem Atemfluss: Einatmen – Ausatmen als Bewegung des Lebens zwischen zwei Polen. Ohne diese grundlegende Bewegung zwischen den zwei Polen kann Leben nicht stattfinden. Alles was lebt, hat daher auch Rhythmus.
- Unser persönlicher Rhythmus setzt sich zusammen aus den Einflüssen aus der Umwelt und aus den Einflüssen direkt aus unserem Körper.
- Unsere Gesundheit und Lebendigkeit hängt ab von der Vielfalt der rhythmischen Gestaltungsmöglichkeiten; von der Breite der Variationsmöglichkeiten, von der Rhythmizität. Je mehr rhythmische Möglichkeiten, desto mehr Gesundheit und Handlungsmöglichkeiten können bestehen.
- Wieviel Eigenrhythmus wir haben, bestimmt letztendlich auch das Maß von persönlicher Flexibilität, körperlicher Gesundheit und psychischem Wohlbefinden.
- Eigenrhythmus ist nicht abhängig von Körperstruktur oder Enwicklungsstand, sondern ist ein persönliches Phänomen, von jedem Menschen lernbar und in jedem Moment des Lebens neu zu erschaffen.
- Rhythmus ist ein schöpferisches Spiel der Balance zwischen den Polen von Ruhe und Bewegung.
- In Musik und Bewegung / Rhythmik arbeiten wir mit Rhythmen auf verschiedenen Ebenen: der Schulung von Rhythmus in Musik und Bewegung, der Entwicklung von Rhythmen als Ausdruck individueller Gestaltung sowie der Rhythmisierung der pädagogischen Prozesse.

g) Rhythmus als Dynamik zwischen den Polen von Spannung und Entspannung

In der Bezeichnung von Rhythmus als Bewegung zwischen den Polen von Spannung und Entspannung können Grundzüge der Dynamik festgestellt werden. Diese Dynamik bestimmt die Rhythmisierung sämtlicher Prozesse. In der Gestaltung der Unterrichtsprozesse von Musik und Bewegung / Rhythmik wird diese Dynamik zur Grundlage der rhythmisierten Unterrichtsprozesse.

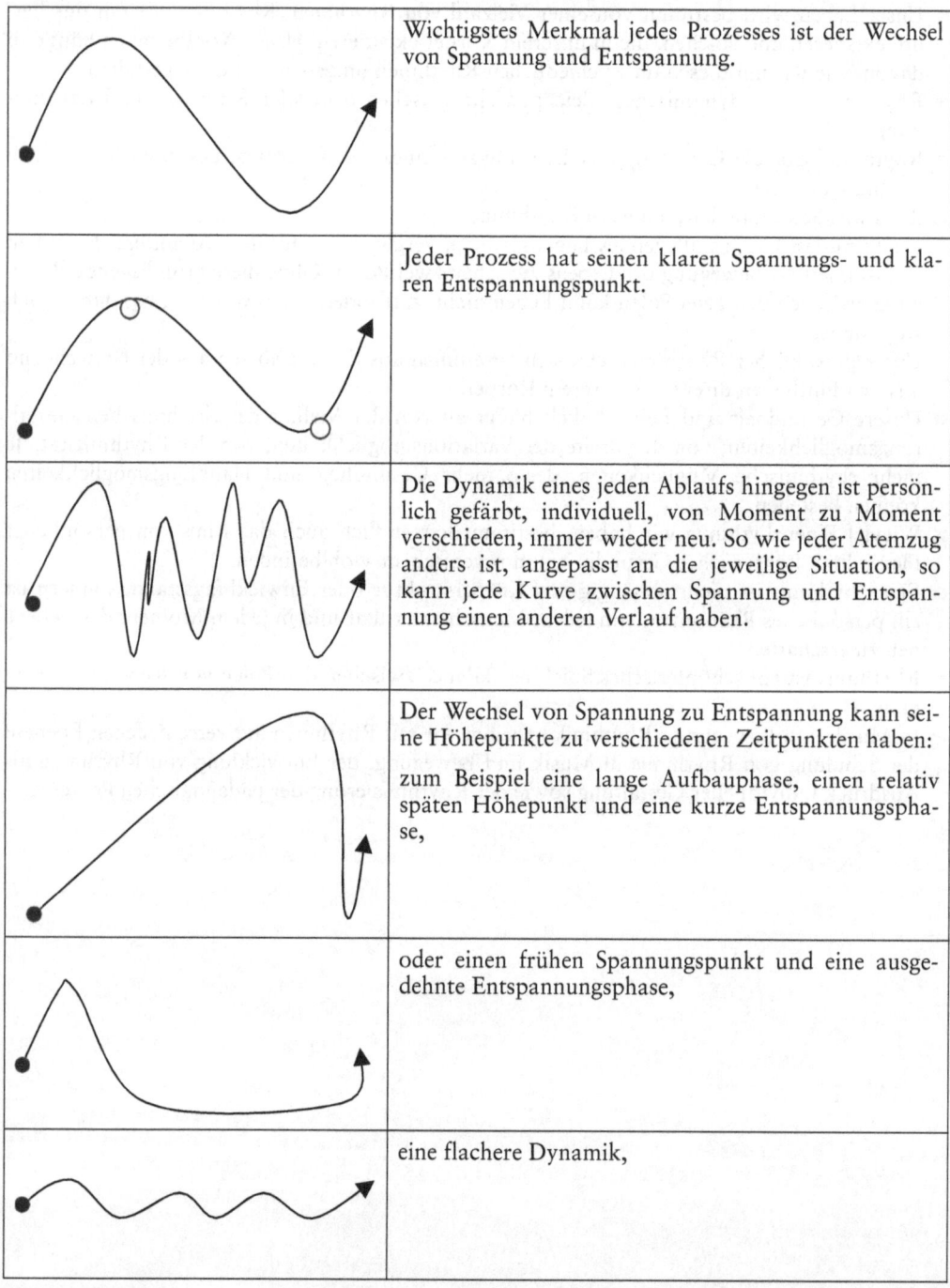

Wichtigstes Merkmal jedes Prozesses ist der Wechsel von Spannung und Entspannung.

Jeder Prozess hat seinen klaren Spannungs- und klaren Entspannungspunkt.

Die Dynamik eines jeden Ablaufs hingegen ist persönlich gefärbt, individuell, von Moment zu Moment verschieden, immer wieder neu. So wie jeder Atemzug anders ist, angepasst an die jeweilige Situation, so kann jede Kurve zwischen Spannung und Entspannung einen anderen Verlauf haben.

Der Wechsel von Spannung zu Entspannung kann seine Höhepunkte zu verschiedenen Zeitpunkten haben:

zum Beispiel eine lange Aufbauphase, einen relativ späten Höhepunkt und eine kurze Entspannungsphase,

oder einen frühen Spannungspunkt und eine ausgedehnte Entspannungsphase,

eine flachere Dynamik,

h) Die Bedeutung des Rhythmus für die Entwicklung des Menschen

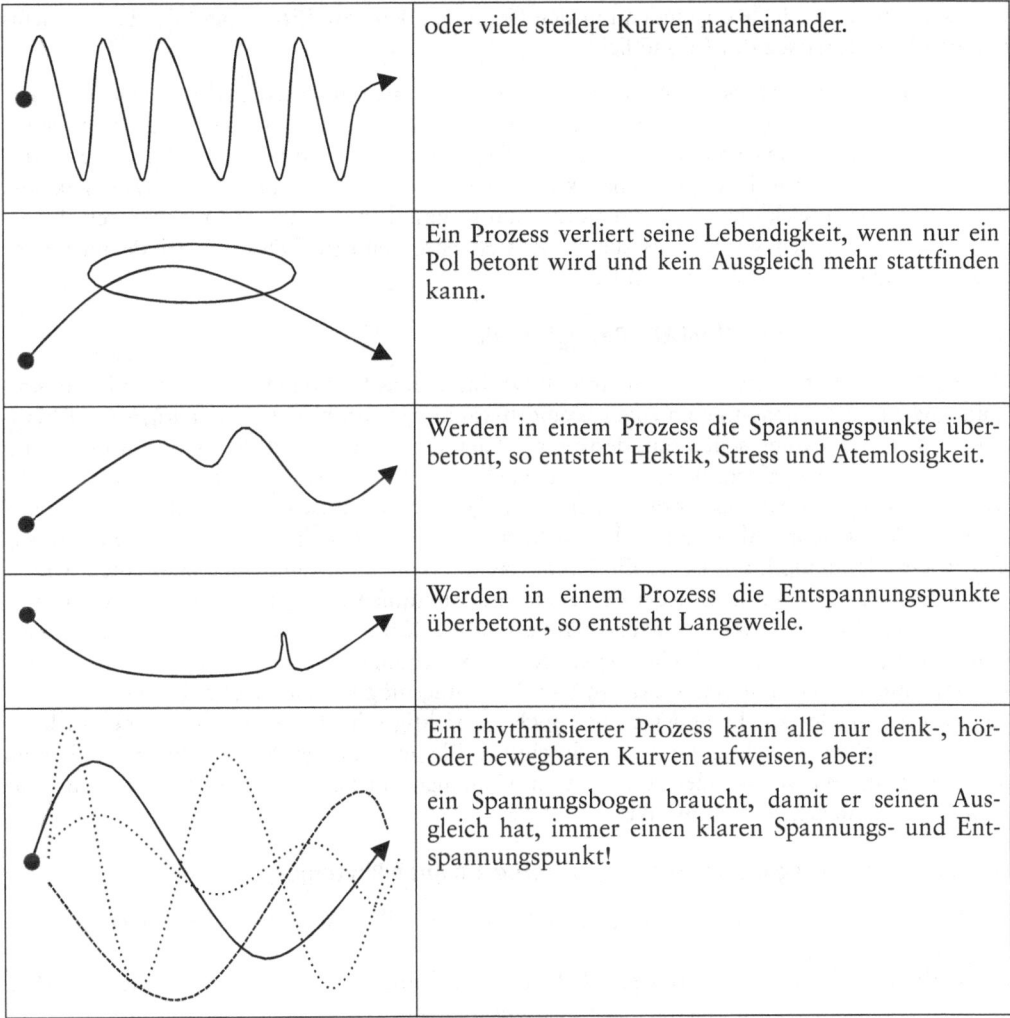

	oder viele steilere Kurven nacheinander.
	Ein Prozess verliert seine Lebendigkeit, wenn nur ein Pol betont wird und kein Ausgleich mehr stattfinden kann.
	Werden in einem Prozess die Spannungspunkte überbetont, so entsteht Hektik, Stress und Atemlosigkeit.
	Werden in einem Prozess die Entspannungspunkte überbetont, so entsteht Langeweile.
	Ein rhythmisierter Prozess kann alle nur denk-, hör- oder bewegbaren Kurven aufweisen, aber: ein Spannungsbogen braucht, damit er seinen Ausgleich hat, immer einen klaren Spannungs- und Entspannungspunkt!

h) Die Bedeutung des Rhythmus für die Entwicklung des Menschen

Die hier beschriebenen Manifestationen von Rhythmus in der Entwicklung wurden aus meinen Beobachtungen in langjähriger Praxis zusammengestellt.

Rhythmus in der Bewegung

Je klarer der Eigenrhythmus eines Menschen ist, desto harmonischer, ausgeglichener erscheint uns seine Bewegung. Eine harmonische Bewegung, ein harmonischer Bewegungsfluss kann nur dann entstehen, wenn eine Person einigermaßen in Einklang lebt mit den Rhythmen um sie herum und mit den Rhythmen ihrer Persönlichkeit. Dann entsteht ein intaktes Muster von Bewegungsrhythmus. Der Mensch lebt damit in Einklang mit sich und den Bedingungen, die ihn umgeben, und bewegt sich so, wie es für ihn in der entsprechenden Situation eben passt und nicht so, wie er meint, es müsse sein, oder wie jemand ihm vorschreibt, es zu tun. Was so für uns in Erscheinung tritt, ist die persönliche, ureigene Bewegungsqualität, eine Qualität, die schnell, langsam, quirlig, unregelmäßig, punktiert, pizzicato, metrisch oder a-metrisch sein kann. In jedem Moment neu, in jedem Moment lebendig, frei von Beurteilung und Vorstellung, ehrlich und einfach verbunden mit den Gefühlen, dem jeweiligen Stand des Bewusstseins und den Erfordernissen des Augenblicks.

Der persönliche Rhythmus in der Bewegung entwickelt sich aus verschiedenen Faktoren. Die Bewegungsentwicklung kann als ein Anpassungsprozess bezeichnet werden vom persönlichen Eigenrhythmus an einen Fremdrhythmus. Der Eigenrhythmus wird bestimmt durch die Faktoren der persönlichen Anlagen, des Charakters, sowie durch die allgemeinen Gesetzmäßigkeiten der Bewegungsentwicklung. Der „Fremdrhythmus" gestaltet sich aus der Vielzahl verschiedener Rhythmen, durch welche uns die Außenwelt entgegentritt. Zwischen beiden muss eine ständige Anpassungsleistung stattfinden.

Rhythmizität: die freie rhythmische Beweglichkeit

Unter Rhythmizität verstehen wir die freie Flexibilität eines Rhythmus. Frei in der Eigengestaltung sowie in der Anpassung an einen Fremdrhythmus. Je flexibler und vielfältiger ein Rhythmus in der Entwicklung sein kann, desto mehr Chancen hat ein Kind, sich in die Anforderungen von außen einzupassen, ohne seine persönliche Eigenart dabei zu verlieren. Erfüllt sein Bewegungsrhythmus viele dieser oben beschrieben Qualitäten, so ist das Kind in seinen Lebensbereichen kompetenter als wenn er dies nicht tut. Dies äußert sich in der sozialen Kompetenz und in der Handlungskompetenz. Ein Kind, das in seiner Bewegung einen spontanen Rhythmus zeigt, kann sich in verschiedenen Tempi und Rhythmen bewegen und diese auch an Geschwindigkeiten und Rhythmen anderer anpassen. Ein Kind, das in seiner Rhythmizität eingeschränkt ist, hat nur wenig Möglichkeiten, seinen Bewegungsrhythmus zu variieren. Es bewegt sich nur in einem bestimmten Spektrum von Bewegungsmöglichkeiten. Zum Beispiel ist es immer etwas schneller als die andern, aber doch nie richtig schnell. Oder es ist immer zu langsam, aber doch nicht richtig entspannt. So ein Kind kann seine Bewegungen nicht wirklich an die Bewegung von Musik oder von anderen Menschen anpassen. In dem Fall ist auch seine Handlungskompetenz eingeschränkt.

Die Phasen der Bewegungsentwicklung in Bezug auf ihren Rhythmus

Die Entwicklung der Bewegung ist gleichzeitig auch ein Prozess fortschreitender Differenzierung des Bewegungsrhythmus.

- **Rhythmus während der Schwangerschaft:** Erste Aufgabe der Bewegungsrhythmen von Mutter und Kind ist es, dass die beiden Bewegungsrhythmen sich aufeinander einstimmen, sich synchronisieren. Den ersten Bewegungsrhythmus, den ein Mensch wahrnimmt, ist der Rhythmus der Bewegung der Mutter. Sind die beiden Rhythmen, derjenige der Mutter und der des Fötus, aufeinander abgestimmt, so entsteht ein „Miteinander-bewegen" von beiden, ein in gemeinsamen Fluss kommen, in dem die Phasen der Aktivität und Ruhe einander angeglichen werden. Sind die beiden Rhythmen nicht aufeinander abgestimmt, müssen sie sich erst einander angleichen. Dies kann bedeuten, dass die Mutter plötzlich merkt, dass sie sich mehr ausruhen muss, oder aber, dass das Kind im Bauch unruhig wird, wenn sie zu lange liegt. Messungen der Chronomedizin haben ergeben, dass die Rhythmen von Mutter und Kind im besten Falle die Tendenz haben, sich aufeinander im Verhältnis von 2:1 abzustimmen. Das heißt: zwei Herzschläge des Kindes passen sich an zu einem Herzschlag der Mutter. Kann diese Anpassungsleistung aus irgendeinem Grunde nicht zustande kommen, so können gesundheitliche Störungen auftreten.
- **Geburt:** Der Rhythmus der Geburtswehen ist ein extrem starker Rhythmus, der auf die Bewegung, den Körper einwirkt. Kann das Kind sich auf die Rhythmen der Geburtswehen einstimmen, so erfolgt die Geburt einfacher, es bewegt sich in Zusammenarbeit mit der Kraft der Wehen durch den Geburtskanal.
- **Erste zwei Lebensjahre:** Am Anfang wird der Rhythmus des Schlafens nur von kurzen Wachphasen unterbrochen. Die Wachphasen werden langsam vielfältiger. Das Kind diffe-

h) Die Bedeutung des Rhythmus für die Entwicklung des Menschen

renziert seine Bewegungen im Kontakt mit der Außenwelt. Im Alter von 4–6 Monaten kommt mit der Fähigkeit, den ganzen Körper zu drehen, eine neue Dynamik dazu. Das Rollen des Körpers erlaubt die Beschleunigung der Bewegung. Die Rhythmen können noch nicht wirklich willkürlich an einen Fremdrhythmus angepasst werden. Durch Wiederholung und Üben gestalten sich erste Rhythmen.

- **Ab 2 Jahren** wird eine erste Anpassung an einen Fremdrhythmus möglich: Die Bewegung kann willentlich unterbrochen werden. Das Kind kann sich zur Musik bewegen und die Bewegung gleichzeitig mit der Musik unterbrechen, wenn diese ganz deutliche Signale gibt.
- **Ab 2 1/2 Jahren** lernt das Kind, erste Unterscheidungen zu machen im Bereich der Pole der 4 Parameter. Es kann die Unterscheidung von schnell – langsam sowie laut und leise wahrnehmen, auf Musik und/oder Bewegung reagieren und sich damit selber ausdrücken.
- **Zwischen 3 und 5 Jahren** lernt das Kind, alle Pole der vier Parameter zu unterscheiden. Es kann auf Viertel-, Achtel-, Halbe- und Sechzehntel- Noten reagieren und diese bewegen oder auf einem Instrument spielen, sowie sich zu geraden oder ungeraden Takten adäquat bewegen. In diesen Jahren lernt das Kind, seinen Bewegungsrhythmus an einfache Grundrhythmen der Musik anzupassen.
- **Mit 6 bis 7 Jahren** entwickeln sich die rhythmischen Bewegungsfertigkeiten, auch punktierte Rhythmen können gestaltet werden. Der Bewegungsrhythmus differenziert sich in fortlaufendem Kontakt mit der Umwelt innerhalb der Unterscheidung der Pole der 4 Parameter von Zeit, Raum, Kraft und Form.
- **Im Alter von 8 bis 12 Jahren** etwa findet dann eine fortschreitende Differenzierung innerhalb der Pole der vier Parameter statt.
- **Ab 12 Jahren** kommt es in der Verbindung aller dieser Parameter schließlich zu einer altersangepassten persönlichen Eigenbewegung, zum persönlichen Bewegungsrhythmus und zur persönlichen Bewegungsqualität.

Wechsel von statischen und dynamischen Phasen im Laufe der Bewegungsentwicklung

Die Bewegungsentwicklung ist gekennzeichnet durch einen rhythmischen Wechsel von statischen Phasen und dynamischen Phasen. Als statische Phasen werden diejenigen Phasen bezeichnet, in denen der Körper eher in einer ähnlichen Position, in seinem Gleichgewicht bleibt; und als dynamische Phasen diejenigen, in welchen der Körper aus seinem Gleichgewicht heraus sich bewegt, in ein neues Ungleichgewicht, eine neue Dynamik, aus welcher dann, bei genügend Übung und Gewöhnung, wieder ein Prozess des Gleichgewichts entstehen kann.

Folgende Grafik zeigt den Ablauf der Grundbewegungsformen als rhythmischen Prozess in der Abfolge von statischen und dynamischen Phasen.

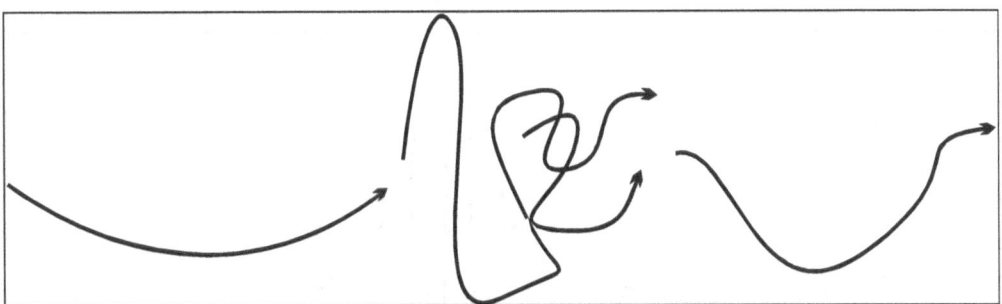

Ebenso ist auch ein Trend von diesen Phasen in der Muskelspannung festzustellen: statische Phasen weisen weniger Muskelspannung, einen eher hypotonen Muskeltonus auf, dynamische Phasen mehr Muskelspannung, also einen eher hypertonen Muskeltonus.

Bewegungsrhythmus und Persönlichkeitsentwicklung:

Der Rhythmus dieser Entwicklungsabfolge ist also grundsätzlich von einem Grundrhythmus geprägt, der bei allen gesunden Entwicklungsabfolgen in etwa gleich bleiben sollte: Der Rhythmus von statischen und dynamischen Phasen, von hypotonen und hypertonen Phasen – oder, um zurückzukommen auf die oben erwähnte Definition von Rhythmus – vom Wechsel von Spannung und Entspannung.

Je nach Anlage ist es nun so, dass ein Kind die eine oder die andere Phase bevorzugt.

Vergleichen wir Kind A mit Kind B in der Länge der Phasenwechsel von statischen zu dynamischen Prozessen im Prozess des Gehen-Lernens.

Kind A ist von seiner Anlage her feurig, ist immer neugierig, immer in Bewegung. Es wird sich so schnell wie möglich aufrichten, sich an Möbeln usw. hochziehen und sobald nur irgendwie möglich, seine ersten Schritte tun. Auch wenn es dabei immer wieder hinfällt, wird es sich sofort wieder hochziehen und weiter probieren. Im Hinblick auf die oben beschriebenen Phasen lässt sich sagen, dass A ganz bestimmt nicht lange in der statischen Phase bleibt, aber die dynamischen Phasen solange auskostet, bis es eben das neu zu Lernende, in unserem Beispiel das Gehen, beherrscht. Ein solches Kind übt und übt und lässt sich auch von Misserfolgen oder gar Verletzungen nicht abhalten.

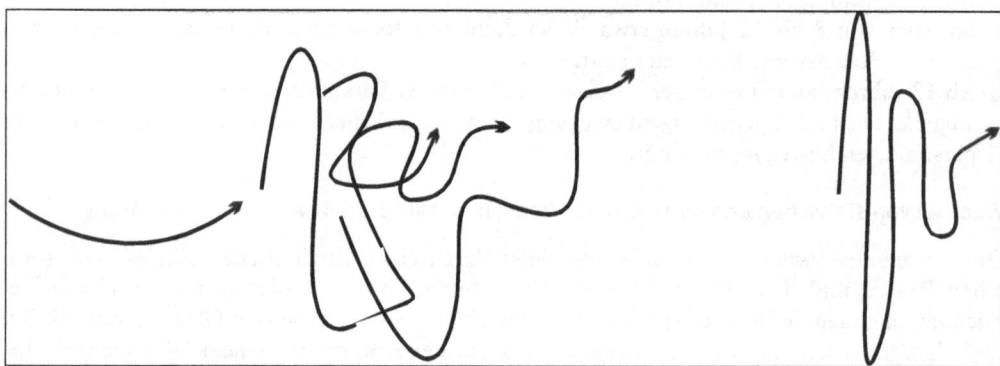

Kind B ist von seiner Anlage eher ruhig, beobachtend, still. Es wird wahrscheinlich auch früh stehen lernen, lange stehen bleiben, schauen, spüren, und eines Tages ganz unbemerkt seine ersten Schritte tun, ohne dabei hinzufallen. Dieses Kind wird also die statische Phase für seine Entwicklung nutzen, und solange warten, bis es sich sicher fühlt für den nächsten Schritt.

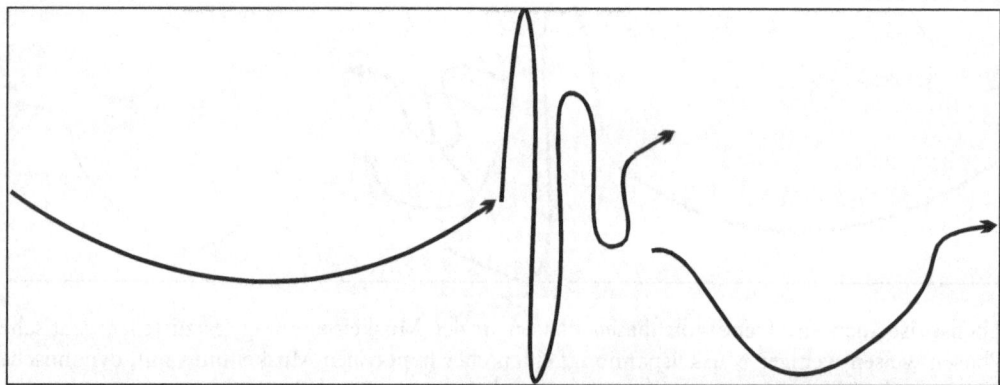

h) Die Bedeutung des Rhythmus für die Entwicklung des Menschen

Beide Kinder haben gehen gelernt, beide haben die Reihenfolge der Entwicklungsschritte befolgt, beide aber haben den Rhythmus ihrer Bewegungsentwicklung sehr unterschiedlich gestaltet.

Die Art der Gestaltung der verschiedenen Phasen der Bewegungsentwicklung sowie die Länge ihrer Phasen ist abhängig von der Persönlichkeit des Kindes und wird von jedem Kind neu gestaltet.

Wenn in einer Entwicklung mehr Freude, mehr Spannung in einer Phase stattfindet, so betont und entwickelt sich diese Phase immer mehr und es entsteht das, was wir später als Vorlieben, Begabungen oder besondere Fähigkeiten bezeichnen. **Kind A** kann dann ein Spezialist für dynamische Bewegung werden: für vielfältige Formen, Neuentwicklung, Feuer, sprudelnde Lebensfreude. Sein Bewegungsrhythmus in der Dynamik kann sich differenzieren und gestalten, und das Kind entwickelt eine natürliche Lebendigkeit. Aufgabe der Umwelt wird es dann sein, dieser Lebendigkeit genügend Raum zu lassen, dass sie sich entfalten kann und gleichzeitig das Kind dahingehend unterstützen, dass es mit seiner Lebendigkeit nicht überbordet und auch genügend Ruhephasen einlegen kann. **Kind B** wird seine Kraft aus den Ruhephasen schöpfen. Es braucht Muße, Ruhe und Freiraum, um sich entwickeln zu können. Eine unterstützende Umwelt wird ihm diesen Raum gewähren, aber auch erkennen, wann die Ruhe in Lethargie umschlägt und dann die nötigen Impulse zur Weiterentwicklung geben. Kind B wird dann Spezialist werden können für eine ruhige, überlegte Art zu handeln, aber auch konsequent, zielstrebig und durchhaltend das durchführen, was es sich vorgenommen hat.

Kann denn jetzt gesagt werden, das eine oder das andere sei richtig? Nein, denn ein gesunder Rhythmus zeichnet sich aus durch eine persönliche Färbung, die persönliche Gewichtung von Ruhe und Aktivität, klare Phasen von Spannung und Entspannung sowie eine deutliche Flexibilität.

Das heißt für die Entwicklung des Bewegungsrhythmus:
- Der Bewegungsrhythmus ist geprägt einerseits von den allgemeinen Phasen der Bewegungsentwicklung und andererseits von der ganz persönlichen Eigenart, diese zu gestalten. Ein Kind, das den Freiraum hat, diese Entwicklungsschritte in seinem eigenen Tempo und Rhythmus zu tun, hat viel mehr Möglichkeiten, seinen eigenen, persönlichen Rhythmus zu entdecken und zu entwickeln, als ein Kind, das diesen Freiraum nicht hat.
- Die Phasen von Spannung und Entspannung in der Bewegungsentwicklung und im Bewegungsrhythmus sind für jeden Menschen unterschiedlich ausgeprägt.
- Der Mensch braucht, damit sich sein Bewegungsrhythmus differenziert entwickeln kann, einen gewissen Freiraum, um seine Phasen individuell gestalten zu können. Das Kind wird erst mit zunehmendem Alter fähig, seinen Bewegungsrhythmus an äußere Gegebenheiten wirklich anzupassen. In der ersten Zeit braucht es eher ein gemeinsames Gehen der Bewegungsrhythmen von Kind und Umwelt, und erst mit zunehmender Differenzierung kann sich das Kind anpassen an Rhythmen, die von außen auf es zukommen.
- Ein Kind, welches den Freiraum hat, sich seinen persönlichen Rhythmen entsprechend zu entwickeln, hat die Möglichkeit, einen harmonische, seinen Wesenszügen und seiner Persönlichkeit entsprechenden Bewegungsrhythmus zu entwickeln. Ein anderes Kind, welches in seinem Rhythmus empfindlich gestört wird, wird in dieser Möglichkeit eingeschränkt.

Als Merkmale eines harmonischen Bewegungsrhythmus können bezeichnet werden:
- Phasen von Spannung und Entspannung sind im freien Wechsel möglich.
- Metrum und Puls oder rhythmische Muster können über längere Zeit durchgehalten werden.
- Die Bewegung kann beliebig variiert / schneller – langsamer werden, die Bandbreite von Bewegungsmöglichkeiten kann altersentsprechend ausgenützt werden.

- Die Bewegung kann auf Aufforderung angehalten, unterbrochen werden.
- Die Bewegung kann sich anpassen an verschiedene Geschwindigkeiten.
- Die Bewegung kann sich in ein Gruppentempo einfügen.

Welche Bedingungen braucht ein Kind, damit sich sein Bewegungsrhythmus entwickeln kann?

Wie wir bei der Entwicklung des Bewegungsrhythmus gesehen haben, prägt sich dieser aus in der freien Bewegung zwischen den verschiedenen Polen der Grundparameter von Musik und Bewegung: Zeit, Raum, Kraft, Form.

Rhythmus und Spannungsverteilung

Rhythmusveränderungen haben immer auch eine Veränderung des gesamten Spannungsverhältnisses im Körper zur Folge. Ein konstantes Beschleunigen eines Rhythmus hat eine Innerhalb des Parameters Zeit braucht ein Kind für seine Entwicklung:
- genügend Zeit, um für sich zu spielen
- endlos Zeit, um an bestimmten Beschäftigungen zu bleiben
- die Möglichkeit, schnell etwas machen können, rennen – laufen – hüpfen – große, kleine Schritte
- Respekt vor der persönlichen Gewichtung der Bewegungs- und Entwicklungsphasen
- Zeit-Raum, um den Tagesablauf, Jahresablauf etc. mitzuerleben und zu gestalten
- die Toleranz der Erwachsenen, damit es sich in seinem persönlichen Rhythmus bewegen kann, so wie es möchte und wie es kann, und nicht nach den Vorstellungen von jemand anderem.

Im Parameter Raum braucht ein Kind für seine Entwicklung:
- genügend Platz, um seine Bewegung zu erproben, auszuprobieren: mit verschieden großem Krafteinsatz, verschieden langen Schritten usw.
- Raum, wo es seine Bewegungen ausprobieren kann, ohne dass immer jemand zuschaut und es zurechtweist.

Die Gesetzmäßigkeiten des Parameters Kraft fordern für die Entwicklung des Kindes:
- große und kleine Gegenstände zum Hantieren
- schwere und leichte Gegenstände
- Gegenstände die dem Körper viel Widerstand bieten, schwer zu bewegen sind oder sogar fast nicht von der Stelle kommen (von 50 befragten Kindern im Alter von 4 bis 8 Jahren, gaben 45 an, noch nie eine richtig schwere Schubkarre gestoßen zu haben).

Innerhalb des Parameters Form braucht das Kind für seine Entwicklung:
- Vielfalt an Formen zum Experimentieren: gerade – rund – lang – kurz – eckig – kantig – weich
- Erdhaufen zum Wühlen – Bäume zum Klettern – unbeaufsichtigte Räume
- bewegliche Formen und stabile Gegenstände, die beim Ertasten nicht nachgeben.

Kurz gesagt: das Kind braucht Experimentierraum, um sich zwischen den Polen entfalten zu können und dabei seine persönliche Eigenart, seine eigene innere Zeit, seinen persönlichen Rhythmus zu entfalten. Musik und Bewegung / Rhythmik wirkt natürlicherweise harmonisierend zwischen diesen Polen und schafft sowohl einen strukturierten als auch einen freien Raum zum Experimentieren, Entdecken und Entwickeln von Bewegungsabläufen und deren entsprechende Umsetzung in Musik.

Stolpersteine in der Entwicklung:

Kommen wir nun zurück zu Kind A und B, und nehmen wir einmal an, sie haben sich gut entwickelt, sind aktiv und engagiert und haben ein gutes Maß an individuellem Rhythmus entwickelt. Schauen wir zum Vergleich zwei neue Kinder an: C und D. Sie bringen die gleichen Voraussetzungen mit, die A und B mitgebracht haben. C hat wie A eine Vorliebe für schnelle,

h) Die Bedeutung des Rhythmus für die Entwicklung des Menschen

dynamische Bewegungen, während D, genauso wie B, sich für die ruhige, eher statische Variante entschieden hat.

Nehmen wir nun an, dass bei diesen zwei Kindern sich die Entwicklung als nicht so einfach herausstellt und Schwierigkeiten auftreten. Was nun? Der Bewegungsrhythmus kann sich nicht mehr organisch entwickeln, er weicht aus, gestaltet sich in eine neue Richtung, die nicht mehr so natürlich zur Person passt. Die natürliche Beweglichkeit zwischen den Polen von Spannung und Entspannung wird eingeschränkt. Dies äußert sich in einer Betonung des einen Pols und einer Vernachlässigung des andern Pols. Der Spannungsbogen verlagert sich, die eine Seite wird überbetont, und der freie Wechsel von Spannung und Entspannung ist nicht mehr gewährleistet. Nach all dem, was wir nun schon erfahren haben über A und B, können wir auch annehmen, dass C sich eher in die schnelle Richtung entwickeln wird und D sich eher für die langsamere entscheidet. So können wir auch annehmen, dass C eher eine Tendenz zu lauten, nach außen wirkenden Reaktionen zeigen wird, D eher ruhig, nach innen gerichtet sein und depressiven Verstimmungen nicht abgeneigt ist.

Kind C, die schnellere Variante:

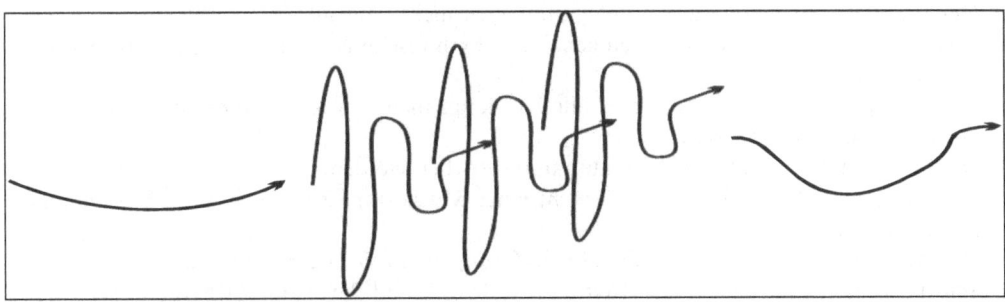

Kind C wird Mühe haben, sich zu bremsen. Sein Bewegungsrhythmus ist schneller als es verkraften kann, es kann sich nicht mehr vollumfänglich kontrollieren. Erfahrungsgemäss erhöht sich die Spannung, die Bewegung richtet sich mehr nach außen, und nach oben.

Kind D: die langsamere Variante:

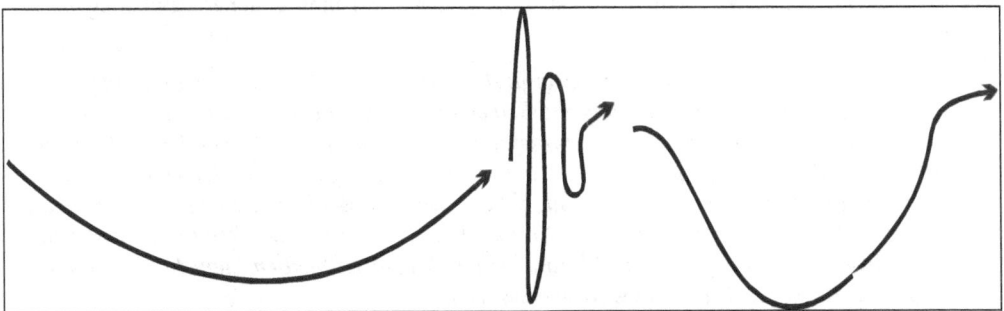

Kind D wird sich immer mehr in sich zurückziehen. Ein Rhythmus, der immer langsamer wird, hat die Tendenz, sich in Langsamkeit und Unbeweglichkeit zu verlieren, und sich deshalb mehr nach unten, Richtung Boden zu richten. Beide Kinder werden sich auf irgendeine Art und Weise, die für sie selber nicht natürlich ist, mit der Umwelt arrangieren müssen.

Rhythmus und Spannungsverteilung

Rhythmusveränderungen haben immer auch eine Veränderung des gesamten Spannungsverhältnisses im Körper zur Folge. Ein konstantes Beschleunigen eines Rhythmus hat eine Erhöhung der Spannung im Körper zur Folge: Das Tempo aller Handlungen ist schneller als es dem Durchschnitt entspricht. Dies hat Konsequenzen auf die Atmung, die ebenfalls schneller und dadurch kürzer wird. Ebenso erhöht sich der Muskeltonus, es entsteht mit der Zeit ein Hypertonus, und dies wiederum hat eine Verhärtung von Muskeln und Sehnen usw. zur Folge. In der Emotionalität zeigt sich dann die Überladung in einer erhöhten Erregbarkeit. Diese Kinder sind ständig in Bewegung, ihre Bewegungen wirken unkoordiniert, und sie sind insgesamt eher laut.

Eine konstante Verlangsamung des Bewegungsrhythmus hat die gegenteilige Wirkung. Die Grundspannung im Körper nimmt ab. Der Muskeltonus wird dadurch hypoton, unterladen. Von diesen Kindern hört und sieht man wenig, sie bewegen sich nicht viel, wirken aber oft auch uninteressiert oder gelangweilt.

Merkmale eines gehemmten Bewegungs-Rhythmus

- Der Wechsel von Spannung und Entspannung ist nicht ausgeglichen.
- Metrum und Puls können nicht eingehalten, rhythmische Muster nicht genau wahrgenommen werden.
- Der Bewegungsrhythmus ist immer ähnlich, kann nicht variiert werden, ist „gefangen" in einer bestimmten Bandbreite.
- Die Bewegungen können nicht spontan unterbrochen werden.
- Der Bewegungsrhythmus kann sich nicht einer Musik anpassen, auch nicht den Bedingungen des Alltags.
- Der Bewegungsrhythmus kann nicht in ein Gruppentempo eingepasst werden.

Durch die konsequente Arbeit mit Rhythmus in Musik und Bewegung / Rhythmik werden die Rhythmen eines Menschen in Bewegung und Handlung harmonisiert und ausgeglichen. Dadurch wird das Selbstvertrauen und die persönliche Handlungs- und Ausdrucksfähigkeit gestärkt und der natürliche Wechsel zwischen Spannung und Entspannung kann wieder vermehrt stattfinden.

Christian Larsen, der Begründer der Spiraldynamik in Zürich sagt im ersten Kapitel seines Buches „Die zwölf Grade der Freiheit, Kunst und Wissenschaft menschlicher Bewegungskoordination":

> „Gleichgewicht ist räumliche Bewegungskoordination, Rhythmus ist Bewegungsgestaltung in der Zeit. Rhythmus erweckt Bewegungen zum Leben und wird deshalb oft als „Persönlichkeit der Bewegung" aufgefasst. Rhythmus ist ansteckend und beginnt im Körper selbständig zu pulsieren......... Leben ist Bewegung und Bewegung ist Rhythmus. Leben ohne Rhythmus ist undenkbar. Gute menschliche Bewegungskoordination setzt deshalb ein gutes Rhythmusgefühl voraus. Der Verlust des Rhythmus während eines Bewegungsablaufs entspricht, um bei der Musik zu bleiben, dem faschen oder verpassten Einsatz während eines Konzertes. (10)

11 Material und Musikinstrumente

Die erste Ressource in der Arbeit mit Musik und Bewegung ist der Körper mit all seinen Bewegungen, Geräuschen, Körperklängen und der Stimme als körpereigenes Instrument. Weiter wird mit dem klassischen Rhythmikmaterial, mit Gegenständen aller Art sowie mit Musikinstrumenten gearbeitet.

a) Auswahlkriterien

Die Auswahl der benutzten Gegenstände, des Rhythmikmaterials oder der Musikinstrumente erfolgt nach den Kriterien der 4 Parameter, damit ihre Benutzbarkeit möglichst viele Aspekte offen lässt und alle benötigten Elemente berücksichtigt werden.

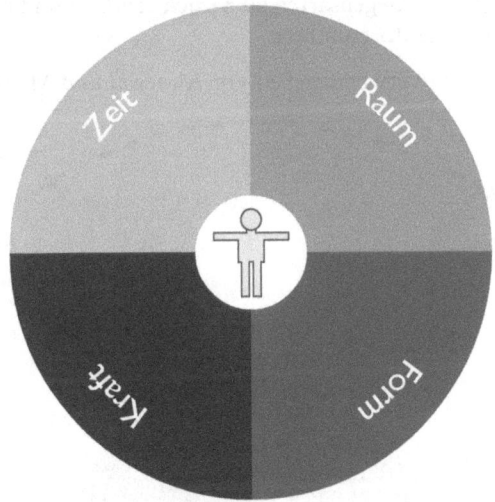

Material und Musikinstrumente innerhalb des Parameters Zeit

Im Rhythmik-Unterricht braucht es Gegenstände, die im Parameter Zeit variiert werden können. Mit diesen Gegenständen sollen in Musik und in Bewegung lange oder kurze Töne, langsame und schnelle Tempi und verschiedene Rhythmen dargestellt werden können. Die Materialien, Instrumente oder Gegenstände werden so ausgesucht, dass in ihrer Zusammensetzung die genannten Bedingungen des Parameters Zeit erfüllt werden.

Material und Musikinstrumente innerhalb des Parameters Raum

Zum Einsatz kommen unterschiedliche Gegenstände, die in der Bewegung sowohl in der Höhe als auch in der Tiefe verwendet werden. Dann werden Gegenstände benötigt, die vor allem in der Höhe, und solche, die vor allem in der Tiefe verwendet werden. Weiter braucht es solche, die nah am Körper gebraucht oder auch weit weg gerollt oder geworfen werden.

Als nächstes sind Gegenstände oder Instrumente gefragt, mit denen auf- und absteigende Bewegungen oder Melodien dargestellt werden können.

Parameter Kraft

In diesem Parameter braucht es zuerst Instrumente, mit denen man ganz laute und auch leise Töne erzeugen kann, außerdem solche Gegenstände, die in ihrer Handhabung unterschiedlichen Krafteinsatz benötigen. Es braucht stabile und instabile Gegenstände, große und kleine, sowie ganz große und ganz kleine Gegenstände. Ebenfalls ist ein Spektrum an unterschiedlichen Klangfarben zu beachten.

Parameter Form

Dieser Parameter erfordert unterschiedliche Qualitäten von Eigenschaften wie viereckige, dreieckige, runde Formen sowie solche, mit denen man Spiralen legen kann. Ebenso ist es wichtig, unterschiedliche Größen zu haben: Grosse und kleine, lange und kurze Gegenstände. Ebenfalls wird Material verwendet, mit dem man alle beliebigen Formen darstellen kann (zum Beispiel Seile und Tücher) sowie Gegenstände mit Eigenschaften, die nicht verändert werden können (zum Beispiel Reifen und Holzklötze).

Analog zum Aufbau innerhalb der 4 Parameter ist es wichtig, in der Auswahl von Material zunächst die Pole in ihren größten Gegensätzen zu berücksichtigen und nachher mit der Differenzierung innerhalb der Parameter fortzufahren.

Das folgende Schema zeigt die Verwendbarkeit von Material und Musikinstrumenten:

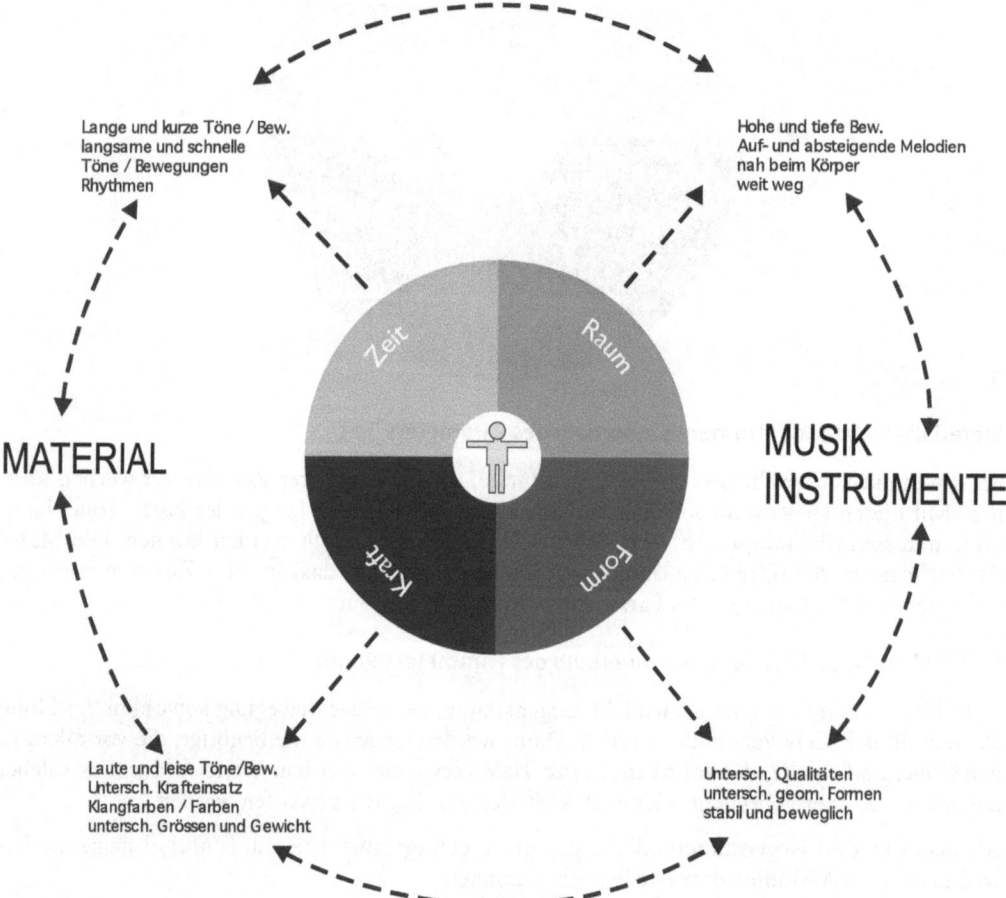

Was auch immer für Gegenstände benützt werden, in ihrer Auswahl sollen die hier genannten Aspekte berücksichtigt werden. Das benutzte Material wird so ausgewählt, dass alle Aspekte damit dargestellt werden können.

Es gibt Gegenstände, Rhythmikmaterialien oder Musikinstrumente, welche alle Aspekte automatisch abdecken. Andere berücksichtigen nur ein Element, dieses dafür ganz spezifisch. In diesem Fall muss dafür gesorgt werden, dass mit andern Gegenständen ergänzende Aspekte berücksichtigt werden.

Die Beschäftigung mit einem Gegenstand kann zu Musik und/oder Bewegung anregen, diese unterstützen, zu neuen Ideen führen. Gegenstände erweitern das natürliche Repertoire, ersetzen oder verstärken bestimmte Elemente der Bewegung oder der Musik, die nicht notwendigerweise in der natürlichen Bewegungsmöglichkeit liegen. Die Handhabung der Gegenstände hilft auch, sich zu konzentrieren. Funktionsweisen des Gegenstandes lenken ab, ermöglichen neue Klänge und Bewegungen.

b) Rhythmikmaterial

Das Material, welches von M. Scheiblauer entworfen worden ist, wird noch heute in vielen Institutionen gebraucht. Es ist nach den obigen Grundsätzen aufgebaut. Mit jedem dieser Materialien können Geräusche und Töne erzeugt sowie Bewegungen ausgeführt werden. So erfüllt jeder einzelne Gegenstand Kriterien zur Unterstützung der Bewegungsqualität, der Stabilität, der Geräuschquellen, und ganz spezifische Besonderheiten, welche je nach Arbeitsfeld und Zielsetzung der Arbeit von Nutzen sind oder nicht.

Allerdings gilt als die Voraussetzung, dass das ganze Material in Originalmassen benutzt wird. Berücksichtigt man diese in der Anwendung, so findet sich Grosses und Kleines, Schweres und Leichtes, Stabiles und sich immer wieder Veränderndes, laut Tönendes und leise Tönendes. Achtet man nicht auf diese differenziert zusammengestellten Qualitäten, so ergibt sich ein eher zufällig zusammengestelltes Inventar an Gegenständen, das in seiner Zusammensetzung niemals die Voraussetzungen zu einer ganzheitlichen Einsatzweise erfüllt, für die hier plädiert wird,

Die folgende Aufstellung der klassischen Rhythmikmaterialien und den entsprechenden Originalmassen entstammt dem Buch von J.L Neikes (1):
- *Reifen: große schwere Holzreifen, 18x20 mm stark und mit einem Durchmesser von 90 cm*
- *Rasselbüchsen: von etwa 7 x 7 cm, farbige Blechbüchsen, gut verkittet im Verschluss, gefüllt mit 4 mm Schrotkugeln von 15–45 Stück und dadurch modifiziertem Geräusch von hell bis dunkel*
- *Kugeln aus Holz, Durchmesser 9 cm, farbig*
- *Schlaghölzer: Naturholzstäbe, gedrechselt, 18 cm lang, 2 cm Durchmesser, Enden leicht konkav gearbeitet.*
- *Stäbchen: 2 x 10 mm, 25 cm lang, Holz, bunt*
- *Tennisball: Original, 6,5 cm Durchmesser*
- *Seile: weich (Baumwolle), geflochten oder gewirkt, nicht gezwirnt, etwa 6 mm Durchmesser, Länge 2,5 m*
- *Klötze: 3,5 x 12,0x24,0 cm, Holz, natur*
- *Farbige Tücher: 80 x 80 cm, weich, in den Grundfarben*
- *Rahmentrommel: 20 cm Durchmesser, Naturfell ohne Schellen und ohne Spannschrauben.*

Weiter gehören dazu: Gymnastikbälle in unterschiedlicher Größe, japanische Papierbälle, Luftballons, Kreppbänder oder Gymnastikbänder von 1,5 bis 2,5 m Länge, Chiffontücher, ein großes Schwungtuch.

Das Rhythmikmaterial folgt in seinem klassischen Aufbau auch der Symbolik der geometrischen Formen und der Grundfarben.

Viereckige Formen symbolisieren mehr das Ruhende, Kantige, Überschaubare, Begrenzte, runde Formen mehr das Umfassende, Umfangende, Erhaltende. Dreiecke symbolisieren eher Spannung und die Spirale bedeutet eine Linie, die sich aus sich selber entrollt, und daher offen und dynamisch ist. Sie kann gegen innen oder gegen außen gerichtet sein. Die Untersuchung dieser Symbolik müsste, damit sie umfassend dargestellt werden kann, Gegenstand eines weiteren Textes sein.

Vom Form- und Farberlebnis her sei hier festgehalten, dass die unterschiedlichen Grundformen und Grundfarben als Ganzes in der Wahl des Materials berücksichtigt werden sollen, will die Auseinandersetzung mit Formen und Farben wirklich das Prinzip der Ganzheit berücksichtigen.

c) Groove Pack

Das Groove Pack wurde von Elisabeth Danuser, Jürg Lanfranconi und Claudia Pachlatko für den Musik- und Bewegungsunterricht von Lehrkräften entwickelt und in Projektwochen und Kursen mit grossem Erfolg erprobt. Die Materialien ermöglichen eine variantenreiche, spielerische und klar organisierbare Lernfeldgestaltung und ermöglichen das Verbessern, Präzisieren und Variieren der rhythmisch-koordinativen Bewegungsfertigkeiten der Schülerinnen und Schüler. Die Materialien wurden nach den Gesichtspunkten Qualität, Form, Farbe, Stabilität, Grösse, Gewicht und Dynamik des Zusammenspiels ausgewählt. Alle Materialien regen an zum Erforschen von Klängen, zu spielerischem Umgang in der Bewegung und zum Zusammenspiel in der Gruppe. Zu den Materialien gehören Groovybag, Bälle, Shaker, Stäbe, Brushes (Drum-Besen) und Becher (2).

d) Musikinstrumente

Die Auswahl an Musikinstrumenten besteht aus einem Grundbestand von Instrumenten, welcher je nach persönlichen Vorlieben, nach Anforderungen aus dem Arbeitsfeld sowie aus der Sicht des vorhanden Budgets zu ergänzen ist.

Zu den grundlegenden Voraussetzungen gehören:
- 1 Klavier oder ein Akkordeon, auf jeden Fall ein Instrument, mit dem Harmonien gespielt werden können
- Instrumente für Rhythmus, Trommeln / Rasseln, für jedes Gruppenmitglied
- 1 Instrument mit ausklingenden Vibrationen
- ein Instrument zum Spüren von Vibrationen: Gong / Klangschalen
- 1 Trommel mit großem Fell, auf der alle Gruppenmitglieder gemeinsam spielen können
- Rassel-Instrumente mit unterschiedlichen Klangfarben
- 1 Melodie – Instrument: Klangstäbe / Xylophone.

e) Alltagsmaterial / Bewegungsgegenstände

Klassisches Rhythmikmaterial sowie das Musikinstrumentarium wird ergänzt durch Gegenstände unterschiedlichster Art. Diese werden ausgesucht nach folgenden Kriterien:
- zur Ergänzung einzelner Parameter:
  – Wenn ein bestimmter Parameter erarbeitet wird, können einzelne Gegenstände, die diesen besonders hervorheben, vorübergehend eingesetzt werden.
- Gegenstände zur Förderung der Wahrnehmungsförderung, zur Erstellung von Wahrnehmungs- oder Bewegungsparcours etc.
- Naturgegenstände: Steine, Holz, Blätter, Gras, Heu, getrocknete Pflanzen, Samen ...
- Recycling-Gegenstände: Papier, Wolle, Schnur, Schachteln, Säcke, Tücher, Decken, Blech, Nägel, Rohre, Yoghurt-Becher ...
- Gegenstände aus dem Schulalltag
  zum Beispiel: Rechenstäbchen, spezielle Würfel, Anatomie-Modelle ...
- Gegenstände dem Alltag
  zum Beispiel: Taschen, Hüte, Tisch, Stühle, Gebrauchsgegenstände aus dem Haushalt ...

- Gegenstände, welche die Schülerinnen und Schüler besonders mögen, oder gerne in den Unterricht mitbringen
- Gegenstände für ein bestimmtes Ereignis: Feste, Jahresfeste, Geburtstage
- Gegenstände, die zu einer Jahreszeit oder einem bestimmten Klima gehören: Regenschirme, Handschuhe, Skischuhe ...

f) Umgang mit Material und Instrumenten

Folgendes muss im Einsatz von Material oder Musikinstrumenten bedacht werden:
- **In Kontakt kommen:** Das **Austeilen** ist ein kreativer Akt, der die Sinne beeinflusst, auf das Material neugierig macht. Das Einführen oder Präsentieren eines Gegenstands ist eine Kunst für sich. Sie öffnet die Bereitschaft der Schülerinnen und Schüler, sich einzulassen auf das Handeln mit Musik und Bewegung. Die Art und Weise, wie dies getan wird, lenkt schon die Aufmerksamkeit auf verschiedene Eigenarten des Gegenstands. Je überraschender dies geschieht, desto höher ist auch die anschließende Konzentration. So können wir einem Gegenstand über seine Geräusche begegnen oder wir können uns über einen Tasteindruck annähern. Oft hilft ein Überraschungseffekt mit, die Motivation herbeizuführen, mit einem vielleicht schon bekannten Gegenstand auf ganz neue Art und Weise etwas zu gestalten. Eine andere Möglichkeit ist auch, die Schülerinnen und Schüler zuerst ausprobieren zu lassen und dann Ideen für die anschließende gemeinsame Gestaltung zu sammeln.
- Der **Umgang mit Gegenständen** kann auch ziemlich laut oder zuweilen gar gefährlich werden. Es empfiehlt sich, beim Verteilen zu zeigen, wie man die Gegenstände auch still halten kann, bis alle einen haben, oder wie man damit ruhig sein kann, wenn etwas besprochen werden soll.
- Das **Wegräumen** soll ebenfalls kreativ geschehen. Die Gegenstände können auf vielfältige Weise wieder verschwinden: möglichst schnell oder langsam, so klein als möglich gefaltet, auf einen Turm gelegt, zu einem Bild zusammengefügt etc.
- **Die spontane Bewegung:** Wenn wir Kindern ein Material in die Hand geben, welches sie nicht gut kennen, so ist es wichtig, dass sie zuerst Raum haben, dieses auszuprobieren. Beispiel: Wir spielen mit einem großen Schwungtuch. Alle Kinder wollen es zuerst schütteln, große Wellen und Wind machen. Müssen sie aber sofort eine vorgegebene Übung damit ausführen, so tun sie dies vielleicht, aber in jedem Moment kann es passieren, dass jemand trotzdem schnell schüttelt und es besteht jederzeit die Gefahr, dass ein Chaos ausbrechen kann. Es empfiehlt sich, bei jedem Material oder Instrument zuerst dem natürlichen Impuls, der spontanen Bewegung nachzugeben und erst hinterher in die Differenzierung einzusteigen.
- **Verschiedene Phasen** werden innerhalb einer Lektion im Umgang mit Material definiert:
    a) handeln auf Anweisung, Ideen bekommen,
    b) sich ein Repertoire der Handlungsmöglichkeiten mit dem Gegenstand erarbeiten,
    c) konventioneller und unkonventioneller Umgang mit Material im regelmäßigen Wechsel mit Phasen freien Experimentierens, in denen die unterschiedlichsten Aktivitäten und Gestaltungsmöglichkeiten erprobt werden,
    d) die Handlungsebenen im Umgang mit einem Material, aus unterschiedlichen Perspektiven beleuchten.
- **Anwendungsmöglichkeiten:** Ein Material kann
    a) mit allen Körperteilen bewegt werden,
    b) in unterschiedlichen Aspekten von Raum und Körper erfahren werden,
    c) in allen Dimensionen der 4 Parameter erlebt werden,
    d) viele unterschiedlichen Klänge und Geräusche erzeugen,
    e) mit allen Sinnen wahrgenommen werden,
    f) als verbindendes Element im sozialen Bereich dienen,

g) ein „Medium" im persönlichen Ausdruck werden, in freier Form zum kreativen Umgang anregen, sich in etwas „verwandeln" (zum Beispiel ein Kleidungsstück, ein Dach ...) oder ein bestimmter Teil einer Gestaltung werden (zum Beispiel der Stamm eines Baumes ...).

- **Sorgfalt und Konzentration:** Wenn nur wenige Gegenstände auf einmal benutzt werden, so erhöht sich die Anzahl der Möglichkeiten, die mit diesem ausprobiert werden können. Dadurch wird die Phantasie angeregt, denn es braucht viele Ideen, was man alles mit einem Gegenstand machen kann. Es verstärkt aber auch die Fähigkeit, sich auf etwas zu konzentrieren, mit einem Gegenstand ganz unterschiedliche Bewegungen oder Geräusche zu erzeugen oder sich mit diesem zusammen in etwas zu verwandeln.
- **Vorteile, Nachteile, Tücken und Gefahren:** Jedes Material hat unterschiedliche Vorteile, Tücken und sogar Gefahren. Es zahlt sich unbedingt aus, sich über diese ganz im Klaren zu sein und dies auch mit den Schülerinnen und Schülern zu thematisieren.

f) Umgang mit Material und Instrumenten

MUSIK UND BEWEGUNG KONKRET

2. TEIL: DYNAMIK

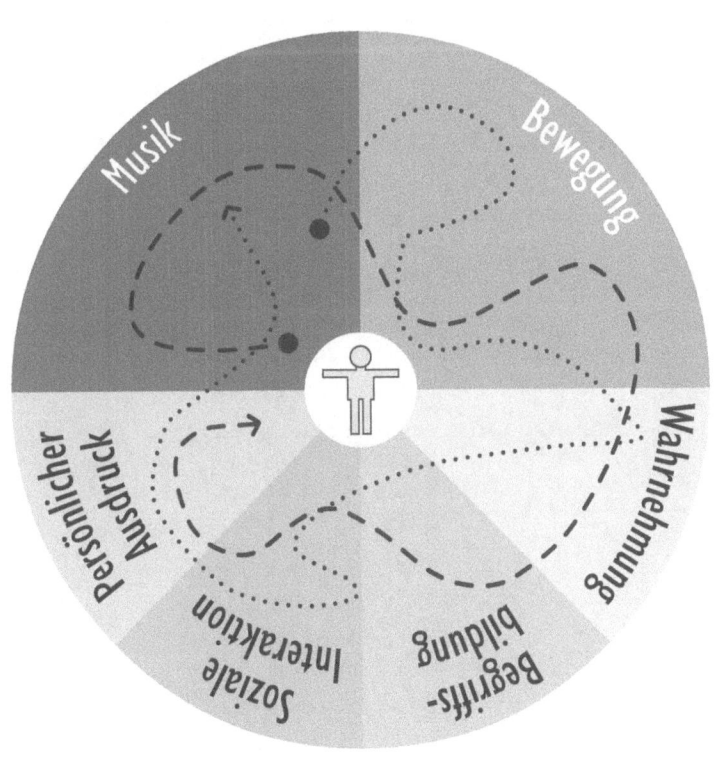

12 Die Aesthetik der Unterrichtsgestaltung

a) Qualität

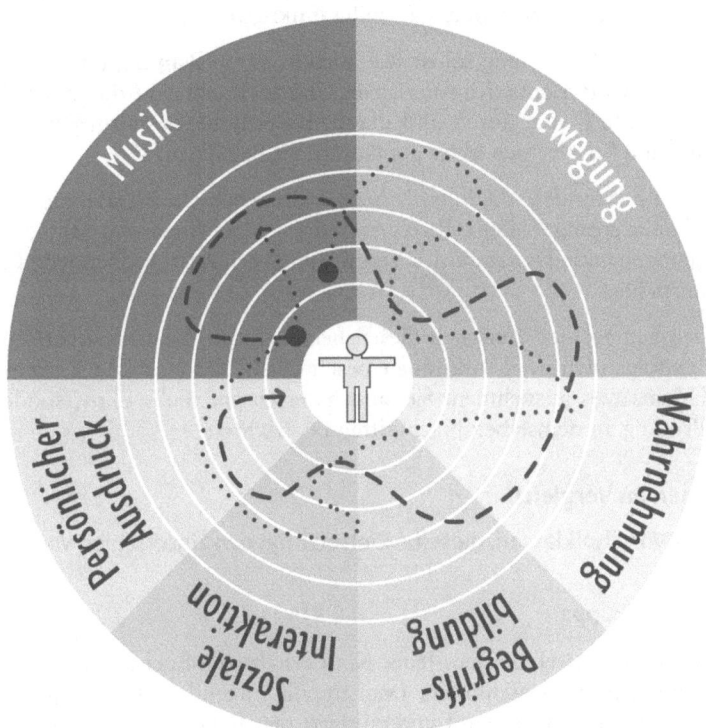

Inhalt und Gegenstand des Faches Musik und Bewegung / Rhythmik sind die sechs Bereiche und ihre Teilbereiche, die im ersten Teil beschrieben worden sind. Sie bilden als Struktur die Grundlage des gesamten Unterrichts. In der praktischen Arbeit müssen die einzelnen Bereiche und ihre Teilbereiche je nach Alter und Fähigkeiten der Schülerinnen und Schüler in unterschiedlichen Gewichtungen berücksichtigt werden. Ziel und Richtung innerhalb der Struktur, die Auswahl der Bereiche wie auch die Festlegung der Übergänge vom einen Bereich in den anderen bzw. deren Mischung machen die Dynamik des Unterrichts aus.

Ein dynamischer Unterricht wird entwickelt auf der Klarheit der Struktur und der Zielsetzungen für das gesetzte Zielpublikum und kann sich auf dieser Grundlage in der direkten Interaktion immer wieder neu entwickeln.

Mit dem Begriff „Dynamik der Unterrichtsgestaltung" wird eine aesthetische Gestaltung des Unterrichtsprozesses definiert, welcher zum Ziel hat, das Unterrichtsgeschehen selbst als künstlerischen Prozess in der Interaktion mit allen Beteiligten entstehen zu lassen. Die Dynamik der Unterrichtsgestaltung entsteht in der Dualität zwischen der klaren Zielsetzung der im ersten Teil beschriebenen Struktur und der improvisatorischen Gestaltung von Ergebnissen und Prozessen, welche auf künstlerischen Gestaltungsprozessen beruht. So wird jeder Unterrichtsprozess selbst zum künstlerischen Gestaltungsprozess und lässt in dieser Dynamik jedes Mal neue Ergebnisse entstehen.

Durch die Interaktion und die Gestaltung der Prozesse entsteht ein lebendiger Unterricht, der in weiten Teilen nicht voraussehbar ist und sich immer wieder neu manifestieren kann.

Genaue Planung und flexible Durchführung bedingen immer auch eine kritische Auswertung des Unterrichts. Sie bleiben als Anforderungen deswegen gleichberechtigt nebeneinander stehen, weil die Kommunikation mit den Schülerinnen und Schülern auch die beste Unterrichtsvorbereitung bisweilen modifiziert oder gar völlig umkrempelt.

Diese Dynamik, in der Vermittlung selbst wie auch in deren Planung und Auswertung, ist die eigentliche Kunst des Unterrichts. Künstlerischer Unterricht entsteht durch eine klare Orientierung auf ein Ziel hin und eine durch und durch dynamische Gestaltung, welche dazu führt, dass Schülerinnen und Schüler sich aktiv am Unterricht beteiligen.

Demgegenüber gibt es Stunden, die inhaltlich zwar dieselben Übungsabläufe aufweisen, in denen aber kein „Funke springt". Dort absolvieren die Schülerinnen und Schüler den Unterricht unmotiviert. Die mangelnde Dynamik der Vermittlung verhindert jedoch jede Lebendigkeit innerhalb des Unterrichts.

Um den zentralen Unterschied zwischen diesen beiden Arten des Unterrichts zu veranschaulichen, werden im folgenden zwei Lektionen beschrieben, die sich wie Extrembeispiele eines konstruierten Gegensatzes ausnehmen. Sie sind indessen gar nicht fiktiv, sondern wurden im Rahmen einer Prüfung an demselben Nachmittag beobachtet:

b) Zwei Lektionen im Vergleich

2 Lehrpersonen, 2 Vorschulklassen, dieselbe Zielsetzung: den Unterschied von laut und leise in der Musik kennen

Lektionsprotokoll: 1. Gruppe

Die Lehrperson verteilt Rasselbüchsen. Jedes Kind erhält eine Büchse. Alle fangen spontan an zu schütteln, es entsteht ein Riesenkrach. Dem Impuls folgend, stehen einige Kinder auf, und springen zusammen mit der Büchse auf und ab. Jetzt machen die Füße und die Büchsen Krach. Nach einer Weile haben alle genug von dem Lärm und werden still. Jetzt ist der Moment gekommen, mit den Rasselbüchsen leise zu spielen. „Wie viele verschiedene Geräusche finden wir heraus?" Die Ideen der Kinder werden aufgegriffen und von der Gruppe imitiert: Alle tippen mit den Fingern auf den Büchsen, schütteln ganz fein, tragen die Büchse im Raum, ohne dass man etwas hört oder schieben sie auf dem Boden. Am Ende spielt die Lehrperson mit den Büchsen nochmals laute und leise Musik vor, und die Kinder fertigen dazu eine Zeichnung an. Die Zeichnungen und das Interesse der Kinder am Zeichnen machen deutlich, dass alle verstanden haben, was laut und leise ist.

Lektionsprotokoll: 2. Gruppe

Die Lehrperson verteilt Rasselbüchsen. Die Kinder beginnen spontan zu schütteln. „Schsch", sagt die Lehrerin, „erst wollen wir leise Töne machen." Sie macht den Kindern vor, wie man leise Töne macht, und die Kinder imitieren sie. Ab und zu beginnt ein Kind, seine Büchse fest zu schütteln. „Schsch", sagt die Lehrerin, „zuerst die leisen Töne." Nach einer Weile dürfen alle Kinder laut schütteln. Einige beginnen, spontan mit dem Schütteln auf und ab zu springen. Die Lehrerin zeigt ihnen, dass sie jetzt sitzen sollen. Später dürfen sie zur Musik herumspringen. Einige stoßen zusammen, andere lassen die Büchsen fallen. Am Ende malen auch sie ein Bild: Die Zeichnungen zeigen, dass auch diese Kinder den Unterschied verstanden haben. Die Bilder sind aber markant weniger deutlich und auch weniger originell. Sie zeigen wohl an, dass der Inhalt „laut und leise" gelernt ist, aber sie machen auch klar, dass weniger individuelles Interesse an der Sache vorhanden ist.

c) Lernerfolg

Lernziel laut und leise unterscheiden: alle Kinder haben dieses Lernziel erreicht.

Motivation zum Weiterlernen:

1. Gruppe: Anstieg der Motivation zum Weiterlernen bei allen Kindern, die Kinder erlebten das Lernen als lustvoll, interessant, und konnten mit ihren persönlichen Gefühlen zum Lernen aller beitragen.

2. Gruppe: Die Motivation wurde eher gebremst, die Kinder erfuhren, dass Lernen bedeutet, die eigenen Gefühle hintanzustellen und dass die Lehrerin besser weiß, was für sie richtig ist, als sie selber.

Bereich Musik:

1. Gruppe: diese Gruppe hat einen organischen Ablauf erlebt und Musik als etwas Spannendes und Inspirierendes erlebt

2. Gruppe: die Kinder haben Musik als etwas erlebt, das nicht interessant und motivierend ist.

Bereich Bewegung:

1. Gruppe: Die Kinder nutzen ihre spontanen Bewegungsimpulse zur Erforschung des Themas. Ihre Bewegungen sind im Unterricht akzeptiert und die Lehrerin hilft mit, diese zu lenken. Die Kinder entwickeln eine natürliche Beziehung zu ihren eigenen Bewegungsmöglichkeiten und -bedürfnissen. Sie können auch erkennen, wann Bewegung im Unterricht angesagt ist und wann man besser auch einmal still bleibt.

2. Gruppe: Die natürlichen Bewegungsimpulse der Kinder wurden von der Lehrerin unterdrückt und als störend bewertet. Die Kinder lernen, dass sie ihre Bewegungsimpulse nicht offen ausleben können. Sie empfinden ihre Ideen zur Bewegung als nicht gewinnbringend für den Unterricht. Sie gewöhnen sich daran, ihren Bewegungsimpulsen „hintenherum" nachzugeben, nicht in einer offenen Form. Bewegung wird so zu einem Mittel, im Unterricht einen verdeckten Machtkampf auszutragen, den Unterricht zu stören und nicht als eine Fähigkeit, die sinnvoll eingesetzt und genutzt werden kann. Dadurch erhält Bewegung den Charakter von etwas, das im Versteckten ausgeführt werden muss.

Bereich der Wahrnehmung

1. Gruppe: die Kinder folgten mit ihren Wahrnehmungsaktivitäten ihrer Motivation und erlebten Wahrnehmung als etwas Spontanes.

2. Gruppe: die Kinder lernten, dass Wahrnehmen mit Anweisung zusammenhängt und dass sie das nicht spontan können.

Bereich Begriffsbildung:

Beide Gruppen haben die Begriffe gelernt.

Bereich soziale Interaktion:

1. Gruppe: die Kinder haben die Dynamik der Gruppe als unterstützend erlebt und haben Spaß daran gehabt, auf die Ideen anderer einzugehen.

2. Gruppe: die Kinder haben einander gegenseitig in ihren berechtigten Störmanövern unterstützt und kein positives Gruppengefühl entwickeln können. Die Gefühle der Zusammengehö-

rigkeit wurden auf der negativen Seite gestärkt, in der gemeinsamen Verbindung gegen den Unterricht und so konnte kein sinnvolles „Miteinander" entstehen.

Bereich persönlicher Ausdruck:

1. Gruppe: „Wenn ich meinen Impulsen folge, so ist das gut und richtig".

2. Gruppe: „Meine eigenen Impulse stören den Unterricht".

Die Dynamik der beiden Stunden:

1. Gruppe: Schauen wir nun Beispiel 1 nochmals an. Die Lehrperson hat eine klare Vorstellung vom Lernziel. Sie hat sich auch genau überlegt, was sie mit den Kindern tun will, nämlich laut und leise erfahren, spielen mit den Rasselbüchsen und dann den Unterschied zeichnen. In dieser Sicherheit begegnet sie den Kindern offen und folgt ihrem Rhythmus, indem sie zuerst das Laute in den Geräuschen und den spontanen Bewegungen aufgreift. Die natürlich entstehende Stille nutzt sie für das Experimentieren der leisen Geräusche und fasst beides am Schluss zu einem abschließenden Bild zusammen. Sie folgt den Bedürfnissen und Impulsen der Klasse und gestaltet daraus einen dynamischen Ablauf, ohne dabei den roten Faden aus den Augen zu verlieren.

2. Gruppe: Die zweite Lehrperson folgt einer genauen Vorbereitung. Auch sie hat sich genau überlegt, was sie erreichen will. Aber im Durchführen der Übungen empfindet sie die Ideen der Kinder eher als Störung denn als Bereicherung. Sie hält fest an der Vorbereitung und ist nicht offen genug, die Dynamik der Lektion den Bedürfnissen der Kinder anzupassen. Hat sie „brave" Kinder in ihrer Klasse, so wird sie wenig Probleme haben, außer, dass die Kinder nicht so begeistert sind. Sind aber auch etwas schwierigere Kinder dabei, so wird bald Unruhe entstehen und sie wird auch selber zu einem gewissen Teil die Motivation für den Unterricht verlieren.

Schlussfolgerung:

Alle haben des Lernziel erreicht. Es liegt aber auf der Hand, dass die Kinder der ersten Gruppe sich auf die weiteren Stunden freuen werden, ihre Ideen einbringen und weiter motiviert sind, während die Kinder der zweiten Gruppe in ihrem Interesse bald nachlassen werden.

Je mehr wir in einer Lektion dem natürlichen Rhythmus der Gruppe folgen, desto mehr kann das Kind in seiner Ganzheit, denkend – fühlend – bewegend – spielend, am Unterricht teilnehmen. Folgen wir dem natürlichen Rhythmus nicht, so entstehen mehr und mehr schwierige Situationen. Die Kinder lernen zwar, aber sie beteiligen sich nicht wirklich persönlich am Geschehen. Sie verlieren bald das Interesse an der Musik, finden Musik sei langweilig, oder sie seien halt unmusikalisch. Auf jeden Fall geht die Begeisterung, die Freude, die Lebendigkeit verloren. Die Lernziele des Unterrichts in der zweiten Gruppe werden je länger je mehr in den Hintergrund treten und alle werden ihre anfängliche Freude verlieren.

Der Lernerfolg in der ersten Gruppe aber wächst mit dem Interesse. Das Interesse und die Motivation vergrößern sich im Moment, wenn die eigenen Impulse nutzbringend eingebracht werden können, wenn das Kind das Gefühl bekommt: „So wie ich bin, kann ich lernen, kann ich zum Lernerlebnis der ganzen Gruppe beitragen, ist es uns allen wohl".

Die Erkenntnisse, die sich aus den beiden beschriebenen Unterrichtsstunden ergeben haben, bilden den geeigneten Ausgangspunkt, um in den folgenden Kapiteln zu erörtern, welche Merkmale die lebendige Unterrichtsgestaltung aufweisen muss und wie diese erlernt, praktiziert und reflektiert werden kann.

13 Der ästhetische Lern-Raum

a) Kreative Prozesse

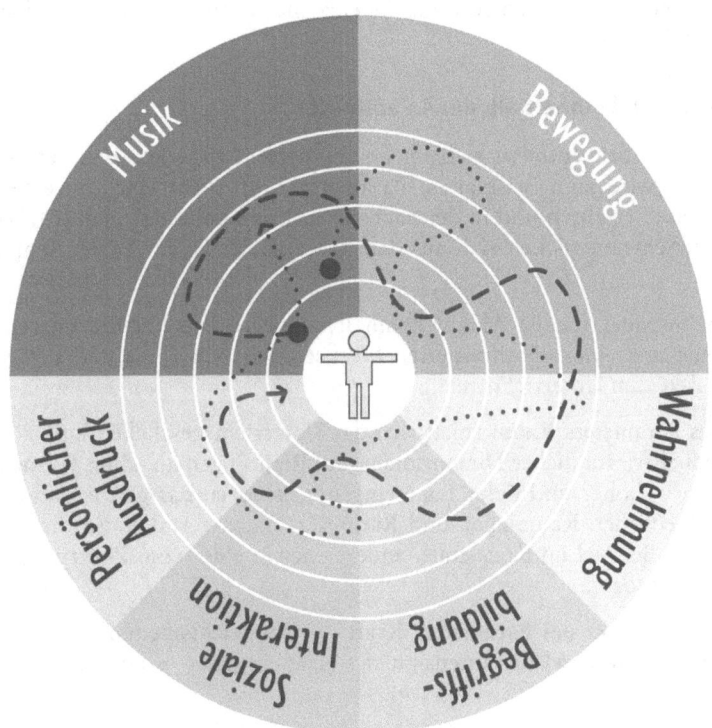

Im Fach Musik und Bewegung entspricht der Gegenstand des Lernens gleichzeitig dem Medium der Gestaltung des Unterrichts. In der künstlerisch – pädagogischen Arbeit wird damit die Unterrichtsgestaltung zu einer Art Performance, in der das Lernen eine aktive Auseinandersetzung mit Musik und Bewegung darstellt. In einem solchen Unterricht entsteht das, was vermittelt werden soll, gleichzeitig als ästhetischer Lern-Raum, in dem die Schülerinnen und Schüler den Gegenstand des Unterrichts hören, fühlen, sehen, musizieren und bewegen können. Im vorangegangenen Beispiel ist der Unterschied von „laut und leise" nicht nur das Ziel des Unterrichts, sondern das Spannungsfeld zwischen laut und leise wird bei Gruppe 1 ebenfalls als Medium der Unterrichtsgestaltung genutzt, welches die Dynamik der Lektion und damit auch den ästhetischen Lern-Raum bestimmt. Denn einzelne Teile der Lektion werden laut gestaltet, andere leise, in stets wechselnden Ausdrucksformen. Die Kinder erleben und gestalten die Gegensätze im Rahmen eines Unterrichtsgeschehens, das ebenfalls aus sorgfältig gestalteten lauten und leisen Teilen besteht. Der Begriff „laut" wird in allen Bereichen erfahren und ausgedrückt. Der Unterricht wird zuerst real laut und die anschließende Ruhe lässt echte Stille entstehen. Im Beispiel von Gruppe 2 entsteht dieser Lernraum nicht. Die Unterrichtsinhalte laut und leise werden eher abstrakt abgehandelt, und weniger in einer inspirierenden Dynamik gestaltet. Die Kinder lernen zwar den Unterschied der beiden Begriffe kennen, begegnen aber nicht den damit verbundenen vielfältigen Gestaltungsmöglichkeiten, welche die kreative und künstlerische Erfahrung letztendlich erst ausmachen. Durch diese Art der Vermittlung soll deutlich werden, dass die Pole für sich sinnlos sind, ja dass sie nur als Extremwerte eines Spannungsverhältnisses zu erfahren sind, als welche sie ja begrifflich überhaupt erst entstanden sind. In diesem Sinne sind alle im ersten Teil „Struktur" beschriebenen Aspekte und Bereiche sowohl Gegenstand des Unterrichts als auch Medium in der Vermittlung und werden somit

Teil der „Dynamik" des Unterrichts. Analog zum Aufbau der „Struktur" im ersten Teil werden nun die 4 Parameter, der Rhythmus, sowie die 6 Bereiche unter dem Gesichtspunkt dargestellt, wie sie die Dynamik des Unterrichts bestimmen. Die beschriebenen Grundsätze der Unterrichtsdynamik gelten immer sowohl für die einzelne Lektion als auch für einen Ablauf über einen längeren Zeitraum.

b) Unterrichtsdynamik innerhalb der 4 Parameter

Die pädagogische Arbeit entfaltet sich im Spannungsfeld zwischen den verschiedenen Polen der Parameter. So wird zum Beispiel im Parameter Kraft nicht eine ganze Lektion lang die Qualität des „Leise" erfahren und in der nächsten Lektion dann das „Laute", sondern die Dynamik des Unterrichts entwickelt sich aus dem Erlebnis der Dynamik der Spannung zwischen diesen.

Jeder künstlerisch-pädagogische Ablauf beinhaltet längere und kürzere Phasen, schnelle und langsame Anteile und einen rhythmisierten Wechsel zwischen Ruhe und Bewegung. So wird der Parameter **Zeit** zum Unterrichtsmedium.

Hinsichtlich des Parameters **Raum** spielt sich das Unterrichtsgeschehen immer im Spannungsfeld unterschiedlicher räumlicher Dimensionen und Richtungen ab. Zum Beispiel werden nicht nur Bewegungen in hoher und tiefer Lage eingeübt, sondern das ganze Unterrichtsgeschehen wird in unterschiedlichen Raumlagen und Raumrichtungen gestaltet. So finden einzelne Teile einer Lektion zum Beispiel im Kreis statt, andere eher in einer vom Zentrum gegen außen gerichteten Bewegungsform.

Unter dem Gesichtspunkt des Parameters **Kraft** als Unterrichtsmedium werden unterschiedliche Lautstärken und Wechsel der Intensität des Krafteinsatzes in einer dynamischen Abfolge gestaltet.

Form entsteht im Unterricht in unterschiedlichen Anordnungen im Raum. So ist es nicht dasselbe, ob alle Schülerinnen und Schüler sich während eines Ablaufs in einer Reihe, im Kreis, in Form einer Spirale oder frei verteilt im Raum befinden. Der ästhetische Lern-Raum wird bestimmt durch die Symbolik der Formen wie sie im Kapitel über Material und Instrumente beschrieben werden. Ebenso spielen in der Gestaltung des Unterrichts als Zeit die Gestaltungsprinzipien der musikalischen Formen eine Rolle. So kann die Dynamik des Unterrichts ähnlich einer dreiteiligen musikalischen Form aufgebaut sein, andere Stunden haben eher den Charakter einer Variation. Es kann auch vorkommen, dass einzelne Motive in einer Lektion immer wieder vorkommen, so wie dies auch in der Musik der Fall sein kann.

Interessant ist ein Unterricht, der sozusagen „pulsiert" zwischen den Polen der Parameter. Langweilig wird der Unterricht, wenn er immer im selben Tempo, am selben Ort im Raum oder in der gleichen Tonlage oder Lautstärke stattfindet.

c) Rhythmus und Rhythmisierung in der Dynamik des Unterrichts

Die Definition des Rhythmus gilt nicht nur für die Vermittlung und das Erlernen von Rhythmus und rhythmischen Strukturen, sondern auch für die Gestaltung des Unterrichts selbst. Die Rhythmisierung bestimmt die Zeitdimension, innerhalb derer der Unterricht gestaltet wird. Auch sie wird flexibel gehalten und entsteht zu einem Teil in der genauen Vorbereitung und zu einem anderen Teil spontan im Unterricht.

Nochmals zurück zur Definition von Rhythmus: „Rhythmus ist die duale Einheit von Spannung und Entspannung". Entsprechend dieser Definition kann gesagt werden, dass in einem Ablauf eine ausgewogene Dynamik dann vorherrscht, wenn sowohl Spannungs- als auch Entspannungspunkte darin vorkommen. Analog zur Darstellung der Spannungskurve einer Dyna-

c) Rhythmus und Rhythmisierung in der Dynamik des Unterrichts

mik zwischen Spannung und Entspannung, wird jetzt die zeitliche Anordnung innerhalb eines pädagogischen Prozesses betrachtet. Diese Rhythmisierung kann im Rahmen einer Lektion, aber auch innerhalb eines längeren Ablaufs betrachtet werden.

Spannungskurven in einem pädagogischen Prozess:

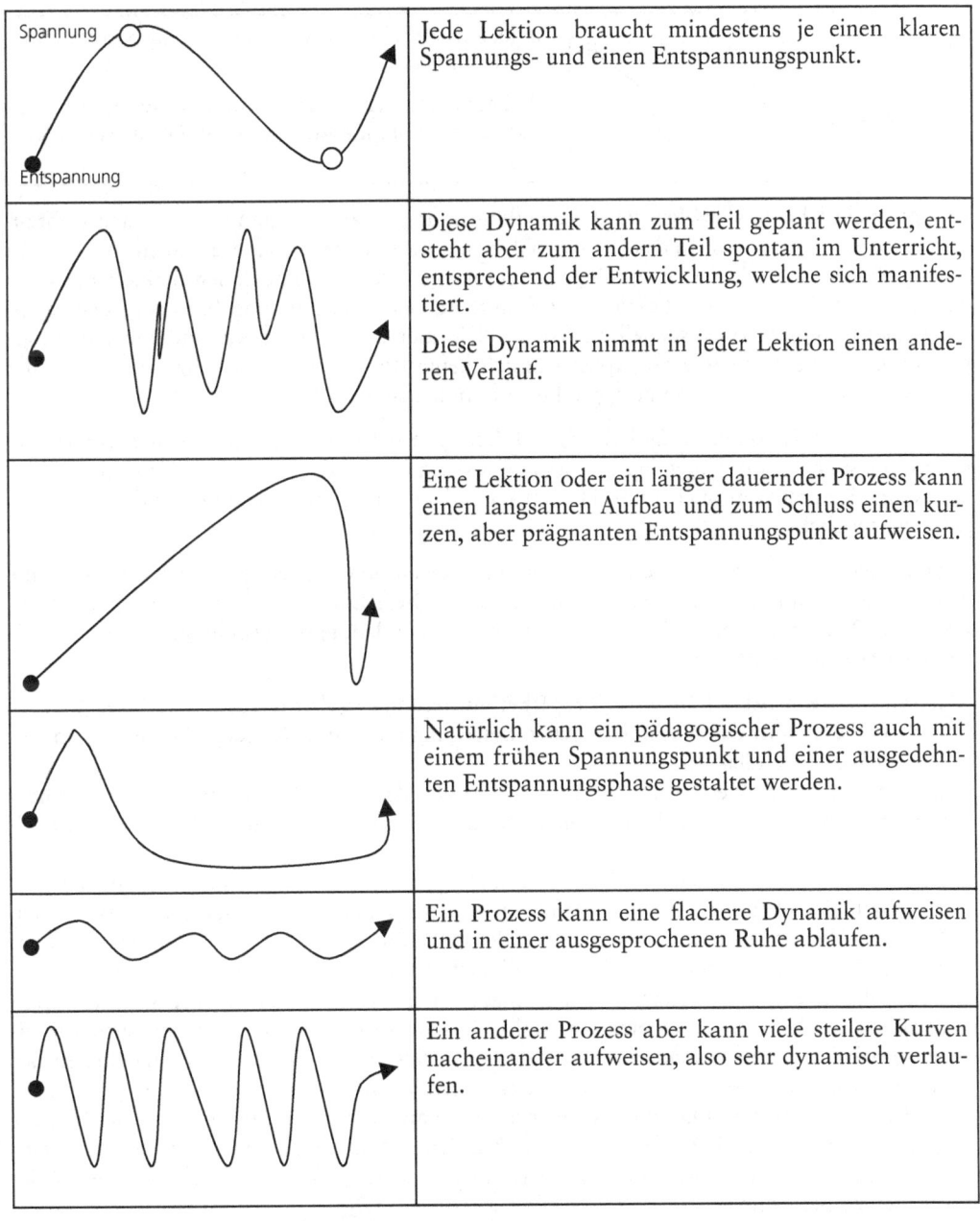

	Jede Lektion braucht mindestens je einen klaren Spannungs- und einen Entspannungspunkt.
	Diese Dynamik kann zum Teil geplant werden, entsteht aber zum andern Teil spontan im Unterricht, entsprechend der Entwicklung, welche sich manifestiert. Diese Dynamik nimmt in jeder Lektion einen anderen Verlauf.
	Eine Lektion oder ein länger dauernder Prozess kann einen langsamen Aufbau und zum Schluss einen kurzen, aber prägnanten Entspannungspunkt aufweisen.
	Natürlich kann ein pädagogischer Prozess auch mit einem frühen Spannungspunkt und einer ausgedehnten Entspannungsphase gestaltet werden.
	Ein Prozess kann eine flachere Dynamik aufweisen und in einer ausgesprochenen Ruhe ablaufen.
	Ein anderer Prozess aber kann viele steilere Kurven nacheinander aufweisen, also sehr dynamisch verlaufen.

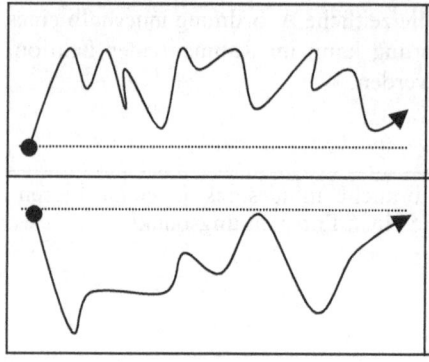

	Wenn in einem Ablauf zu viele Spannungspunkte vorhanden sind, wird eine Übungsabfolge hektisch. Es entsteht keine Ruhe und keine Entspannung.
	Umgekehrt bringen zu wenig Spannungspunkte Langeweile mit sich. Alle Beteiligten verlieren das Interesse. Einige Schüler beginnen zu stören, andere gehen in Gedanken weg.

Im Unterricht lehrt uns das Prinzip der Rhythmisierung, Spannung und Entspannung wahrzunehmen und zu gestalten, und zwar sowohl in jedem kleinsten Ablauf als auch in größeren Zeitabständen. Wie wir die Dynamik gestalten, hängt von der momentanen Befindlichkeit der Beteiligten ab. Ob wir eine Lektion mit Spannung oder Entspannung beginnen, den Spannungsbogen langsam oder schnell aufbauen, viele kleinere Höhepunkte und Entspannungspunkte haben, oder nur je einen, spielt letztlich keine Rolle, wichtig ist lediglich, dass immer klare Spannungs- und Entspannungspunkte vorhanden sind.

Das Prinzip der Rhythmisierung kann grundsätzlich in jedem Prozess angewendet werden. Im Unterricht sorgt es für Lebendigkeit, Spannungsausgleich und Aufrechterhaltung der Dynamik. Ohne Spannungsausgleich und Dynamik ist Motivation, Interesse und Freude am Lernen gar nicht möglich.

Rhythmisierung bedeutet für die Lehrperson, dass sie ein Bewusstsein entwickeln muss für die dynamische Gestaltung eines Ablaufs, einer Lektion. Diese Entwicklung erfolgt nach den Prinzipien des Rhythmus, der Variation und der organischen Übungsentwicklung, gestützt auf die Basis der erlernten Strukturen.

Unterschiedliche Aspekte können in ihrer Rhythmisierung gestaltet werden:
- Am sichtbarsten ist der Wechsel zwischen Bewegung und Ruhe. In jeder Lektion sollten beide Aspekte vorhanden sein.
- Ebenfalls wird der Wechsel in der Aufmerksamkeit der Schülerinnen und Schüler in einem Gruppenprozess und der ruhigen Konzentration einer Einzelbetätigung rhythmisiert gestaltet.
- Der Wechsel der verschiedenen Pole innerhalb der Parameter ist ebenfalls von Bedeutung. Innerhalb einer Lektion oder eines längeren Ablaufs sollen immer beide Pole vorkommen. Niemals sollen in einer Lektion nur hohe oder nur laute Töne gespielt werden. Irgendwann, und sei dies auch nur von kurzer Dauer, soll auch der Gegenpol zum Zug kommen.
- Innerhalb der einzelnen Bereiche wird auch auf einen rhythmisierten Wechsel geachtet. Zum Beispiel kann im sozialen Bereich innerhalb eines Ablaufs nicht immer nur in Partnerübungen gearbeitet werden, sondern es soll zwischen den unterschiedlichen Möglichkeiten der Gruppenzusammensetzung in einem rhythmisierten Wechsel variiert werden.
- Zu Beginn der Gestaltung von rhythmisierten Abläufen ist es einfacher, sich einen Aspekt herauszugreifen und diesen bewusst zu rhythmisieren. Mit der Zeit aber wird es immer einfacher, den Bogen der allgemeinen Aufmerksamkeit als ein ganzheitliches rhythmisiertes Geschehen zu betrachten.

Im Grunde genommen kann jede Lektion wie ein Musikstück oder wie eine Choreographie gestaltet werden:
- zum Beispiel ein langsamer Aufbau, eine angenehme Ruhephase und ein fulminanter Abschluss,
- ein schneller Wechsel verschiedener Phasen,

- ein regelmäßiger Aufbau, etwa gleich lang im Aufbau wie im Abschluss,
- ein langsamer Aufbau, der in einer Vorführung endet.

In einem rhythmisierten Ablauf sind alle nur denkbaren dynamischen Folgen möglich.

In der Arbeit mit kleineren Kindern oder mit Kindern mit besonderen Bedürfnissen ist es am Anfang besser, mit einer klaren Strukturierung und immer ähnlichen rhythmisierten Abläufen zu arbeiten. Je differenzierter die Arbeit wird, desto differenzierter sind auch die rhythmisierten Prozesse der Unterrichtsgestaltung.

Interessant ist eine Lektion, die von ihrem Rhythmus lebt, über gewisse Strecken schneller, über andere langsamer gestaltet ist, Phasen aufweist, die viele Höhepunkte haben und andere, in denen es eher gemächlich vorangeht.

Langweilig wird der Unterricht, der keine oder immer nur die gleichen Höhepunkte kennt und immer im selben Trott stattfindet.

Rhythmisierung und künstlerische Gestaltung pädagogischer Aktionen

Gemäss der Definition von Rhythmus findet immer eine Bewegung im Spannungsfeld der Pole statt. Ein kunstvoll gestalteter Übungsablauf entwickelt sich organisch zwischen den Polen aller angesprochenen Elemente. So findet immer eine Bewegung zwischen Gegensätzen statt, sowohl in der Wahl des Materials, als auch in der Wahl der Bewegungen, der Musikstücke und der Instrumente.

Eine derart gestaltete Unterrichtseinheit ist wie ein lebendiger, atmender Organismus, der sich ständig in alle Richtungen ausdehnt und wieder zusammenzieht. Die gleiche Dynamik findet statt innerhalb jeder Übung, und sei sie auch noch so kurz, aber auch innerhalb von längeren Zeitabschnitten, etwa innerhalb eines ganzen Jahres. Die verschiedenen Einheiten bauen sich in rhythmisierten Wechseln auf: gleichzeitig, in längeren und kürzeren Einheiten, sich überlappend, sich ablösend, sich verstärkend. Hier wird auch sichtbar, wie sehr die Gestaltung der Rhythmik ein durch und durch musikalischer Akt ist. In dieser Gestaltung erhält die Bezeichnung pädagogisch-künstlerische Unterrichtsweise ihre Bestätigung.

Die Rhythmisierung bestimmt die Dynamik, die künstlerische Gestaltung der pädagogischen Arbeit. Sie entspricht der Improvisation in Musik und Bewegung. Mit zunehmender Erfahrung fängt eine Lehrperson an, aus den Gegebenheiten des Unterrichts einen dynamischen Prozess zu gestalten. Dieser entsteht aus der gegebenen Situation: der Stimmung der Kinder, der Verfassung der Lehrperson, der Zusammensetzung der Materialien, dem Wetter, der Jahreszeit etc.

d) Die 6 Bereiche als Gestaltungsmittel im ästhetischen Lern-Raum

Die Inhalte und der Aufbau der 6 Bereiche sind ebenfalls gleichzeitig Gegenstand des Unterrichts, aber auch Medium des Unterrichtens. Alle Bereiche sind gleichzeitig am Unterrichtsgeschehen beteiligt. Ein ausgewogener Unterrichtsprozess berücksichtigt alle 6 Bereiche mindestens einmal, auch wenn auf Grund der momentanen Zielsetzung meist nur ein Bereich im Vordergrund steht.

Die Musik- und Bewegungspädagogen lernen in ihrer Ausbildung, ein Medium in ein anderes umzusetzen. So kann dasselbe Thema in Musik oder Bewegung ausgedrückt oder in eine Wahrnehmungserfahrung übertragen werden. Ebenfalls kann das Thema in verschiedenen sozialen Konstellationen gestaltet werden oder in eine individuelle Ausdrucksform münden.

In diesem Sinne ist es wichtig, dass die Lehrperson eine Vorstellung davon hat, wie das Ziel, das sie sich gesetzt hat, „tönt", wie es sich „bewegt" oder wie es sich „anfühlt". Diese Empfindungen setzt sie dann in das entsprechende Medium um und gestaltet damit den Unterricht.

Durch diese Anlage entsteht ein ästhetischer Lern-Raum. Der Unterricht wird zur künstlerischen Gestaltung und zum pädagogischen Akt gleichzeitig.

Bereich Musik

Musik wird im Unterricht ebenso als Kommunikationsmittel eingesetzt wie die verbale Sprache. Wird die Musik im Unterricht differenziert eingesetzt, so entsteht ein Klangraum, der die Atmosphäre bestimmt. Die Gestaltung einer Lektion als ästhetischer Lern-Raum im Bereich Musik hat aber auch vieles gemeinsam mit einer musikalischen Improvisation. So entsteht im obenstehenden Beispiel bei Gruppe 1 ein musikalisches „Stück", das die Erfahrung von laut und leise als musikalischen Ablauf gestaltet. Im Beispiel von Gruppe 2 bleibt der Unterrichtsgegenstand etwas Fremdes, das nur „behandelt" wird. Es entsteht kein ästhetischer Lern-Raum.

Musik kann Bewegungen anregen, auslösen, begleiten, unterstützen, beruhigen. Die Lehrpersonen in Musik und Bewegung lernen in ihrer Ausbildung, mit dem Klavier Bewegungen differenziert zu begleiten, anzuregen und zu fördern. Sie können aber auch Perkussionsinstrumente oder Instrumente aller Art sowie Tonträger gezielt als Unterrichtssprache einsetzen. Die Auswahl der Musik in diesem Sinne ist sehr persönlich. Es kann sein, dass eine Lehrperson sich auf dem Klavier so sicher fühlt, dass sie alles darauf ausdrücken kann. Es kann aber genauso gut sein, dass ein anderes Instrument zum Einsatz kommt. Es können Lektionen auch mit Hilfe der Stimme, mit Melodien oder Geräuschen gestaltet werden. Im Sinne der Vielfalt muss bei der Musik als Unterrichtssprache Melodie, Harmonie, Rhythmus und Klangfarbe berücksichtigt und genügend vertreten werden. Welches Instrument letztendlich im Unterricht verwendet wird, hängt einerseits davon ab, ob die Lehrperson für eine bestimmte Unterrichtssituation genügend Ausdruckskraft besitzt. Es gibt aber auch pädagogische Situationen, in denen es besser ist, sich mit den Schülerinnen und Schülern mit dem Musikinstrument im Raum zu bewegen statt am Rand am Klavier zu sitzen. In schwierigen Unterrichtssituationen ist die Musik als nonverbales Unterrichtsmedium eine unerlässliche Strukturierungshilfe.

Interessant ist der Unterricht erst, wenn ein breites Spektrum an Klängen, Melodien, Rhythmen und Harmonien berücksichtigt wird.

Langweilig bleibt der Unterricht, der immer nur die gleichen „Improvisationen", Musikstücke oder Instrumente einbezieht.

Bereich Bewegung

Die Körpersprache und die Bewegungssprache spielen im Unterricht ebenfalls eine wichtige Rolle.

Die Rhythmiklehrperson lernt in ihrer Ausbildung, ihren Körper als Ausdrucksmittel einzusetzen. So ist auch ihr körperlicher Ausdruck im Unterricht zentral. Wie sie sich im Raum bewegt, wie sie sich den Schülerinnen und Schülern zuwendet, alles hat seinen Einfluss auf die Unterrichtsgestaltung. Durch die natürliche Anwendung der Körpersprache drückt eine Lehrperson die Ästhetik der Unterrichtssprache aus: Sorgfalt, Respekt, Gestaltungsfreude.

Die Körper- und Bewegungssprache steht immer in Beziehung zur Musik, sie kann von der Musik unterstützt werden oder den Ausdruck der Musik beeinflussen und bestimmen.

Die ästhetische Unterrichtsgestaltung hat auch viel mit Elementen aus der Choreografie zu tun. Der Ort im Raum, wo sich der Unterricht abspielt, hat einen Einfluss auf das Unterrichtsgeschehen: manchmal ist es besser, näher zusammenzurücken, für gewisse Dinge braucht es mehr Platz, man muss ungestört sein. Wenn der Unterricht als eine Art Choreographie stattfindet, so entsteht auch durch die Bewegungsgestaltung ein ästhetischer Lern-Raum. Spannung und Dynamik leben vom organischen Wechsel zwischen Bewegungsformen und Bewegungsdynamik.

Spannend ist der Unterricht, der witzig, spritzig, quirlig, fröhlich, besinnlich, ruhig, eher nach außen oder eher nach innen gerichtet sein kann.

Langweilig sind Lektionen, die immer in den gleichen zwei oder drei Bewegungsformen ablaufen.

Es liegt auf der Hand, dass der Unterricht umso spannender wird, wenn Rhythmisierung und Gestaltung in Musik und Bewegung zusammen ein Ganzes bilden. Der Unterricht wird dadurch immer komplexer und das Element der oben beschriebenen Rhythmisierung kommt in der Verbindung von Musik und Bewegung wirklich zum Tragen.

Bereich Wahrnehmung

Die verschiedenen Wahrnehmungsarten dienen ebenfalls der ästhetischen Unterrichtsgestaltung. Jeder Unterrichtsinhalt kann sowohl gefühlt, gehört, ertastet oder „erschaut" werden. Der Unterricht ist nicht nur eine Wahrnehmungsförderung, sondern wird zum Wahrnehmungsraum, in dem sinnliche Erfahrungen entstehen und durch die ästhetische Erfahrung ins Bewusstsein rücken. Wahrnehmungserfahrungen können nicht „verordnet" werden. Die kreative Lehrkraft gestaltet den Unterricht so, dass ein Erfahrungsraum entsteht, in dem Wahrnehmungserlebnisse wirklich stattfinden können.

Interessant ist ein Unterricht, der real spannende Wahrnehmungserfahrungen ermöglicht. Lustloses Abtasten eines Gegenstands zum Beispiel, nur damit etwas gespürt wird, ergibt keinen Sinn.

Bereich Begriffsbildung

Auch die kognitive Umsetzung kann in einem kreativen Akt entstehen. So kann zum Beispiel ein Unterrichtsgegenstand in einem Bild veranschaulicht werden, oder die einzelnen Begriffe werden in einem künstlerischen Zusammenhang gestaltet.

Bereich Soziale Interaktion

Die Pflege des sozialen Raums im ästhetischen Lern-Raum ist zentral. Sie beinhaltet Sorgfalt im Umgang miteinander und Respekt vor der Einzigartigkeit des persönlichen Ausdrucks. So sorgt die Lehrkraft im Unterricht dafür, dass der individuelle Raum beim Ausführen von Bewegungen geschützt ist, dass keine Zusammenstösse oder Rempeleien entstehen. Ebenfalls sorgt sie dafür, dass keine Grenzübertretungen im Körperkontakt stattfinden. Der Respekt der Einzigartigkeit der individuellen Ausdrucksformen besteht in einer Schulung des Bewusstseins dafür, dass keine Situationen von negativen Beurteilungen des persönlichen Ausdrucks in Form von verbalen Äußerungen oder Gelächter stattfinden. Soziale Konstellationen können unterschiedlich im Raum gestaltet werden: alle sind weit auseinander, alle nah zusammen, einmal tut jeder etwas für sich, dann wieder alle gemeinsam, immer im Zusammenhang mit einer ästhetischen Gestaltung.

Bereich Persönlicher Ausdruck

Im ästhetischen Lern-Raum entsteht persönlicher Ausdruck im Spannungsfeld zwischen Anregungen der Lehrperson, Vertiefung eigener Ideen und Auseinandersetzung mit Ideen der anderen Gruppenmitglieder.

Die Fähigkeit, den Unterricht als ästhetischen Lern-Raum zu gestalten, und damit sozusagen zu komponieren oder zu choreografieren wird im Studium in allen Fächern, welche Improvisation, Komposition und Gestaltung beinhalten, praktiziert. Dadurch wird im Laufe der Zeit die Sicherheit erworben, die pädagogische Arbeit mehr und mehr davon durchdringen zu lassen.

e) Reaktionen als Feedback

Das sogenannte störende oder unangepasste Verhalten von Schülerinnen und Schülern im Unterricht ist häufig eine Reaktion auf eine mangelnde Gestaltung der Polaritäten im Unterricht. Bewusst oder unbewusst gleichen die Schülerinnen und Schüler aus, was die Lehrperson nicht tut. Ist der Unterricht nicht dynamisch zwischen den Polen aufgeteilt, dann gestalten einzelne Schülerinnen und Schüler oft den fehlenden Pol. So entsteht zum Beispiel in einer Lektion, in der die Bewegung zu kurz kommt, häufig immer wieder ein Bewegungsimpuls, der gar nicht gefragt ist. Oft wird dann das Verhalten der betreffenden Schüler als „schwierig" taxiert. Im Grunde genommen aber zeigt es der Lehrperson genau, welcher Gestaltungsaspekt im ästhetischen Lern-Raum noch fehlt.

14 Ziel, Prozess und Thema

a) Ziel und Prozess

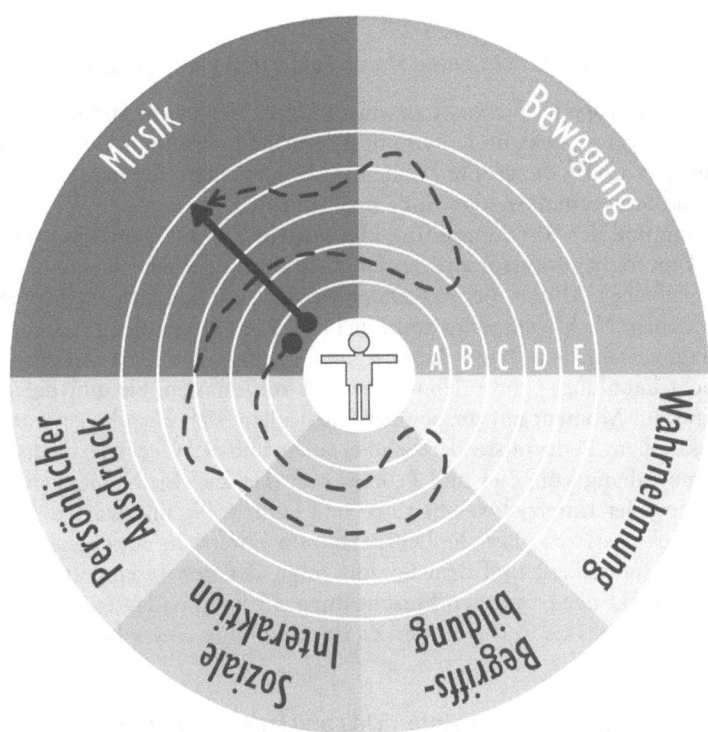

Der Prozess des Unterrichts in Musik und Bewegung entsteht häufig erst im Moment, er ist nicht unbedingt vorhersehbar. Trotzdem hat er eine Richtung, ein Ziel. Ein Prozess im hier erwähnten Sinn einer lebendigen Unterrichtsgestaltung ist ein zielgerichteter kreativer Akt, bei dem viele Möglichkeiten der Dynamik möglich sind, niemals aber die grundsätzliche Richtung verloren gehen soll.

Die obenstehende Grafik veranschaulicht diese Definition von Prozess: Das Ziel ist in diesem Fall, von A nach E im Bereich Musik zu gelangen. Der Prozess nimmt eine indirekte Richtung und vertieft gewisse Elemente in anderen Bereichen. Dabei werden Anfangs- und Schlusspunkt klar umrissen.

Im Unterricht von Musik und Bewegung gestaltet sich der Unterrichtsprozess anhand der Prinzipien von Rhythmisierung, Variation und organischer Übungsentwicklung. Der prozessorientierte Unterricht lässt den ästhetischen Lern-Raum entstehen. In diesem prozessorientierten Unterricht braucht die Lehrperson ein unvermindert klares Bewusstsein für die Ziele des Unterrichts. Zielorientiert zu arbeiten bedeutet, die Arbeit nach dem Gesichtspunkt der Kompetenzen aufzubauen, welche die Schülerinnen und Schüler im Unterricht erwerben sollen. Die Arbeit wird bestimmt durch die Frage des „Warum" (warum etwas gelernt und vermittelt werden soll) und nicht – wie dies leider häufig der Fall ist – einfach durch die Frage des „Was". Ein Ziel kann überprüft werden, deshalb dient es später auch der Evaluation des Unterrichts. Weiter gibt ein gutes Zielbewusstsein viel Freiheit im Unterrichten. Es ermöglicht der Lehrperson, auf die Ideen und Bedürfnisse der Kinder einzugehen und das Geplante zu variieren und zu verändern, ohne das Ziel aus den Augen zu verlieren. Ebenfalls erleichtert das Bewusstsein für die Ziele die Kommunikation in der Zusammenarbeit mit andern Lehrpersonen, Behörden oder Eltern.

b) Ziele setzen

Die Zielsetzung gibt dem Unterricht einen klaren Fokus und gleichzeitig kreativen Freiraum

Die Zielsetzung verhilft dem Unterricht zu einem klaren Fokus, bestimmt die generelle Richtung und bezeichnet genau, was im Unterricht gelernt und vermittelt werden soll. Die Zielsetzung ermöglicht gleichzeitig die größte Freiheit im Unterrichten, die man sich vorstellen kann. Dadurch, dass die Schwerpunkte klar sind, kann mit den Mitteln der Variation, der organischen Entwicklung und der Rhythmisierung klar auf ein Ziel hin gearbeitet werden, trotzdem aber bleibt der Unterricht prozessorientiert. Die Gestaltung der einzelnen Abläufe, deren Länge, die unterschiedlichen Mittel, die verwendet werden, können sich im Moment verändern, Neues kann entstehen. Nicht verändern sollte sich das Ziel, dieses bleibt bestehen, im Bewusstsein darüber, dass verschiedene Wege dahin führen können. Die klare Zielsetzung ermöglicht es, den Unterricht handlungs- und erlebnisorientiert zu gestalten. Sie gibt der Lehrperson die nötige Flexibilität, im Moment auf die Schüler einzugehen, sich einzulassen auf plötzliche Ideen und unangekündigte Bedürfnisse der Schülerinnen und Schüler. Die obenstehende Grafik zeigt den Zusammenhang von Ziel und Prozess auf: das Ziel bleibt möglichst bestehen, der Prozess entsteht in jeder Unterrichtseinheit neu und kann völlig unerwartete Wege gehen. Natürlich kann es auch passieren, dass die Lehrperson im Unterricht entscheidet, dass sie für diese Einheit das Ziel fallen lässt und dem Prozess folgt, der sich in eine andere Richtung entwickelt. Dies ist ein Akt der bewussten Entscheidung. Er kann pädagogisch begründet werden und ist jederzeit zulässig. Das Verlieren der Zielsetzung ohne dieses Bewusstsein für den Prozess ist nicht angebracht.

Das Ziel bezeichnet das „Warum" des Unterrichts und legt fest, welche Kompetenzen die Schülerinnen und Schüler innerhalb eines bestimmten Zeitraums erwerben sollen

Die Struktur der 6 Bereiche im ersten Teil gibt eine Übersicht über die möglichen Zielsetzung in den verschiedenen Bereichen und die Entwicklungsschritte, die innerhalb dieser Zielsetzung möglich sind. Sie dienen der Orientierung zur fortlaufenden Zielsetzung. Musik und Bewegung / Rhythmik als Unterrichtsform orientiert sich an den Inhalten, wie sie im ersten Teil beschrieben worden sind. Da der Unterricht prozessorientiert ist, gibt es keine festgelegten Lernziele, welche für alle Schülerinnen und Schüler der gleichen Stufe identisch sind. Die Lehrperson bestimmt die Lernziele für ihren Unterricht entsprechend den Bedingungen des Arbeitsbereichs. Diese zu erwerbenden Kompetenzen sollen so formuliert werden, dass sie am Schluss einer Unterrichtseinheit überprüft werden können. Wenn das Ziel erreicht wurde, so ist es anschließend leicht, festzulegen, welches Ziel als nächstes angestrebt werden soll. Ist das Ziel nicht erreicht worden, so kann bestimmt werden, weshalb es nicht erreicht wurde. Eventuell war die Zielsetzung zu hoch, dann muss das Ziel vereinfacht werden, oder es stand zu wenig Zeit zur Verfügung, dann kann das Ziel das nächste Mal noch erreicht werden. Ein Unterrichtsinhalt kann immer die verschiedensten Aspekte beinhalten, aber nicht alle diese Aspekte sind im Moment das Ziel. Das Ziel wird aus den verschiedenen Aspekten ausgewählt und bestimmt. So kann es sein, dass bei einer Übung während einer Lektion nur der soziale Aspekt berücksichtigt und als Ziel gesetzt wird, auch wenn natürlich immer auch ein Bewegungsaspekt, ein Musikaspekt etc. vorhanden ist.

Die Zielsetzung wird innerhalb der Bereiche je nach Teilbereich mehr oder weniger offen formuliert

Im **Teilbereich A** ist die Zielsetzung eher offen. Das Ziel dient dem Erlebnis von Handlungen und Wahrnehmungen und ist so formuliert, dass das Erlebnis als Ziel formuliert wird. Eine solche Formulierung könnte heißen: „Die Schülerinnen und Schüler lernen, sich auf taktile Wahrnehmungseindrücke mit den Füssen einzulassen." Evaluiert wird in einem solchen Fall, ob sich die Schülerinnen und Schüler auf das Wahrnehmungserlebnis eingelassen haben oder nicht.

Im **Teilbereich B** geht es vor allem um die Schulung von Grundlagen. Das Ziel ist in diesem Teilbereich entsprechend handlungsorientiert. Eine solche Zielsetzung könnte folgendermaßen formuliert werden: „Die Schülerinnen und Schüler lernen, eine Länge des Raumes mit Gänsefüsschen zu durchqueren". In der anschließenden Evaluation wird dann festgestellt, ob die Kinder wirklich gelernt haben, was als Ziel formuliert wurde.

Im **Teilbereich C** geht es ja ebenfalls darum, etwas Bestimmtes zu erlernen. Daher ist auch in diesem Teilbereich Formulierung und Evaluation ähnlich wie im Teilbereich B. Im **Teilbereich D** wird je nach Plan offen oder konkreter formuliert.

Im **Teilbereich E** wird immer eine offene Zielformulierung verlangt. Im Bereich persönlicher Ausdruck sowie in den Teilbereichen E sämtlicher Bereiche wird die Zielsetzung zum Beispiel heißen: „Einen persönlichen Ausdruck für das Erlernte entwickeln." Das heißt, dass die Zielsetzung den Prozess definiert, der gestaltet werden soll, aber nicht das fertige Endprodukt.

c) Ziele umsetzen – Ziele erreichen

Die Art der Zielsetzung bestimmt die Interventionen der Lehrkraft im Unterricht und den Unterrichtsprozess

Dadurch, dass eine Lehrperson genau weiß, was im Moment das Ziel des Unterrichts ist, sind auch ihre pädagogischen Interventionen klarer. In einer offenen Zielsetzung, bei der es darum geht, dass die Schülerinnen und Schüler etwas auf persönlichen Art und Weise entwickeln, gibt es kein „Falsch oder Richtig", das heißt, dass die Lehrperson die Ideen der Schülerinnen und Schüler als solche akzeptiert. Sie hilft bei der Entwicklung von Ideen mit oder greift ein, wenn minimale Regeln des sozialen Bereichs nicht beachtet werden.

Im Rahmen einer Zielsetzung, welche klar die Schulung eines bestimmten Ablaufs, eines Rhythmus etc. vorgibt, ist wichtig und richtig, die Schülerinnen und Schüler auch zu korrigieren, ihnen zu zeigen, wie sie etwas genau erlernen können.

Die Zielsetzung hilft der Lehrperson, entsprechend ihren Intentionen klar zu intervenieren. Beim Beobachten von Lektionen ist immer wieder feststellbar, dass eine Lehrperson, welche diesen Unterschied klar verstanden hat, in ihren pädagogischen Interventionen von ihren Schülerinnen und Schülern besser akzeptiert wird. Sie wissen immer genau, wann sie etwas Vorgegebenes Üben und Trainieren und wann ihre eigenen Ideen gefragt sind.

d) Zielsetzung konkret

Die Zielsetzung hängt ab von der Definition des Fachauftrags, einem eventuell vorhandenen Stoffplan, der Dauer des Auftrages und den Wünschen und Bedürfnissen aus dem Umfeld wie Eltern, Lehrkräfte der Volksschule oder ein Lehrteam, Behörden etc.

Ziele werden über alle Unterrichtseinheiten gesetzt: für den ganzen Ablauf, zum Beispiel für ein Jahr oder ein Projekt, für einzelne Einheiten wie zum Beispiel ein Semester oder ein Quartal. Ebenfalls hat jede Lektion und auch jeder einzelne Übungsablauf ein Ziel. Die Zielformulierung soll kurz und prägnant sein, jedoch ist es wichtig, das Ziel wirklich genau zu formulieren und nicht einfach plakativ ein Wort hinzusetzen wie „Kreativität" oder „Motorik". Die Bezeichnung eines Bereichs kann nie als Ziel angesehen werden, denn dies ist keine Formulierung, die das, was zu vermitteln ist, wirklich definiert.

Ziele müssen innerhalb des bestimmten Zeitraums überprüfbar sein. Anhand der Zielsetzung ist jederzeit eine Evaluation des Unterrichts möglich. Die genaue Zielsetzung ermöglicht der Lehrperson, zu jedem beliebigen Zeitpunkt ihre Arbeit zu kommunizieren. So kann sie jederzeit Auskunft geben über ihre Arbeit gegenüber andern Lehrpersonen, Behörden oder Eltern. Findet der Unterricht in einem größeren pädagogischen Zusammenhang statt, so sollen die Ziele in der Zusammenarbeit im Lehrteam besprochen und gegebenenfalls angepasst werden. Ein solches Team soll auch regelmäßig über die Planung und Durchführung der Arbeit informiert werden.

Anhand von regelmäßigen Standortbestimmungen können die Entwicklungsschritte festgestellt und die weiteren Ziele festgelegt werden. Für Kinder mit besonderen Bedürfnissen oder in speziellen Fällen kann zusätzlich ein Beobachtungsbogen ausgefüllt werden. Dieser dient dann für die Festlegung der Ziele für ein einzelnes Kind.

e) Ziel und Thema

Thema und Ziel sind nicht identisch.

Das Thema steckt den Rahmen des Unterrichts ab, es bezeichnet das „Was" des Unterrichts. Das Ziel dagegen bezeichnet das „Warum".

Ein Thema bestimmt den Inhalt einer Lektion, einen größeren Rahmen, auf den Bezug genommen werden kann, zum Beispiel ein Lied, eine Geschichte oder ein Bild. Das Thema gibt Gedankenstützen, Phantasiebilder, etc. Das Thema ist nicht identisch mit dem Ziel und darf nicht mit diesem verwechselt werden. Ein Thema kann über einen längeren Zeitraum verfolgt werden. Es besagt, was behandelt wird, in welchem inhaltlichen Rahmen der Unterricht stattfindet. Das Ziel hingegen bezeichnet genau, was in einer bestimmten Zeiteinheit gelernt werden soll.

Ein Thema kann ein Lied sein, eine Geschichte oder ein Bild. Ein Thema kann Bezug nehmen auf die aktuelle Jahreszeit, oder es kann ein Material oder einen Gegenstand behandeln. Ein Thema kann in Zusammenarbeit entstehen, zum Beispiel kann es von einer Lehrperson oder von Eltern gewünscht werden.

Ein Thema kann aus allen Lebensbereichen gegriffen werden:
- Sachthemen aus den 6 Bereichen oder den 4 Parametern
- Geschichten, Bilderbücher
- Musikstücke, Lieder
- Musikinstrumente, Rhythmikmaterial, Alltagsmaterial
- Sachthemen aus dem Schulunterricht: Buchstaben, schreiben, Zahlen, Mathematik
- Themen aus dem Zusammenleben: soziale Themen wie „miteinander sein", „Körpersprache von andern verstehen", „gemeinsam etwas gestalten".

Das Thema soll möglichst offen formuliert werden

Auch wenn im Unterricht oft innerhalb eines bestimmten thematischen Bezugs gearbeitet wird, so heißt dies auf keinen Fall, dass im Unterricht immer mit vorgegebenen Bildern, Geschichten oder Vorgaben agiert werden soll. Da der Entwicklung der Kreativität große Bedeutung zukommt, ist es sogar ganz wichtig, dass der Unterricht Raum für die Entwicklung persönlicher Bilder und Vorstellungen lässt. Die Assoziationen zu bestimmten Klängen oder Bewegungen

e) Ziel und Thema

sollen frei fließen können. Äußerungen wie „Das tönt ja wie … " oder „Wenn ich mich bewege, fühle ich mich wie … " gehören zum Alltag dieses Unterrichts.

Ein Themenfeld ist eine freie Zusammenstellung verschiedener Möglichkeiten der Bearbeitung eines Themas im Unterricht

Wenn nun ein Thema klar ist, dann ist es am besten, zuerst ein Brainstorming zu machen, welches ohne Hierarchie alle zur Verfügung stehenden Möglichkeiten sammelt. Ein solches Brainstorming kann in Form einer Mind-Map oder einer freien Gestaltung gemacht werden. Am besten beginnt man in den 6 Bereichen, anschließend kann alles angefügt werden, was man zum Thema an Material zur Verfügung hat, wie Anschauungsmaterial (Bilder, Bücher, Geschichten), Gegenstände aller Art, Bewegungs- oder Wahrnehmungsgegenstände, Lieder, Musikstücke, Spiele, etc. Anhand dieser Zusammenstellung erfolgt dann eine Auswahl der für den Moment nützlichen Möglichkeiten und die konkrete Planung.

15 Prinzipien der Gestaltung

a) Variation

Innerhalb der Struktur der 4 Parameter und der 6 Bereiche kann nun jedes beliebige Thema variiert werden. Dazu gibt es verschiedene Möglichkeiten.

Das Prinzip der Variation folgt als erstes dem Prinzip der musikalischen Variation. Der dtv-Atlas der Musik sagt dazu:

> *„Die Variation ist als Veränderung eines Gegebenen ein Grundprinzip musikalischer Gestaltung. Daneben gibt es spezielle Formen der Veränderung.*
>
> *Verändert werden Rhythmus, Dynamik, Artikulation, Harmonik, Tonfarbe, Besetzungen usw., niemals aber alle Faktoren gleichzeitig. Als Kompositionstechnik taucht Variation innerhalb größerer Formen auf, meist um Wiederholungen abwechslungsreicher zu gestalten."*

Visuelles Beispiel: Variation eines Quadrats

Ein Viereck kann in seiner Form folgendermaßen variiert werden:

Das Viereck wird zuerst in seiner Größe, anschließend in seiner Position im Raum verändert.

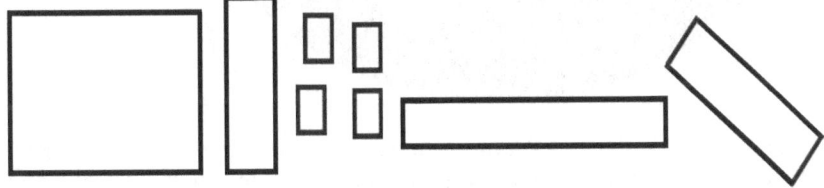

Dasselbe Prinzip kann auch in einem rhythmisierten pädagogischen Prozess angewandt werden. Dabei kann ein Thema zum Beispiel schneller oder langsamer, größer oder kleiner ausgeführt werden. Durch diese allmähliche Veränderung wird der Inhalt vertieft und besser verständlich gemacht. Zurückgehend auf die Definition der Variation kann folgendes Prinzip formuliert werden: Ein Thema kann auf vielfältige Art und Weise verändert werden. Soll dieses variiert werden, wird immer ein einzelner oder mehrere Aspekte davon neugestaltet, niemals aber alle Aspekte gleichzeitig verändert.

Variationen eines rhythmisierten pädagogischen Prozesses können nach unterschiedlichen Gesichtspunkten durchgeführt werden. Die vier wichtigsten werden hier vorgestellt:
- Variation innerhalb der Pole der 4 Parameter,
- Freie Variation innerhalb der 6 Bereiche
- Variation innerhalb eines Teilbereichs der 6 Bereiche.

Variation innerhalb der 4 Parameter

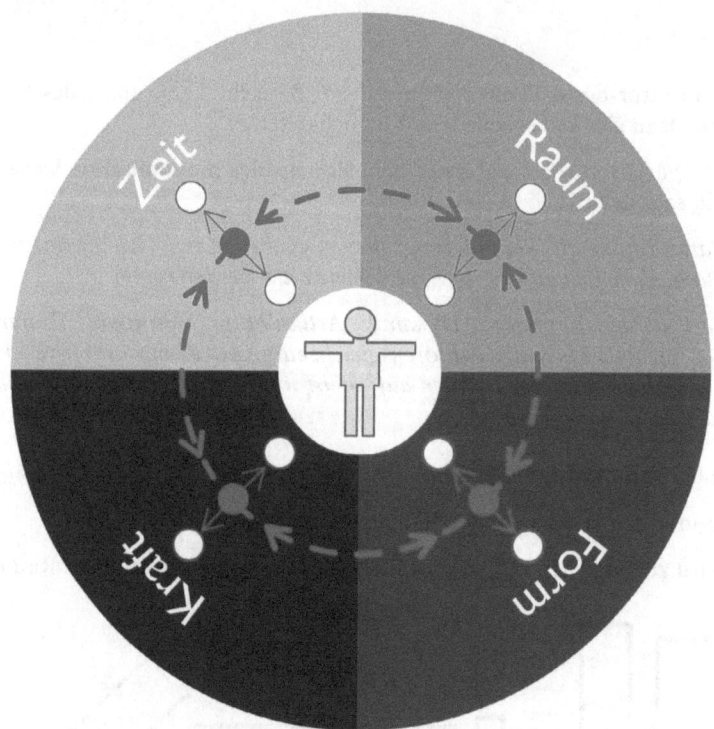

Sämtliche Themen können innerhalb der 4 Parameter in ihrer Gestaltung in Zeit, Raum, Kraft oder Form variiert werden. Das Thema bleibt dasselbe, die Gestaltungsform setzt abwechslungsweise Schwerpunkte innerhalb der 4 Parameter. Die Dynamik der Unterrichtsgestaltung umkreist sozusagen das Thema. Dadurch entstehen viele neue Perspektiven ein und desselben Lerngegenstands.

Variationen sind spannend im Moment, sie leben von der Unmittelbarkeit des Augenblicks in dem sie von einer Gruppe erfunden und entwickelt werden. Jedes Thema kann innerhalb der Pole der 4 Parameter variiert werden. Auf diese Art und Weise wird zum Beispiel ein Bewegungsmotiv sowohl hoch als auch tief, sowohl schnell als auch langsam, sowohl klein als auch groß, laut oder leise ausgeführt. Ein Thema kann aber auch innerhalb der Differenzierung der 4 Parameter variiert werden.

Das folgende Beispiel zeigt, wie ein rhythmisches Bewegungsmuster zuerst innerhalb der Differenzierung des Parameters Zeit variiert wird, und welche Veränderung dadurch innerhalb der Differenzierung der anderen Parameter hervorgerufen werden.

Beispiel aus der Arbeit mit einer Erwachsenengruppe

Aus einem rhythmischen Motiv – vorerst in Schritten im Raum gegangen – entsteht durch Variationen in der Differenzierung der 4 Parameter eine neue Form

Das Motiv wird – mit Klavierbegleitung – geübt, bis alle es können.

Als erstes werden Variationen in der Differenzierung des Parameters Zeit eingeführt.
- *Das Motiv wird zuerst in doppelter Geschwindigkeit ausgeführt.*
- *Anschließend wird es doppelt so langsam gestaltet.*

a) Variation

- In einer weiteren Variation kann nun jedes Gruppenmitglied die Hälfte des Motivs individuell gestalten, die andere Hälfte gemeinsam mit den andern.
- Später kann jedes Gruppenmitglied einen Teil des Motivs noch länger oder noch kürzer gestalten.

Durch die Variation innerhalb der Differenzierung des Parameters Zeit werden auch die anderen Parameter verändert.

Der Parameter Raum wird beeinflusst, weil die Variation des rhythmischen Motivs eine Veränderung der Schrittlängen hervorruft, und dadurch beim Gehen im Raum die räumlichen Verhältnisse verändert werden. Die einzelnen Abschnitte innerhalb des Motivs brauchen mehr oder weniger Platz.

Ebenfalls wird durch die Variation eine Veränderung innerhalb des Parameters Kraft hervorgerufen. Die Schrittfolgen brauchen einen unterschiedlichen Krafteinsatz, je nachdem wie lange die einzelnen Schritte sind.

Der Parameter Form wird ebenfalls verändert, wenn ein rhythmisches Motiv sich verändert. So braucht es eine neue Form im Raum, damit die Schrittfolgen sinnvoll durchgeführt werden können.

Die Tabellen im Kapitel zu den Polen der 4 Parameter und ihrer Differenzierung können jetzt als Grundlage für die Variation genommen werden. Anhand der dort beschriebenen Grundsätze kann nun jedes beliebige Thema unendlich beliebig variiert werden.

Variation innerhalb der 6 Bereiche

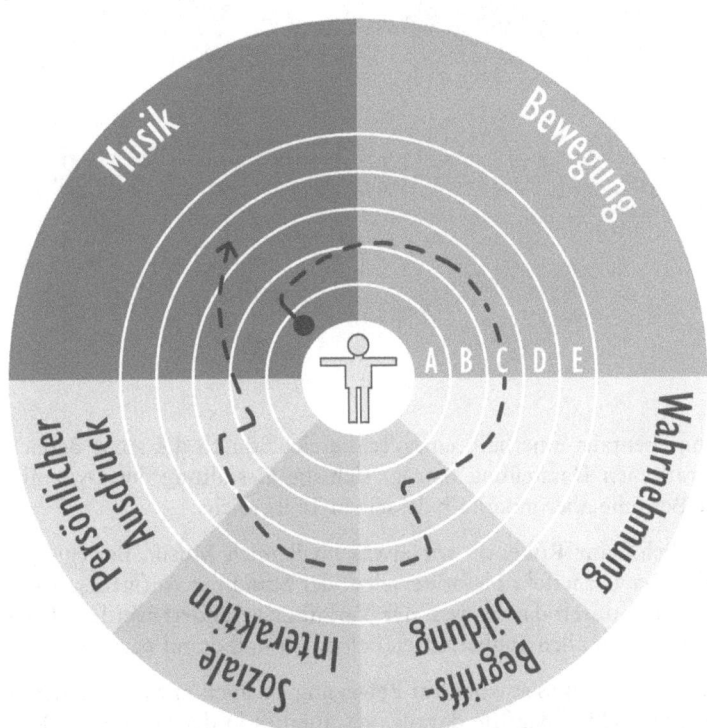

Ein Thema kann frei innerhalb der 6 Bereiche variiert werden.

Diese Grafik zeigt, wie ein Thema durch die freie Gestaltung in den 6 Bereichen größere Vielfalt und eine breit abgestützte kreative Gestaltung erfahren kann. Hier sind der Phantasie und Gestaltungsfreude keine Grenzen gesetzt.

Nehmen wir als Beispiel eine musikalische Phrase. Diese können wir hören oder mit Musikinstrumenten nachgestalten und dann daraus ein neues Lied „komponieren". Wir können die Phrase in Vergrößerung oder in Verkleinerung bewegen, allein, zu zweit oder in der ganzen Gruppe gestalten.

Die Möglichkeiten sind unendlich, das Prinzip aber macht möglich, dass eine Lehrperson trotz der vielfältigen Gestaltungsmöglichkeiten auf ein Thema konzentriert bleiben kann.

Variation innerhalb eines Teilbereichs der 6 Bereiche

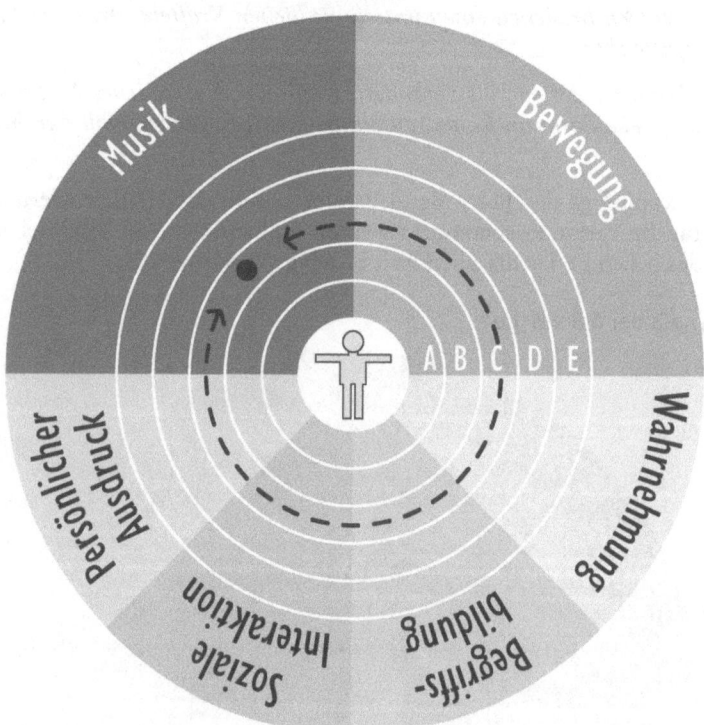

Ein Thema kann ebenfalls innerhalb eines Teilbereichs durch die sechs Bereiche variiert werden. Auf der grafischen Darstellung bewegt sich die Gestaltung der Dynamik im Kreis, das heißt durch alle Bereiche aber innerhalb desselben Teilbereichs.

Es spielt letztendlich keine Rolle, ob wir etwas im Bereich Musik, Bewegung oder Wahrnehmung behandeln. Der Lerneffekt bleibt derselbe, der Stand der Aufmerksamkeit aber kann innerhalb einer Lektion durch das Prinzip der Variation verändert werden. Jedes Thema, jeder Themenkomplex kann in allen Teilbereichen behandelt und damit variiert werden.

Was immer wir tun, wir tun es sowohl mit Bewegung als auch mit Musik, wir nehmen es wahr mit allen Sinnen, wir bilden Begriffe daraus, gestalten es in der Gruppe, in Kleingruppen, mit einem Partner und erfinden dazu unsere eigenen Geschichten, Theater, Rollenspiele, Musikstücke oder Bewegungsimprovisationen, frei in zeitlicher Abfolge, Intensität und Rhythmus.

Nehmen wir einmal an, eine Lehrperson hat sich vorbereitet, ein Thema über die Musik und die auditive Wahrnehmung einzuführen. Sie findet aber ihre Klasse in einem Zustand von Un-

b) Die organische Übungsentwicklung   183

ruhe vor. Spontan wechselt sie in diesem Fall den Bereich, in dem sie arbeiten will vom Bereich Musik in den Bereich der Bewegung. Sie übt nun mit der Gruppe dasselbe Thema in Bewegung statt in Musik. Dadurch, dass sie den Bereich gewechselt hat, kann sie dem Bewegungsdrang der Gruppe stattgeben und trotzdem das Ziel nicht aus den Augen verlieren. Durch ihre Spontaneität geht sie auf die Bedürfnisse der Gruppe ein und findet die für den Moment passende Lernebene. Durch die klare Zielsetzung verliert sie das Ziel nicht aus den Augen. Durch die Fähigkeit, ein Thema zu variieren, gestaltet sie den Unterricht in einem anderen Bereich. Fazit: alle lernen mit Erfolg und gehen trotzdem ihren Bedürfnissen nach.

Die Variation, ein Flexibilitätstraining für die Lehrenden

Variationsmöglichkeiten bieten eine gute Möglichkeit, Flexibilität und Kreativität im Umgang mit den unterschiedlichsten Themen zu erwerben. Im Grunde soll eine lehrende Person spontan zu sämtlichen nur möglichen Themen Variationsmöglichkeiten entwickeln können. Dies kann anhand einzelner Übungen oder aber anhand ganzer Themenkomplexe stattfinden. Je besser das Prinzip der Variation beherrscht wird, desto mehr kann es in freier Folge innerhalb der 6 Bereiche angewendet werden.

Die Beispiele innerhalb der verschiedenen Teilbereiche im ersten Teil, „Struktur", sind so aufgebaut, dass sie, wenn eine Lehrperson nicht spontan genügend Ideen hat, als Anleitung zur Variation dienen. So können die Beispiele aus einem Teilbereich durch alle Bereiche als Grundlage für die Variation genommen werden.

b) Die organische Übungsentwicklung

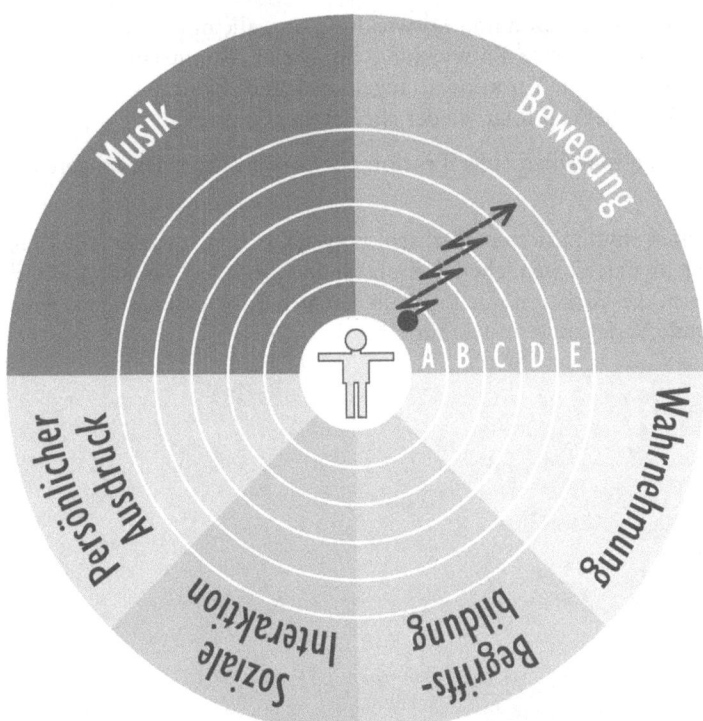

Im Kapitel über das Prinzip der Variation wurde dargestellt, wie ein Thema vertieft und aus verschiedenen Perspektiven beleuchtet werden kann. Die Dynamik der Variation in der Unterrichtsgestaltung kreist sozusagen um das Thema herum.

Mit Hilfe der organischen Übungsentwicklung wird nun das Thema weiterentwickelt. Die Dynamik innerhalb der organischen Übungsentwicklung schreitet vorwärts, durch einen Bereich oder verschiedene Bereiche, von einem Teilbereich zum andern. Wollen wir Übungen organisch entwickeln, so sind entsprechend dem Prinzip der künstlerischen Gestaltung im Grunde genommen alle nur denkbaren Kombinationen möglich. Einzige Regel: immer ein Aspekt, ein Teil des Themas bleibt konstant, zur Weiterentwicklung kommt ein neuer Teil dazu.

Die Größe der Schritte kann zum Teil in der Vorbereitung erarbeitet werden, zum Teil aber bestimmt sie sich auch aus den Reaktionen der Schülerinnen und Schüler. Aus diesen kann abgelesen werden, ob ein Schritt gerade richtig, oder ob er zu groß oder zu klein war. Ist der Schritt der Veränderung gerade richtig, so kann sich ein Thema innerhalb einer Lektion langsam entwickeln und alle sind motiviert am Unterricht beteiligt. Ist der Schritt zu groß, so löst er Irritation aus, Erwachsene sind nicht mehr so involviert, Kinder werden oft ausfällig. Ist der Schritt zu klein, so ist Langeweile oder Desinteresse die Folge. Als Basis der organischen Entwicklung können die fortschreitenden Lernziele innerhalb der einzelnen Tabellen in Teil 1 genommen werden.

Grundsätzlich gibt es zwei Möglichkeiten der organischen Entwicklung:
- Anfangs- und Schlusspunkt sind festgelegt, und die organische Entwicklung erfolgt innerhalb der zwei Punkte, oder
- nur der Anfangspunkt ist festgelegt, die Gestaltung ist frei, nicht vorhersehbar, wird aber von der Lehrperson in organischen Schritten unterstützt.

c) Mischformen

In der **Verbindung von Variation und Entwicklung** sind alle nur denkbaren Mischformen möglich. So kann es sein, dass eine Entwicklung ein Thema vorantreibt. Ist dann ein bestimmtes Niveau erreicht, so kann in Variationen angehalten und dadurch das Thema vertieft und erweitert werden. Anschließend folgt wieder ein Entwicklungsteil.

Diese Dynamik kann innerhalb einer Lektion oder auch über einen längeren Zeitraum gestaltet werden.

Dabei kann auch in rhythmisierten Wechseln vorgegangen werden: Entwicklungs- und Variationsteile werden in unterschiedlichen Zeitabständen gestaltet. So kann ein Entwicklungsteil sehr lange dauern, die Variation nur kurz, die nächste Entwicklungsphase wiederum kurz und die darauffolgende Variation sehr ausführlich.

16 Lernprozess und Interaktion

a) Rhythmisiertes Lernen innerhalb der Bereiche

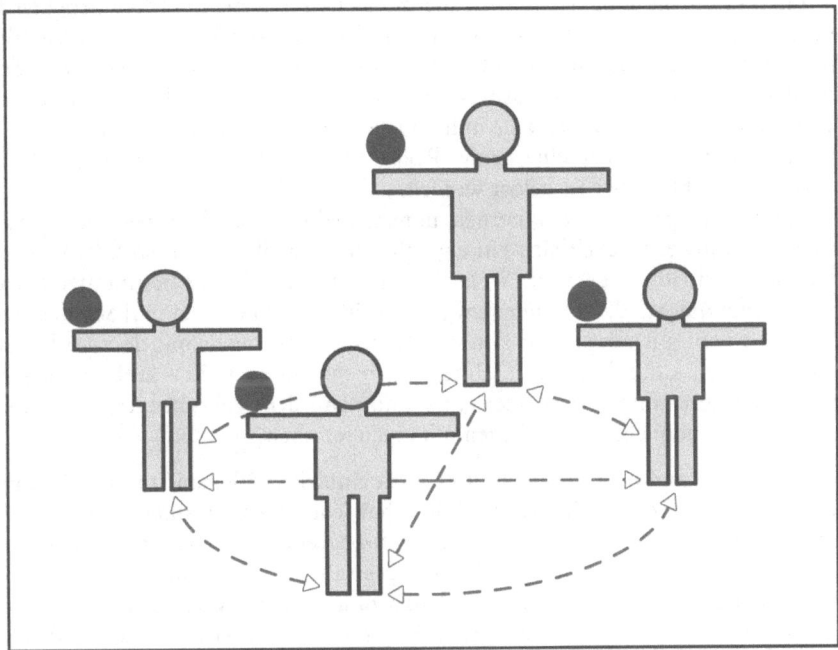

Um die Möglichkeiten, die ein ästhetischer Lernraum bieten kann, voll auszuschöpfen, spielt als nächstes der Dialog zwischen Lehrperson und Schülerinnen und Schülern im Unterricht eine wichtige Rolle. Im Lernprozess von Musik und Bewegung wird in allen Bereichen gelernt. Allgemein tangiert Lernen immer verschiedene Ebenen gleichzeitig: den Intellekt, Emotionen, Bewegungen und Sinne.

Bei jedem Menschen sind die Ebenen, auf denen er am besten lernen kann, unterschiedlich ausgeprägt. Jeder hat seine Vorlieben, seine Stärken und Schwächen. Damit alle Ebenen in einem Lernprozess zum Zuge kommen, findet ein lebendiger Unterricht auf möglichst vielen Ebenen gleichzeitig statt. Der Unterricht in Musik und Bewegung unterstützt dieses vielfältige Lernen in der gleichen Unterrichtseinheit, und dies wirkt sich positiv auf die Einstellung sowohl der lernenden als auch der lehrenden Personen aus. Motivation und Interesse werden auf beiden Seiten gefördert. So interessiert sich die lernende Person mehr für das, was für sie wichtig ist, sie entwickelt aus eigenem Interesse neue Lernstrategien. Dies wiederum ist für die Lehrperson spannend und innovativ. Der Lehrprozess bleibt für sie interessant, weil immer wieder neue Prozesse und Ergebnisse entstehen. Die Lehrperson lernt von ihren Schülerinnen und Schülern genau so viel, wie diese von ihr.

Innerhalb der 6 Bereiche kann ebenfalls ganz unterschiedlich gelernt werden.
- Musik und auditive Wahrnehmung: Es gibt Menschen, die vor allem über den Klang lernen, sie erinnern sich später daran, wie etwas getönt hat, als sie sich damit beschäftigten.
- Bewegung: Viele Menschen, nicht nur Kinder, lernen dann am besten, wenn sie sich dazu bewegen können. Das viele Sitzen in der Schule zum Beispiel wird für sie zur Qual.
- Wahrnehmung:
  - taktile Wahrnehmung: Für viele Menschen ist es am einfachsten zu lernen, wenn sie einen Lerngegenstand anfassen könne, sie lernen über den taktilen Eindruck.

- visuelle Wahrnehmung: Andere müssen eine Grafik anfertigen, damit sie sich überhaupt eine Vorstellung von einem Thema oder einem Lerngegenstand machen können.
- Begriffsbildung, intellektuelle Ebene: Viele Menschen lernen sehr gerne über den Intellekt.
- Soziale Interaktion: Es gibt Menschen, die allein besser lernen, andere arbeiten lieber in einer Gruppe, sie brauchen den Austausch mit andern, um sich etwas merken zu können.
- Persönlicher Ausdruck: Damit jemand sich einen Lerninhalt wirklich aneignen kann, ist es wichtig, das Gelernte persönlich ausdrücken und neu gestalten zu können. Dadurch erhalten die persönlichen Erfahrungen eine individuelle Bedeutung für das alltägliche Lernen. Die emotionale Ebene spielt hier eine große Rolle. Ein Lernprozess wird umso effektiver, je mehr positive Gefühle dabei ausgelöst werden.

Jeder Mensch bevorzugt in seinem Lernen unterschiedliche der hier beschriebenen Ebenen oder Bereiche. Daraus entwickelt sich ein eigentlicher Lernstil. Wie jemand lernt, ist sehr unterschiedlich und individuell geprägt. Wenn in einem Unterricht ein bestimmter Lernstil vorherrscht oder bevorzugt wird, so können zwar diejenigen Schülerinnen und Schüler viel lernen, welche diesen Lernstil gut adaptieren können. Wer sich aber nicht mit dem vorherrschenden Lernstil zurechtfinden kann, kommt im Unterricht nicht mit und gilt – zu Unrecht – bald einmal als unkonzentriert, unmotiviert oder gar dumm. Um dem vorzubeugen, sind in einem lebendigen Unterricht möglichst viele Ebenen mit einzubeziehen.

Neben der Lernebene und dem Lernstil gilt es noch ein drittes Element zu berücksichtigen: die Lerndynamik oder den Lernrhythmus. Auch hier hat jeder Mensch unterschiedliche Vorlieben und Eigenarten. Es gibt Menschen, die sehr schnell begreifen, aber lange brauchen, um einen Lerninhalt wirklich zu verdauen und in die Alltagserfahrungen zu integrieren. Andere wiederum brauchen lange, bis sie etwas verstanden haben, aber dafür vergessen sie es nie mehr. Jeder Mensch lernt am besten in seinem eigenen Rhythmus. Kann er dies tun, so ist sein Lernen wirklich effizient. Auch jede Gruppe von lernenden Menschen hat ihren Lernrhythmus. Manchmal passen die Rhythmen der einzelnen Mitglieder besser zusammen, manchmal weniger gut. Auch diesen Lernrhythmen wird im lebendigen Unterricht in den rhythmisierten pädagogischen Prozessen Rechnung getragen.

b) Resonanz im aesthetischen Lern-Raum

Stephen Hawkins definiert Resonanz folgendermassen:

> „Nach der Wellentheorie des Lichts werden die hellen und dunklen Ringe durch das Phänomen der Interferenz hervorgerufen: Eine Welle, etwa eine Wasserwelle, besteht aus einer Reihe von Kämmen und Tälern. Wenn beim Zusammentreffen zweier Wellen zufällig die Kämme der einen auf die Kämme der anderen Welle treffen und Wellentäler auf Wellentäler, dann verstärken sie einander, und es entsteht eine größere Welle. Das nennen wir konstruktive Interferenz. In diesem Fall heißen die Wellen «phasengleich».
>
> Das andere Extrem liegt vor, wenn die Kämme der einen Welle mit den Tälern der anderen zusammenfallen und umgekehrt. In diesem Fall heben sich die Wellen auf – sie sind «phasenverschoben». Bei dieser Situation spricht man von destruktiver Interferenz" (1).

Übersetzt in die Theorie von Pädagogik und Psychologie als Prozessgeschehen kann das so gedeutet werden: Jeder Teilnehmende in einem pädagogischen Prozess sendet eine Art „Welle" aus. Gelingt es der Lehrperson, sich auf die „Wellen" der Schülerinnen und Schüler einzustimmen, so ist die Möglichkeit der Entstehung von konstruktiver Interferenz gegeben. Alle Beteiligten lassen sich auf einen gemeinsamen Entwicklungsprozess ein. Das wiederum bedeutet, dass der Lerneffekt deutlich um ein Mehrfaches verstärkt wird, da die Wellen sich verstärken. Gelingt diese Verstärkung nicht, so entsteht so etwas wie eine destruktive Interferenz. Es kann

b) Resonanz im aesthetischen Lern-Raum

keine positive Verstärkung stattfinden und die Gestaltungsprozesse bleiben eher flach und bedeutungslos.

Aus der Perspektive des aesthetischen Lernraums ist das Herstellen von Resonanz zentral. Ist die Lehrperson offen für Schwingungen verschiedenster Art, so kann sie diese aufgreifen und zu deren Verstärkung beitragen. Individuelle Gestaltungsprozesse können sich so um ein Vielfaches steigern. Ist ein resonantes Einstimmen nicht möglich, so ist das Ergebnis und damit auch die Erfahrung merklich kleiner.

Die Resonanz der einzelnen Lernebenen untereinander verändert das Erlebnis des Lernens im ästhetischen Lern-Raum nachhaltig. Wenn die einzelnen Ebenen des Lernens miteinander in Resonanz kommen, so bedeutet dies, dass die Effektivität des Lernens für die einzelne Person viel größer wird. Sie lernt auf verschiedenen Ebenen gleichzeitig. Dadurch wird die Lernerfahrung ganzheitlicher, und die Motivation zum Lernen steigt. Der Lernprozess wird lebendiger und der Ausdruck dessen, was gelernt wurde, wird größer, persönlicher und auch für die lernende Person besser nutzbar. Dadurch, dass die lernende Person in einen intensiveren Kontakt kommt mit dem, was sie gerade lernt, kann sie das Gelernte auch besser in ihrem Alltag anwenden und andern mitteilen oder weitergeben. In diesem Sinne besteht ein absoluter Unterschied darin, ob Übungen einfach zusammengehängt werden, oder ob in einem kreativen Akt die verschiedenen Ebenen zusammenspielen und damit aus dem Zusammenspiel etwas Neues entsteht.

Joelle Huser nennt dieses Phänomen in „Flow – jenseits von Langeweile und Angst":

> *Kennen Sie Flow? Sie kennen es sicher, dieses ozeanische Gefühl der Selbstvergessenheit! Sie lesen ein spannendes Buch und tauchen so in die Geschichte ein, dass sich die Zeit und die Welt um Sie herum verlieren, Sie fühlen sich in tiefer Harmonie und im Einklang mit sich und ihrer Umgebung. Oder sie sind mit Freundinnen und Freunden zusammen in einer angeregten Diskussion über Gott und die Welt verwickelt, und verblüfft merken Sie, dass mehrere Stunden verflogen sind. Vielleicht kennen Sie auch das Hochgefühl des Bergsteigers, der sich bei einer schwierigen Kletterpartie eins mit der Natur fühlt und inneres Glück verspürt. Dieses absolut entspannende Hochgefühl ist Ihnen vielleicht auch aus Ihrer Arbeit bekannt.*

Anhand eines Beispiels nennt sie die sieben typischen Elemente des Flows:
1. *Das Verschmelzen mit der Aktivität – Einssein mit sich und der Sache;*
2. *Die hohen Anforderungen sind mit den hohen Fähigkeiten im Gleichgewicht;*
3. *Zentrierung der Aufmerksamkeit auf ein begrenztes Reizfeld;*
4. *Selbstvergessenheit und Aufhebung des Zeitgefühls;*
5. *Bestimmungsrecht über das eigene Handeln und das Umfeld – Kreativität;*
6. *Klare Zielvorgabe und Rückmeldung:*
7. *Autotelisches Tun: Die Tätigkeit in sich selbst und aus sich selbst heraus ist belohnend und erfüllend* (2).

In der langjährigen pädagogischen Tätigkeit begegnete ich diesem Phänomen in sämtlichen pädagogischen Arbeitsfeldern. Die Erscheinungsweise von „Resonanz" oder „Flow" entpuppte sich immer als Kern oder Motor des Lernprozesses. Da dieses Phänomen immer dann stattfindet, wenn die verschiedenen Lernebenen zusammenkommen und ein resonanter Kontakt zwischen lernender und lehrender Person stattfindet, ist er unabhängig von der Intelligenz an sich. Auch in der Arbeit mit Menschen mit schwersten Beeinträchtigungen ist in solchen Augenblicken immer ein Anstieg des Lernpotentials spürbar, welcher auch von betroffenen Eltern oder Lehrpersonen als Veränderung bemerkt wird.

Die Resonanz zwischen den einzelnen lernenden Personen erhöht die Intensität des Lernprozesses der ganzen Gruppe. Wirkt die Erfahrung und steigende Motivation der einzelnen Schüler anstecken auf die andern, so „schwingt sich der Lernprozess ein" auf ein gemeinsames Erlebnis, das für alle dieselbe Wirkung hat. Der Erfolg des Lernens in der Gruppe steigt an.

Die Resonanz zwischen lernender und lehrender Person bestimmt einen großen Teil des Lernerfolgs. Für eine Lehrperson, die in einem lebendigen Stil unterrichten will, ist es wichtig, dass sie spüren kann, auf welcher Ebene oder in welchem Bereich ihre Schülerinnen und Schüler am besten lernen können, und wann sie in ihrem Unterricht von einer andern Ebene zur andern wechseln muss. Ein wichtiger Kernpunkt des lebendigen Unterrichtens besteht darin, zu spüren, ob die Schülerinnen und Schüler auf die vorgeschlagene Ebene einsteigen können oder nicht. Die Ebene des Lernens kann mit dem Mittel der Variation jederzeit gewechselt werden, ohne dass das Ziel des Unterrichts verloren gehen muss.

Die verschiedenen Ebenen des Lernens werden in einem solchen Lernprozess nicht gewertet. Sie sind alle gleichwertig nebeneinander gestellt. Die verschiedenen Lernstile werden alle berücksichtigt, und jeder Schüler und jede Schülerin kann die ganze Breite ihrer Fähigkeiten in den Unterricht einbringen. Die Beziehung zum Lernen wird geprägt von einer positiven Einstellung zum Prozess und zum Inhalt des Lernens.

c) Resonanz und Inspiration

Im Bereich Musik und Bewegung ist ein motivierender Unterricht absolut unumgänglich. Musik und Bewegung ohne Motivation sind langweilig, ihrer tiefsten Quelle beraubt, nämlich der Inspiration, welche gewissermaßen den Atem des ganzen Geschehens ausmachen. Der inspirierte Unterrichtsstil vermittelt anhand einfacher Prozesse eine vielschichtige und interessante Erfahrung. Ein Unterrichtsstil, der dies nicht ist, hinterlässt gelangweilte oder provozierende Schülerinnen und Schüler, bewirkt nichts, und niemand versteht etwas vom Sinn der ganzen Sache.
- Auf der Ebene der Musik können musikalische Abläufe erlernt werden oder als Unterstützung für neues Lernen dienen.
- Auf der Ebene der Bewegung werden positive Erfahrungen gemacht. Die Bewegung wird als wichtiger Bestandteil des Lernens integriert.
- Auf der Ebene der Wahrnehmung wird die Lebendigkeit vermittelt, eine Sache aus unterschiedlichen Perspektiven und mit allen Sinnen anzugehen.
- Auf der Ebene der Begriffsbildung und des Intellekts können die Inhalte des Unterrichts verstanden und neu formuliert werden.
- Auf der Ebene der sozialen Interaktion werden Kontakte und Ideen anderer Menschen als fruchtbar erlebt.
- Auf der Ebene des persönlichen Ausdrucks entstehen neue Ausdrucksformen.

Findet im Austausch zwischen lernender und lehrender Person keine Resonanz statt, so wird Lernen einseitig und eher langweilig. Der Lernerfolg ist gering. Das Lernklima verschlechtert sich. Der Austausch ist nicht möglich. Lehrende und lernende Person gehen aneinander vorbei.
- War zum Beispiel in einer Unterrichtseinheit viel Wahrnehmungsförderung und Bewegung vorhanden, aber der Inhalt konnte nicht auf der intellektuellen Ebene vermittelt werden, so entsteht eine Unzufriedenheit und viele Fragen kommen auf: „Warum tun wir das überhaupt?"
- Wenn umgekehrt in einem Lernprozess nur die Ebene des Intellekts angesprochen wird, dann werden die geplanten Inhalte vielleicht gelernt, aber die andern Ebenen werden vernachlässigt. Wer auf der intellektuellen Ebene nicht gut lernen kann, ist verloren. Häufig werden auch in einem solche Prozess die verschiedenen Ebenen des Lernens unterschiedlich gewertet. Wer nun auf der einen Ebene besser lernen kann – und dies ist häufig die intellek-

tuelle Ebene – der gilt als klüger als andere, welche besser auf andern Ebenen lernen können.
- Wenn in einem Lernprozess die Ebene der Bewegung vernachlässigt wird, so bedeutet dies bei Kindern oft, dass sie anfangen, sich im Unterricht durch „störende" Bewegungen bemerkbar zu machen, indem sie einander heimlich stoßen, einander Dinge zuschmeißen etc. Dadurch kommen sie dann zwar zu ihrer Bewegung, erwerben aber keine positive Einstellung dazu. Sie empfinden Bewegung als etwas, das nur im Hintergrund oder im Versteckten getan werden darf und ein perfektes Mittel für Störmanöver ist. Sie erwerben nicht eine positive offene Haltung zu ihrer persönlichen Bewegungsfähigkeit.
- Bei Erwachsenen äußert sich mangelnde Bewegung in einer Stagnation der Denkfähigkeit, einem Mangel an Konzentration, an plötzlich auftretender Müdigkeit, Abfall der Motivation etc..
- Es gibt unzählige Kombinationen, wie die verschiedenen Ebenen des Lernens nicht zusammenkommen können. Was auch immer passiert, das Resultat bedeutet eine Verringerung der Motivation, weniger Freude am Lernen und weniger kreative Resultate des Unterrichts. Aus ganzheitlicher Sicht entsteht eine Spaltung innerhalb des Zusammenschwingens der verschiedenen Ebenen; der Fluss, die Resonanz wird gestört oder ganz unterbrochen. Der Lernprozess ist eher mit negativen Gefühlen verbunden und daher auch nicht so gewinnbringend.

d) Interaktionsmuster im Lernprozess

In der Interaktion zwischen Lehrperson und Schülerinnen und Schülern wird der Unterricht zu eine „Erforschungs- und Entwicklungsprozess", an dem Schülerinnen und Schüler sowie Lehrkraft gleichermaßen beteiligt sind.

Die hier aufgeführten Interaktionsmuster haben sich in der Praxis als hilfreich erwiesen.
- **Ideen aufgreifen und ergänzen, so dass alle Aspekte berücksichtigt werden:** Häufig kann im Unterricht jeder Schüler seine Ideen einbringen. Oft wird auch nach weiteren Ideen gefragt. Zum Beispiel schnipsen alle einen Rhythmus. Die Lehrperson fragt nach weiteren Ideen und greift diese in der Unterrichtsgestaltung auf. Die Gefahr dabei ist, dass oft immer ähnliche Ideen kommen. Hier gibt die Fertigkeit im Prinzip der Variation, verbunden mit dem Wissen um die Struktur, die nötige Sicherheit. Die bewusste Lehrperson kann die vorhandenen Ideen aufgreifen und so ergänzen, dass kein Aspekt unberücksichtigt bleibt. Dies kann anhand der Pole der Parameter geschehen. Befinden sich zum Beispiel viele Ideen innerhalb eines einzelnen Pols, so kann die Lehrkraft einen Vorschlag für eine Sequenz innerhalb des Gegenpols bringen. Sie bringt ihre Vorschläge nur dann, wenn einzelne Aspekte eines Themas durch die Ideen der Schülerinnen und Schüler nicht abgedeckt werden. Dadurch, dass sie in ihrer Zielsetzung klar ist und ebenfalls einen Überblick über die Struktur hat, kann sie den Unterricht entsprechend den Ideen der Schülerinnen und Schüler gestalten und dabei ihre Interventionen so subtil einsetzen, dass das Ziel trotzdem erreicht wird.
- **Ein Thema gemeinsam entwickeln:** Durch immer weiter führende Fragen kann ein Thema in der gemeinsamen Auseinandersetzung entwickelt werden. Die Lehrperson braucht dazu ihre Fertigkeit in der organischen Übungsentwicklung in Verbindung mit dem Wissen um die Struktur. Sie kann die Ideen der Schülerinnen und Schüler aufgreifen und durch gezielte Fragen zur Weiterentwicklung anregen. Gleichzeitig kann sie aber bei Bedarf auch jederzeit neue Ideen einbringen, wenn die Schülerinnen und Schüler nicht das Potential zu weiterführenden Ideen aufbringen. Der Lernprozess wird dadurch zu einem gemeinsamen Erforschen und Entwickeln des Themas, an dem Schülerinnen, Schüler und Lehrkraft gleichermaßen beteiligt sind.
- **Den Spannungsbogen aufrechterhalten durch Rhythmisierung:** Anhand ihres Wissens um die Gesetzmäßigkeiten der Rhythmisierung im Unterricht kann die Lehrperson einen Abfall

in der Motivation oder der Konzentration wahrnehmen. Durch eine Veränderung der Intensität einzelner Bewegungen oder Klänge und des Tempos der Übungsabfolgen kann sie den Spannungsbogen verändern, so dass die Konzentration erhalten bleibt.

- **Die Ebene des Lernens wahrnehmen und nach Bedarf wechseln:** Wenn eine Gruppe zum Beispiel auf Grund eines besonderen Umstands nicht in der Lage ist, auf einer bestimmten Ebene oder innerhalb eines bestimmten Bereichs zu arbeiten, so kann die Lehrperson die Ebene wechseln, ohne dass das Ziel verloren geht. Letztendlich spielt es keine Rolle, ob ein Thema mehrheitlich im Bereich Wahrnehmung oder im Bereich Musik behandelt wird. In diesem Fall hilft der Lehrperson ihr Wissen um das Prinzip der Variation innerhalb der 6 Bereiche in Verbindung mit der Struktur.
- **Beobachten, aufgreifen und vertiefen:** Durch genaue Beobachtung kann die Lehrperson in einem Gestaltungsprozess erkennen, welche Elemente von der Gruppe oder einzelnen Schülerinnen und Schülern noch vertieft werden müssen. Sie beobachtet und macht Vorschläge, um Veränderungen zu bewirken. Je nach Bedarf kann sie dazu die Prinzipien der Variation oder der organischen Entwicklung in Verbindung zur Struktur anwenden. Wichtig dabei ist, dass auch im Bereich persönlicher Ausdruck ein weiterführender Lernprozess stattfinden kann. Wenn diese Veränderung nicht von der Lehrkraft vorgeschlagen wird, dann kann kein Wachstum in der persönlichen Entwicklung stattfinden.
- **Einen Lernprozess in Gang bringen und aufrecht erhalten:** Die geübte Lehrperson ist fähig, in jedem Moment ihres Unterrichts zu erkennen, ob die Schülerinnen und Schüler am Lernprozess wirklich teilhaben können, oder ob sie über- oder unterfordert sind. In der Praxis sind häufig subtile Anpassungen an das Leistungsniveau der Gruppe nötig, welche mit den Mitteln von Variation, organischer Entwicklung oder Rhythmisierung gestaltet werden. Pädagogische Abläufe werden sorgfältig geplant, sind aber noch keine Garantie dafür, dass ein echter Lernprozess stattfindet. Erst die Verbindung von Planung und ständiger Anpassung der Lernprozesse an das Leistungsniveau der Gruppe (Resonanz) lassen echtes Lernen entstehen. Am Ende einer Unterrichtseinheit steht daher immer die Frage, was die Schülerinnen und Schüler wirklich gelernt haben. Sie beantwortet letztendlich, ob die Unterrichtsgestaltung auf der Grundlage der Planung wirklich interaktiv gestaltet worden ist.
- **Arbeiten mit Menschen aller Altersstufen:** Neben dem Wissen um die Besonderheit jeder Altersgruppe ist die Fähigkeit, das momentane Niveau einer Gruppe differenziert wahrzunehmen und dadurch den Lernprozess interaktiv zu gestalten unumgänglich für die adäquate Gestaltung der pädagogischen Arbeit mit verschiedenen Gruppen und Menschen aller Altersstufen.
- **Prozesse begleiten und unterstützen:** Die Lehrperson wird in diesem Zusammenhang jedes Mal neu zur qualifizierten Prozessbegleiterin in der aktiven Interaktion mit der Gruppe und deren Mitgliedern.

17 Planung zwischen Struktur und Dynamik

Dieses Kapitel widmet sich der genauen Planung, die auf dem Modell basiert. Da die Durchführung bestimmt ist durch die Gestaltungsprinzipien der Dynamik, kann sie durchaus von der Planung abweichen, ohne dass die zu Grunde liegende Zielsetzung verloren geht. Aus diesem Grund spielen neben einer gut durchdachten Vorbereitung auch die Tools zu Standortbestimmung, Evaluation und Beobachtung eine wichtige Rolle. Sie alle werden hier beschrieben und sind gültig sowohl für kurze Sequenzen und Projekte als auch für lang dauernde und regelmässig durchgeführte Unterrichtsabläufe.

a) Der Aufbau einer Lektion: Einstieg – Entwicklung – Ausklang

Grundsätzlich gestaltet sich eine Lektion in drei Phasen: Einstieg – Entwicklung – Ausklang.

Einstieg und Ausklang sind wie die Eckpfeiler des Unterrichtsablaufs. Sie geben die notwendige Stabilität, innerhalb derer sich jede nur mögliche Entwicklung entfalten kann.

Einstieg und Ausklang

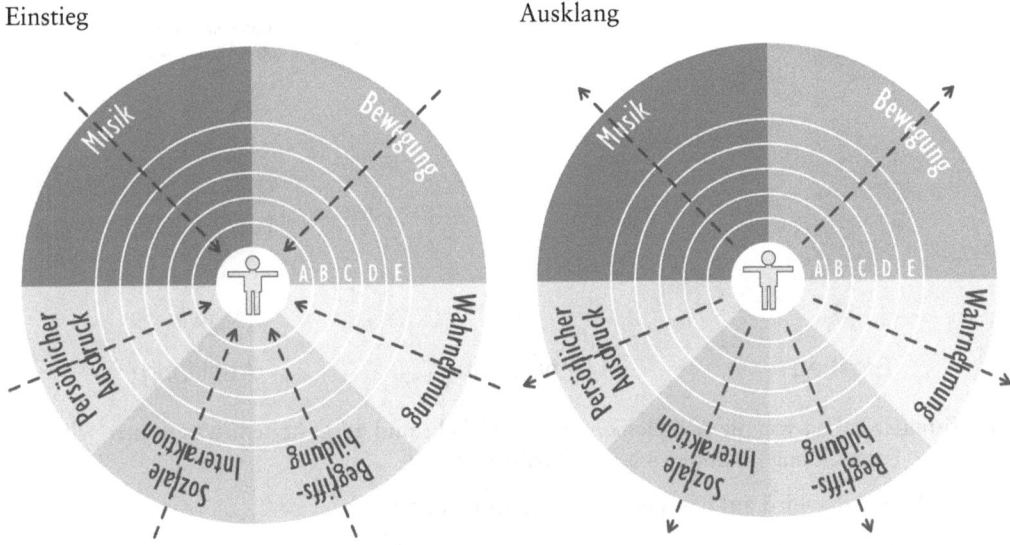

Ein deutlicher **Einstieg** erhöht die Konzentration und die Einstimmung auf das, was in der kommenden Unterrichtseinheit passieren wird. Die Einstiegsphase sollte höchstens 5–10 Minuten dauern. In der Begrüßung nehmen sich alle gegenseitig wahr, ein Gruppengefühl entsteht. Deshalb wird diese Einstiegsphase häufig im Kreis durchgeführt. Ebenfalls werden der Körper und alle Sinne angesprochen, „aufgeweckt". Dadurch wird die Konzentration erhöht. Häufig geschieht dies durch ein paar einfache rhythmisierte Imitationsübungen. Dieser kurze Prozess kann mit einem schnellen Weg durch die Bereiche verglichen werden. Die Bewegung der Dynamik, die sich entwickelt, bedeutet, von außen nach innen zu kommen, aus der Außenwelt zu sich selber zu finden.

Die Einstiegsphase dient als Mittel der Kontaktaufnahme auf allen Ebenen. Schülerinnen und Schüler sowie die Lehrperson nehmen einander in diesem Einstieg wahr, die Kinder lassen sich ein auf das, was auf sie zukommt, und die Lehrperson hat Raum, um wahrzunehmen, was die Schülerinnen und Schüler alles „mitbringen", was an Bewegungen in der Lektion aufzunehmen ist, worauf sie sich in dieser Stunde einstellen muss. Die Körpersprache in dieser Phase sagt viel über die Stimmung aller Gruppenmitglieder aus. Häufig wird die Einstiegsphase in einem kleinen Ritual durchgeführt und wiederholt sich über längere Zeit. Ebenfalls geeignet ist ein Lied.

Ausklang: Am Ende ist es nötig, einen deutlichen Abschluss zu gestalten. Dieser Ausklang beinhaltet, dass alle ruhig werden, sich sammeln und konzentrieren können auf das, was anschließend passieren wird. Die Bewegung dieses Ausklangs ist genau das Gegenteil des Einstiegs: abschließen was gewesen ist, sich wieder auf sich selbst konzentrieren und öffnen für das, was vor der Tür wartet. Während beim Einstieg die Dynamik des Prozesses von außen nach innen geht, so gestaltet sich beim Ausstieg die Dynamik in der umgekehrten Richtung: von innen nach außen. Ohne klaren Einstieg und Ausklang ist ein lebendiges Gestalten der Dynamik nicht möglich. Einstieg und Ausklang geben Halt und Stabilität für die Lebendigkeit, welche dazwischen entstehen kann.

Mittelteil / Entwicklung

Bezeichnen wir die Einstimmung nun mit A und den Ausklang mit A', so kommen wir einer dreiteiligen Liedform nahe: A B A'.

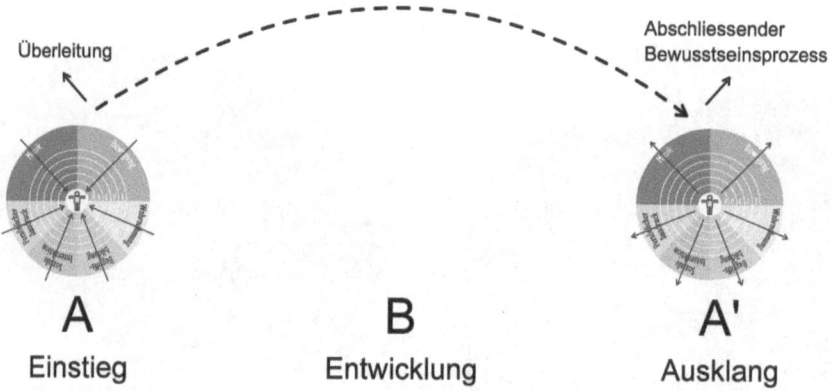

Im Mittelteil haben wir die Möglichkeit zu entwickeln und zu gestalten, was immer wir wollen. Diese Entwicklung gestaltet sich in folgenden Phasen:

In der **Überleitung** wird auf das Thema der Lektion vorbereitet.

Die **Entwicklung** des Themas erfolgt anschließend anhand der Prinzipien des lebendigen Unterrichtens, wie sie in den letzten Kapiteln vorgestellt worden sind.
- Variation, Veränderung: Das Thema kann in verschiedenen Raumlagen, in unterschiedlichen Rhythmen, Geschwindigkeiten oder differenziertem Krafteinsatz vertieft werden.
- Organische Weiterentwicklung: Das Thema kann weiterentwickelt, neue Begriffe erarbeitet werden.
- Es kann sich ein Prozess in einer freien Gestaltung in verschiedenen Bereichen entwickeln. Obwohl eine Lektion immer einen Schwerpunkt hat, sich hauptsächlich in einem Bereich abspielt, werden die anderen Bereiche immer mit einbezogen.

Ein **abschließender Bewusstseinsprozess** ist häufig sinnvoll, damit vor dem Abschluss des Mittelteils eine abschließende Reflexion stattfinden kann, welche den Schülerinnen und Schülern hilft, die gemachten Erfahrungen einzuordnen und zu verarbeiten. Dies kann verbal geschehen, in einem kleinen Gespräch oder in einzelnen kurzen Erfahrungsberichten. Es kann aber auch ein Raum der Stille sein, in dem ein persönliches Nachspüren des Erlebten stattfinden kann.

a) Der Aufbau einer Lektion: Einstieg – Entwicklung – Ausklang

Notfälle und „disziplinarische Ausnahmesituationen"

Wenn in einer Lektion etwas schief läuft, wenn die Schülerinnen und Schüler unruhig oder unkonzentriert sind, so ist es durchaus auch einmal möglich, dass zur Sammlung der Energie mitten in der Stunde nochmals ein Einstiegsteil durchgeführt wird. Dieser verhilft wieder zu Konzentration und Ruhe.

Die Dynamik des Mittelteils

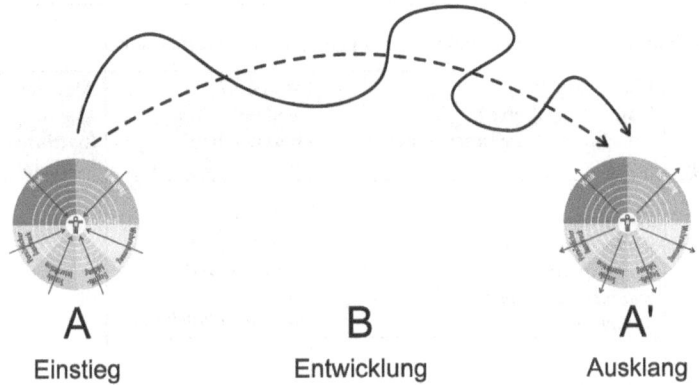

Gemäss den Prinzipien der Rhythmisierung weist nun der Mittelteil einer Lektion eine unterschiedliche Dynamik auf.

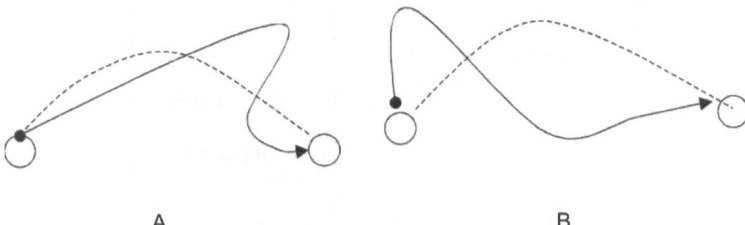

Die Dynamik des Mittelteils kann eine lange Aufbauphase, einen relativ späten Höhepunkt und eine kurze Entspannungsphase (A) oder einen frühen Spannungspunkt und eine ausgedehnte Entspannungsphase (B) aufweisen.

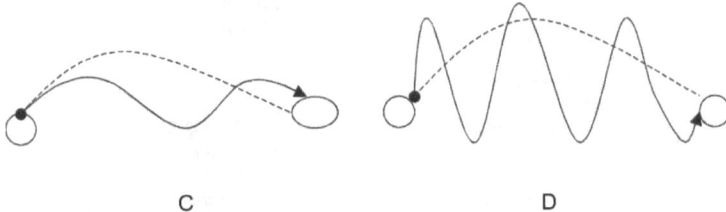

Es ist aber auch möglich, den Mittelteil in einer flacheren Dynamik (C), oder mit vielen steileren Kurven nacheinander (D) zu gestalten.

Wie auch immer diese Dynamik aussehen wird, sie muss einen deutlichen Spannungs- und Entspannungspunkt haben.

b) Vorbereitungsraster

Nach dem folgenden Raster kann eine Lektion vorbereitet werden

Lektionsthema: *Das übergeordnete Thema oder das Thema für eine Lektion*
Datum und Zeit: ... **Klasse:** ... **Ort:** ...

Ziel der Lektion			
Kompetenzen, welche die Schülerinnen und Schüler in der Lektion erwerben sollen			
Wann / Wo? **Phase** Zeit- und Raumeinteilung	**Was / Wie?** **Handlungsebene** einzelne Schritte beschreiben	**Warum?** **Teilziele** beschreiben	**Womit?** **Musik** **Instrumente** **Material**
Einstieg 10'	Begrüßung Wahrnehmung der andern Gruppenmitglieder Wahrnehmung von sich selbst Konzentration	ankommen sich einstimmen sich selbst und die andern wahrnehmen	
Entwicklung 5' Überleitung	auf das Thema vorbereiten oder das Thema verbinden mit bisherigen Erfahrungen	vertraut werden mit dem zu Lernenden	
20' Entwicklung	Thema erarbeiten oder weiterentwickeln – Das Thema in organischen Schritten innerhalb der 6 Bereiche erarbeiten oder Thema variieren – in verschiedene Raumlagen – verschiedenen Körperdimensionen – verschiedenen Rhythmen, Geschwindigkeiten – unterschiedlichem Krafteinsatz, Intensität oder persönliche Erlebnisse gestalten – allein – in einer Kleingruppe – in Musik – Bewegung – mit oder ohne Material	das Thema – in unterschiedlich gestalteten Abläufen wahrnehmen – Neues kennen lernen Einsichten in das Thema – vertiefen – erweitern – weiterentwickeln das Thema – neu gestalten – auf persönliche Art und Weise ausdrücken	
5' abschließender Bewusstseinsprozess	– nachspüren – Erfahrungen verbalisieren – Begriffe kennenlernen	– die Erfahrungen neu einordnen – Worte geben – sich Zeit nehmen, um dem Erlebten nachzuspüren	
Ausklang 5'	zurück zur Gruppe: alle wahrnehmen Thema im Körper nachspüren innehalten, sich öffnen für Neues zur richtigen Zeit aufhören und: adieu.	sich sammeln ruhig werden sich verabschieden.	

b) Vorbereitungsraster

Lektionsthema: ...

Datum und Zeit: ... Klasse: ... Ort: ...

Ziel der Lektion			
Wann / Wo? Phase Zeit- + Raumeinteilung	**Was / Wie?** Einzelne Schritte	**Warum?** Ziele	**Womit?** Musik Instrumente Material
Einstieg 10'			
Entwicklung 5' 20' 5'			
Ausklang 5'			

c) Planung eines Ablaufs über einen längeren Zeitraum

Wie für eine einzelne Lektion gilt das gleiche Schema des Ablaufs auch für längerfristige Planungen über ein Quartal, ein Semester, ein Jahr, oder allgemein die Dauer eines Projektes.

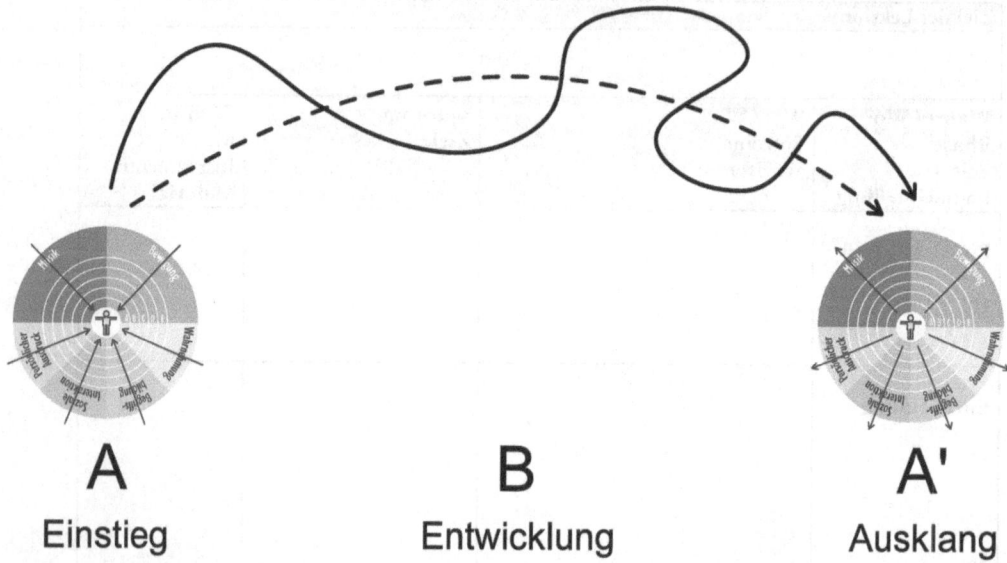

A Einstieg   **B** Entwicklung   **A'** Ausklang

Das Jahr, in diesem Fall meistens das Schuljahr, oder jeder Ablauf in seiner geplanten Länge, wird nach der selben Dynamik gestaltet: Einstimmung, Entwicklung, Ausklang.

Jede Unterrichtssequenz hat ihre Einstiegsphase, einen längeren Entwicklungsteil und einen Ausklang. Dieser Ablauf entspricht dem oben beschriebenen Aufbau einer Lektion. Auf ein Jahr gesehen bedeutet dies, dass die ersten vier bis fünf Lektionen der **Einstimmung**, dem Einstieg dienen. Hier werden Grundlagen gesetzt, wird festgestellt, auf welchem Niveau eine Gruppe sich befindet, welche speziellen Stärken und Schwächen vorhanden sind etc. Nach der Einstiegsphase ist eine erste Standortbestimmung angesagt.

Anschließend folgt eine längere **Entwicklungsphase**. Diese kann eine ganz unterschiedliche ausgeprägte Dynamik haben, je nachdem, was für diese Dauer geplant ist. Diese Entwicklungsphase kann verschiedene Höhepunkte haben, sie kann in einer Aufführung gipfeln, sie kann sich in verschiedene Bereiche entwickeln.

Ganz wichtig ist dann, etwa nach der Hälfte der Zeit der Entwicklungsphase, nochmals eine Standortbestimmung vorzunehmen und auch eine Zeitplanung zu erstellen. Die Erfahrung zeigt nämlich, dass oft zu viel für den Schluss geplant wird.

Damit der Schluss wirklich zu einem **Ausklang** und nicht zu einem Stress wird, ist es ratsam, früh genug an den Abschluss zu denken.

Am Schluss ist eine Evaluation angesagt, bei der nach den selben Gesichtspunkten wie bei der Reflexion einer Einzellektion zurückgeblickt wird. Häufig ist es dabei auch sinnvoll, in einer adäquaten Form die Schülerinnen und Schüler über ihre Erfahrungen zu befragen. Diese bringt oft erstaunliche Äußerungen zum Ausdruck.

c) Planung eines Ablaufs über einen längeren Zeitraum

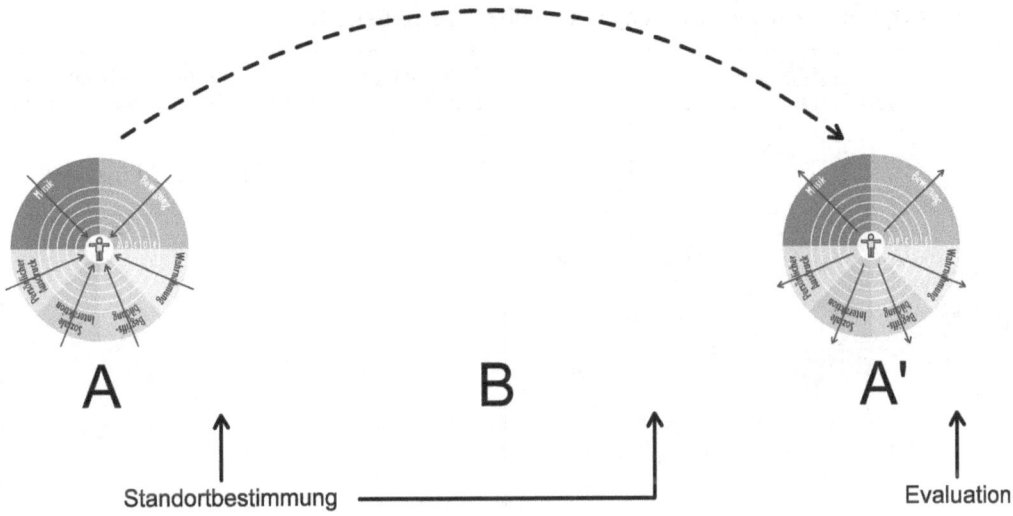

Verschiedene Phasen überlappen sich

Eine Jahresplanung im Überblick kann nun folgendermaßen aussehen: Einstieg – Mittelteil – Ausklang

Kommt die Planung in den einzelnen Quartalen dazu, ergibt sich folgendes Bild:

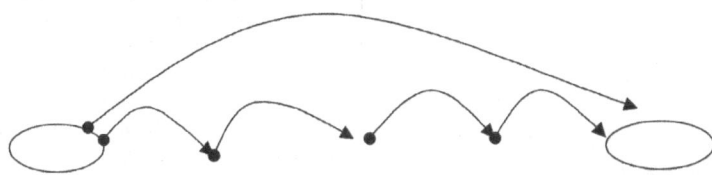

Zum Schluss noch die Planung der einzelnen Lektionen, ebenfalls in einer dreiteiligen Form:

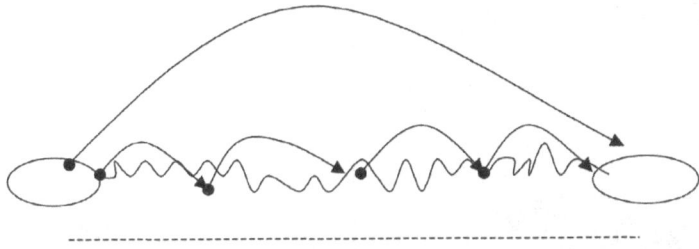

Der Aufbau der einzelnen Abläufe ist immer gleich, es entsteht ein Gebilde von sich überagernde Prozessen, vergleichbar einer Partitur mit Verläufen, die in ihren proportionalen Verhältnissen gleich bleiben, sich aber über unterschiedliche Zeiträume erstrecken.

Dieselbe Dynamik in der Entwicklung innerhalb der sechs Bereiche:

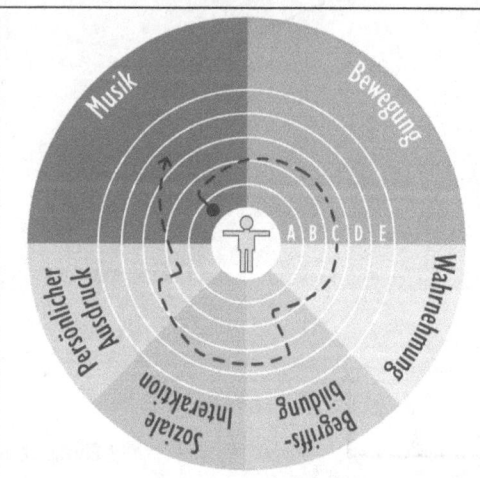	Über das Jahr verteilt gestaltet sich ein Unterricht so, dass in allen Bereichen einmal ein Schwerpunkt stattfindet. Dauer des hier beschriebenen Prozesses: 1 Jahr.
Ebenso werden in jeder Lektion, in jedem Ablauf, alle Bereiche berücksichtigt. Auch wenn in der Planung immer ein bestimmter Schwerpunkt da ist, so werden doch alle Bereiche innerhalb des Ablaufs berücksichtigt. Dauer dieses Ablaufs: 1 Stunde	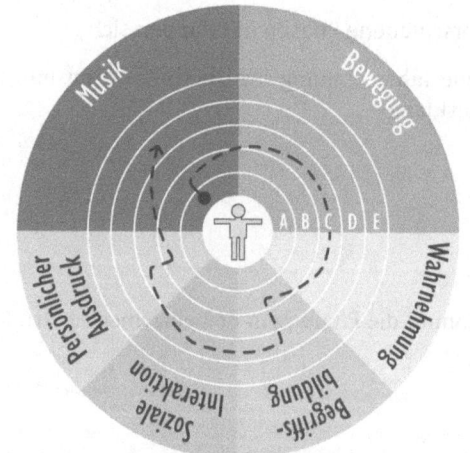
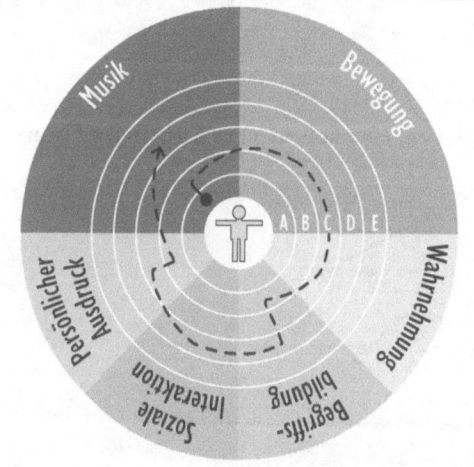	Auch in der kurzen Einstimmung werden alle Bereiche berücksichtigt. Dauer der Einstimmung: 5–10 Minuten.

c) Planung eines Ablaufs über einen längeren Zeitraum

Das Unterrichten wird so zu einer „Komposition" von verschiedenen Rhythmen, welche in jedem Moment neu entstehen können und trotzdem immer innerhalb der einzelnen Teile aufeinander abgestimmt sind.

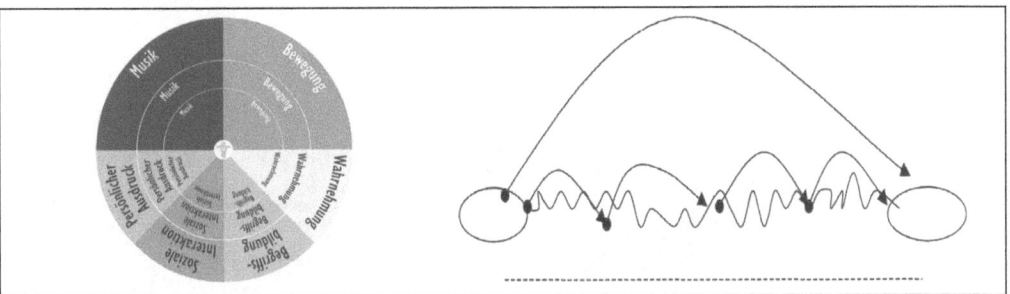

18 Reflexion und Interaktion

a) Lebendige Vorbereitung und Reflexion

Die Vorbereitung entspricht der Struktur, die Dynamik entwickelt sich im Moment

- Das genaue Vorbereiten einer Lektion ist unerlässlich dafür, sich eine Vorstellung vom möglichen Ablauf zu machen. Lektionen sollen präzise und übersichtlich vorbereitet werden.
  - Damit sie aber den Prinzipien des lebendigen Unterrichts gerecht werden kann, soll immer auch Freiraum für Ideen der Schülerinnen und Schüler offen gelassen werden.
  - Die Ziele werden so definiert, dass sie auch erfüllt werden können, wenn nicht alles so abläuft wie geplant, wenn zum Beispiel die Ebene des Lernens gewechselt werden soll.
  - Nach Bedarf werden Abläufe so formuliert, dass in der Praxis unterschiedliche Lösungsmöglichkeiten offen bleiben.
  - Die in der Vorbereitung definierten Abläufe werden mit den Mitteln der Variation, organischen Entwicklung oder Rhythmisierung im Unterricht laufend ergänzt oder vertieft. Diese oft sehr subtile Anpassung erst ermöglicht echte Lernerfahrungen.

Die präzise Vorbereitung hat in einem lebendigen Unterricht auch Tücken

- Es kann sein, dass die Lehrperson zu sehr darauf fixiert ist, ihre Vorbereitung durchzuziehen, und die Ideen der Schülerinnen und Schüler in diesem Ablauf eher als störend denn als bereichernd empfindet.
- Die Lehrperson kann auch zu wenig offen sein, um auf die Bedürfnisse des Augenblicks einzugehen. Sie führt die Lektion so durch, wie sie diese vorbereitet hat, und es entsteht eher eine Spaltung zwischen Schüler und Lehrkraft als ein Miteinander. Die Lehrperson zieht etwas durch, die Schülerinnen und Schüler machen nur halb interessiert mit. Diese Stunden funktionieren zwar, sind aber langweilig. Die Gefühle von Begeisterung fehlen.
- Manchmal ist die Vorbereitung zu kurz oder zu lang und stimmt nicht mit der realen Zeit überein. Die Lehrperson fängt an, Übungen in gerafftem Tempo durchzuführen, und die Zeit für eine echte Erfahrung geht verloren.
- Oft gibt die Lehrperson zu viel Input, führt die Lektion eher mechanisch durch, die Schülerinnen und Schüler werden eher zu Akteuren. Es findet kein gegenseitiges Geben und Nehmen statt.
- In alle diesen Fällen hat in der Interaktion kein wirklicher Kontakt stattgefunden.

b) Reflexion

In einer offenen Unterrichtsgestaltung ist die Reflexion sehr wichtig

- Die Reflexion beinhaltet eine Gesamteinschätzung des Ablaufs sowie eine Analyse der einzelnen Phasen.
- In der Reflexion werden die Ziele evaluiert – welche wurden erreicht, welche nicht, und warum.
- Die Entwicklung der einzelnen Phasen soll überdacht werden: Waren die Lernebenen adäquat gewählt, Variationen oder organischen Übungsentwicklungen gut gelungen?
- Die Reflexion beinhaltet auch eine Überprüfung der Planung. Es wird geklärt, ob die Lektion die Zielsetzung innerhalb der längerfristigen Planung erfüllt hat.
- Der Einsatz von Musik und/oder Material wird nochmals überdacht.
- Die Rhythmisierung der Lektion wird erstellt und überprüft.
- Der Kontakt zu den Schülerinnen und Schülern und das Verhalten der Gruppe und einzelner Mitglieder wird reflektiert.
- Zu überdenken ist ebenfalls die Interaktion im Lernprozess: Wann hat in der Lektion Resonanz stattgefunden, wann war die Interaktion für das Lernen förderlich und wann nicht?

- Spezielle Ereignisse werden notiert, sowie einzelne Vereinbarungen mit Schülerinnen und Schülern oder Personen aus dem Umfeld festgehalten.
- Wichtig ist auch die persönliche Befindlichkeit während und nach der Lektion. Fühlt sich die Lehrkraft angeregt und wach, so hat bestimmt ein motivierender Unterricht stattgefunden. Ist sie aber am Ende müde, ausgelaugt oder verstimmt, so fanden im Kontakt Unstimmigkeiten statt.
- Aus den Ergebnissen der Reflexion findet dann die Vorbereitung für die nächste Lektion statt. Der Raster auf der folgenden Seite zeigt einen Leitfaden zur Reflexion von Lektionen.

b) Reflexion

Leitfaden zur Reflektion

Datum: ...., Klasse/Gruppe:..................., Ort:..........................

Ziel

Wurde das Ziel erreicht?

Interaktion und Resonanz
Was haben die einzelnen Gruppenmitglieder gelernt?
Wo hat Vertiefung stattgefunden?
Ist Resonanz eingetreten, hat die Interaktion den Prozess unterstützt?

Gesamteinschätzung
Analyse der einzelnen Phasen
Wahl der differenzierten Lernebenen
Atmosphäre innerhalb der einzelnen Phasen
Aufbau von Variation und organischer Entwicklung
Beziehungsqualität

Rhythmisierung

Material
Wie wurde das Material eingesetzt?

Musik / Bewegung
Wie war der Einsatz der Musik?
Wie gestaltete sich der Umgang mit Musikinstrumenten?

Einzelne Entwicklungsschritte
Besondere Fortschritte eines Gruppenmitglieds
Schwierigkeiten

Absenzen

Unvorhergesehene Ereignisse, Besuche, Vereinbarungen
Spezielle Ereignisse
Besucher
Vereinbarungen mit Schülerinnen und Schülern, mit andern Lehrpersonen

Persönliche Bemerkungen

Leitfaden zur Reflexion

Leitfaden zur Reflektion
Datum: ...., Klasse/Gruppe:.................., Ort:..........................
Ziel
Interaktion und Resonanz
Gesamteinschätzung
Rhythmisierung
Material
Musik / Bewegung
Einzelne Entwicklungsschritte
Absenzen
Unvorhergesehene Ereignisse, Besuche, Vereinbarungen
Persönliche Bemerkungen

c) Standortbestimmung

Die Standortbestimmung beschreibt den Ist-Zustand der Mehrheit der Gruppenmitlglieder

Die Standortbestimmung zeigt den Entwicklungsstand einer Gruppe oder der Mehrheit der Gruppenmitglieder innerhalb der 6 Bereiche an. Der nachfolgende Leitfaden ermöglicht einen klaren Überblick über die vielfältigen Entwicklungsschritte.

Die Standortbestimmung beschreibt als **Ist-Zustand,** was die Mehrheit der Gruppenmitglieder in jedem Bereich kann. Grundlagen bilden die Tabellen der einzelnen Teilbereiche aller Bereiche im ersten Teil, „Struktur". Der Vergleich der einzelnen Bereiche, der durch diese Erhebung möglich wird, gibt auch den Überblick, in welchen Bereichen mehr Kompetenzen erworben worden sind und wo Entwicklungsbedarf da ist.

Die Spalte **Entwicklung** gibt Raum für das, was als nächstes zu entwickeln ist. Die Anmerkungen in dieser Spalte ergibt die Übersicht darüber, wie die weiteren Ziele gesetzt werden sollen. Im Anschluss an die Standortbestimmung wird das weitere Vorgehen geplant.

Die Standortbestimmung erfolgt in regelmäßigen Abständen

Die erste Standortbestimmung erfolgt nach einer Einstiegsphase von einigen Lektionen. Sie erfasst den Stand der Fähigkeiten der Mehrheit der Gruppenmitglieder. Sie legt das Leistungsniveau fest und wird damit zur Grundlage der weiterführenden Planung.

Eine weitere Standortbestimmung wird ungefähr in der Mitte des Ablaufs durchgeführt, in einem Jahresbogen etwa nach einem halben Jahr. Sie dient wiederum der Bestandesaufnahme, aber gleichzeitig auch der Evaluation und zeigt auf, ob die bisher gesetzten Ziele erreicht wurden oder nicht.

Je nach Bedarf können innerhalb eines längeren Unterrichtsablaufs mehrere Standortbestimmungen durchgeführt werden.

Die Bestandesaufnahme am Schluss der festgesetzten Zeit, am Schluss eines Projekts oder eines Schuljahres dient der Evaluation des ganzen Ablaufs.

Im Rahmen der Zusammenarbeit wie zum Beispiel bei der Arbeit in der Volksschule ist es sinnvoll, diese Standortbestimmungen jeweils mit den zuständigen Lehrpersonen zu besprechen und das weitere Vorgehen in der Zusammenarbeit zu bestimmen. Je schwieriger der Umgang mit einer Klasse, desto genauer soll die Standortbestimmung gemacht werden.

In einem prozessorientierten Unterrichtsgeschehen ist es besonders wichtig, dass regelmäßige Standortbestimmungen vorgenommen werden. Ist eine Lehrkraft eingebunden in den Prozess, so lebt sie so stark mit diesem mit, dass sie häufig gar nicht mehr realisiert, wie viel Entwicklung tatsächlich stattgefunden hat. Meist sind die Studierenden im Anschluss an eine Standortbestimmung ganz erstaunt, was sie mit einer Gruppe alles erreicht haben.

Leitfaden zur Standortbestimmung

Schule / Klasse / Gruppe … Schuljahr: … Datum: … , Standortbestimmung Nr …

Ist Zustand	Entwicklung
Bereich Musik	
Bereich Bewegung	
Bereich Wahrnehmung	
Bereich Begriffsbildung	
Bereich soziale Interaktion	
Bereich persönlicher Ausdruck	
Umgang mit Musikinstrumenten	
Umgang mit Material	
Einzelne Kinder, deren Entwicklung zu besonderer Beobachtung Anlass gibt	
Zusammenarbeit	
Aufführungen / Projekte	
Persönliche Bemerkungen	

d) Evaluation

Die Evaluation erfolgt am Schluss einer Einheit und reflektiert sämtliche Prozesse

Die Evaluation eines Ablaufs über einen längeren Zeitraum, ein Projekt, einen Kurs oder ein Schuljahr wird analog zur im letzten Kapitel vorgestellten Reflexion einer Lektion gestaltet.

Zur Evaluation gehören die Vorüberlegungen wie das Festlegen der Themen, die Rahmenbedingen, spezielle Vereinbarungen etc. Ferner soll die Gruppe sowie deren Besonderheiten vorgestellt werden.

Weiter gehören dazu die Gesamtziele wie zum Beispiel die Jahresziele und die Unterziele, zum Beispiel die Quartalsziele und eine Einschätzung darüber, ob und wie die Ziele erreicht wurden oder nicht, sowie die Standortbestimmungen. Zur Evaluation gehören eine Kurzbeschreibung des Gesamtablaufs, eine Analyse von dessen Rhythmisierung, ferner Überlegungen zum Einsatz von Musik, Musikinstrumenten und Material, sowie Lieder, Tänze und Musikstücke, die im Unterricht verwendet und/oder erlernt wurden.

Weiter muss die Zusammenarbeit mit beteiligten Lehrkräften, Eltern und Behörden beachtet werden sowie spezielle Situationen, Aufführungen, Projekte, Elternabende etc. Es ist auch ratsam, Meinungen der Schülerinnen und Schüler und der betroffenen Lehrkräfte anzufügen oder Photos aus Unterricht oder Aufführungen.

Stichwort-Raster zur Evaluation eines Ablaufs über einen längeren Zeitraum:

- Gruppe
- Themen
- Rahmenbedingungen, Vereinbarungen, Zusammenarbeit
- Ziele: Hauptziele, Unterziele
- Kurzbeschreibung des Gesamtablaufs
- Interaktion und Resonanz
- Gesamteinschätzung
- Lieder, Tänze, Musikinstrumente
- Rhythmisierung
- Musik
- Material
- Entwicklungsschritte der ganzen Gruppe, Standortbestimmungen
- besondere Entwicklungsschritte einzelner Gruppenmitglieder
- unvorhergesehene Ereignisse
- Aufführungen, Elternabende, Elternbriefe, Präsentationen, Photos ...
- spezielle Bemerkungen.

e) Beobachtung einzelner Schülerinnen und Schüler anhand des Modells

Die Standortbestimmung zeigt auf, über welche Kompetenzen die Mehrheit der Gruppe verfügt. Die Beobachtung dient der speziellen Beurteilung eines Kindes in besonderen Fällen. Es gibt Situationen, in denen ein Kind besonderer Beachtung bedarf, weil es im Unterricht ein besonderes Bedürfnis oder ein besonderes Verhalten zeigt oder weil eine Lehrperson speziell darum bittet.

Je nach Situation kann diese Beobachtung aus der Erinnerung im Anschluss an eine bestimmte Anzahl Lektionen durchgeführt werden. In einzelnen Fällen braucht es eine spezielle Beobachtung des Kindes in einer eigens dafür bestimmten Situation.

Die Beobachtung soll **möglichst objektiv und wertfrei** durchgeführt werden. In einer beschriebenen Beobachtungssituation sind oft ungewollt Interpretationen enthalten, welche nicht eigentlich etwas beobachten, sondern schon eine fertige Interpretation liefern. So wertfrei wie möglich zu beobachten ist schwierig und muss separat geübt werden.

Urs Strasser nennt folgende möglichen (positiven oder negativen) Reaktionen des Beobachters bei der Beobachtung (diese Angaben stammen aus der Heilpädagogik, können aber auf sämtliche pädagogischen Beobachtungssituationen übertragen werden).

Identifikation: Der Beobachter versetzt sich mehr oder weniger unbewusst durch emotionale Bindung an den behinderten Menschen oder eine andere Bezugsperson in deren Lage und fühlt, denkt und handelt in der Folge, wie diese es tun würden ....

Übertragung: Der Beobachter überträgt oder verlagert einen positiven oder negativen Affektbezug von einem Mitmenschen (Mutter, Vater, Geschwister, Partner etc.) auf den behinderten Menschen oder eine seine Bezugspersonen. Dadurch werden früher erlebte Beziehung und Lebensschemata reaktiviert, reinszeniert und wiederholt ...

Projektion: Dem behinderten Menschen und/oder einer seiner Bezugspersonen werden eigene verdrängte Fehler oder eigene unterdrückte Bedürfnisse und Wünsche zugeschrieben ....

Reziproke Affekte: Wahrgenommene Affekte, gefühlsmässige Einstellungen und Haltungen des behinderten Menschen lösen beim Beobachter häufig analoge affektive Reaktionen aus ....

Beobachten in der pädagogischen Erfassung unterscheidet sich von der unreflektierten, alltäglichen und „naiven" Wahrnehmung durch
- *Zielgerichtetheit (bewusst und gerichtet)*
- *Differenziertheit (umfassend, nicht einseitig)*
- *Bemühung um Sachlichkeit (unter bewusster Wahrnehmung der eigenen Gefühle)* (1).

Da diese Anteile der Selbstreflexion nicht immer zugänglich sind, ist es wichtig, in der Zusammenarbeit mit Kolleginnen und Kollegen diese Anteile immer wieder thematisieren zu können. Um ungewollten Interpretationen so weit wie möglich vorzubeugen, werden im folgenden Raster zwei Spalten gemacht, eine für die Beobachtung, eine für die Rückschlüsse für die Praxis.

Für den Gebrauch im Unterricht von Musik und Bewegung / Rhythmik soll der vorliegende Beobachtungsbogen genügen, um in speziellen Situationen mehr Klarheit über das zukünftige pädagogische Handeln bekommen. In der speziellen Förder-Situation mit Kindern mit besonderen Bedürfnissen muss der Bogen modifiziert werden.

Der folgende Beobachtungsbogen lässt Raum, die Beobachtungen in jedem Bereich einzufüllen. Leitfaden dazu sind wiederum die Tabellen aus den Teilbereichen der einzelnen Bereiche. Der vorliegende Leitfaden wurde für die pädagogische Arbeit in Kindergärten und Volksschulen erstellt. In speziellen Fällen soll er entsprechend den Bedürfnissen des Arbeitsfelds verändert werden.

e) Beobachtung einzelner Schülerinnen und Schüler anhand des Modells

Beobachtungsbogen, Kriterien zur Beobachtung eines Kindes
Name des Kindes … , Alter … , Klasse/Ort …
Name der BeobachterIn: … , Datum … Zeitraum der Beobachtung

Bereich	Beobachtung	Rückschlüsse für die Praxis
Musik		
Bewegung		
Stimme:		
Wahrnehmung	Nahsinne	
	Fernsinne	
Soziale Interaktion		
Umgang mit Material		
Persönlicher Ausdruck, Kreativität		
spezielle Begabungen		
Ziele Was soll erreicht werden, bis wann		
Zusammen-arbeit mit		

19 Wahrnehmungsdifferenzierung in erschwerten pädagogischen Situationen

Kapitel 19 und Kapitel 20 gehen in einem Fokus-Beitrag auf zwei wichtige Akzente ein, die sich in den letzten Jahren als besonders wichtig entpuppt haben. Es ist dies die Herausforderung, mit immer grösseren, heterogen zusammengesetzten Gruppen Musik zu machen. Die Konzepte wurden anhand des Modells mit einem bestimmten Schwerpunkt entwickelt.

Kapitel 19 beleuchtet die Wahrnehmungsdifferenzierung, basierend auf den Ausführungen in Kapitel 6, Bereich Wahrnehmung.

Kapitel 20 zeigt auf, wie anhand des Aufbaus der Teilbereiche die Vielfalt der Möglichkeiten von grossen Gruppen in Musik und Bewegung arrangiert werden kann.

a) Kinder lernen Musik mit allen Sinnen

In der Auseinandersetzung mit heterogen zusammengesetzten Gruppen, vor allem im Vor- und Grundschulalter spielt die Förderung der Wahrnehmung eine grosse Rolle. Durch eine gezielte Wahrnehmungsstrukturierung des Unterrichts wird der Unterricht für jedes Kind spür-, hör- und sichtbar. Erst der Bezug auf den Körper und die Bewegung ermöglicht die Auseinandersetzung mit Musik auf verschiedenen Ebenen. Ein Zugang, den viele Kinder auf der rein auditiven Ebene nicht für sich öffnen können, da ihnen der persönliche Bezug und oft auch einfach die Sprache fehlt.

Das Wissen um den Aufbau der Nah- und der Fernsinne sowie das Umsetzen von musikalischen Abläufen auf die Körperebene spielt eine grosse Rolle. Weiter geht es darum, Ansätze von Schwierigkeiten in der Differenzierung der Wahrnehmung bei Kindern im Unterricht zu erkennen und zu verstehen, wenngleich der Unterricht ein Fachunterricht ist und keine Therapie. Therapeutische Interventionen werden hier nicht beschrieben. Das Verstehen aller dieser Abläufe führt dann in der Planung und im vertieften Verständnis zu einer neuen Strukturierung sämtlicher Abläufe. Diese Vereinfachung der Unterrichtsstrukturen führt meist zur Auflösung von schwierigen Situationen im Unterricht.

b) Auswirkungen von mangelnder Differenzierungsfähigkeit

Die Berücksichtigung der Wahrnehmungsförderung aus ganzheitlicher Sicht bildet die Grundlage von Konzentration und Zentrierung und ist damit die Voraussetzung dafür, dass Unterricht überhaupt stattfinden kann. Wer nicht zuhören, zuschauen oder gar überhaupt stillsitzen kann, ist darauf angewiesen, dass die Sinne geschärft und angesprochen werden, bevor ein konzentriertes musikalisches Arbeiten möglich wird.

Die hier beschriebene Förderung der Wahrnehmung hat als Erstes den Zweck, alle Wahrnehmungsfähigkeiten zu entdecken, zu entwickeln und im Alltag besser nutzbar zu machen. Mangelnde Differenzierungsfähigkeit im Wahrnehmungsbereich zeigt sich bei Kindern im Musik-Unterricht in verschiedenen Bereichen. Die dabei am häufigsten zum Vorschein kommenden Verhaltensweisen sind im Folgenden aufgeführt. Die fortschreitende Differenzierung kann mit den Mitteln von Musik und Bewegung verbessert werden. Es soll hier aber betont werden, dass in diesem Rahmen eine ganzheitliche Förderung und Entwicklung stattfindet, welche auch die mangelnde Differenzierungsfähigkeit im Wahrnehmungsbereich stark verbessern kann.

Schwierigkeiten im Bereich Taktile Wahrnehmung:

- Das Kind lehnt Körperkontakt ab,
- es berührt nicht gerne feuchte oder schmutzige Gegenstände, z.B. Fingerfarbe, Lehm, Erde etc.,
- läuft ungern barfuss,
- berührt seine Kameraden nicht und will nicht berührt werden,
- ertastet nicht gerne Gegenstände,
- kann Tasteindrücke nicht lokalisieren. Oder:
- das Kind ist immer im Kontakt, bewegt sich selten allein,
- im Kreis, in der Reihe „klebt" es immer an andern Kindern,
- in der freien Bewegung rempelt es andere häufig an, spürt seine Grenzen nicht, wirkt distanzlos.

Schwierigkeiten im Bereich kinästhetische Wahrnehmung

- Das Kind hat wenig Gefühl für den eigenen Körper,
- es wird schnell müde,
- zappelt auf dem Stuhl, kann nicht gut stillsitzen,
- hat wenig Vorstellung von oben und unten / hinten und vorne am Körper, nah und fern im Raum,
- kann Kraft nicht gut dosieren (z.B. beim Instrumentenspiel),
- bewegt sich ungeschickt, stolpert oft,
- fällt schnell hin oder lässt sich oft absichtlich fallen, z.B. wenn Musik aufhört,
- kann Gefahren nicht richtig einschätzen.

Schwierigkeiten im Bereich vestibuläre Wahrnehmung

- Das Kind ist ungern auf bewegten Gegenständen, ihm wird schnell übel,
- es springt nicht gerne von einem Gegenstand herunter
- vermeidet Klettern, Purzelbäume schlagen etc.,
- kann nicht richtig balancieren,
- hat Angst vor dem Hinfallen,
- hat Mühe beim Hinaufsteigen auf Stühle, Bänke, Treppen.

Schwierigkeiten im Bereich auditive Wahrnehmung

- Das Kind ist extrem geräuschempfindlich oder auffallend unempfindlich,
- bei einem gewissen Geräuschpegel kann es Anweisungen nicht verstehen (mangelnde Figur-Grundwahrnehmung).
- Das Kind kann einzelne Töne von Instrumenten oder Geräusche schlecht differenzieren, unterscheiden, wiedererkennen,
- Es kann Richtungen von Tönen und Klängen nicht wahrnehmen, z.B. ob ein Ton hinter oder vor dem Körper gespielt wird, oben oder unten, aus welcher Richtung ein Ton kommt, wohin er geht,
- kann Tonhöhen nicht unterscheiden.

Schwierigkeiten im Bereich visuelle Wahrnehmung

- Das Kind kann Körperstellungen oder Bewegungen schlecht nachahmen,
- es kann Muster nicht nachlegen oder zeichnen,
- verläuft sich leicht im Raum,
- findet den eigenen Platz nicht mehr.

- Bei Kreisspielen geht es oft in die falsche Richtung,
- es kann Distanzen schlecht abschätzen.

c) Strukturveränderungen im Unterricht

Das Wissen um die Schwierigkeiten der Wahrnehmungsdifferenzierung vieler Kinder und deren Auswirkungen auf die Unterrichtsdurchführung hilft, mögliche Ansätze zur Veränderung und Anpassung von Strukturen im Unterricht zu entwickeln und anzuwenden. Grundlage für das Verständnis sind die Ausführungen in Kapitel 6, „der Bereich der Wahrnehmung" und die dort erläuterte Unterscheidung in Nah- und Fernsinne.

Folgende Strukturanpassungen für die Unterrichtsgestaltung wurden entwickelt und haben sich in der Praxis als sinnvoll erwiesen.

Handlungsansatz Veränderung Körper-Wahrnehmungsstruktur

Wie bereits beschrieben beinhaltet die die Oberflächenwahrnehmung alle Empfindungen über die Haut, die gesamte Oberfläche des Körpers. Dazu gehören Berührungen, Kontakte mit Gegenständen sowie das Wahrnehmen der Vibrationen. Die handelnde Auseinandersetzung erfolgt über die Differenzierung des Berührungsempfindens aber auch die Lokalisation von Berührungen.

Am Anfang der Arbeit mit Rhythmuskoordination ist es daher empfehlenswert, Rhythmen durch die Körperoberfläche spürbar zu machen, d.h. Rhythmen direkt am Körper zu klopfen, patschen etc., oder mit den Groove Pack Materialien direkt am Körper zu arbeiten.

Über die Körperoberfläche können auch alle musikalischen Grundparameter bewusst und erlebbar gemacht werden: langsame und schnelle Tempi, hohe und tiefe Töne, auf- und absteigende Melodien etc.

Gegenspielerin der Oberflächenwahrnehmung ist die Tiefenwahrnehmung.

Sie beinhaltet das bewusste Wahrnehmen des Innenraums des Körpers: Gelenke, Muskeln, Sehnen, aber auch innere Organe sowie Atmung und Herzschlag. Grundlage für das musikalische Pulsempfinden ist das bewusste Wahrnehmen des eigenen Pulsschlags und der eigenen Atmung, wie sie auch im Singen trainiert wird.

Für die Rhythmusarbeit ist die Wahrnehmung der Gelenke und in einem weiteren Sinne auch der Muskeln weiter ausschlaggebend. Um unsere Gelenke wahrzunehmen, können wir zum Beispiel stampfen und auf- und abspringen. Auch ein Training von Bewegungen, welche laute und leise Geräusche im Gegensatz erzeugen, kann hier helfen.

Viele Kinder können dem Unterricht nicht immer folgen, weil sie die musikalischen Inhalte nicht verstehen und nachvollziehen können. Sie legen ein regelrechtes Vermeidungsverhalten an den Tag: sie stören den Unterricht, finden alles «bubig» (schweizerisch für kinderleicht) oder machen dauernd etwas Anderes als verlangt wird. Es ist wichtig, dass die Inhalte im Unterricht wahrnehmbarer gemacht werden. Konkret heisst dies, dass musikalische Aspekte oder Strukturen, welche traditionellerweise mit den Fernsinnen verarbeitet werden, zuerst mit den Nahsinnen trainiert, das heisst mit dem Körper erlebt werden sollen.

Wie sonst soll ein Kind, das an seinem Körper nicht wahrnimmt, was oben und was unten ist, sich mit hohen und tiefen Tönen auseinandersetzen? Wie soll ein Kind, das seinen Körper-Raum nicht wirklich wahrnimmt, sich mit dem Tonraum auseinandersetzen? Um Musik machen zu können braucht das Kind zuerst ein klares Verständnis über seinen eigenen Körper: was ist oben – was ist unten, wo ist hinten – wo ist vorne, wie ist es, wenn sich ein Gegenstand schnell oder langsam über mich bewegt, etc. Die handelnde Auseinandersetzung wird in einer engen Verknüpfung der Körperwahrnehmung und der auditiven und der visuellen Wahrnehmung gemacht.

Praktisch umgesetzt heisst dies: alle musikalischen Inhalte, z.B. Rhythmen oder Melodien, werden in Verbindung zur Körperoberfläche, also direkt am Körper gestaltet. Rhythmen werden auf Beine, Arme und Rumpf geklopft oder gepatscht, Melodieabläufe mit einem runden Gegenstand am Körper gerollt.

Auch mit heterogen zusammengesetzte Gruppen kann dies eine Hilfe sein.

Während die einen komplexere Rhythmusmuster üben, führen die andern die selbe Übung unter Förderung der Körperwahrnehmung durch.

Dadurch entsteht durch die unterschiedliche Übungsgestaltung auch eine Mehrstimmigkeit.

Zur Förderung der Konzentrationsfähigkeit der Kinder ist empfohlen, am Anfang der Lektion sowie immer dann, wenn die Konzentration verloren zu gehen droht, ein gezieltes Wahrnehmungstraining einzuführen.

Kinder, welche viel Klarheit brauchen, damit sie sich selbst wahrnehmen und damit auch konzentrieren können, brauchen immer wieder einen Rückzugsort im Unterricht. Dieser gibt Sicherheit und neue Kraft für die anschliessende Konzentration im Unterricht.

> **Ziele in der Veränderung der Körper-Wahrnehmungsstruktur sind:**
>
> - musikalische Inhalte über Wahrnehmungen der Oberfläche und der Tiefe erfahrbarer machen
> - musikalische Inhalte spür und greifbarer gestalten
> - Körperwahrnehmungsstruktur unterstützen durch klar nachvollziehbare Unterrichtsstrukturen.

Handlungsansatz Veränderung Bewegungs-Struktur

Die kinästhetische Wahrnehmung beinhaltet alle Empfindungen, welche mit Bewegung, Bewegungsrichtungen und der Bewegung von einzelnen Körperteilen zu tun haben. Dazu gehört auch die Fähigkeit zur Empfindung von Körper- und Gelenkstellungen, die Fähigkeit zur Empfindung der Richtung und der Geschwindigkeit von Bewegungen sowie die Wahrnehmung von Muskel- und Kraftleistung.

Die koordinative Rhythmusarbeit verlangt sehr viel Körperbewusstsein, was viele Kinder am Anfang überfordert. Sie können die Bewegung nicht spüren und daher auch nicht imitieren. Es ist wichtig, dass die ersten Rhythmustrainings spezielle Einheiten beinhalten, welche die Bewegungen einzelner Körperteile gezielt fördern und deren Differenzierung unterstützen.

Bei der vestibulären Wahrnehmung geht es um das Gleichgewichtsempfinden und die Verlagerung der Körperachse. Wichtig ist das Spiel mit der Schwerkraft, welches immer wieder den Körper aus der Stabilität in die Instabilität und wieder zurück in die Stabilität führen muss. Die Rhythmuskoordinationsarbeit erfordert viel Gleichgewichtsintegration und ist für die Kinder oft eine Herausforderung. Es ist daher darauf zu achten, dass die Kinder in den ersten Übungen immer wieder eine stabile Körperhaltung einnehmen können, und dass sie genug Möglichkeiten haben, ihr Gleichgewicht sinnvoll zu trainieren.

Die Bewegungsstruktur eines Kindes kann durch die gezielte Gestaltung von Bewegungsabläufen stabiler gemacht werden. Dadurch wird das Kind ruhiger und kann dem Unterricht besser folgen.

c) Strukturveränderungen im Unterricht

Musikalische Inhalte werden durch gezielte Bewegungen deutlich spürbar erfahren. Ist dies für ein Kind schwierig oder kann es nicht richtig mitmachen, so ist es ratsam, die Eckpunkte der Bewegung deutlich zu machen: z.B. beginnt eine Bewegung am Boden und endet mit einem Klatscher hoch über dem Kopf. Die Stabilität wird spürbar durch den Kontakt der Hände mit dem Boden oder beim Klatscher.

Ein weiteres Beispiel ist eine Rhythmusgestaltung mit einem Shaker in jeder Hand: die Bewegung im Takt geht von aussen nach innen, aussen ist die Haltung offen, innen stossen die Shaker zusammen. Stabilität wird erzeugt durch den Kontakt der Shaker und dem deutlichen auditiven Signal, das bei der Bewegung entsteht.

Um die Stabilität des Kindes auf die Standfläche und die Stabilität in der Aufrichtung zu konzentrieren, wird empfohlen, Übungen oder Liedanfänge mit klaren Bewegungen zu gestalten: So zum Beispiel am Anfang durch Patschen gegen Oberschenkel, am Schluss durch einen Sprung ohne Hinfallen. Der Körper soll sich im Wechsel von Stabilität und Instabilität bewegen können. Je unkonzentrierter die Kinder sind, desto mehr stabilisierende «Ankerpunkte» müssen in die Abläufe eingebaut werden.

Der Stuhl oder die Sitzgelegenheiten allgemein spielen eine wichtige Rolle bei der Stabilisierung des Körpers. Sitzen im rechten Winkel von Hüfte zu Rumpf und Füssen zu Boden ist gefragt. Der Stuhl muss daher die geeignete Höhe haben, damit Hüfte und Füsse einen stabilen rechten Winkel bilden und die Füsse auf dem Boden sicher ruhen können.

Der Stuhl darf keine bewegliche Sitzfläche haben, dies fördert die Instabilität – im Gegenteil, der Stuhl und damit der eigene Platz muss Sicherheit für Aufmerksamkeit oder Rückzug bieten.

Ist dies nicht möglich, weil die Stühle ungeeignet sind (z.B. Klappstühle, die sehr leicht sind, oder Stühle mit einer beweglichen Sitzfläche oder zu hohe Stühle), so ist eher das Sitzen auf Matten oder speziellen Pad's empfohlen.

> **Ziele in der vertieften Förderung der Kinästhetischen und vestibulären Wahrnehmung sind:**
> - spürbarere Bewegungen gestalten: Musikalische Inhalte in einfachen Bewegungen erfahrbar machen,
> - Standfläche und Körperaufrichtung unterstützen – Füsse und Beine bewusst machen und gezielt trainieren,
> - Körperhaltung stabilisieren durch Springen, Stampfen und Rollen auf dem Boden.
> - in alle Bewegungsabläufe stabilisierende Elemente einbauen: Körperstruktur aus Instabilität heraus immer wiederverankern.

Handlungsansatz Veränderung auditive Struktur

In der Förderung der auditiven Wahrnehmung geht es gerade in heterogenen Gruppen in erster Linie um die Förderung der auditiven Aufmerksamkeit, also um die Fähigkeit, überhaupt hinzuhören, einem akustischen Ereignis zu lauschen. Als nächstes beeinflusst die audiomotorische Koordination (Bewegung mit Gehörtem koordinieren) die koordinativen Fähigkeiten in Bewegung und Handlung.

Zum Unterricht gehört weiter die Differenzierung von Tönen und Geräuschen, die Unterscheidung von Tonhöhen, Tempi und Tonrichtungen. Ebenfalls gefördert werden die auditive Merkfähigkeit und das auditive Gedächtnis.

Zentral für den Umgang mit schwierigen Situationen ist die auditive Figur- Grundwahrnehmung. Dies bedeutet, dass das Kind aus einer Vielzahl von Tonereignissen einzelne Geräusche oder Töne herausfiltern und als wichtig erkennen kann.

Oft herrscht im Unterricht eine unklare auditive Situation: wenn viele Kinder nicht wirklich den Anweisungen folgen und ihr Instrument immer auch dann spielen, wenn die Lehrperson etwas erklären möchte, bekommen Kinder mit Schwierigkeiten in der Reizfilterung (auditive Figur-Grundwahrnehmung) massive Probleme. Sie können nicht wahrnehmen, was eigentlich der auditive oder musikalische Inhalt der Lektion ist, da sie diesen nicht vom allgemeinen Geräuschpegel unterscheiden können.

Qualitativ hochstehender Musikunterricht ermöglicht eine klare Trennung davon, wann wirkliche Ruhe, wann Musik, wann strukturiertes Musizieren und wann Experimentieren angesagt ist.

Ein Kind mit einer Schwäche im Bereich der auditiven Figur-Grundwahrnehmung kann die Anweisung nicht verstehen, wenn es im Moment, in dem gesprochen wird, nicht still ist im Raum. Es wird sich also so verhalten, dass man meint, das Kind höre nicht zu.

Klare auditive Situationen helfen mit, Kindern mit Schwierigkeiten in der Differenzierung der auditiven Wahrnehmung eine bessere Orientierung im Unterricht zu verschaffen. Durch diese präventiven Massnahmen werden viele Störfaktoren im Unterricht ausgeschaltet.

Ist eine Gruppe nicht einfach zu lenken, so ist es absolut unerlässlich, dass die musikalischen Ziele vereinfacht werden, so dass das musikalische Arrangement auf jeden Fall durchgeführt werden kann. Es zahlt sich aus, einfachere Liedbegleitungen auszuwählen, damit die einzelnen musikalischen Begleitungen auch wirklich entstehen können und damit auch gehört und verstanden werden. Musikalisch hat niemand etwas davon, wenn eine zu schwierige I – IV – V Begleitung gewählt wird, welche dadurch, dass die meisten Kinder diese gar nicht spielen können, auch gar nie hörbar wird.

Die Frage nach der Musikalität der Stunde, die Frage danach, ob wirklich Musik entsteht, an der alle beteiligt sein können, steht klar im Vordergrund. Nur da wo wirklich musiziert wird, und sei es auch noch so einfach, können sich die Kinder am Unterricht beteiligen, entsteht auch Motivation und musikalische Begeisterung.

> **Ziele in der vertieften Förderung der auditiven Wahrnehmung sind:**
> - den Unterricht in klaren auditiven Strukturen gestalten
> - klare Wechsel zwischen Ruhe und Musik gestalten
> - keine Geräusche oder Nebentöne, wenn gesprochen wird
> - deutliche Unterschiede zwischen freiem Musizieren, Experimentieren, gestalteten Musikstücken und Ruhe
> - ein auditives Zeichen für Ruhe ist unerlässlich: ein Gong, eine Klangschale etc.
> - Die Unterrichtseinheit ist im Idealfall in ihrer auditiven Struktur komponiert wie ein Musikstück.

Handlungsansatz Veränderung visuelle Struktur

In der visuellen Wahrnehmung wird als erstes – analog zur auditiven Wahrnehmung – die visuelle Konzentration gefördert, neben dem «Hinhören» ist auch das «Hinschauen»-Können wichtig. Dazu gehören die visumotorische Koordination (die Koordination vom Hinschauen und Bewegung gleichzeitig, etwa beim Prellen eines Balls) sowie die Förderung der visuellen Figur-Grundwahrnehmung. Dies bedeutet, dass in schwierigen Situationen die Unterrichtsinhalte immer auch auf ihre visuelle Klarheit und Erfassbarkeit überprüft werden müssen. Zur Förderung der visuellen Wahrnehmung gehört ferner im Musik- und Bewegungsunterricht das Erkennen und Imitieren von Körperstellungen und Bewegungen, Bewegungslagen und Bewegungsrichtungen, das Erkennen von Formen und deren Umsetzung in Musik oder Bewegung, dazu natürlich Form- und Farbwahrnehmung im Allgemeinen sowie das visuelle Gedächtnis.

Die visuelle Figur-Grundwahrnehmung spielt eine grosse Rolle in der Gestaltung des Unterrichts. Mehrzweckräume sind unter Umständen ein El Dorado für visuelle Ablenkung: eine Bühne mit Vorhängen, verschiedene aufgehängte Bilder, Instrumente, welche nicht weggeräumt werden können aber auch nicht gespielt werden dürfen, Stereoanlagen und vieles mehr, lenken ab.

Kinder mit Schwierigkeiten im Bereich der Nahsinne haben erhebliche Mühe, sich in einem offenen Raum zurechtzufinden. Sie finden keinen eigenen Platz, sie hängen sich an andere Kinder dran, sie wirken haltlos, sie finden ihren Platz im Kreis oder in der Reihe nicht mehr. Solche Kinder brauchen eine klare Raumstruktur. Sie müssen wissen, wo sie während der Stunde eine Rückzugsmöglichkeit haben, also einen fest markierten, stabilen Platz, sie müssen ebenfalls genau wissen, wo der Raum für Bewegung ist. Gerade in unterschiedlich genutzten Unterrichtsräumen ist es unerlässlich, den Raum für den Unterricht z.B. mit Maler-Abdeckband zu markieren, so dass die Kinder sich darin zurechtfinden können.

Kindern mit Schwierigkeiten im Erkennen und Imitieren von Bewegungen müssen möglichst einfache Inputs gegeben werden. Anleitungen im Kreis sind nur dann sinnvoll, wenn die Bewegungen symmetrisch sind, also keine Unterscheidung von Rechts und Links erfordern. Sonst ist es sinnvoll, die Anleitung frontal zu geben. Klare visuelle Informationen braucht es auch beim Aufstellen von Instrumenten und beim Setting im Instrumentalspiel. Ein Kind mit Schwierigkeiten in der Differenzierung der visuellen Figur-Grundwahrnehmung kann bei einem unklaren Raum-Setting im Unterricht nicht wahrnehmen, wo es den Fokus seiner Aufmerksamkeit hinlenken soll.

> **Ziele in der vertieften Förderung der visuellen Wahrnehmung sind:**
> - den Unterrichtsgegenstand deutlich sichtbar gestalten
> - den Raum in einfachen visuellen Strukturen gestalten und nutzen.

Verhaltensstrukturen

Letztendlich ist auch eine Verhaltensstruktur unumgänglich, meist simpel, aber absolut notwendig.

Es braucht ein Signal für Ruhe, das immer eingesetzt werden kann.

Die einfachsten Regeln: „Ruhe auf ein Signal", einander zuhören wenn jemand spricht, oder etwas vorspielt", „sich in der Bewegung nicht stossen", tönen zwar völlig klar, werden aber oft nicht umgesetzt.

d) Erschwerte Unterrichtssituationen beobachten, analysieren und verändern
Aesthetische Gestaltung als Prävention

Mehrdimensionaler Unterricht hat erste Priorität in der Prävention von schwierigen Situationen. Ein rhythmisierter Unterricht berücksichtigt die unterschiedlichen Dimensionen von Nah- und Fernsinnen. Dadurch wird auch ein ästhetisches Gestaltungsprinzip verwirklicht, welches in einem dynamischen Wechsel Spannung und Entspannung fürs Ohr, fürs Auge sowie für die Bewegungsgestaltung beinhaltet. Musikalität und aesthetische Gestaltung entstehen immer dann, wenn alle sich auf die gemeinsame Aktivität einlassen können. Musikalische Gestaltung kann auf jedem Niveau zum Ausdruck kommen und ist Voraussetzung für die musikalische Entwicklung der Kinder. So wird Unterricht – auch unter schwierigen Bedingungen – zum ästhetischen Gestaltungsraum. Er lässt einerseits Platz für musikalisches Üben und für kreative Gestaltung, gleichzeitig bietet er – im Sinne der Prävention von schwierigen Situationen – Kindern klare Orientierungsmöglichkeiten für eine sinnvolle Beteiligung am Unterricht. Lehrpersonen, welche den Mut haben, gesteckte Ziele einmal loszulassen, damit sie auch schwierigen Situationen gerecht werden können, erreichen letztendlich mehr, weil sie ihre Zeit nicht mit zeit- und energieraubenden Disziplinierungsmassnahmen verschwenden.

Analyse

Unumgänglich aber ist eine klare Analyse der Situation. Der hier beschriebene Leitfaden gibt mögliche Lösungsansätze. Im heilpädagogischen Bereich ist dann zusätzlich ein Studium von Modulen in Förderdiagnostik notwendig.

Grundsätzlich kann in der Planung von Massnahmen immer von einem einfachen 5-Schritt ausgegangen werden:
1. Was ist? Problembeschreibung
2. Warum? Problemerklärung
3. Was soll? Ziele zur Veränderung formulieren
4. Wie? Konkrete Wege der Veränderung planen
5. Evaluation: Ist die gewünschte Verbesserung der Situation eingetreten, müssen weitere Schritte geplant werden?

Was ist? Beobachten und Beschreiben

Gezielte Beobachtung ermöglicht eine Distanz zur Situation und zum Kind. Sie zeigt auf, was in einer Situation wirklich passiert. Situationen sollen möglich realitätsgetreu beschrieben werden. Interpretationen und persönliche Gedanken dazu sind gesondert zu notieren.

Raster:

Zeit	Stichwort gem. Aktivität	Handlung des Kindes	Persönliche Gedanken

Der lösungsorientierte Ansatz beschreibt, was das Kind kann und lässt eine Spalte frei für die daraus abzuleitende Entwicklung. So wird der Fokus darauf gelegt, wo der Veränderungsansatz möglich ist. Nicht aber wird damit beschrieben, was das Kind alles nicht kann.

Die Beschreibung der Situation kann auch mit kreativen Mitteln erfolgen. Eine improvisatorische Darstellung mit Musik oder Bewegung oder auch eine Zeichnung können schlüssige Hinweise geben. So kann es oft sehr hilfreich sein, eine Situation mit Instrumenten „nachzuspielen", in einfachen Bewegungen „nachzustellen" oder eine einfache grafische Notation der Situation zu machen. Durch die dadurch veränderte Wahrnehmung der Situation werden hilfreiche Erkenntnisse gewonnen.

Unkonventionelle Darstellungen ergeben wichtigste Rückschlüsse darauf, welche Musikstücke, Instrumente und Tonlagen für ein Kind oder eine Kindergruppe möglich sind, oder welche auch vermieden werden sollten. Die Störungsqualität bekommt eine Aussage in den Medien, welche im Unterricht genutzt werden. Durch die Wahl bestimmter Musikstücke oder Bewegungsbegleitungen kann Einfluss genommen werden auf Störungsmuster.

d) Erschwerte Unterrichtssituationen beobachten, analysieren und verändern

Warum? sich Informationen verschaffen / die Situation interpretieren

Speziell für den Musikunterricht sind verschiedene Aspekte wichtig:
- Zusammenarbeit und Gespräche mit Lehrpersonen der Klasse
- Informationen über Kinder mit Schwierigkeiten in der differenzierten Wahrnehmung
- Ev. notwendige Informationen über spezielle Schwierigkeiten der Schülerinnen und Schüler
- Austausch von persönlichen Interpretationen, Gedanken, Ideen mit KollegInnen.

Was soll? Ziele für Veränderungsprozesse formulieren

- Zielformulierungen sollen möglichst konkret und prägnant sein
- Das Ziel, was verändert werden soll, muss genau definiert werden
- Bsp: im Unterricht verändere ich......
- Bsp: Das Kind soll lernen.........

Wie? Massnahmen zur Veränderung planen und durchführen

- Zeitrahmen definieren, in dem die Veränderung stattfinden soll
- Etappenziele formulieren: was will ich bis wann erreichen?
- Zusammenarbeit
- Wo hole ich Informationen?
- Wer muss informiert werden?
- Wer soll sich am Veränderungsprozess beteiligen?
- Grob- und Feinziele formulieren, Absprachen treffen, Massnahmen umsetzen
- Ziele anpassen, Inhalte wahrnehmbarer machen
- Raumstrukturen und Regeln anpassen
- Unterrichtsstrukturen und Rhythmisierung anpassen
- Hilfe in Supervisions- oder Intervisionsgruppen holen.

Evaluation / Neuplanung

- Im Gespräch mit den betroffenen Personen folgende Fragen klären:
- Ist das Ziel erreicht?
- Warum?
- Braucht es weitere Zielsetzung?

Leitfaden zur Strukturveränderung

Checkliste zur Planung von Zielfeldern für Veränderung

Ziel	Durchgeführte Aktion	Auswertung
Veränderung Körperstruktur Musikalische Inhalte durch die Nahsinne wahrnehmbarer machen		
Veränderung Bewegungsstruktur Bewegungsabläufe vereinfachen, Bewegungen zentrieren		
Veränderung Raumstruktur Raumsettings deutlicher gestalten		
Veränderung visuelle Struktur Unterrichtsinhalte sichtbarer werden lassen		
Veränderung auditive Struktur Unterrichtsprozesse im auditiven Ablauf deutlicher gestalten		
Veränderung Verhaltensstruktur Training soziale Interaktion / Regeln für alle / individuelle Abmachungen		

20 Heterogenität ist Musik

a) Chance Musik in der Vielfalt

Dieses Kapitel beschreibt exemplarisch Aspekte für den Unterricht in Musik mit grossen Gruppen, welche sich durch ihre heterogene Zusammensetzung auszeichnen. Es geht auch um Gruppen, in denen alle Kinder ein Instrument lernen.

Je mehr Kinder mit unterschiedlicher Vorbildung wir in unseren Unterricht integrieren, desto unterschiedlicher gestalten sich individuelle Lernrhythmen und die Motivation zum Lernen von Musik.

Seit Jahren gehören Integration und Inklusion zum Auftrag für alle Musikschulen in ganz Europa. Die Projekte „Jedem Kind ein Instrument" oder „Klingende Kindertagesstätte" bildeten im grossen Stil in Deutschland den Auftakt zum Musizieren für Kinder jeden Alters und in grossen Gruppen. Begabtenförderung, Hochbegabtenförderung sowie Integration und Inklusion sind dabei die Stichworte. In der Schweiz wurden Musikalische Grundausbildung, Klassenmusizieren und Musikprojekte mit verschiedensten Schwerpunkten in Schulklassen und im Freizeitbereich aufgebaut.

Im Zuge dieser Entwicklung wurden Unterrichtsformen gesucht, welche allen Kindern zur selben Zeit und im gleichen Unterricht gerecht werden, ohne dass die Qualität des gemeinsamen Musizierens Einbussen erleidet. Der Unterricht wurde dabei so konzipiert, dass das gemeinsame Musizieren für alle Kinder auch und vor allem gerade wegen ihrer unterschiedlichen Begabungen zu einem erfolgversprechenden Ergebnis führen kann.

Um den Musikunterricht in Gruppen chancengleich für alle Kinder zu gestalten, wurden neben der eigentlichen Musikdidaktik auch flankierende Massnahmen entwickelt, welche es ermöglichen, den integrativen Musikunterricht vielfältig und gemäss neuer pädagogischer Erkenntnisse zu gestalten. Basierend auf der Grundlage der Didaktik von Musik und Bewegung, der Theorie der Wahrnehmungsförderung sowie verschiedener Lerntheorien entstanden die hier vorgestellten Strukturierungsthesen für den Musikunterricht mit grossen, heterogen zusammengesetzten Gruppen. Auf diesem Hintergrund soll Musik lern- und erfahrbarer werden für jedes Kind.

b) Musikalisches Lernen ist ein vielschichtiger Prozess

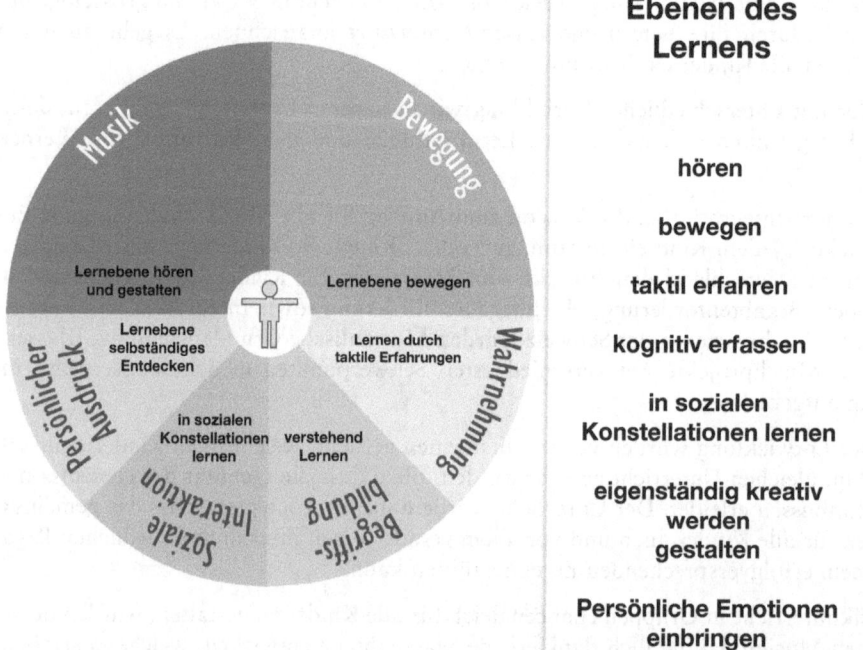

Ebenen des Lernens

hören

bewegen

taktil erfahren

kognitiv erfassen

in sozialen Konstellationen lernen

eigenständig kreativ werden gestalten

Persönliche Emotionen einbringen

Jedes Kind lernt anders. Besonders dann, wenn Sprache fehlt oder nicht vollständige abgerufen werden kann, kommen viele andere Lernebenen einzelner Kinder zum Zuge.

Emotionale Komponente: Zu nennen ist als erstes die emotionale Komponente. Musik muss einem gefallen, Musik soll man verstehen können, man muss sich wohl fühlen können beim Musik machen, nur so kann ein echter Erfahrungsraum mit dauerhaften Erfolgen entstehen. Musik kann auch unterschiedliche Kulturen verbinden, verschiedene kulturelle Hintergründe verstehbarer machen und Verständnis vermitteln.

Auditives Erfassen: Die Erfahrungsräume für den Umgang mit und für das Lernen von Musik sind logischerweise sehr auditiv ausgerichtet. Unterrichtsbeobachtungen und Untersuchungen haben aber gezeigt, dass viele Kinder überfordert sind, wenn sie 45 Minuten lang dem Unterrichtsgeschehen vorwiegend auf auditiver Ebene folgen sollen. Komplexe und unbefriedigende Unterrichtssituationen sind oft die Folge.

Hat jedes Kind ein Musikinstrument, so ist als erstes eine gute Strukturierung des auditiven Unterrichtsgeschehens von grösster Wichtigkeit. Phasen von Experiment, strukturiertem Gestalten gemeinsamen Musizierens oder Stille müssen eine klare Rhythmisierung aufweisen. Nur so ist es allen Kindern möglich, dem Unterrichtsgeschehen auf auditiver Ebene zu folgen. Ist eine auditive Unterrichts Situation unklar, d.h. gibt es zu viele Nebentöne, so geht die Aesthetik des Unterrichts verloren.

Visuelle Orientierung: Weiter ist es aber auch im Musikunterricht unumgänglich, unterschiedliche Ebenen des Musiklernens zu berücksichtigen. Damit ist gemeint, dass neben der auditiven auch die visuelle Ebene eine grosse Rolle spielt: wie deutlich werden Dirigierzeichen gegeben, wie genau ist das Notenbild zu sehen, braucht es visuelle Hilfen für den Unterrichtsablauf?

Spüren und fühlen: Ebenfalls spielt für die Kinder die Ebene der Körperwahrnehmung und der Bewegung eine wichtige Rolle. Musikinstrumente fordern beim Spielen das Bewegungs-und das Wahrnehmungsverhalten heraus. Je genauer die Strukturierung auch in diesem Bereich gestaltet wird, ist es möglich, jedem Kind einen auch auf Körperebene gut wahrnehmbaren Raum zum Musizieren zu schaffen.

Vielfältige Lernrhythmen: Heterogen zusammengesetzte Kindergruppen bedeuten auch ein Zusammenkommen einer Vielfalt unterschiedlicher Lernrhythmen und differenzierter Niveaus, auf denen jedes Kind lernen kann. Genau diese Unterschiede sind komponierbar. Arrangements mit differenzierten Stimmen und Spielmöglichkeiten mit diversen Schwierigkeitsgraden sind notwendig.

Allein und gemeinsam: Nicht zu unterschätzen ist am Schluss auch das soziale Umfeld. Nicht immer ist es möglich oder sinnvoll, dass die ganze Klasse die ganze Stunde immer gemeinsam musiziert. Häufig ist das eine Form von Überforderung. Rückzugsmöglichkeiten in Kleingruppen tun not.

Eigenständige Kreativität: Eigenständiges Lernen und das Einsetzen der eigenen Kreativität sind genauso wichtig. Mehr und mehr wird im Musikunterricht verlangt,

---

Handlungsansatz zur Unterrichtsgestaltung:

- den Unterricht abwechslungsreich gestalten.
- Ebenen des Körpers und der Bewegung mit einbeziehen
- durch eine gezielte Rhythmisierung alle Kinder ansprechen.
- unterschiedliche Lerntypen und Lernvorlieben der Schülerinnen und Schüler in der Unterrichtsdynamik berücksichtigen.

---

c) Der inklusive Musikunterricht ist spür- und fühlbar gestaltet

Die Wahrnehmung des eigenen Körpers ist auch in der Betätigung mit einem Instrument stark gefordert. Das Spielen eines Musikinstruments fordert neben einer differenzierten Bewegungsfunktion auch die Wahrnehmung der Körperoberfläche, aber auch der inneren Organe, vor allem der Atemfunktionen.

In der Musikalischen Grundausbildung ist die Erfahrung von musikalischen Grundlagen über den Körper altersgemäss das A und das O der Arbeit. Aber auch in der Arbeit mit Kindern ab 10 Jahren ist die Berücksichtigung der Körperwahrnehmung unerlässlich. In Sequenzen von Body Percussion und kurzen Wahrnehmungs-und Konzentrationstrainings werden Musikalische Elemente spür- und fühlbar gemacht, können so besser verstanden und adaptiert werden. Der Einbezug der Körperwahrnehmung wird klarer Bestandteil des Unterrichts und unterstützt das musikalische Lernen aber auch die Fähigkeit zur Konzentration.

Praxis Oberflächen-und Tiefenwahrnehmung: Body Percussion

Body Percussion: Im Klassenmusizieren empfiehlt es sich, Rhythmen auch über die Körperoberfläche spürbar zu machen, d.h. Rhythmen direkt am Körper zu klopfen, patschen oder mit den Groove Pack Materialien in Kontakt mit der Körperoberfläche einzuüben.

Das Ziel ist es, den Körper als „Musikinstrument" wahrnehmen. Die Kinder werden eingeführt in die Welt von Geräuschen, Klängen, Bewegungen und Spielformen, allesamt erzeugt ohne Instrumente, dafür aber mit sämtlichen uns zur Verfügung stehenden Möglichkeiten, die wir nur mit den körpereigenen Instrumenten erzeugen können. Dabei spielen vielfältigste Bewegungen eine zentrale Rolle: klatschen – patschen – schnipsen – tippen – Hände reiben – Beine, Arme, Hände, Füsse oder Gesicht bewegen: vom Stampfen bis zum Zungenschnalzen sind sämtliche Aktionen willkommen, um differenzierte Klänge und Rhythmen zu gestalten.

Die sorgfältig durchgeführten Übungen fördern sowohl Koordination von Händen und Füssen, aber auch das differenzierte Hinhören sowie den damit verbundenen Einsatz von Stimme und Sprache. (1)

> **Handlungsansatz zur Unterrichtsgestaltung:**
> - musikalische Elemente über die Körperoberfläche wahrnehmbarer werden lassen
> - die Lektion regelmässig mit Body Percussion anreichern.

d) Deutliche Puls-und Rhythmusbewegungen unterstützen das musikalische Lernen

Musikalische Gestaltung ist auch Gestaltung in Bewegung, erfordert Koordination und Geschicklichkeit. Deutlich gestaltete Puls- und Rhythmusbewegungen unterstützen das Lernen und die Konzentrationsfähigkeit. Bewegungsphasen mit rhythmisch-koordinativen Bewegungsgestaltungen zu Musik können regelmässig zwischen die Musiziersequenzen geschoben werden. Sie erhöhen die Bereitschaft zur Aktivität und die Aufmerksamkeitsfähigkeit. Ebenfalls ermöglichen sie den Kindern, die Musik auf eine andere Art und Weise als über das Gehör wahrzunehmen. Bewegungsorientierte Kinder haben so die Möglichkeit, sich auf eine ihnen adäquate Form mit musikalischen Elementen vertieft auseinander zu setzen.

Die koordinative Rhythmusarbeit verlangt sehr viel Körperbewusstsein, was viele Kinder am Anfang einfach überfordert. Sie können die Bewegung nicht spüren und daher auch nicht von jemandem imitieren. Es ist daher wichtig, dass die ersten Rhythmustrainings spezielle Einheiten beinhalten, welche die Bewegungen einzelner Körperteile gezielt fördern und deren Differenzierung unterstützen.

Wichtig ist das Spiel mit der Schwerkraft, welches immer wieder den Körper aus der Stabilität in die Instabilität und vor allem wieder zurück in die Stabilität führen muss. Die Rhythmuskoordinationsarbeit erfordert viel Gleichgewichtsintegration und ist oft für die Kinder eine Herausforderung.

Es ist daher darauf zu achten, dass in den ersten Übungen die Kinder immer wieder eine stabile Körperhaltung bei den Übungen einnehmen können, und dass sie auch genug Möglichkeiten haben, ihr Gleichgewicht sinnvoll zu trainieren. Der Umgang mit sämtlichen Musikinstrumenten erfordert eine gezielte Bewegungskoordination aber auch einen differenzierten Umgang mit dem Gleichgewichtssinn.

Praxis Rhythmus und Bewegung im Klassenmusizieren

Das einfache didaktische Prinzip des Groove Pack ist gut im Unterricht einzufügen. Ein buntes Material spricht die Neugier an und motiviert zum Ausprobieren. Zu Liedern und Musikstücken kann über koordinierte Bewegung vom Puls bis zum komplexen Rhythmus Muster alles vermittelt und gelernt werden. (2)

Sitzen und Bewegen

Stuhl: Zur Reflektion des spür- und fühlbaren Musikunterrichts gehört auch das physiologisch sichere Sitzen auf dem Stuhl dazu. In Mehrzweckräumen sind die Stühle für die Kinder oft zu hoch, rutschen oder klappern bei jeder Bewegung. Dies kann recht erschwerend sein für das gemeinsame Musizieren. Ist es nicht möglich, für den Musikunterricht adaptierte Stühle bereit zu stellen, so ist zumindest darauf zu achten, dass die Kinder zum Spielen möglichst vorn auf der Stuhlfläche sitzen, so dass die Füsse auf dem Boden aufgestellt werden können.

Sitzposition: „Haltung" ist „Gelingensbereitschaft" (Disposition) bzw. Bereitschaftsspannung für eine bestimmte Ziel-Tätigkeit und nur in diesem Kontext günstig oder ungünstig. Aus der Sitzposition können wir Aktivitäten steuern, eine Orientierung im Raum und in der Gruppe gewinnen sowie Stabilität und Instabilität vergleichend erfahren. Die Position und die Stabilität auf dem Stuhl beeinflussen wesentlich auch die Konzentrationsfähigkeit.

Füsse: Die Füsse ermöglichen den Gewichts-Kontakt zum Boden und helfen bei der „psychophysischen" Verankerung. Bodenkontakt ist für die Stabilität beim Musizieren unerlässlich. Die Füsse sollten möglichst im Kontakt mit dem Boden gehalten werden. 40 baumelnde Füsse verunmöglichen ein Musizieren im Puls.

Bewegung: Regelmässiges Aufstehen und Bewegen unterstützt die Verbesserung der Konzentration und beugt muskulärer sowie mentaler Ermüdung vor. Für das konzentrierte Spielen und Singen sollte die Position auf der Stuhlfläche in kurzen Zeitintervallen extra angeleitet werden. Wiederholtes Aufstehen ist für die Arbeit mit Body Percussion und Pulsübungen dringend notwendig.

Nebengeräusche: Auch die Audiomotorik (Geräusche, Verrutschbarkeit, Abstände) spielt bei dieser Verankerung bzw. Zentrierung eine wichtige Rolle.

> **Handlungsansatz zur Unterrichtsgestaltung:**
>
> - durch deutliche Bewegungsabläufe die Konzentrationsspanne erweitern
> - Haltung und Koordination unterstützen durch gezielten Wechsel von Sitzen und Bewegen
> - Fusskontakt zum Boden beim Sitzen auf dem Stuhl unterstützen.

e) Visuell und auditiv komponierte „Aesthetik" ist Teil des Erfolgs

Visuelle und auditive Strukturen im Unterricht ermöglichen neben der Orientierung über Körper und Bewegung der Klasse auch bessere Orientierung durch die Gestaltung des Raums und den musikalischen Strukturen.

Die Auditive sowie die visuelle Gestaltung des Unterrichts sind unabdingbar dafür, dass im Unterricht eine Aesthetik entsteht, welche Grundlage bietet für die Komposition des musikalischen Geschehens.

Auditive Orientierung

Auditive Orientierung bedeutet, dass der Unterricht eine gute und klare auditive Struktur aufweist, in der sich Phasen der Improvisation, Phasen des gemeinsamen Musizierens, Phasen des Experimentierens abwechseln mit Phasen, in denen es auch einem still sein kann.

Regeln und Zeichen sind unerlässlich für die Bezeichnung der verschiedenen Phasen.

In der Förderung der auditiven Wahrnehmung geht es gerade in heterogenen Gruppen in erster Linie immer um die Förderung der auditivern Aufmerksamkeit, also um die Fähigkeit, überhaupt hinzuhören, einem akustischen Ereignis zu lauschen. Als nächstes beeinflusst die audiomotorische Koordination (Bewegung mit Gehörtem koordinieren) die koordinativen Fähigkeiten in Bewegung und Handlung. Zum Unterricht gehören weiter die Differenzierung von Tönen und Geräuschen, die Unterscheidung von Tonhöhen, Tempi und Tonrichtungen.

Ebenfalls gefördert werden die auditive Merkfähigkeit und das auditive Gedächtnis.

Wie im letzten Kapitel bereits erwähnt, ist die Förderung der auditiven Figur-Grundwahrnehmung von zentraler Bedeutung.

Herrscht eine unklare auditive Situation, so können viele Kinder das Unterrichtsgeschehen nicht wahrnehmen. Die unklare Situation führt zu einer diffusen Wahrnehmung des Unterrichtsgeschehens und damit zu Frustration und Auflehnung.

Visuelle Orientierung

Die Unterrichtsinhalte müssen immer auch auf ihre visuelle Klarheit und Erfassbarkeit überprüft werden.

Vom visuellen Aspekt her stellen Noten, Notenständer, Dirigenten und Räume, welche für viele Bedürfnisse eingerichtet sind, eine grosse Herausforderung an die Konzentration dar.

Visuellen Fokus zu schaffen ist für die Lehrperson eine grosse Aufgabe.

Strukturelle Fragen stellen sich immer wieder in Planung und Evalutaion:é
- Wo steht die Dirigentin, der Dirigent?
- Sind die Zeichen und die Anleitungsstile deutlich?
- Ist eine visuelle Fokussierung im Raum möglich?
- Wie viele unnötige Gegenstände wurden vor dem Unterricht entfernt?
- Ist der Raum in seinen visuellen Strukturen klar angeordnet?

> **Handlungsansatz zur Unterrichtsgestaltung:**
>
> - die Aesthetik der Unterrichtsgestaltung unterstützen durch visuelle und auditive Strukturierung
> - die Komposition des Ablaufs durch auditive Rhythmisierung ermöglichen
> - die Konzentration durch Vereinfachung der visuellen Strutkuren im Raum erhöhen.

f) Die Partitur des inklusiven Musikunterrichts hat verschiedene Stimmen

Kinder lernen in unterschiedlichem Tempo und mit unterschiedlicher Intensivität. Für die Komposition der Musikstunde ist dies gleichzeitig ein herausforderndes als auch ein inspirierendes und gut zu nutzendes Phänomen. So wie jedes Musikstück mit unterschiedlichen Stimmen gestaltet wird, so wird auch der Unterricht binnendifferenziert aufgebaut. Die innovative Lehrperson unterstützt das musikalische Gestalten mit dem Arrangieren von mehreren Stimmen in unterschiedlichen Schwierigkeitsgraden. Dieses ist speziell auf die verschiedenartig ausgerichteten Kompetenzen der Schülerinnen und Schüler zugeschnitten. So kann ein Musikstück mit Elementen auf verschiedenen Ebenen gestaltet werden: es gibt Grundlagen, die alle spielen können, aber auch differenziertere Stimmen und Soli, die von Einzelnen gespielt werden. Gleichzeitig kann es sein, dass jemand einen einfachen Groove oder Puls und oder nur einen Akzent an einem ganz bestimmten Ort einbringt.

Stücke mit unterschiedlichen Spielniveaus ermöglichen allen Kindern die Teilhabe am Musizieren.

Innovation im Hinblick auf Integration und Inklusion bedeutet in diesem Sinne auch, die gesellschaftlichen Anforderungen in aesthetisch gestaltete Musikprozesse abzubilden und auszudrücken. Wenn aber alle Schülerinnen und Schüler genau die gleichen Stimmen spielen, so entsteht bald ein Gefüge von unterschiedlich ausgerichteten Kompetenzen. Einige werden unterfordert, andere überfordert sein. Oft entstehen dann schwierige Unterrichtssituationen und ein Verlust an Motivation

f) Die Partitur des inklusiven Musikunterrichts hat verschiedene Stimmen

Genau die Musik aber vermag die unterschiedlichen Rhythmen des Lernens in verschiedene Stimmen umzusetzen. Innovative Arrangements setzen die vorhandenen, heterogen zusammengesetzten Kompetenzprofile der Schülerinnen und Schüler in Musik um. Dadurch entsteht ein Musizieren der Klasse, das es allen Schülerinnen und Schülern ermöglicht, sich gemäss ihren Möglichkeiten am gemeinsamen Musizieren zu beteiligen. Neue kreative Wege für das Musizieren in heterogen zusammengesetzten Gruppen werden entwickelt.

Die nächste Abbildung macht sich genau diese Dynamik zu Nutze: verschiedene Stimmen in unterschiedlichen Schwierigkeits- und Intensitätsgraden werden zu einem musikalischen Ganzen zusammengefügt. Dadurch entstehen Stücke, welche genau auf die diversen Kompetenzen der Schülerinnen und Schüler der Klasse zugeschnitten sind. Die dabei entstehende Klassenmusik nimmt Rücksicht auf Gruppendynamik, Lernlevels sowie spezifische Bedürfnisse.

Ein geschicktes Arrangieren von verschiedenen Stimmen, das Rücksicht nimmt auf die in der Gruppe vorhandenen Kompetenzprofile, macht neben einer differenzierten Strukturierung des Unterrichts Integration und Inklusion möglich.

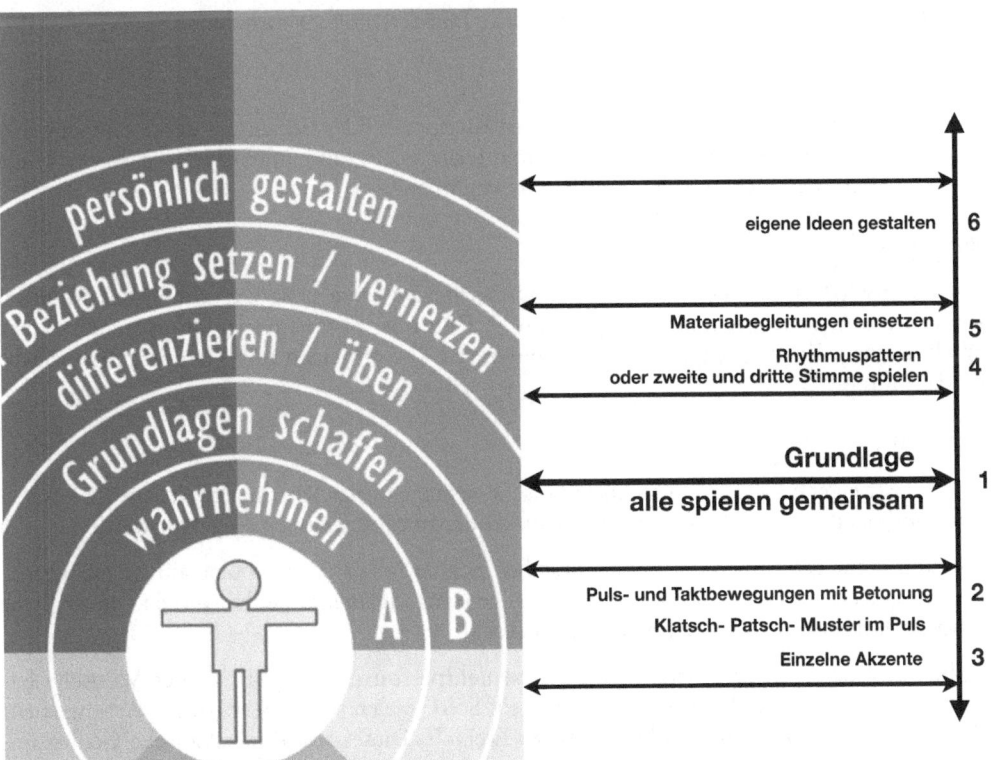

Hier kommt nun das Modell der Teilbereiche zur Anwendung.

Teilbereich B

Ebene 1: Beginnen wir mit dem Teilbereich B „Grundlagen schaffen". Da spielen alle gemeinsam, alle können das. Diese Linie gibt der ganzen Struktur sowohl der Musik als auch der Gruppe einen Halt und die notwendige Basis für ein stabiles gemeinsames Musizieren.

Teilbereich A

Ebene 2: Einzelne Lernende können nun diese Grundlagen noch vertiefen, indem sie einfache Rhythmen auf der Basis von Body Percussion mit Einbezug der Körperwahrnehmung üben. Dies können einfache Klatsch-Patsch Muster sein oder Patterns mit Händen und Füssen.

Ebene 3: Es gibt immer mal wieder Schülerinnen und Schüler, welche nicht bereit oder in der Lage sind, in einem ganzen Stück mitzuspielen. Es empfiehlt sich, diesen eine spezielle Aufgabe zu geben, sei es ein Akzent auf einem bestimmten Punkt oder zum Anfang oder Schluss, oder eine Pause zu füllen etc. Gelingt dies ein paar Mal gut, so wächst auch die innere Bereitschaft, sich in ein Musikstück einzulassen.

Ebene 2 und 3 entsprechen in ihren Inhalten dem Teilbereich A „wahrnehmen".

Teilbereich C

Ebene 4 unterstützt das Stück mit komplexeren Rhythmen oder Begleitung durch einfache Instrumente. Hier werden verschiedene Begleitpatterns geübt und miteinander gespielt. Diese Ebene entspricht dem Teilbereich C „differenzieren/üben".

Teilbereich D

Ebene 5 entwirft eine zweite oder dritte Stimme, bezieht eine neue Gestaltung mit Material oder weiteren Instrumenten mit ein und kann im Duo oder mit mehreren Gruppenmitgliedern gespielt werden. Ebene 5 entspricht dem Teilbereich D „vernetzen mit Material, der Gruppe oder dem Raum".

Teilbereich E

Ebene 6 lässt eigene Ideen zu, neue harmonische Schemen oder Rhythmuspatterns. Es können ebenso Soli oder Intro's oder Outro's entworfen oder Improvisationen eingefügt werden.

Es ist nun nicht gemeint, dass immer dieselben Schülerinnen oder Schüler auf Ebene 1 oder Ebene 5 spielen. Je länger solche mehrstimmigen Arrangements geübt werden, desto mehr wächst auch das Bedürfnis, die Ebenen zu wechseln.

Es gibt Schulen, in denen zusätzlich die Klassenlehrpersonen Anregungen oder Wünsche haben, wer denn nun einmal einen Akzent oder ein Solo spielen sollte. So wird das Arrangement gleichzeitig ein musikalisches und ein soziales Ereignis. Dieses sozial-musikalische Gefüge unterstützt sowohl die musikalischen Kompetenzen als auch das interaktive Zusammenspiel. Natürlich können auch andere Bereiche mit einbezogen werden, Bewegungsfolgen oder passende Tänze sind überall mit einzufügen oder unterstützen die gemeinsame Gestaltung.

> **Handlungsansatz Unterrichtsgestaltung:**
> - unterschiedliche Lerntempi und -Rhythmen erkennen
> - Spezialitäten diversifizierter Kompetenzen in den zu spielenden Arrangements in musikalische Stimmen umsetzen.
> - Die kulturelle Vielfalt der Gruppenzusammensetzung in Musik arrangieren!

21 Über das Modell hinaus

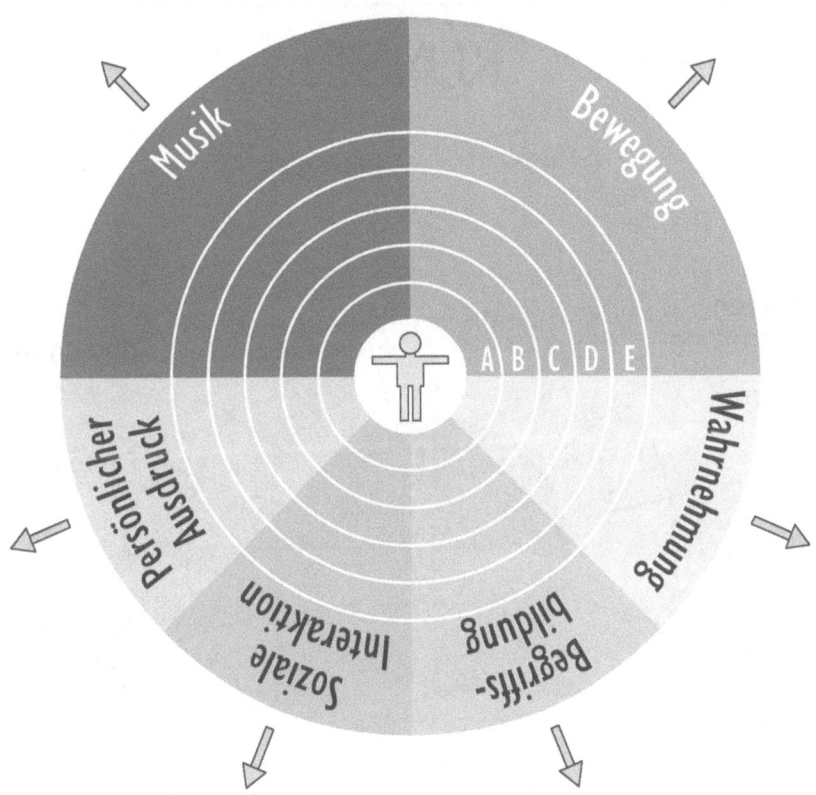

Das in diesem Text vorgestellte Modell steht im Zentrum der praktischen pädagogischen Arbeit. Die Praxis kann und soll eine Erweiterung mit sich bringen. So kann Musik und Bewegung / Rhythmik ganz unterschiedliche Schwerpunkte haben. Die einzelnen Bereiche sind miteinander verbunden, es kann aber durchaus auch sein, dass die Arbeitsweise sich in die Richtung eines Bereiches speziell entwickelt und sich dort neue Schwerpunkte bilden, welche je nach Gebiet mehr oder weniger mit dem ursprünglichen Unterrichtsmodell verbunden sind.

Grundsätzlich kann sich eine Lehrperson für Musik und Bewegung spezialisieren in zwei Hauptrichtungen: in die Richtung der Kunst oder in die Richtung der Pädagogik. Innerhalb dieser beiden Hauptrichtungen wiederum können dann unterschiedliche Schwerpunkte gesetzt werden, sei dies nun Theater oder Theaterpädagogik, Tanz oder Tanzpädagogik, Musik oder Musikpädagogik, Heil- und Sonderpädagogik etc. Die folgende Grafik zeigt die wichtigsten verwandten Gebiete auf.

a) Spannungsfeld Kunst und Pädagogik

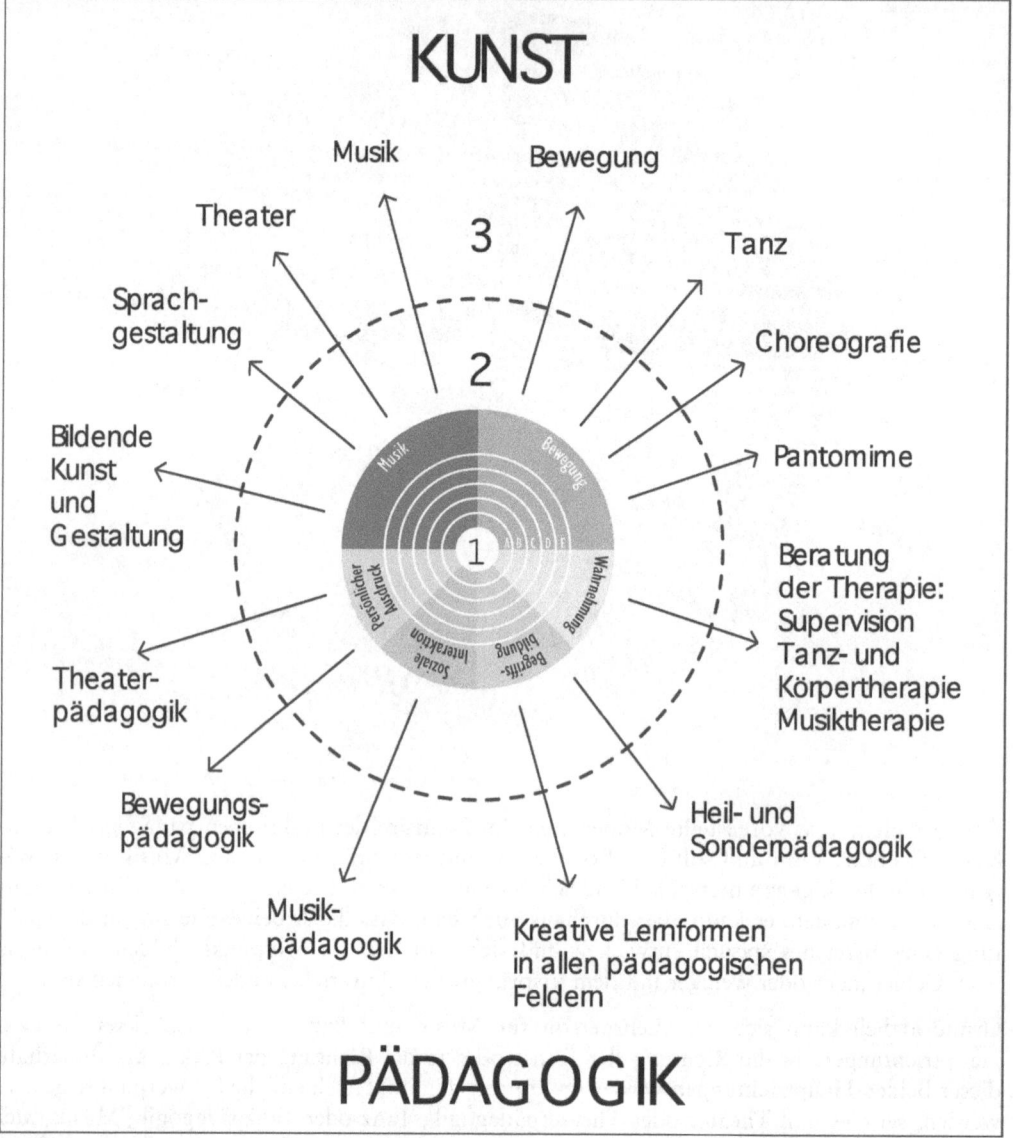

Möglich ist grundsätzlich jede Verbindung. Es ist aber auch hier wichtig, dass klare Grenzen definiert werden. Dies soll nun am Beispiel der Einstudierung eines Theaters erläutert werden. Solange die Entwicklung eines Theaterstückes mit einer Gruppe sehr stark auf den Grundsätzen der Rhythmik basiert, kann gesagt werden, dass dies immer noch Musik und Bewegung / Rhythmik ist, mit einem Schwerpunkt in Ausdruck und Theater. Eine Rhythmiklehrperson kann sich dann in diesem Schwerpunkt spezialisieren und das neu Erlernte in ihre bisherige Praxis einbeziehen. Entwickelt sich ihre Praxis aber immer mehr in Richtung Theater-Spielen mit einer Gruppe, so verändert sich der Schwerpunkt und es kann dann gesagt werden, dass dies Theaterpädagogik mit Elementen aus Musik und Bewegung / Rhythmik ist. Die Rhythmiklehrperson braucht dann auch eine entsprechende Weiterbildung oder Zusatzausbildung, damit die professionelle Basis ihrer Arbeit gewahrt bleibt.

a) Spannungsfeld Kunst und Pädagogik

Auf der Grafik wird diese Grenze mit der gestrichelten Linie bezeichnet.

Im Kreis 1 steht klar der Unterricht Musik und Bewegung / Rhythmik, so wie er in diesem Buch beschrieben wurde.

Im Kreis 2 findet Musik und Bewegung / Rhythmik mit einem speziellen Schwerpunkt aus Musik, Bewegung oder Pädagogik statt. Der Unterricht bleibt wird noch immer bezogen auf das ursprüngliche Arbeitsgebiet, übernimmt aber Schwerpunkte aus einem verwandten Bereich. Dies ist Rhythmikunterricht mit Schwerpunkt in Tanz, Pantomime, bildender Kunst, Musik, Sprache etc.

Im Kreis 3 wird in einem bestimmten Fachgebiet aus Kunst oder Pädagogik mit Elementen aus Musik und Bewegung / Rhythmik gearbeitet. Der Schwerpunkt liegt aber im jeweiligen Fachgebiet.

In diesem Kreis befinden sich
- *Musik-und Bewegungspädagogen, die in einem speziellen Fachgebiet tätig sind, sich dort die entsprechenden Weiter- oder Zusatzausbildungen geholt haben und nun ausgewählte Elemente aus Musik und Bewegung / Rhythmik in ihrer Arbeit einsetzen,*
- *Professionelle verschiedener Fachgebiete, welche Elemente aus Musik und Bewegung in speziellen Weiterbildungen oder in ihrer Ausbildung kennen gelernt haben und nun erfolgreich in ihrem Arbeitsgebiet einsetzen. So kann zum Beispiel eine Choreografin Elemente aus Musik und Bewegung in ihrem Arbeitsgebiet einsetzen, ebenfalls Musiker/innen oder Musikpädagog/innen, Tänzer oder Tanzpädagog/innen sowie Lehrkräfte der Volksschule.*

Die im jeweiligen Fachgebiet zu verwendenden Elemente müssen immer genau formuliert werden. Wichtig ist, dass keine Vermischung stattfindet. Weil die Lehrperson Elemente aus dem Theater verwendet, ist sie noch keine Theaterpädagogin, und wenn eine Lehrkraft Elemente aus Musik und Bewegung / Rhythmik in ihrem Unterricht einsetzt, so kann sie noch nicht als eigentliche Musik- und Bewegungspädagogin bezeichnet werden. Diese Unterscheidung und Differenzierung soll in der Praxis immer klar definiert und durchgeführt werden. Sie setzt klare Grenzen und schützt die Professionalität auf allen Ebenen.

b) Modell und Kompetenzerwerb

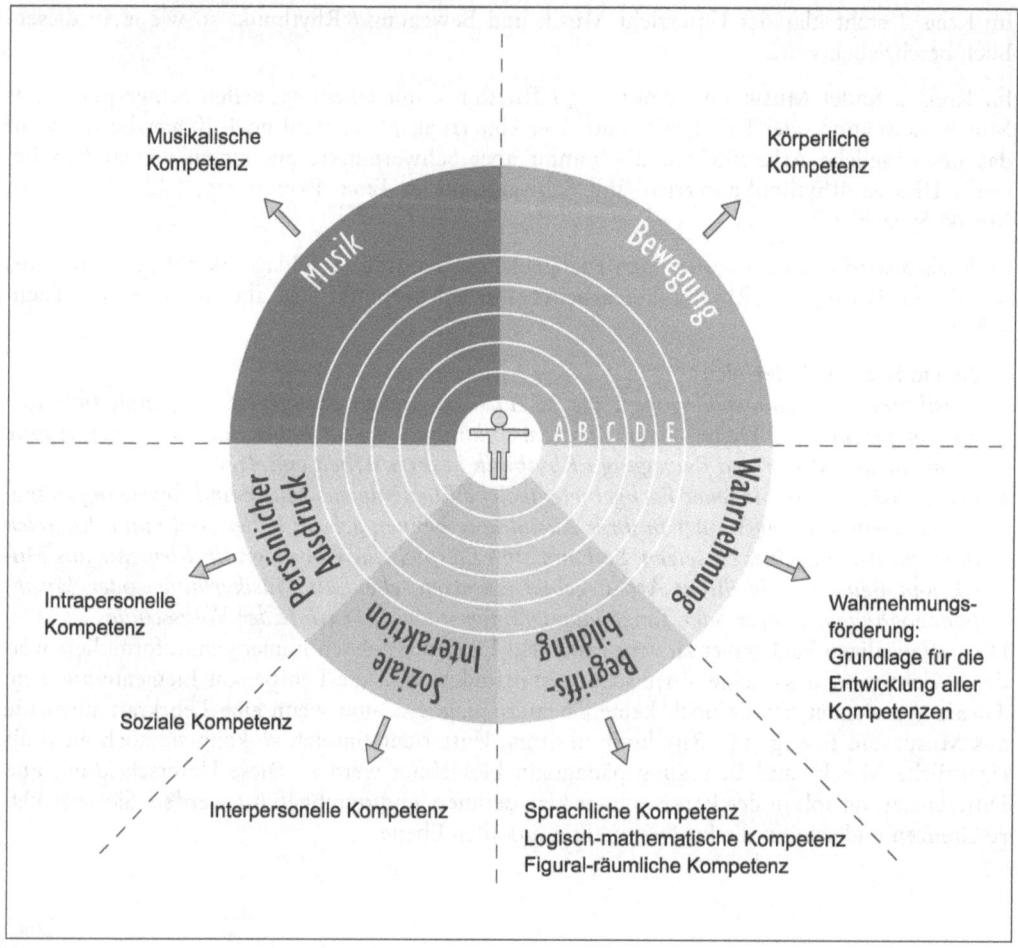

Die 6 Bereiche von Musik und Bewegung / Rhythmik können in einem engen Zusammenhang zu den Kompetenzbereichen gesehen werden, die Howard Gardner entwickelt hat. Er unterscheidet dabei in:
- Körperliche Kompetenz
- Musikalische Kompetenz
- Figural räumliche Kompetenz
- Soziale Kompetenz (intra- und interpersonelle Kompetenz)
- Sprachliche Kompetenz
- Logisch-mathematische Kompetenz [1].

Remo Largo umschreibt diese Kompetenzen folgendermaßen:

> Jede Kompetenz weist ihre eigenen organischen Strukturen (Hirnareale usw.) und Funktionen (Wahrnehmung, Merkfähigkeit, Langzeitgedächtnis usw.) auf, die Erkenntnisse, Problemlösungen und produktive Leistungen ermöglichen ....Eine Kompetenz wird nicht als eine funktionelle Einheit verstanden. Sondern sie besteht aus mehreren, oft unterschiedlich entwickelten Anteilen. Jede Kompetenz ist von Kind zu Kind unterschiedlich ausgebildet. In der Entwicklung reifen sie heran, werden durch Erfahrungen verinnerlicht und stehen in einem ständigen Austausch miteinander. Verhalten und Leistun-

b) Modell und Kompetenzerwerb

gen werden zumeist nicht durch eine, sondern durch mehrere Kompetenzen bestimmt (2).

Der Unterricht in Musik und Bewegung / Rhythmik spricht alle diese Kompetenzbereiche gleichermaßen an. Natürlicherweise tritt im Laufe der Arbeit durch die fortlaufende Zielsetzung immer wieder ein anderer Bereich in den Vordergrund, trotzdem werden fortwährend immer alle Bereiche involviert. Die obenstehende Grafik zeigt einzelne Zusammenhänge auf.

Es ist offensichtlich, dass die Auseinandersetzung mit Musik und Bewegung die **musikalische und die körperliche Kompetenz** fördert und entwickelt.

Die Grob- und Feinziele sämtlicher Bereiche, vor allem in den jeweiligen Teilbereichen D zeigen auf, dass Musik und Bewegung auch eng mit der Raumwahrnehmung und dem Raumbewusstsein zusammenhängen. Die **figural-räumliche Kompetenz** kann zum Beispiel nicht differenziert werden, wenn kein Bewusstsein für die unterschiedlichen Positionen und Lagen des Körpers im Raum vorhanden ist. Diese Kompetenz wird daher ebenfalls durch die Arbeit unterstützt und beginnt schon auf der ganz basalen Ebene der Unterscheidung der Pole der 4 Parameter.

Die Förderung der **Wahrnehmungsfähigkeit** kann als Grundlage für die Entwicklung sämtlicher Kompetenzen gesehen werden.

Die Entwicklung der **sprachlichen Kompetenz** wird unterstützt in vielerlei Hinsicht. Im Bereich Begriffsbildung können Erfahrungen aus verschiedenen Bereichen verbalisiert, generalisiert und verglichen werden. Dadurch wird die sprachliche Ausdrucksfähigkeit gefördert und ebenfalls finden Abstraktions-Prozesse statt. Die Förderung der auditiven Wahrnehmung unterstützt die Lautbildung und die Differenzierung von einzelnen Wort-Lauten. Die Rhythmusschulung fördert die Entwicklung des Sprachrhythmus etc. Aber auch die Entwicklung von logischen Abfolgen in einem Ablauf in Bewegung oder Musik unterstützt die Abstraktionsfähigkeit und damit die Umsetzung von persönlichen Erlebnissen und Wahrnehmungen auf die sprachliche Ebene.

Die **logisch-mathematische Kompetenz** hat viel mit Raumwahrnehmung und der Entwicklung von logischen Abfolgen zu tun und kann in der Bewegung und in der Musik vielfältig und fundiert geschult werden.

Die **soziale Kompetenz** wiederum wird gefördert in den Bereichen Soziale Interaktion (**interpersonelle Kompetenz**) und Persönlicher Ausdruck (**intrapersonelle Kompetenz**).

c) Musik – Bewegung – Lernen

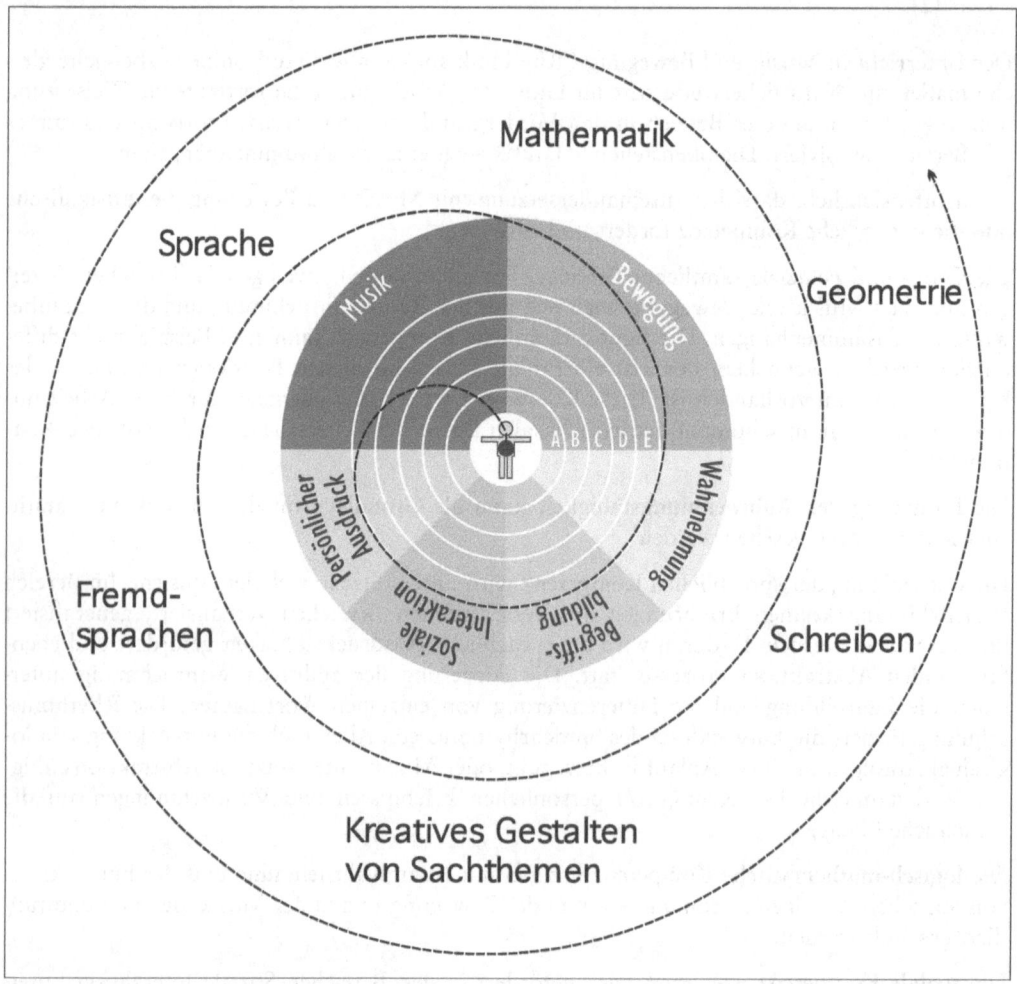

Im Kontext des Lernens in der Schule kann der Umgang mit Musik und Bewegung als eine Grundlage in der Förderung unterschiedlichster Kompetenzen in Sprache, Mathematik, Geometrie oder Sachkundeunterricht für fächerübergreifendes Lernen genutzt zu werden. Dieses Konzept wurde von mir Lernwurzeln genannt.

Der Kern dieses Konzepts besteht darin, dass die Wurzel allen Lernens im Körper liegt. Ein Bewegungsimpuls entsteht im Körperinnenraum, bewegt sich dann zur Körperoberfläche und hin zum Außenraum. In dieser Entwicklung wird er grundlegend für das begriffliche Lernen. Musik und Rhythmus sind eng mit der Bewegung verbunden. Bewegungselemente können direkt in Musik umgesetzt werden und umgekehrt. Musik gehört daher zu der Einheit von Wahrnehmung und Bewegung dazu, unterstützt, fördert, regt an, gibt Formerleben, Formbewusstsein und rhythmische Sicherheit.

Durch die lebendig wahrgenommene Bewegung lernt das Kind, Begriffe des Alltags und der Kulturtechniken mit allen Sinnen wahrzunehmen, zu spüren, zu bewegen und anschließend individuell zu gestalten. In dieser direkten Beziehung zum Objekt wird Lernen zu einem Prozess von andauernder Neuentdeckung. Dabei ist wichtig, dass das Kind die Gelegenheit bekommt, sich mit allen Sinnen und im persönlichen Handeln mit allen primären Elementen auseinander-

d) Das Modell als Grundlage für spezifische Konzeptentwicklung

zusetzen. Dadurch kann es sich persönliche Strukturen des Wahrnehmens, Bewegens und Handelns aneignen und diese für sein Weiterlernen nutzen. So wird die Wechselwirkung von Wahrnehmung, Musik und Bewegung im persönlichem Ausdruck zu einer Grundlage des fächerübergreifenden Lernens überhaupt.

Aus der Erfahrung von Wahrnehmung, Bewegung und Musik baut sich anschließend das fächerübergreifende Lernen auf:
- **Sprache:** Wortschatz / Phonetik / Semantik / kreative Darstellung von Abläufen, logischen Abfolgen ...
- **Schreiben:** Raumrichtungen und Formen wahrnehmen, vom Raum aufs Papier bewegen, zeichnen, malen, schreiben, ordnen.
- **Mathematik:** Mengenbegriffe / Zahlen / Klassifikation und Seriation. Mengen- und Zahlbegriffe mit dem Körper wahrnehmen, hören, schauen, im Raum bewegen, darstellen mit Material, aufzeichnen
- **Themen aus Biologie, Geographie, Geschichte**
- **Themen und Begriffe aus dem Alltagsleben.**

Schwerpunkte der Verbindung sind:
- **Musik – Bewegung – Sprache:**
  Förderung von Intonation und Sprachrhythmus
  Unterstützung von Wortschatz und Sprachaufbau mit Bewegung und Musik Kreative Sprachgestaltung, Geschichten oder Gedichte schreiben, bewegen, musizieren
  Erfinden eigener Lieder zu einem Thema
- **Musik – Bewegung – Schreiben:** Bewegungen im Raum aufs Papier bringen, malen und zeichnen in großen und kleinen Formen.
- **Musik – Bewegung – Mathematik:**
  Kreatives Erarbeiten von räumlichen Strukturen, Mengenverhältnissen, Zahlenschritten.
- **Musik – Bewegung – Fremdsprachen:**
  Lieder, Tänze und Geschichten aus fremden Kulturen kennen lernen, Bewegungsabläufe in eine Fremdsprache übersetzen.
- **Musik – Bewegung – Sachthemen aus Geometrie, Biologie, Geographie, Geschichte:**
  Zu einem Thema einen kreativen Zugang finden, ein Thema mit kreativen Medien auf persönliche Art und Weise darstellen.

d) Das Modell als Grundlage für spezifische Konzeptentwicklung

Je nach Berufsfeld, in dem nun ein Projekt oder eine Unterrichtssequenz durchgeführt werden soll, können auf dem Modell Schwerpunkte gesetzt werden.

Je nach Anwendungsbereich wird die Zielsetzung bestimmt, tritt ein Bereich in den Vordergrund, andere eher in den Hintergrund. Trotzdem werden alle Bereiche immer berücksichtigt. Die Setzung der Schwerpunkte bestimmt sich aus den Anforderungen des Berufsfelds. Da die Schwerpunkte und die Zielsetzung sich auf eine differenzierte Einschätzung aller Faktoren abstützt, werden sie nicht bis ins Detail, wohl aber in ihrer Tendenz zum vornherein festgelegt. Aus der Ganzheit der 6 Bereiche und ihrer Teilbereiche werden nun Schwerpunkte ausgesucht und für die entsprechende Arbeit differenziert.

In der Arbeit in Musikschulen steht der Bereich der Musik im Vordergrund und in der freien kreativen Arbeit im Freizeitbereich je nach Altersstufe der Bereich des Persönlichen Ausdrucks. In Klassen für Kinder mit besonderen Bedürfnissen werden die Bereiche Wahrnehmung, Bewegung und Soziale Interaktion zuerst berücksichtigt. In Klassen für mehrsprachige Kinder kann auch einmal der Bereich Begriffsbildung, im Hinblick auf die Förderung des Sprachverständnisses, im Vordergrund stehen. Analog zum Aufbau der einzelnen Teilbereiche können je nach Alter und Entwicklungsstand der Gruppen einzelne Teilbereiche zuerst behandelt werden.

Schwerpunkt Bereiche Musik und Bewegung

Seit dem Bestehen der Musikschulen haben sich vielfältige Schwerpunkte entwickelt. Aspekte des Modells eignen sich hier vor allem für den Gruppenunterricht in verschiedensten Formen, aber auch für die Förderung der individuellen Kreativität im Einzelunterricht.

Spezielle Konzeptionen wurden entwickelt für die Grundlagenarbeit in der Musikalischen Grundausbildung, später auch als Unterstützung für den Unterricht in Klassenmusizieren (Bezeichnung Schweiz) und JeKi oder später JeKits (Bezeichnung Deutschland). Ebenfalls wurden neue Formen von Eltern-Kind Musizieren sowie auch Rhythmik mit Senioren entwickelt. (3)

Schwerpunkt Bereich Wahrnehmung

Der Bereich der Wahrnehmung wurde im Laufe der Jahre immer wichtiger für den Umgang mit heterogen zusammengesetzten Gruppen. Eine spezifische Wahrnehmungsförderung wurde entwickelt und wird in den nächsten beiden Kapiteln noch differenzierter beschrieben. Bei diesem Schwerpunkt wird eine Zusammenarbeit mit Hochschulen der Heilpädagogik angestrebt, damit das notwendige heilpädagogische Grundwissen sowie eine detaillierte Auseinandersetzung mit förderdiagnostischen Themen stattfinden kann. (4) / (5)

Schwerpunkt Begriffsbildung

Der Bereich der Begriffsbildung kann in seiner Verbindung zu andern Bereichen immer wieder als Grundlage für Lernen überhaupt gesetzt werden. Ebenfalls können Schwerpunkte für den kreativen Umgang mit Sprache in Schrift und Wort gesetzt werden. Die Verbindung von Musik und Sprache wird gezielt zur Förderung von Fremdspracherwerb eingesetzt.

Gerda Bächli, die berühmte Kinderliedermacherin hat für das schweizerische Lehrmittel Lieder komponiert. Sie sagt dazu:

> *„Lieder bestehen aus Sprache und Musik, bei Spielliedern wird auch die Bewegung mit einbezogen als Tanz, als Körpererfahrung oder durch das Hantieren mit allerlei Material. Was gleichzeitig von mehreren Sinnen aufgenommen wird, prägt sich rasch und nachhaltig ein und kann auch besonders leicht wieder abgerufen werden, da die einzelnen Eindrücke beim Sprechen im Gehirn vernetzt werden".* (6)

Zahlreiche Schulen entwerfen das Fach „Musik und Mathematik" in verschiedensten Varianten. *Im Projekt „Mathe macht Musik" der pädagogischen Hochschule FHNW wurden Unterrichtsmaterialien auf der Schnittstelle von Mathematik- und Musikunterricht entwickelt und erprobt. Als Beispiel dafür dient hier das Spiel „Ping-Pong", das als reichhaltiger Ausgangspunkt für die Beschäftigung mit Teilern und Vielfachen genutzt werden kann. Möglichkeiten, die mathematischen Beobachtungen aus dem Spiel zu systematisieren, sie grafisch darzustellen und zu erklären, werden erläutert. Ein Exkurs thematisiert auch die Umsetzung im Informatikunterricht.* (7)

Schwerpunkt Soziale Interaktion

Spezifische Projekte in der Zusammenarbeit mit Institutionen der sozialen Arbeit nutzen Musik sowohl als Inhalt aber auch als Medium für die Zusammenarbeit in Projekten.

Projekte in Schulen mit spezifischen Inhalten zur Erweiterung der Kompetenzen von Kommunikation, Körpersprache und sozialem Verhalten sind zahlreich und mit Erfolg verbunden. (8)

In den Aktionen von Community Music sind die Intentionen von Sozialer Arbeit und Musikalischem Handeln eng aufeinander abgestimmt.

> *„Projekte der Community Music erfolgen meist im nonformalen Sektor der kulturellen Bildung. Community Music findet möglichst in der Lebenswelt der AdressatInnen statt, was allerdings Kooperationen mit Bildungsinstitutionen ebenso wenig ausschliesst wie solche mit Organisationen der Sozialen Arbeit und weiteren gesellschaftlichen Insitutionen, wie z. B. Gefängnissen und Psychiatrischen Kliniken.*
>
> *Allen Beteiligten wird ermöglicht sich musikalisch in ihrer Gemeinschaft auszudrücken und ihren sozialen Kontext darzustellen: Community Music formuliert explizit den Anspruch, allen Menschen den Zugang zu Musik zu ermöglichen, unabhängig von deren finanziellen Voraussetzungen, körperlichen, kognitiven oder sozialen Fähigkeiten und Problemen. Erst wenn der Anspruch allen Menschen die wollen, die Teilnahme an Projekten, also aktives Musizieren, eingelöst ist, wird musikalische Teilhabegerechtigkeit verwirklicht. Es wird nicht gefragt, ob eine Person an einem Projekt teilnehmen, sondern wie die Teilnahme ermöglicht werden kann. Nicht die Individuen müssen Fähigkeiten oder Potenziale belegen, sondern Projekte müssen sich an die Wünsche und Möglichkeiten der potenziellen TeilnehmerInnen anpassen. Oder aber es müssen neue Projekte initiiert werden, die das Musizieren ermöglichen. Dies bedeutet, dass u. a. Menschen mit schweren Bewegungseinschränkungen ebenso wie jene, die unter einer Demenzerkrankung leiden, geflüchtete Menschen, die in einem Massnahmezentrum leben müssen, Jugendliche die mit ihrer Peergroup Straftaten begehen u. a. beteiligt werden."* (9), (10).

Schwerpunkt Persönlicher Ausdruck

Kreativitätsförderung steht immer im Mittelpunkt. So werden Elemente aus Musik und Bewegung in der Musikpädagogik genutzt, zur Schulung von Rhythmus und Formverständnis, Bewegungsschulung, aber auch zur Unterstützung von musikalischem Ausdruck. Viele verwandte Prozesse werden in der Musikvermittlung in Projekten und Konzerten angewandt. Hier überschneiden sich die Berufsfelder. Auch offene Musikräume, in denen frei musiziert werden kann, entstehen auf der Ebene Musikschulen, Musik in der Ganztagsschule sowie im Freizeitbereich. Der Bereich Persönlicher Ausdruck führt auch in seiner Vernetzung in den transdisziplinären Bereich, in dem künstlerische Bereiche nicht mehr per se sondern in einer immer wieder neu entstehenden Vernetzung stehen.

e) Experimentelle Räume

Je sicherer eine Lehrperson in der Struktur wird, desto freier ist sie im Gestalten der Arbeit in der Interaktion mit ihren Schülerinnen und Schülern. Mit zunehmender Erfahrung wächst die Unterrichtspraxis immer weiter über die hier beschriebenen Möglichkeiten hinaus. In diesem Sinne bietet das hier vorgestellte Modell einen Kern, beschreibt die Wurzel der Vermittlung von Musik und Bewegung, auf der sich dann in der Berufspraxis die unterschiedlichsten, persönlich gefärbten Arbeitsweisen entwickeln.

Im Folgenden werden ein paar wenige Beispiele aufgegriffen, welche aufzeigen, was mit einer weiterführenden Öffnung des Modells gemeint ist.

Maurizio Kagel und die Kinderinstrumente, Kölner Kurse für Neue Musik 1971

Schon 1971 wurden in den Kölner Kursen für Neue Musik Instrumente für Kinder entwickelt, welche sowohl im Klangspektrum als auch in den Aktionsspielräumen ganz neue Spiel- und Aktionsräume für Kinder (und Erwachsene) öffneten. Schon allein die Namen der Instrumente lassen die neu entstehen kreativen Räume erahnen: Flüsterüten, Saugnapfrolle, Klappersandalen, musikalischer Flipperkasten.

> *"Die Kinderinstrumente aus dem Kölner Kurs für Neue Musik 1971 sind Zeugnisse signifikanter Neuerungen in der Musikpädagogik. Was damals noch ein experimentelles Angebot war, hat sich als konzeptueller Ansatz im Musikunterricht etabliert und ist heute nicht mehr wegzudenken..... Das Erforschen von Klang, die freie, spielerische Expostition des Materials bilden hier die gemeinsame Grundlage für ein ganzheitliches Konzept musikalischer Betätigung, in dem künstlerische Kreativität und gesellschaftlicher, kultureller Anspruch ideal verbunden sind."(11)*

Mit diesem Impuls wurde die Möglichkeit aufgezeigt, dass die Grenzen der Musikpädagogik sich so weit öffnen können wie das Spektrum der musikalischen Komposition und der Kunst überhaupt.

Im zum Kurs gehörenden Film kritisiert Kagel verknöcherte Formen von Musikpädagogik, wie sie damals noch oft in vollkommen vorgefertigten didaktischen Lehrmitteln üblich waren und sagt dazu: *"Man sollte vermeiden, den Kindern etwas zu schenken, das sie in ihrer Phantasie begrenzt, das ist alles"*.

Die von Kagel gesetzten Impulse wurden unterstützt und weiterentwickelt von namhaften Musikpädagoginnen wie Lilly Friedemann und Gertrund Meyer-Denkmann sowie vielen weiteren innovativen Musikern und Musikpädagoginnen. Das heute denkbare Feld der experimentellen Musikvermittlung erfährt stetige Erweiterung mit ungeahnten Möglichkeiten der kulturellen Teilhabe für Angehörige sämtlicher Bildungsschichten.

Musik ist selbstverständlicher Teil der Bildung

Musikkindergarten, klingende Tagesstätten und viele mehr stellen Kindern Instrumente zur freien Verfügung, lassen Raum, dass sich eine forschende Haltung der Kinder entfalten kann. Instrumente werden ausprobiert, gemeinsame Aktionen entwickeln und neue Klangquellen erschlossen. Musik wird so zur Selbstverständlichkeit, gehört zur Bildung dazu wie alle andern Fächer auch.

Zum Beispiel im Musikkindergarten Berlin wird Musik als Bildung sowie Bildung durch Musik praktiziert. Im von Daniel Barenboim 2005 inszenierten Musikkindergarten steht die Idee einer umfassenden Bildung durch Musik. Neben Kontakten zu Musikern der Staatskapelle Berlin beschäftigen sich die Kinder immer wieder aktiv mit Musik.

> *"Dabei geht es weder um ein frühes Instrumentallernen noch um ein Nützlichkeitsdenken, das umstrittene Transfereffekte des Musiklernens auf die Entwicklung kognitiver Kompetenzen ins Zentrum stellt. Vielmehr versucht der Musikkindergarten Berlin das, was frühkindliche Bildungsprozesse im Kern auszeichnet, über die Musik zu erlangen: Offenheit, Neugier, Freude, Spiel, Bewegung, Wahrnehmung von Zeit, Bildung der Sinne, Forschen, Entdecken, Experimentieren, kurz: Möglichkeiten, sich selbst ein facettenreiches Bild von der Welt, den Menschen und dem eigenen Ich zu machen".* (12)

Experiment „Offener Musikraum"

Der Musikraum der Privatschule der Autorin besteht darin, für Kinder oder Erwachsene zu bestimmten Zeiten ihre Instrumente zur Verfügung zu stellen. In diesem Raum stehen Instrumente, welche das ganze Spektrum der 4 Parameter abdecken und gemäss dem Kapitel über Musikinstrumente und Material ausgewählt sind. Das heisst, dass alle für eine ganzheitliche Spielweise notwendigen Elemente vorhanden sind, die Klangmöglichkeiten aber nach den Wünschen und Ideen der Teilnehmenden ausgebaut und ergänzt werden können.

Die Strukturen sind klar gesetzt: es gibt für Spielerinnen und Spieler von auswärts offene Zeiten, für die man sich anmelden kann. Für Nachbarn gibt es auch mal Ausnahmen, d.h. ein

Kind kann fragen, ob es Musik machen kann, wenn es Lust dazu verspürt. Als Regeln gelten: die Instrumente stehen zur Verfügung, Lautstärke und Spielweise werden so gestaltet, dass die Grenzen der andern respektiert werden.

Ansonsten gibt es keine Vorgaben, es kann gespielt werden, was immer an Ideen vorhanden ist. Da gibt es einerseits Wünsche nach Liedern oder Tänzen, die von jemandem gespielt werden und die dann frei begleitet werden können. Es gibt aber auch die viel genutzte Möglichkeit, eigene Installationen zu bauen oder Musikstile wie „Trommelspielen auf einem Ball hüpfend" etc. auszuprobieren. Bei Kindern aus der Nachbarschaft kann es auch schon mal vorkommen, dass sie spontan klingeln und sagen: „ich habe eine Idee, kann ich schnell reinkommen", dann ihr eigenes Lied spielen und wieder weiterspielen gehen.

Interessanterweise entstehen viele Strukturen von alleine und es wird automatisch eine solide musikalische Basis geschaffen. Der Aufbau des offenen Musikraums ist nicht zufällig, sondern nach den Grundlagen von Struktur und Dynamik von Musik und Bewegung geschaffen, damit ein ganzheitliches Feld des Experimentierens kreiert werden kann.

Analog zu den Malräumen von Arno Stern gibt es im offenen Musikraum keine Zensur, keinen Zwang zu einem Produkt oder einem Ergebnis. Ebenfalls bleiben die Erzeugnisse im Raum, können bei Bedarf gefilmt werden, werden aber in der Regel nicht weiterverwendet. Damit bleibt der Raum offen für die Gestaltung eigener Ideen ohne Vergleiche oder Druck von aussen. Arno Stern sagt dazu:

> *„Die Lust zu malen ruht in jedem Menschen. Die traditionelle Erziehung, vor allem in der Schule, versucht, dieses natürliche Bedürfnis zur Kunst hinzuleiten. Wird dies jedoch vermieden, so kann sich daraus eine vollkommen andere Äusserung entwickeln: Arno Stern spricht von der Spur. Anders als ein Kunstwerk ist die Spur für keinen Empfänger bestimmt. Kann sich die Spur von äusseren Faktoren unbeeinflusst entfalten, wird sich der Mensch des vollen Potenzials seiner Fähigkeiten und seiner Unabhängigkeit vom Urteil anderer bewusst."* (13)

Genauso kann die Musik durch die Möglichkeit zum freien Musizieren zu einem selbstverständlichen Teil des Alltags und des persönlichen Ausdrucks werden.

f) Kreativität und Lernen in Beziehung

Lernen in Musik und Bewegung bedeutet also handelndes Lernen. Durch die verschiedenen Perspektiven des Zugangs zum Feld von Kultur und Kunst öffnet sich eine breite Erfahrungspalette. Diese kann von Menschen von 0 bis 100 Jahren, von unterschiedlichstem Entwicklungsstand und verschiedener Herkunft gewinnbringend genutzt werden.

Dabei besteht die Rolle der Lehrperson darin, durch ihre Grundhaltung in der aesthetischen Gestaltung eine Beziehung zu ihren Studierenden und Schülern aufzubauen, welche den oben beschriebenen Lernprozess unterstützt. Die zentrale Frage dabei ist immer die Gestaltung einer Lehr-Lern-Situation, in der künstlerische Prozesse in Gang kommen und bei der die Lernenden entsprechende eigenständige Erfahrungen machen können. Dahinter steht die Absicht, motivierend zu wirken und Freude für gestalterisches und künstlerisches Handeln zu wecken.

Zum Aufbau einer pädagogischen Beziehung spielt die individuelle Kreativität der Lehrperson eine grosse Rolle. Was wir für den Unterricht auswählen, seien es Musikstücke, Lieder oder Tänze hängt immer stark von unseren persönlichen Wahrnehmungen und Vorlieben ab. Wollen wir aber eine breite Basis schaffen, in der alle unterschiedlichen Individuen ihre persönliche Kreativität entwickeln können, so kann dies nicht genügen. Die Ausbildungen bieten daher eine umfassende Bildung in Kunstvermittlung an, welche es den Studierenden ermöglicht, je nach Situation und Vorbildung der Lernenden entsprechende Medien auszuwählen und zur Verfügung zu stellen.

Beziehung in Relation zur Kreativitätsentwicklung bedeutet daher, im Unterricht ein Gefäss zu schaffen, in dem Kulturtechniken unterschiedlichster Art vermittelt und trainiert werden. Gleichzeitig wird aber auch genügend Platz geschaffen für die Entwicklung eigenständiger und individueller Ansätze.

Dadurch, dass wir – immer in Interaktion mit Schülerinnen und Schülern – viel Handlungsspielraum lassen für die aesthetische Gestaltung, gleichzeitig aber auch sehr persönlich gefärbte Inputs geben für Gestaltungsprozesse, lassen wir neue Kreationen entstehen und sind eindringlich interessiert daran, was unser Gegenüber dabei an Ideen mitbringt.

Durch die Art und Weise, wie wir den Rahmen und das pädagogische Setting gestalten, transportieren wir eine Grundhaltung, welche Wertschätzung vermittelt für die Aussage: „Ich interessiere mich für Deine Ideen, die auch mich zu einer Weiterentwicklung anregen".

In diesem Sinne ist Beziehung immer auch Resonanzgeschehen.

g) Beziehung und Handwerk

Beziehung beruht also einerseits auf Empathie und Kreativität, andererseits aber auch aus ganz spezifischem Können und Wissen. Die hier aufgeführten dazu notwendigen Tools sind in der Interaktion mit Studierenden im langjährigen Didaktik Unterricht entstanden.

- Beziehung heisst Stabilität und Offenheit für individuelle Gestaltung
  - Im Unterricht schaffen wir eine aesthetische Umgebung – mit möglichst viel Freiraum für eigene Ideen aller Beteiligten.
  - Das Gefühl der Schülerinnen und Schüler von „meine Ideen sind gefragt, meine Gestaltungen sind wichtig, interessant und tragen bei zur Gestaltung der Unterrichtsqualität" ist entscheidend für die Beziehungsqualität.
  - Grundlagen für einen empathisch geleiteten aesthetischen Raum ist eine eigenständige Kreativität und Professionalität in verschiedenen Künsten der Lehrperson.
  - Die individuelle Auseinandersetzung mit der persönlichen Qualität, des spezifischen Ausdrucks der eigenen Kreativität bildet letztendlich die Basis des Beziehungsgeflechts.
- Basis für Beziehung ist eine forschende Haltung und eine Fähigkeit, resonante Prozesse zu unterstützen
  - Neugier für die Einmaligkeit von kreativen Prozessen sowie eine forschende Haltung gegenüber der Entstehung von Gestaltungsprozessen ist für alle Lehrpersonen unabdingbar. Aus dieser Grundlage heraus können positive resonanzgeleitete Prozesse entstehen.
- Beziehung entsteht auf dem Fundament von gutem Handwerk
  - Die Kernkompetenzen der Lehrpersonen beinhalten solide musikalische, bewegungstechnische und didaktische Fähigkeiten.
  - Sie berücksichtigen den Hintergrund verschiedener Kulturen und lassen unterschiedlichste und oft unvorhersehbare Möglichkeiten der Gestaltung zu.
- Beziehung wird ebenfalls entwickelt auf der Basis eines möglichst breiten didaktischen Verständnisses von Struktur und Dynamik der Unterrichtsgestaltung. Die daraus folgende Flexibilität in der Unterrichtsgestaltung macht eine offene Beziehung möglich.
- Beziehung im Feld der Inklusion ist unerlässlich in der heutigen Zeit und bedeutet, ein Wissen und Verständnis zu entwickeln für Ausdrucksformen von Kulturen der Welt und der Fähigkeit, künstlerischen Prozessen unterschiedlichster Herkunft Unterstützung für deren Vernetzung zu geben.

h) Innovatives Lernen

Man könnte nun sagen, dass die vielen Strukturen und Aktionsmöglichkeiten eine freie Entwicklung verunmöglichen. Das Gegenteil aber ist der Fall.

Die Linie dieses Buches führt die Leserinnen und Leser gewissermassen von der Basis der Bereiche aus durch die Linie der Teilbereiche. Die angehenden Lehrpersonen und interessierten Berufsleute können hier analog zu den Teilbereichen ihren eigenen Lernprozess aufbauen.

Dieser kann so aussehen:

Teilbereich A: sich auf die Materie einlassen und diese in ihrer ganzen Breit wahrnehmen, mit eigenen Erfahrungen, im eigenen Tun.
Teilbereich B: die Grundlagen sämtlicher Bereiche und deren Vermittlung erlernen
Teilbereich C: die Techniken sich selber aneignen und der Praxis verfeinern
Teilbereich D: die erworbenen Fähigkeiten und Erkenntnisse interdisziplinär vernetzen mit neuen Bereichen
Teilbereich E: durch die gewonnene Sicherheit im Handwerk und im Verständnis neue Wege einschlagen in alle nur erdenklichen Richtungen.

Alle diese in diesem Buch gemachten Erläuterungen sind dazu gedacht und zusammengestellt, dass die Studierenden der Texte viel Stabilität und Sicherheit sowohl in der eigenen kreativen Gestaltung als auch im theoretischen Verständnis erwerben können.

Das Verständnis von Struktur und Dynamik hilft in der Planung und Vorbereitung. Im Moment der Praxis bekommt dieses ganze Wissen und Können die Chance, in der aktuellen Praxis offen zu werden zu einer realen Interaktion und Neugestaltung der Prozesse, ohne die Ziele aus den Augen zu verlieren. Das bedeutet eigentlich konkret gesagt: hat man die Strukturen einmal verinnerlicht, so können sie in der konkreten Praxis getrost losgelassen werden. Erst dann ist der Weg geöffnet, um fundiert auf die Ideen und Inputs der Lernenden einzugehen und daraus immer wieder zielgerichtete neue Wege zu entwickeln. Die so definierte offene Beziehung schafft die Basis für nachhaltige kreative Prozesse und lässt Raum für die Entwicklung aller Beteiligten.

Je vertiefter die Lehrenden Handwerk und individuellen Ausdruck in ihrer Persönlichkeitsentwicklung integriert haben, desto offener können sie das, was sich in der praxisbezogenen Interaktion mit Schülerinnen und Schülern manifestiert unterstützen und damit helfen, neue Kreationen wachsen zu lassen.

In diesem Sinne bleibt das Vermitteln von Musik und Bewegung ein immerwährendes dynamisches Abenteuer.

Anhang: Angaben zu Literatur und Überlieferung

1.Teil Struktur

Zum 1. Kapitel: Musik und Bewegung / Rhythmik

Weiterführende Literatur:
BRUNNER-DANUSER, Fida: *Mimi Scheiblauer – Musik und Bewegung*. Zürich: Atlantis, 1984.
DANUSER, Elisabeth: *Musik und Bewegung konkret! Evaluation – Integration – Entwicklung*. Angewandte Forschung und Entwicklung, Zürcher Hochschule der Künste, Dep. Musik, Angewandte Forschung und Entwicklung, 2002. Abzurufen unter: www.elisabethdanuser.ch
JAQUES-DALCROZE, Emile: *Rhythmus, Musik und Erziehung*. Basel: Kallmeyer, 1921.
HÜRTGEN-BUSCH, Songrid: *Die Wegbereiterinnen der rhythmisch-musikalischen Erziehung in Deutschland*. Frankfurt am Main: Dipa, 1996.
NEIKES, J.L.: *Scheiblauer Rhythmik*, überarbeitet und neu herausgegeben von Elisabeth Danuser-Zogg. 5. Auflage. St. Augustin: Academia, 1998.
WOLFENSBERGER, Giorgio: *Suzanne Perrottet, ein bewegtes Leben*. Berlin: Quadriga, 1995.

Zum 2.Kapitel: Die Verbindung von Musik und Bewegung

Neu ist die Darstellung in Tabellenform und die Umsetzung der 4 Parameter in ein Bewegungsraster.

Überliefert ist der Ansatz aufgrund der Definition der 4 Parameter. Emile Jaques-Dalcroze erläuterte schon Anfang des zwanzigsten Jahrhunderts, wie Musik und Bewegung miteinander in enger Beziehung stehen. In seiner rhythmischen Gymnastik wurden erstmals musikalische Abläufe direkt in Bewegung umgesetzt. Weitere Ausführungen zu diesem Thema sind in der vielfältigen Literatur zur Rhythmik zu finden. Die Grundlage der vier Parameter bildet ebenfalls den Kern des rhythmischen Prinzips und kann grundsätzlich in allen musikalischen und pädagogischen Arbeitsfeldern angewandt werden.

Weiterführende Literatur:
WITOSZINSKY, Eleonore: *Erziehung durch Musik und Bewegung*. Zug: Klett und Balmer, 1992.

Zum 3.Kapitel: Das Handwerk Musik und Bewegung

Neu ist die Unterscheidung und genaue Definierung der 6 Bereiche, deren Anordnung in einem Kreismodell, die Unterteilung in die Teilbereiche, der stufenweise Aufbau in Grob und Feinzielen sowie die Unterscheidung von Struktur und Dynamik.

Überliefert ist die Verknüpfung der einzelnen Bereiche in ihrer praktischen Anwendung, die Übungsgruppen nach M. Scheiblauer: „Anhalten – umschalten – durchhalten" / „erleben – erkennen – benennen" / Sinnesübungen / Ordnungsübungen sowie das Übungs- und Aufgabenmaterial.

Weiterführende Literatur
BÜHLER, Ariane / THALER, Alice. *Selber denken macht klug*. Luzern: SZH, 2001.
BRANDSTÄTTER, Ursula: *Bildende Kunst und Musik im Dialog*. Augsburg: Wissner, 2004.
DANUSER, Elisabeth: Musik und Bewegung konkret! Evaluation – Integration – Entwicklung. Angewandte Forschung und Entwicklung, Hochschule Musik und Theater Zürich, 2002.
DARTSCH, Michael: *Mensch, Musik und Bildung, Grundlagen einer Didaktik der Musikalischen Früherziehung*. Breitkopf und Härtel.
EDLEDITSCH, Helga: *Entdeckungsreise Rhythmik. Grundlagen, Modelle und Übungen für Ausbildung und Praxis*. München: Don Bosco, 1998.
RING, Reinhard / STEINMANN, Brigitte: *Lexikon der Rhythmik*. Kassel: Bosse, 1997. SCHAEFER, Gudrun: *Rhythmik als interaktionistisches Konzept*. Remscheid: Waldkauz, 1992. SIEGENTHALER, Hermann /

SCHAEFER, Gudrun: *Rhythmik als interaktionspädagogisches Konzept.* Remscheid, Waldkauz, 1992
STEINMANN, Brigitte: *Rhythmik – Musik und Bewegung im Dialog.* Wiesbaden: Reichert, 2018
WITOSZINSKY, Eleonore; BANKL, Irmgard, MAYR, Monika: Lebendiges Lernen durch Musik, Bewegung Sprache. G+G Verlagsgesellschaft, Wien, 2009

Zum 4. Kapitel: Der Bereich I – Musik

Neu ist der schrittweise Aufbau der einzelnen Teilbereiche anhand der Grob- und Feinziele.

Überliefert ist das Übungs- und Aufgabenmaterial.

Weiterführende Literatur

DARTSCH, Michael Hrsg: *Timpano, Der Wegweiser zur Musik. Das neue Konzept für die Elementare Musikpraxis für Kinder von 0–10.* Kassel: Bosse, 2017.
GLATHE, Brita / KRAUSE-WICHERT, Hannelore: *Rhythmik und Improvisation.* Seelze: Kallmeyer, 1997.
HEEB, Rolf / SCHÄR, Hanspeter: *Sing mit! Schweizer Singbuch Unterstufe,* St. Gallen: Lehrmittelverlag, 2000.
SACKS, Oliver: *Der Tag, an dem mein Bein fortging.* Hamburg: rororo,
KREUSCH-JACOB, Dorothee: *Musik macht klug, wie Kinder die Musik der Welt entdecken.* München: Kösel, 1999.
RIBKE, J. Hrsg.: *Spiel und Klang, Die Musikalische Früherziehung mit dem Murmel.* Kassel: bosse, 1998.
RIBKE, J. Hrsg.: *Facetten elementarer Musikpädagogik.* Regensburg: con brio, 2002.

Zum 5. Kapitel: Der Bereich II – Bewegung

Neu ist der schrittweise Aufbau der einzelnen Teilbereiche anhand der Grob- und Feinziele

Überliefert ist das Übungs- und Aufgabenmaterial.

Weiterführende Literatur:

GIROD-PERROT, Ruth: Bewegungsimprovisation. Sankt Augustin: Academia, 2012
GROSSE-JÄGER, Hermann, Hrsg.: *Tanzen in der Grundschule,* Boppard: Fidula, 1992. HASELBACH, Barbara: *Tanzerziehung, Grundlagen und Modelle für Kindergarten, Vor- und Grundschule.* Stuttgart: Klett: 1971.
HASELBACH; Barbara: *Tanz, Improvisation, Bewegung.* Stuttgart: Klett, 1976.
MARTIN, Karin / ELLERMANN, Ulla: *Rhythmische Vielseitigkeitsschulung, eine praktische Bewegungslehre,* Schorndorf: Hofmann, 1998.
MAHLER, Madeleine: *Kreativer Tanz,* Bern: Zytglogge, 1979.
LAUPER, Renate: *Von Kopf bis Fuss in Bewegung, Spielerische Körperarbeit mit Schulkindern, Spiraldynamik.* Hep Verlag, 4. Auflage 2013
LEHRERFORTBILDUNG: *Tanzchuchi, Tanzen in Schule und Freizeit,* Bern: Zytglogge, 1983 PIKLER, Emmi: *Lasst mir Zeit, die selbständige Bewegungserziehung des Kindes bis zum freien Gehen,* München: Pflaum, 1997.
ZIMMER, Renate: *Handbuch der Bewegungserziehung,* Freiburg: Herder, 1993.

Zum 6.Kapitel: Der Bereich III – Wahrnehmung

Neu ist der schrittweise Aufbau der einzelnen Teilbereiche anhand der Grob- und Feinziele sowie die Strukturierung der überlieferten Sinnesübungen mittels der neuen Erkenntnisse der Wahrnehmungstheorien.

Überliefert ist das Übungs- und Aufgabenmaterial sowie die Übungsgruppe Sinnesübungen nach M. Scheiblauer.

Weiterführende Literatur:

AFFOLTER, Felicie: *Wahrnehmung Wirklichkeit und Sprache.* Villingen-Schwenningen: Neckar, 1990.
AYRES, Jean: *Bausteine der kindlichen Entwicklung.* Berlin: Springer, 1984.
BRAND Ingelid et al: *Integrationsstörungen, Diagnose und Therapie im Erstunterricht.* Würzburg: Bentheim, 1997. 6. Auflage.

HIRLER, Sabine: *Wahrnehmungsförderung durch Rhythmik und Musik.* Freiburg im Breisgau: Herder, 1999.
HOFFMANN MUISCHNEEK, Sabine: *Wie tönt grün? Rhythmik als Wahrnehmungsförderung.* Liestal: Verlag des Schweizerischen Vereins für Handarbeit und Schulreform, 1989.
MONTAGU, Ashley: *Körperkontakt, die Bedeutung der Haut für die Entwicklung des Menschen.* Stuttgart: Klett Cotta, 1995.
SCHÄRLI, Otto: *Begegnungen mit Hugo Kükelhaus.* Berlin: Mayer, 2001.
SCHÄRLI, Otto: *Werkstatt des Lebens, durch die Sinne zum Sinn.* Aarau: AT, 1991.
ZIMMER, Renate: *Handbuch der Sinneswahrnehmung.* Freiburg im Breisgau: Herder, 2012.

Zum 7.Kapitel: Der Bereich IV – Begriffsbildung und Reflexion

Neu ist der schrittweise Aufbau der einzelnen Teilbereiche anhand der Grob- und Feinziele sowie das vermehrte Einbeziehen des Verbalisierens und Generalisierens.

Überliefert ist das Übungs- und Aufgabenmaterial sowie der berühmte Satz von M. Scheiblauer: erleben – erkennen – benennen und der daraus abgeleitet handlungs- und erlebnisorientierte Ansatz der pädagogischen Arbeitsweise

Weiterführende Literatur:
KARKOSCHKA, Erhard: *Das Schriftbild der neuen Musik.* Celle: Moeck, 1966. KANDINSKY: *Punkt und Linie zu Fläche.* Bern: Benteli, 1973.
VON MAUR, Karin: *Vom Klang der Bilder.* München: Prestel, 1999.

Zum 8.Kapitel: Der Bereich V – Soziale Interaktion

Neu ist der schrittweise Aufbau der einzelnen Teilbereiche anhand der Grob- und Feinziele.

Überliefert ist das Übungs- und Aufgabenmaterial. Die sozialen Übungen nach M. Scheiblauer sowie die bekannten „Führen – Folgen" Abläufe.

Weiterführende Literatur:
SCHILDKNECHT, Beth: Rhythmik und Sozialerziehung in der Primarschule. Zürich: ELK, 1984.

Zum 9.Kapitel: Der Bereich VI – Persönlicher Ausdruck

Neu ist der schrittweise Aufbau der einzelnen Teilbereiche anhand der Grob- und Feinziele

Überliefert ist das Übungs- und Aufgabenmaterial, die Übungsgruppe Phantasieübungen nach M. Scheiblauer.

Weiterführende Literatur
BRAUN, Daniela: Handbuch der Kreativitätsförderung, Theorie und Praxis für die Arbeit mit Kindern. Freiburg im Breisgau: Herder 1999.
RATHMANN, Ingeborg / WEISS, Margot: *Rhythmik und Gestalten.* Frankfurt / Main: ALS, 1987.
WYSS, Bernhard : *Chnuuschte, chnätte, chnüble.* Bern: Zytglogge, 1979.
WYSS, Bernhard: *Vom Raum zur Fläche: Kinder können das.* Bern: Zytglogge, 1981. Angaben zum kreativen Tanz und Improvisation in Musik und Bewegung befinden sich in den Angaben zu den Bereichen Musik und Bewegung.

Zum 10. Kapitel: Manifestationen von Rhythmus

Neu ist die graphische Darstellung der Rhythmisierung, einzelne Aspekte der allgemeinen Rhythmusforschung, sowie die Erläuterungen über die Bedeutung des Rhythmus in der Bewegungsentwicklung.

Überliefert ist die Rhythmusarbeit, die Beziehung des Rhythmus zu allgemeinen Phänomenen des Lebens sowie die Rhythmisierung des Unterrichts.

Literaturangaben:

(1) RING, Reinhard: Rhythmus und Rhythmik bei Emile Jaques Dalcroze, in Üben und Musizieren 1/00.
(2) HEIMANN, Roswitha: Der Rhythmus und seine Bedeutung für die Heilpädagogik. Stuttgart: Urachhaus, 1989, S. 73, und S. 75,76.
(3) EBERT, Dietrich: Beziehungen zwischen Atemrhythmus und rhythmisch-musikalischen Bewegungen. Rhythmik in Wissenschaft und Praxis, eine Dokumentationsreihe Veranstaltung der Einrichtung von Rhythmiksymposien am 15. Februar 1997 innerhalb der Robert- Schumann-Hochschule Düsseldorf.
(4) JOURDAIN, Robert: Das wohltemperierte Gehirn, wie Musik im Kopf entsteht und wirkt. Berlin: Spektrum, 1998, S. 163,165,170.
(5) CAPRA, Fritjof: Wendezeit, Bausteine für ein neues Weltbild. München: Scherz, 1985, S. 333 f.
(6) HILDEBRANDT, Gunther: Biologische Rhythmen im Menschen und ihre Entsprechungen in der Musik. Rhythmik in Wissenschaft und Praxis. Eröffnungsveranstaltung der Einrichtung von Rhythmiksymposien am 9. Okt. 1993 innerhalb der Robert-Schumann-Hochschule Düsseldorf.
(7) AVENY, Anthony: Rhythmen des Lebens, eine Kulturgeschichte der Zeit. Stuttgart: Klett Cotta, 1991.
(8) JENNI, Leo / ONORI, Piero (Hrsg.): Zeit für Zeit, Natürliche Rhythmen und kulturelle Zeit- ordnung. Liestal: 1998.
(9) GEISSLER, Horst Wolfram: Ein Ökologie der Zeit. München: 1997.
(10) LARSEN, Christian: *Spiraldynamik, Die zwölf Grade der Freiheit, Kunst und Wissenschaft menschlicher Bewegungskoordination.* D-Petersberg, Vianova: 2. Auflage 2001.

Weiterführende Literatur

HILDEBRANDT, Gunther: Chronobiologie und Chronomedizin, Biologische Rhythmen, Medizinische Konsequenzen. Stuttgart: Hyppokrates, 1998.
FLATISCHLER, Reinhard: Der Weg zum Rhythmus. Essen: Synthesis: 1990.

Zum 11.Kapitel: Material und Musikinstrumente

Neu ist die Definierung der Einsatzmöglichkeiten von Material und Instrumenten nach den Gesetzmässigkeiten der 4 Parameter und der 6 Bereiche.

Überliefert ist das Rhythmikmaterial nach M. Scheiblauer und ihre Übungsgruppen: „Ordnung im Raum, Ordnung in den Dingen, Ordnung in sich selbst."

Literaturangaben:

DANUSER, Elisabeth, PACHLATKO Claudia, LANFRANCONI, Jürg, *Groove Pack Basics*, St. Augustin: Academia, 2010
NEIKES, J.L.: *Scheiblauer Rhythmik*, überarbeitet und neu herausgegeben von Elisabeth Danuser-Zogg. 5. Auflage. St. Augustin: Academia, 1998, Seite 21

2. Teil, Dynamik

Neu ist im zweiten Teil die Unterscheidung in Struktur und Dynamik sowie die Definition der verschiedenen Gestaltungsprinzipien. Nicht neu, aber hier speziell betont ist die zielgerichtete Ausrichtung in der ganzen Arbeit. Ebenfalls neu definiert ist die Vorgehensweise in Vorbereitung, Nachbereitung, Planung, Standortbestimmung und Beobachtung.

Überliefert ist das Aufgaben- und Übungsmaterial, der Aufbau der Arbeit im weitesten Sinne sowie die praktische Anwendung der Prinzipien von Variation und Rhythmisierung.

Zum 16. Kapitel: Lernprozess und Interaktion

(1) Stephen Hawkins, *Eine wunderbare Zeit zu leben*, Rowohlt Taschenbuch, 2016, S161/162
(2) HUSER, Joelle: Lichtblick für helle Köpfe. Zürich: Lehrmittelverlag, 2000. S. 39 ff.

Zum 18. Kapitel: Reflexion und Evaluation

STRASSER, Urs: Wahrnehmen – Verstehen – Handeln. Förderdiagnostik für Menschen mit einer geistigen Behinderung. Luzern: SZH, 1997. S. 40–43.

Zum 20. Kapitel: Heterogenität ist Musik

(1) TROVE, Maurizio: *Body Percussion – Mein Instrument*, St.Augustin: Academia 2014
(2) DANUSER, Elisabeth, PACHLATKO Claudia, LANFRANCONI, Jürg, Groove Pack Basics, St. Augustin: Academia, 2010
(3) PACHLATKO, Claudia: *Groove Pack II, Impulse für Musik und Bewegung*. St. Augustin: Academia, 2013

Zum 21. Kapitel: Über das Modell hinaus

(1) GARDNER, Howard: Abschied vom IQ, die Rahmen-Theorie der vielfachen Intelligenzen. Stuttgart: Klett-Cotta, 1998.
(2) LARGO: Remo, Kinderjahre. Die Individualität des Kindes als erzieherische Herausforderung. München: Piper, 1999. S. 199 ff
(3) DARTSCH, Michael, Hersg für den Verband deutscher Musikschulen: *Musikalische Bildung von Anfang an*. Bonn: VdM-Verlag, 2. Überarbeitete Auflage, 2007
(4) BUNDSCHUH, Konrad, WINKLER, Christoph: *Einführung in die sonderpädagogische Diagnostik*. Basel, utb., 8. Überarbeitete Auflage, 2014
(5) DANUSER-ZOGG, Elisabeth: *Die Welt be-greifen, Bewegungsarbeit und Rhythmik mit geistig behinderten Kindern*. Sankt Augustin, Academia, 2. Auflage 2002.
(6) BAECHLI, Gerda: *Hoppla, Deutsch für Mehrsprachige Kindergruppen*. Schulverlag plus: 3. Auflage, 2010
(7) CSLOVJECSEK, Markus, GROLIMUND, Hans, et al.: *Mathe macht Musik, Impulse zum musikalischen Unterricht mit den Zahlenbüchern 1–6*. Klett: 2003
(8) SOZIAL AKTUELL, Die Fachzeitschrift für Soziale Arbeit: *Soziale Arbeit und Musik, was können die zwei Disziplinen gemeinsam bewirken?* Fachzeitschrift für Soziale Arbeit Nr. 2, Feb. 2017
(9) DANUSER, Elisabeth, VLECKEN, Silke: *Fachzeitschrift für Soziale Arbeit: Musik für alle, Musik und soziales Handeln, Community Music*. www.elisabethdanuser.ch, Februar 2017
(10) HIGGINS, Lee: *Community Music in Theory and Practice*. Oxford: University Press, 2012.
(11) KASSEL, Matthias, Hrsg.: *Kind und Kagel, Maurizio Kagel und seine Kinderinstrumente*. Basel: Paul Sacher Stiftung, 2006.
(12) DOERNE, Andreas: *Musik bildet. Der Musikkindergarten Berlin, ein Modell*. Wiesbaden: Breitkopf und Härtel, 2010

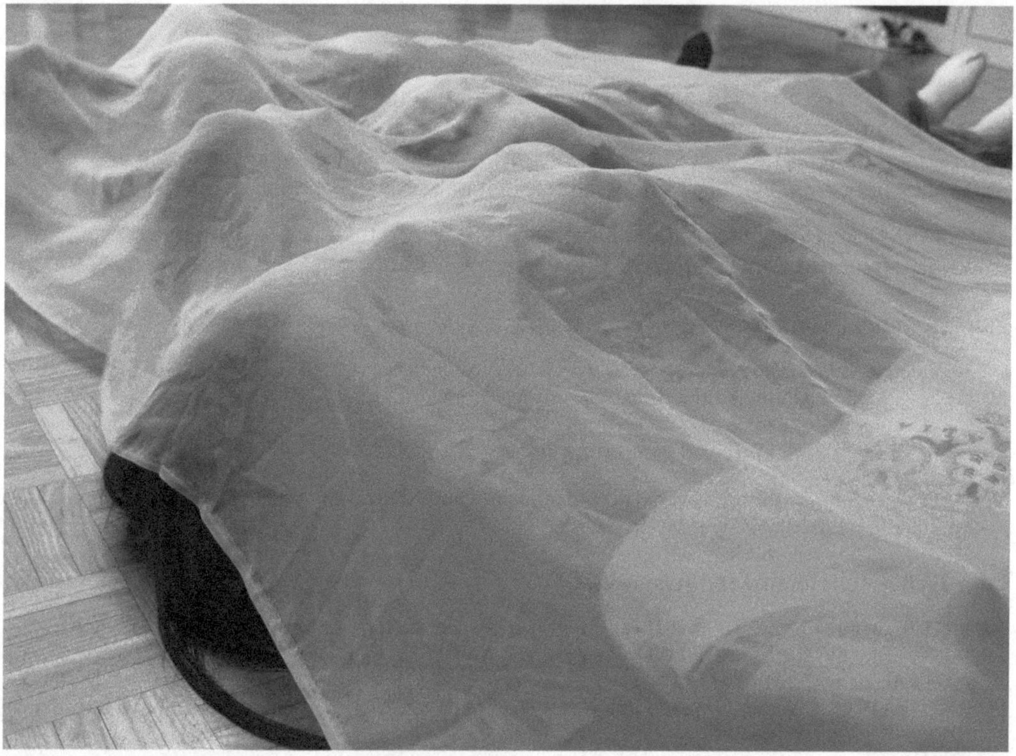

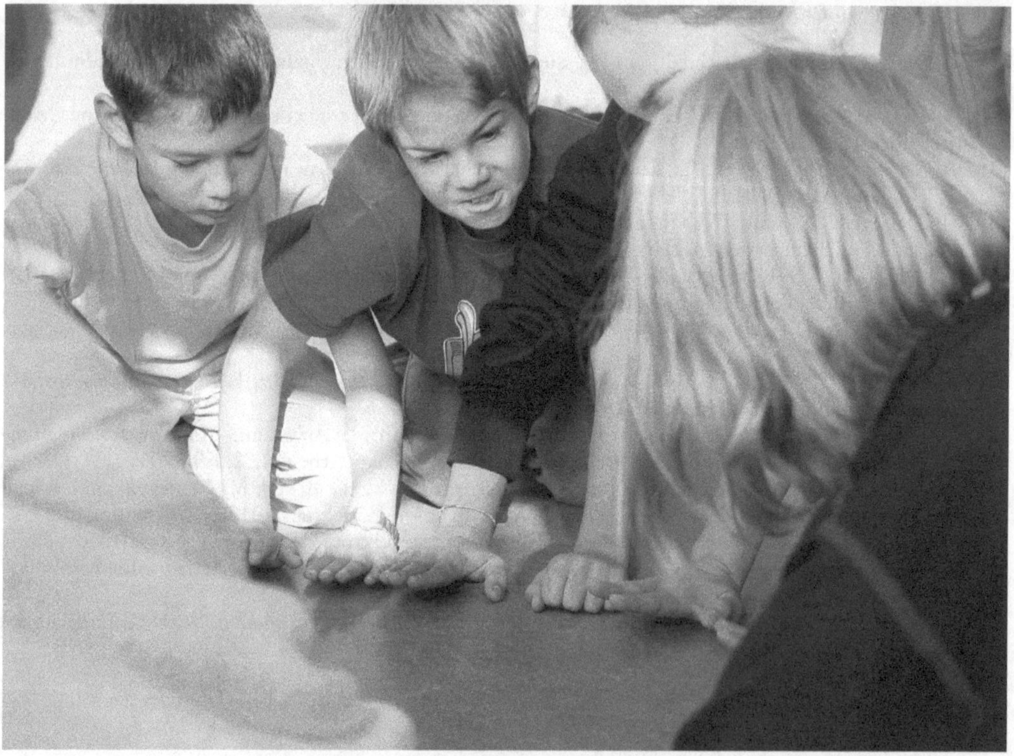